民营经济促进法

应用手册

配套规定与典型案例

法律出版社法律应用中心 编

法律出版社
LAW PRESS·CHINA
北京

图书在版编目（CIP）数据

民营经济促进法应用手册：配套规定与典型案例／法律出版社法律应用中心编. -- 北京：法律出版社，2025. -- ISBN 978-7-5244-0369-2

Ⅰ. D922.290.4

中国国家版本馆 CIP 数据核字第 2025EB8265 号

民营经济促进法应用手册：
配套规定与典型案例
MINYING JINGJI CUJINFA YINGYONG SHOUCE:
PEITAO GUIDING YU DIANXING ANLI

法律出版社 编
法律应用中心

责任编辑　朱海波
　　　　　杨雨晴
装帧设计　臧晓飞

出版发行	法律出版社	开本	A5
编辑统筹	法律应用出版分社	印张 16.875　字数 486 千	
责任校对	张　颖	版本	2025 年 5 月第 1 版
责任印制	刘晓伟	印次	2025 年 5 月第 1 次印刷
经　　销	新华书店	印刷	天津嘉恒印务有限公司

地址:北京市丰台区莲花池西里 7 号(100073)
网址:www.lawpress.com.cn　　　　　　销售电话:010-83938349
投稿邮箱:info@lawpress.com.cn　　　　　客服电话:010-83938350
举报盗版邮箱:jbwq@lawpress.com.cn　　　咨询电话:010-63939796
版权所有·侵权必究

书号:ISBN 978-7-5244-0369-2　　　　　　定价:58.00 元
凡购买本社图书,如有印装错误,我社负责退换。电话:010-83938349

目 录

中华人民共和国民营经济促进法(2025年4月30日)……… 1
中共中央、国务院关于促进民营经济发展壮大的意见(2023年
　7月14日)……………………………………………… 15

一、公平竞争

中华人民共和国反不正当竞争法(2019年4月23日修正)…… 24
中共中央办公厅、国务院办公厅关于完善市场准入制度的意见
　(2024年8月1日)……………………………………… 31
国家发展改革委、商务部、市场监管总局关于印发《市场准入负
　面清单(2025年版)》的通知(2025年4月16日)………… 34
公平竞争审查条例(2024年6月6日)……………………… 104
公平竞争审查条例实施办法(2025年2月28日)…………… 108
公平竞争审查举报处理工作规则(2024年10月13日)……… 120
公平竞争审查第三方评估实施指南(2023年4月26日)…… 125
公平竞争审查制度实施细则(2021年6月29日)…………… 132
招标投标领域公平竞争审查规则(2024年3月25日)……… 143

二、投融资促进与科技创新

国务院办公厅关于印发加强信用信息共享应用促进中小微
　企业融资实施方案的通知(2021年12月22日)………… 149
统筹融资信用服务平台建设提升中小微企业融资便利水平

实施方案(2024年3月28日) ……………………………………… 154
国家发展改革委办公厅等关于建立促进民间投资资金和要素
　保障工作机制的通知(2024年8月16日) …………………… 158
中国人民银行、金融监管总局、最高人民法院、国家发展改革
　委、商务部、市场监管总局关于规范供应链金融业务　引
　导供应链信息服务机构更好服务中小企业融资有关事宜
　的通知(2025年4月26日) …………………………………… 160
中国人民银行、金融监管总局、中国证监会、国家外汇局、国家
　发展改革委、工业和信息化部、财政部、全国工商联关于强化
　金融支持举措助力民营经济发展壮大的通知(2023年11月)
　…………………………………………………………………… 166
国家发展改革委关于进一步抓好抓实促进民间投资工作努力
　调动民间投资积极性的通知(2023年7月14日) …………… 171
国家发展改革委关于进一步完善政策环境加大力度支持民间
　投资发展的意见(2022年10月28日) ……………………… 176
中国银保监会关于进一步加强金融服务民营企业有关工作的
　通知(2019年2月25日) ……………………………………… 182
国家发展改革委办公厅关于进一步做好政府和社会资本合作
　新机制项目规范实施工作的通知(2024年12月12日) …… 186
国家发展改革委关于鼓励民间资本参与政府和社会资本合作
　(PPP)项目的指导意见(2017年11月28日) ……………… 189
中华人民共和国促进科技成果转化法(2015年8月29日修正)
　…………………………………………………………………… 193

三、规范经营

中华人民共和国公司法(2023年12月29日修订) ……………… 203
中华人民共和国合伙企业法(2006年8月27日修订) …………… 251
中华人民共和国个人独资企业法(1999年8月30日) …………… 266
中华人民共和国中小企业促进法(2017年9月1日修订) ……… 272
促进个体工商户发展条例(2022年10月1日) …………………… 282

中华人民共和国市场主体登记管理条例(2021年7月27日)…… 286
中华人民共和国劳动法(2018年12月29日修正)…… 296
中华人民共和国劳动合同法(2012年12月28日修正)…… 310
中华人民共和国安全生产法(2021年6月10日修正)…… 327

四、服务保障

优化营商环境条例(2019年10月22日)…… 354
中共中央、国务院关于营造更好发展环境支持民营企业改革发
　展的意见(2019年12月4日)…… 368
中共中央、国务院关于营造企业家健康成长环境弘扬优秀企业
　家精神更好发挥企业家作用的意见(2017年9月8日)…… 375
中共中央办公厅、国务院办公厅关于促进中小企业健康发展的
　指导意见(2019年4月7日)…… 382
中共中央办公厅、国务院办公厅关于加强金融服务民营企业的
　若干意见(2019年2月14日)…… 388
中共中央办公厅关于加强新时代民营经济统战工作的意见
　(2020年9月15日)…… 393
国务院促进中小企业发展工作领导小组办公室关于印发助
　力中小微企业稳增长调结构强能力若干措施的通知(2023
　年1月11日)…… 401
生态环境部门进一步促进民营经济发展的若干措施(2024年9
　月13日)…… 405
市场监管部门促进民营经济发展的若干举措(2023年9月15
　日)…… 410
国家发展改革委关于完善政府诚信履约机制优化民营经济发
　展环境的通知(2023年8月5日)…… 414
国家发展改革委、工业和信息化部、财政部、科技部、中国人民
　银行、税务总局、市场监管总局、金融监管总局关于实施促进
　民营经济发展近期若干举措的通知(2023年7月28日)…… 416
工业和信息化部、发展改革委、科技部、财政部、人力资源社

会保障部、生态环境部、农业农村部、商务部、文化和旅游
部、人民银行、海关总署、税务总局、市场监管总局、统计
局、银保监会、证监会、知识产权局关于健全支持中小企业
发展制度的若干意见(2020年7月3日) ……………… 421
国家税务总局关于实施进一步支持和服务民营经济发展若干
措施的通知(2018年11月16日) …………………… 427
国家发展改革委、人力资源社会保障部、中华全国总工会、中华
全国工商业联合会关于共享公共实训基地开展民营企业员
工职业技能提升行动的通知(2024年3月21日) ……… 433
人力资源社会保障部关于强化人社支持举措助力民营经济发
展壮大的通知(2023年11月30日) ………………… 436
人力资源社会保障部办公厅关于进一步做好民营企业职称工
作的通知(2020年2月20日) ……………………… 440

五、权益保护

保障中小企业款项支付条例(2025年3月17日修订) ……… 444
最高人民法院关于优化法治环境促进民营经济发展壮大的指
导意见(2023年9月25日) ………………………… 451
最高人民法院关于充分发挥司法职能作用助力中小微企业
发展的指导意见(2022年1月13日) ………………… 461
最高人民检察院关于依法惩治和预防民营企业内部人员侵害
民营企业合法权益犯罪为民营经济发展营造良好法治环境
的意见(2023年7月26日) ………………………… 467
市场监督管理投诉举报处理暂行办法(2022年9月29日修正) …… 471

六、典型案例

1. 公平竞争

(1)江苏省昆山宏某混凝土有限公司诉昆山市住房和城乡建设
局限制开展生产经营活动及规范性文件审查案 ………… 478

(2)甲物业管理公司诉某县财政局投诉处理决定案…………… 479
(3)企业征信数据平台不正当竞争纠纷案——数据使用者不正
　　当竞争行为的认定…………………………………………… 481

2. 投资融资促进
(1)某市国有资产经营公司与某建设集团公司、某银行分行等
　　借款合同纠纷案——发挥司法审判职能,降低民企融资成
　　本……………………………………………………………… 483
(2)华融国际信托有限责任公司与山西梅园华盛能源开发有限
　　公司等金融借款合同纠纷案………………………………… 485

3. 科技创新
(1)"新能源汽车底盘"技术秘密侵权案——技术秘密侵权判
　　断及停止侵害的具体措施…………………………………… 486
(2)广州天某高新材料股份有限公司、九江天某高新材料有限
　　公司诉安徽纽某精细化工有限公司等侵害技术秘密纠纷案
　　………………………………………………………………… 488
(3)专业调解组织成功化解涉企知识产权纠纷………………… 493

4. 规范经营
(1)郎溪某服务外包有限公司诉徐某申确认劳动关系纠纷案…… 494
(2)陆某诉某轧钢作业服务有限公司劳动合同纠纷案——职业
　　病患者在申请职业病认定期间的权利应予保障…………… 497
(3)昆明闽某纸业有限责任公司等污染环境刑事附带民事公益
　　诉讼案………………………………………………………… 502

5. 服务保障
(1)安徽省春某汽车销售公司诉蒙城县市场监督管理局行政许
　　可案…………………………………………………………… 505
(2)甲信用评价公司诉某市市场监督管理局行政处罚案……… 506
(3)北京、江苏、浙江、广东等地法院与工商联建立民营企业产
　　权保护社会化服务体系……………………………………… 508

6. 权益保护

(1) 网络自媒体蹭热点,编造虚假信息,侵害民营企业声誉,依法应承担侵权责任——某科技公司诉某文化公司、某传媒公司名誉权纠纷案 ·· 510

(2) 赵寿喜诈骗再审改判无罪案 ························ 511

(3) 某勇、黔东南州乙建设投资公司与独山县丙小额贷款有限责任公司、原审第三人郑某华民间借贷纠纷抗诉案 ············ 513

七、附　录

为新时代新征程民营经济持续、健康、高质量发展提供坚实法治保障
——全国人大常委会法工委负责人就民营经济促进法答记者问 ·· 517

国新办举行新闻发布会介绍《中华人民共和国民营经济促进法》有关情况(节录) ································· 523

中华人民共和国民营经济促进法

（2025年4月30日第十四届全国人民代表大会常务委员会第十五次会议通过　2025年4月30日中华人民共和国主席令第46号公布　自2025年5月20日起施行）

目　　录

第一章　总　　则
第二章　公平竞争
第三章　投资融资促进
第四章　科技创新
第五章　规范经营
第六章　服务保障
第七章　权益保护
第八章　法律责任
第九章　附　　则

第一章　总　　则

第一条　为优化民营经济发展环境，保证各类经济组织公平参与市场竞争，促进民营经济健康发展和民营经济人士健康成长，构建高水平社会主义市场经济体制，发挥民营经济在国民经济和社会发展中的重要作用，根据宪法，制定本法。

第二条　促进民营经济发展工作坚持中国共产党的领导，坚持以人民为中心，坚持中国特色社会主义制度，确保民营经济发展的正确政治方向。

国家坚持和完善公有制为主体、多种所有制经济共同发展，按劳分配为主体、多种分配方式并存，社会主义市场经济体制等社会主义基本经济制度；毫不动摇巩固和发展公有制经济，毫不动摇鼓励、支持、引导非公有制经济发展;充分发挥市场在资源配置中的决定性作用,更好发挥政府作用。

第三条 民营经济是社会主义市场经济的重要组成部分,是推进中国式现代化的生力军,是高质量发展的重要基础,是推动我国全面建成社会主义现代化强国、实现中华民族伟大复兴的重要力量。促进民营经济持续、健康、高质量发展,是国家长期坚持的重大方针政策。

国家坚持依法鼓励、支持、引导民营经济发展,更好发挥法治固根本、稳预期、利长远的保障作用。

国家坚持平等对待、公平竞争、同等保护、共同发展的原则,促进民营经济发展壮大。民营经济组织与其他各类经济组织享有平等的法律地位、市场机会和发展权利。

第四条 国务院和县级以上地方人民政府将促进民营经济发展工作纳入国民经济和社会发展规划,建立促进民营经济发展工作协调机制,制定完善政策措施,协调解决民营经济发展中的重大问题。

国务院发展改革部门负责统筹协调促进民营经济发展工作。国务院其他有关部门在各自职责范围内,负责促进民营经济发展相关工作。

县级以上地方人民政府有关部门依照法律法规和本级人民政府确定的职责分工,开展促进民营经济发展工作。

第五条 民营经济组织及其经营者应当拥护中国共产党的领导,坚持中国特色社会主义制度,积极投身社会主义现代化强国建设。

国家加强民营经济组织经营者队伍建设,加强思想政治引领,发挥其在经济社会发展中的重要作用;培育和弘扬企业家精神,引导民营经济组织经营者践行社会主义核心价值观,爱国敬业、守法经营、创业创新、回报社会,坚定做中国特色社会主义的建设者、中国式现代化的促进者。

第六条 民营经济组织及其经营者从事生产经营活动,应当遵守法律法规,遵守社会公德、商业道德,诚实守信、公平竞争,履行社会责任,保障劳动者合法权益,维护国家利益和社会公共利益,接受政府和社会监督。

第七条 工商业联合会发挥在促进民营经济健康发展和民营经

济人士健康成长中的重要作用,加强民营经济组织经营者思想政治建设,引导民营经济组织依法经营,提高服务民营经济水平。

第八条 加强对民营经济组织及其经营者创新创造等先进事迹的宣传报道,支持民营经济组织及其经营者参与评选表彰,引导形成尊重劳动、尊重创造、尊重企业家的社会环境,营造全社会关心、支持、促进民营经济发展的氛围。

第九条 国家建立健全民营经济统计制度,对民营经济发展情况进行统计分析,定期发布有关信息。

第二章 公 平 竞 争

第十条 国家实行全国统一的市场准入负面清单制度。市场准入负面清单以外的领域,包括民营经济组织在内的各类经济组织可以依法平等进入。

第十一条 各级人民政府及其有关部门落实公平竞争审查制度,制定涉及经营主体生产经营活动的政策措施应当经过公平竞争审查,并定期评估,及时清理、废除含有妨碍全国统一市场和公平竞争内容的政策措施,保障民营经济组织公平参与市场竞争。

市场监督管理部门负责受理对违反公平竞争审查制度政策措施的举报,并依法处理。

第十二条 国家保障民营经济组织依法平等使用资金、技术、人力资源、数据、土地及其他自然资源等各类生产要素和公共服务资源,依法平等适用国家支持发展的政策。

第十三条 各级人民政府及其有关部门依照法定权限,在制定、实施政府资金安排、土地供应、排污指标、公共数据开放、资质许可、标准制定、项目申报、职称评定、评优评先、人力资源等方面的政策措施时,平等对待民营经济组织。

第十四条 公共资源交易活动应当公开透明、公平公正,依法平等对待包括民营经济组织在内的各类经济组织。

除法律另有规定外,招标投标、政府采购等公共资源交易不得有限制或者排斥民营经济组织的行为。

第十五条 反垄断和反不正当竞争执法机构按照职责权限,预防和制止市场经济活动中的垄断、不正当竞争行为,对滥用行政权力排除、限制竞争的行为依法处理,为民营经济组织提供良好的市场环境。

第三章 投资融资促进

第十六条 支持民营经济组织参与国家重大战略和重大工程。支持民营经济组织在战略性新兴产业、未来产业等领域投资和创业,鼓励开展传统产业技术改造和转型升级,参与现代化基础设施投资建设。

第十七条 国务院有关部门根据国家重大发展战略、发展规划、产业政策等,统筹研究制定促进民营经济投资政策措施,发布鼓励民营经济投资重大项目信息,引导民营经济投资重点领域。

民营经济组织投资建设符合国家战略方向的固定资产投资项目,依法享受国家支持政策。

第十八条 支持民营经济组织通过多种方式盘活存量资产,提高再投资能力,提升资产质量和效益。

各级人民政府及其有关部门支持民营经济组织参与政府和社会资本合作项目。政府和社会资本合作项目应当合理设置双方权利义务,明确投资收益获得方式、风险分担机制、纠纷解决方式等事项。

第十九条 各级人民政府及其有关部门在项目推介对接、前期工作和报建审批事项办理、要素获取和政府投资支持等方面,为民营经济组织投资提供规范高效便利的服务。

第二十条 国务院有关部门依据职责发挥货币政策工具和宏观信贷政策的激励约束作用,按照市场化、法治化原则,对金融机构向小型微型民营经济组织提供金融服务实施差异化政策,督促引导金融机构合理设置不良贷款容忍度、建立健全尽职免责机制、提升专业服务能力,提高为民营经济组织提供金融服务的水平。

第二十一条 银行业金融机构等依据法律法规,接受符合贷款业务需要的担保方式,并为民营经济组织提供应收账款、仓单、股权、知识产权等权利质押贷款。

各级人民政府及其有关部门应当为动产和权利质押登记、估值、交易流通、信息共享等提供支持和便利。

第二十二条 国家推动构建完善民营经济组织融资风险的市场化分担机制,支持银行业金融机构与融资担保机构有序扩大业务合作,共同服务民营经济组织。

第二十三条 金融机构在依法合规前提下,按照市场化、可持续发展原则开发和提供适合民营经济特点的金融产品和服务,为资信良好的民营经济组织融资提供便利条件,增强信贷供给、贷款周期与民营经济组织融资需求、资金使用周期的适配性,提升金融服务可获得性和便利度。

第二十四条 金融机构在授信、信贷管理、风控管理、服务收费等方面应当平等对待民营经济组织。

金融机构违反与民营经济组织借款人的约定,单方面增加发放贷款条件、中止发放贷款或者提前收回贷款的,依法承担违约责任。

第二十五条 健全多层次资本市场体系,支持符合条件的民营经济组织通过发行股票、债券等方式平等获得直接融资。

第二十六条 建立健全信用信息归集共享机制,支持征信机构为民营经济组织融资提供征信服务,支持信用评级机构优化民营经济组织的评级方法,增加信用评级有效供给,为民营经济组织获得融资提供便利。

第四章 科技创新

第二十七条 国家鼓励、支持民营经济组织在推动科技创新、培育新质生产力、建设现代化产业体系中积极发挥作用。引导民营经济组织根据国家战略需要、行业发展趋势和世界科技前沿,加强基础性、前沿性研究,开发关键核心技术、共性基础技术和前沿交叉技术,推动科技创新和产业创新融合发展,催生新产业、新模式、新动能。

引导非营利性基金依法资助民营经济组织开展基础研究、前沿技术研究和社会公益性技术研究。

第二十八条 支持民营经济组织参与国家科技攻关项目,支持有能力的民营经济组织牵头承担国家重大技术攻关任务,向民营经济组织开放国家重大科研基础设施,支持公共研究开发平台、共性技术平台开放共享,为民营经济组织技术创新平等提供服务,鼓励各类企业和高等学校、科研院所、职业学校与民营经济组织创新合作机制,开展技术交流和成果转移转化,推动产学研深度融合。

第二十九条 支持民营经济组织依法参与数字化、智能化共性技术研发和数据要素市场建设,依法合理使用数据,对开放的公共数据资源依法进行开发利用,增强数据要素共享性、普惠性、安全性,充分发挥数据赋能作用。

第三十条 国家保障民营经济组织依法参与标准制定工作,强化标准制定的信息公开和社会监督。

国家为民营经济组织提供科研基础设施、技术验证、标准规范、质量认证、检验检测、知识产权、示范应用等方面的服务和便利。

第三十一条 支持民营经济组织加强新技术应用,开展新技术、新产品、新服务、新模式应用试验,发挥技术市场、中介服务机构作用,通过多种方式推动科技成果应用推广。

鼓励民营经济组织在投资过程中基于商业规则自愿开展技术合作。技术合作的条件由投资各方遵循公平原则协商确定。

第三十二条 鼓励民营经济组织积极培养使用知识型、技能型、创新型人才,在关键岗位、关键工序培养使用高技能人才,推动产业工人队伍建设。

第三十三条 国家加强对民营经济组织及其经营者原始创新的保护。加大创新成果知识产权保护力度,实施知识产权侵权惩罚性赔偿制度,依法查处侵犯商标专用权、专利权、著作权和侵犯商业秘密、仿冒混淆等违法行为。

加强知识产权保护的区域、部门协作,为民营经济组织提供知识产权快速协同保护、多元纠纷解决、维权援助以及海外知识产权纠纷应对指导和风险预警等服务。

第五章 规 范 经 营

第三十四条 民营经济组织中的中国共产党的组织和党员,按照中国共产党章程和有关党内法规开展党的活动,在促进民营经济组织健康发展中发挥党组织的政治引领作用和党员先锋模范作用。

第三十五条 民营经济组织应当围绕国家工作大局,在发展经济、扩大就业、改善民生、科技创新等方面积极发挥作用,为满足人民日益增长的美好生活需要贡献力量。

第三十六条 民营经济组织从事生产经营活动应当遵守劳动用工、安全生产、职业卫生、社会保障、生态环境、质量标准、知识产权、网络和数据安全、财政税收、金融等方面的法律法规;不得通过贿赂和欺诈等手段牟取不正当利益,不得妨害市场和金融秩序、破坏生态环境、损害劳动者合法权益和社会公共利益。

国家机关依法对民营经济组织生产经营活动实施监督管理。

第三十七条 支持民营资本服务经济社会发展,完善资本行为制度规则,依法规范和引导民营资本健康发展,维护社会主义市场经济秩序和社会公共利益。支持民营经济组织加强风险防范管理,鼓励民营经济组织做优主业、做强实业,提升核心竞争力。

第三十八条 民营经济组织应当完善治理结构和管理制度、规范经营者行为、强化内部监督,实现规范治理;依法建立健全以职工代表大会为基本形式的民主管理制度。鼓励有条件的民营经济组织建立完善中国特色现代企业制度。

民营经济组织中的工会等群团组织依照法律和章程开展活动,加强职工思想政治引领,维护职工合法权益,发挥在企业民主管理中的作用,推动完善企业工资集体协商制度,促进构建和谐劳动关系。

民营经济组织的组织形式、组织机构及其活动准则,适用《中华人民共和国公司法》《中华人民共和国合伙企业法》《中华人民共和国个人独资企业法》等法律的规定。

第三十九条 国家推动构建民营经济组织源头防范和治理腐败的体制机制,支持引导民营经济组织建立健全内部审计制度,加强廉洁风险防控,推动民营经济组织提升依法合规经营管理水平,及时预防、发现、治理经营中违法违规等问题。

民营经济组织应当加强对工作人员的法治教育,营造诚信廉洁、守法合规的文化氛围。

第四十条 民营经济组织应当依照法律、行政法规和国家统一的会计制度,加强财务管理,规范会计核算,防止财务造假,并区分民营经济组织生产经营收支与民营经济组织经营者个人收支,实现民营经济组织财产与民营经济组织经营者个人财产分离。

第四十一条 支持民营经济组织通过加强技能培训、扩大吸纳就业、完善工资分配制度等,促进员工共享发展成果。

第四十二条 探索建立民营经济组织的社会责任评价体系和激励机制,鼓励、引导民营经济组织积极履行社会责任,自愿参与公益慈善事业、应急救灾等活动。

第四十三条 民营经济组织及其经营者在海外投资经营应当遵守所在国家或者地区的法律,尊重当地习俗和文化传统,维护国家形象,不得从事损害国家安全和国家利益的活动。

第六章 服 务 保 障

第四十四条 国家机关及其工作人员在促进民营经济发展工作中,应当依法履职尽责。国家机关工作人员与民营经济组织经营者在工作交往中,应当遵纪守法,保持清正廉洁。

各级人民政府及其有关部门建立畅通有效的政企沟通机制,及时听取包括民营经济组织在内各类经济组织的意见建议,解决其反映的合理问题。

第四十五条 国家机关制定与经营主体生产经营活动密切相关的法律、法规、规章和其他规范性文件,最高人民法院、最高人民检察院作出属于审判、检察工作中具体应用法律的相关解释,或者作出有关重大决策,应当注重听取包括民营经济组织在内各类经济组织、行业协会商会的意见建议;在实施前应当根据实际情况留出必要的适应调整期。

根据《中华人民共和国立法法》的规定,与经营主体生产经营活动密切相关的法律、法规、规章和其他规范性文件,属于审判、检察工作中具体应用法律的解释,不溯及既往,但为了更好地保护公民、法人和其他组织的权利和利益而作的特别规定除外。

第四十六条 各级人民政府及其有关部门应当及时向社会公开涉及经营主体的优惠政策适用范围、标准、条件和申请程序等,为民营经济组织申请享受有关优惠政策提供便利。

第四十七条 各级人民政府及其有关部门制定鼓励民营经济组

织创业的政策，提供公共服务，鼓励创业带动就业。

第四十八条 登记机关应当为包括民营经济组织在内的各类经济组织提供依法合规、规范统一、公开透明、便捷高效的设立、变更、注销等登记服务，降低市场进入和退出成本。

个体工商户可以自愿依法转型为企业。登记机关、税务机关和有关部门为个体工商户转型为企业提供指引和便利。

第四十九条 鼓励、支持高等学校、科研院所、职业学校、公共实训基地和各类职业技能培训机构创新人才培养模式，加强职业教育和培训，培养符合民营经济高质量发展需求的专业人才和产业工人。

人力资源和社会保障部门建立健全人力资源服务机制，搭建用工和求职信息对接平台，为民营经济组织招工用工提供便利。

各级人民政府及其有关部门完善人才激励和服务保障政策措施，畅通民营经济组织职称评审渠道，为民营经济组织引进、培养高层次及紧缺人才提供支持。

第五十条 行政机关坚持依法行政。行政机关开展执法活动应当避免或者尽量减少对民营经济组织正常生产经营活动的影响，并对其合理、合法诉求及时响应、处置。

第五十一条 对民营经济组织及其经营者违法行为的行政处罚应当按照与其他经济组织及其经营者同等原则实施。对违法行为依法需要实施行政处罚或者采取其他措施的，应当与违法行为的事实、性质、情节以及社会危害程度相当。违法行为具有《中华人民共和国行政处罚法》规定的从轻、减轻或者不予处罚情形的，依照其规定从轻、减轻或者不予处罚。

第五十二条 各级人民政府及其有关部门推动监管信息共享互认，根据民营经济组织的信用状况实施分级分类监管，提升监管效能。

除直接涉及公共安全和人民群众生命健康等特殊行业、重点领域依法依规实行全覆盖的重点监管外，市场监管领域相关部门的行政检查应当通过随机抽取检查对象、随机选派执法检查人员的方式进行，抽查事项及查处结果及时向社会公开。针对同一检查对象的多个检查事项，应当尽可能合并或者纳入跨部门联合检查范围。

第五十三条 各级人民政府及其有关部门建立健全行政执法违

法行为投诉举报处理机制，及时受理并依法处理投诉举报，保护民营经济组织及其经营者合法权益。

司法行政部门建立涉企行政执法诉求沟通机制，组织开展行政执法检查，加强对行政执法活动的监督，及时纠正不当行政执法行为。

第五十四条 健全失信惩戒和信用修复制度。实施失信惩戒，应当依照法律、法规和有关规定，并根据失信行为的事实、性质、轻重程度等采取适度的惩戒措施。

民营经济组织及其经营者纠正失信行为、消除不良影响、符合信用修复条件的，可以提出信用修复申请。有关国家机关应当依法及时解除惩戒措施，移除或者终止失信信息公示，并在相关公共信用信息平台实现协同修复。

第五十五条 建立健全矛盾纠纷多元化解机制，为民营经济组织维护合法权益提供便利。

司法行政部门组织协调律师、公证、司法鉴定、基层法律服务、人民调解、商事调解、仲裁等相关机构和法律咨询专家，参与涉及民营经济组织纠纷的化解，为民营经济组织提供有针对性的法律服务。

第五十六条 有关行业协会商会依照法律、法规和章程，发挥协调和自律作用，及时反映行业诉求，为民营经济组织及其经营者提供信息咨询、宣传培训、市场拓展、权益保护、纠纷处理等方面的服务。

第五十七条 国家坚持高水平对外开放，加快构建以国内大循环为主体、国内国际双循环相互促进的新发展格局；支持、引导民营经济组织拓展国际交流合作，在海外依法合规开展投资经营等活动；加强法律、金融、物流等海外综合服务，完善海外利益保障机制，维护民营经济组织及其经营者海外合法权益。

第七章 权益保护

第五十八条 民营经济组织及其经营者的人身权利、财产权利以及经营自主权等合法权益受法律保护，任何单位和个人不得侵犯。

第五十九条 民营经济组织的名称权、名誉权、荣誉权和民营经济组织经营者的名誉权、荣誉权、隐私权、个人信息等人格权益受法律保护。

任何单位和个人不得利用互联网等传播渠道,以侮辱、诽谤等方式恶意侵害民营经济组织及其经营者的人格权益。网络服务提供者应当依照有关法律法规规定,加强网络信息内容管理,建立健全投诉、举报机制,及时处置恶意侵害当事人合法权益的违法信息,并向有关主管部门报告。

人格权益受到恶意侵害的民营经济组织及其经营者有权依法向人民法院申请采取责令行为人停止有关行为的措施。民营经济组织及其经营者的人格权益受到恶意侵害致使民营经济组织生产经营、投资融资等活动遭受实际损失的,侵权人依法承担赔偿责任。

第六十条　国家机关及其工作人员依法开展调查或者要求协助调查,应当避免或者尽量减少对正常生产经营活动产生影响。实施限制人身自由的强制措施,应当严格依照法定权限、条件和程序进行。

第六十一条　征收、征用财产,应当严格依照法定权限、条件和程序进行。

为了公共利益的需要,依照法律规定征收、征用财产的,应当给予公平、合理的补偿。

任何单位不得违反法律、法规向民营经济组织收取费用,不得实施没有法律、法规依据的罚款,不得向民营经济组织摊派财物。

第六十二条　查封、扣押、冻结涉案财物,应当遵守法定权限、条件和程序,严格区分违法所得、其他涉案财物与合法财产,民营经济组织财产与民营经济组织经营者个人财产,涉案人财产与案外人财产,不得超权限、超范围、超数额、超时限查封、扣押、冻结财物。对查封、扣押的涉案财物,应当妥善保管。

第六十三条　办理案件应当严格区分经济纠纷与经济犯罪,遵守法律关于追诉期限的规定;生产经营活动未违反刑法规定的,不以犯罪论处;事实不清、证据不足或者依法不追究刑事责任的,应当依法撤销案件、不起诉、终止审理或者宣告无罪。

禁止利用行政或者刑事手段违法干预经济纠纷。

第六十四条　规范异地执法行为,建立健全异地执法协助制度。办理案件需要异地执法的,应当遵守法定权限、条件和程序。国家机关之间对案件管辖有争议的,可以进行协商,协商不成的,提请共同的上级机关决定，法律另有规定的从其规定。

禁止为经济利益等目的滥用职权实施异地执法。

第六十五条 民营经济组织及其经营者对生产经营活动是否违法，以及国家机关实施的强制措施存在异议的，可以依法向有关机关反映情况、申诉，依法申请行政复议、提起诉讼。

第六十六条 检察机关依法对涉及民营经济组织及其经营者的诉讼活动实施法律监督，及时受理并审查有关申诉、控告。发现存在违法情形的，应当依法提出抗诉、纠正意见、检察建议。

第六十七条 国家机关、事业单位、国有企业应当依法或者依合同约定及时向民营经济组织支付账款，不得以人员变更、履行内部付款流程或者在合同未作约定情况下以等待竣工验收批复、决算审计等为由，拒绝或者拖延支付民营经济组织账款；除法律、行政法规另有规定外，不得强制要求以审计结果作为结算依据。

审计机关依法对国家机关、事业单位和国有企业支付民营经济组织账款情况进行审计监督。

第六十八条 大型企业向中小民营经济组织采购货物、工程、服务等，应当合理约定付款期限并及时支付账款，不得以收到第三方付款作为向中小民营经济组织支付账款的条件。

人民法院对拖欠中小民营经济组织账款案件依法及时立案、审理、执行，可以根据自愿和合法的原则进行调解，保障中小民营经济组织合法权益。

第六十九条 县级以上地方人民政府应当加强账款支付保障工作，预防和清理拖欠民营经济组织账款；强化预算管理，政府采购项目应当严格按照批准的预算执行；加强对拖欠账款处置工作的统筹指导，对有争议的鼓励各方协商解决，对存在重大分歧的组织协商、调解。协商、调解应当发挥工商业联合会、律师协会等组织的作用。

第七十条 地方各级人民政府及其有关部门应当履行依法向民营经济组织作出的政策承诺和与民营经济组织订立的合同，不得以行政区划调整、政府换届、机构或者职能调整以及相关人员更替等为由违约、毁约。

因国家利益、社会公共利益需要改变政策承诺、合同约定的，应当依照法定权限和程序进行,并对民营经济组织因此受到的损失予以补偿。

第八章 法 律 责 任

第七十一条 违反本法规定,有下列情形之一的,由有权机关责令改正,造成不良后果或者影响的,对负有责任的领导人员和直接责任人员依法给予处分:

(一)未经公平竞争审查或者未通过公平竞争审查出台政策措施;

(二)在招标投标、政府采购等公共资源交易中限制或者排斥民营经济组织。

第七十二条 违反法律规定实施征收、征用或者查封、扣押、冻结等措施的,由有权机关责令改正,造成损失的,依法予以赔偿;造成不良后果或者影响的,对负有责任的领导人员和直接责任人员依法给予处分。

违反法律规定实施异地执法的,由有权机关责令改正,造成不良后果或者影响的,对负有责任的领导人员和直接责任人员依法给予处分。

第七十三条 国家机关、事业单位、国有企业违反法律、行政法规规定或者合同约定,拒绝或者拖延支付民营经济组织账款,地方各级人民政府及其有关部门不履行向民营经济组织依法作出的政策承诺、依法订立的合同的,由有权机关予以纠正,造成损失的,依法予以赔偿;造成不良后果或者影响的,对负有责任的领导人员和直接责任人员依法给予处分。

大型企业违反法律、行政法规规定或者合同约定,拒绝或者拖延支付中小民营经济组织账款的,依法承担法律责任。

第七十四条 违反本法规定,侵害民营经济组织及其经营者合法权益,其他法律、法规规定行政处罚的,从其规定;造成人身损害或者财产损失的,依法承担民事责任;构成犯罪的,依法追究刑事责任。

第七十五条 民营经济组织及其经营者生产经营活动违反法律、法规规定,由有权机关责令改正,依法予以行政处罚;造成人身损害或者财产损失的,依法承担民事责任;构成犯罪的,依法追究刑事责任。

第七十六条　民营经济组织及其经营者采取欺诈等不正当手段骗取表彰荣誉、优惠政策等的,应当撤销已获表彰荣誉、取消享受的政策待遇,依法予以处罚;构成犯罪的,依法追究刑事责任。

第九章　附　　则

第七十七条　本法所称民营经济组织,是指在中华人民共和国境内依法设立的由中国公民控股或者实际控制的营利法人、非法人组织和个体工商户,以及前述组织控股或者实际控制的营利法人、非法人组织。

民营经济组织涉及外商投资的,同时适用外商投资法律法规的相关规定。

第七十八条　本法自2025年5月20日起施行。

中共中央、国务院关于促进民营经济发展壮大的意见

(2023年7月14日)

民营经济是推进中国式现代化的生力军,是高质量发展的重要基础,是推动我国全面建成社会主义现代化强国、实现第二个百年奋斗目标的重要力量。为促进民营经济发展壮大,现提出如下意见。

一、总体要求

以习近平新时代中国特色社会主义思想为指导,深入贯彻党的二十大精神,坚持稳中求进工作总基调,完整、准确、全面贯彻新发展理念,加快构建新发展格局,着力推动高质量发展,坚持社会主义市场经济改革方向,坚持"两个毫不动摇",加快营造市场化、法治化、国际化一流营商环境,优化民营经济发展环境,依法保护民营企业产权和企业家权益,全面构建亲清政商关系,使各种所有制经济依法平等使用生产要素、公平参与市场竞争、同等受到法律保护,引导民营企业通过自身改革发展、合规经营、转型升级不断提升发展质量,促进民营经济做大做优做强,在全面建设社会主义现代化国家新征程中作出积极贡献,在中华民族伟大复兴历史进程中肩负起更大使命、承担起更重责任、发挥出更大作用。

二、持续优化民营经济发展环境

构建高水平社会主义市场经济体制,持续优化稳定公平透明可预期的发展环境,充分激发民营经济生机活力。

(一)持续破除市场准入壁垒。各地区各部门不得以备案、注册、年检、认定、认证、指定、要求设立分公司等形式设定或变相设定准入障碍。清理规范行政审批、许可、备案等政务服务事项的前置条件和审批标准,不得将政务服务事项转为中介服务事项,没有法律法规依据不得在政务服务前要求企业自行检测、检验、认证、鉴定、公证或提

供证明等。稳步开展市场准入效能评估,建立市场准入壁垒投诉和处理回应机制,完善典型案例归集和通报制度。

(二)全面落实公平竞争政策制度。强化竞争政策基础地位,健全公平竞争制度框架和政策实施机制,坚持对各类所有制企业一视同仁、平等对待。强化制止滥用行政权力排除限制竞争的反垄断执法。未经公平竞争不得授予经营者特许经营权,不得限定经营、购买、使用特定经营者提供的商品和服务。定期推出市场干预行为负面清单,及时清理废除含有地方保护、市场分割、指定交易等妨碍统一市场和公平竞争的政策。优化完善产业政策实施方式,建立涉企优惠政策目录清单并及时向社会公开。

(三)完善社会信用激励约束机制。完善信用信息记录和共享体系,全面推广信用承诺制度,将承诺和履约信息纳入信用记录。发挥信用激励机制作用,提升信用良好企业获得感。完善信用约束机制,依法依规按照失信惩戒措施清单对责任主体实施惩戒。健全失信行为纠正后的信用修复机制,研究出台相关管理办法。完善政府诚信履约机制,建立健全政务失信记录和惩戒制度,将机关、事业单位的违约毁约、拖欠账款、拒不履行司法裁判等失信信息纳入全国信用信息共享平台。

(四)完善市场化重整机制。鼓励民营企业盘活存量资产回收资金。坚持精准识别、分类施策,对陷入财务困境但仍具有发展前景和挽救价值的企业,按照市场化、法治化原则,积极适用破产重整、破产和解程序。推动修订企业破产法并完善配套制度。优化个体工商户转企业相关政策,降低转换成本。

三、加大对民营经济政策支持力度

精准制定实施各类支持政策,完善政策执行方式,加强政策协调性,及时回应关切和利益诉求,切实解决实际困难。

(五)完善融资支持政策制度。健全银行、保险、担保、券商等多方共同参与的融资风险市场化分担机制。健全中小微企业和个体工商户信用评级和评价体系,加强涉企信用信息归集,推广"信易贷"等服务模式。支持符合条件的民营中小微企业在债券市场融资,鼓励符合条件的民营企业发行科技创新公司债券,推动民营企业债券融资专项支持计划扩大覆盖面、提升增信力度。支持符合条件的民营企业上市融资和再融资。

（六）完善拖欠账款常态化预防和清理机制。严格执行《保障中小企业款项支付条例》，健全防范化解拖欠中小企业账款长效机制，依法依规加大对责任人的问责处罚力度。机关、事业单位和大型企业不得以内部人员变更、履行内部付款流程，或在合同未作约定情况下以等待竣工验收批复、决算审计等为由，拒绝或延迟支付中小企业和个体工商户款项。建立拖欠账款定期披露、劝告指导、主动执法制度。强化商业汇票信息披露，完善票据市场信用约束机制。完善拖欠账款投诉处理和信用监督机制，加强对恶意拖欠账款案例的曝光。完善拖欠账款清理与审计、督查、巡视等制度的常态化对接机制。

（七）强化人才和用工需求保障。畅通人才向民营企业流动渠道，健全人事管理、档案管理、社会保障等接续的政策机制。完善民营企业职称评审办法，畅通民营企业职称评审渠道，完善以市场评价为导向的职称评审标准。搭建民营企业、个体工商户用工和劳动者求职信息对接平台。大力推进校企合作、产教融合。推进民营经济产业工人队伍建设，优化职业发展环境。加强灵活就业和新就业形态劳动者权益保障，发挥平台企业在扩大就业方面的作用。

（八）完善支持政策直达快享机制。充分发挥财政资金直达机制作用，推动涉企资金直达快享。加大涉企补贴资金公开力度，接受社会监督。针对民营中小微企业和个体工商户建立支持政策"免申即享"机制，推广告知承诺制，有关部门能够通过公共数据平台提取的材料，不再要求重复提供。

（九）强化政策沟通和预期引导。依法依规履行涉企政策调整程序，根据实际设置合理过渡期。加强直接面向民营企业和个体工商户的政策发布和解读引导。支持各级政府部门邀请优秀企业家开展咨询，在涉企政策、规划、标准的制定和评估等方面充分发挥企业家作用。

四、强化民营经济发展法治保障

健全对各类所有制经济平等保护的法治环境，为民营经济发展营造良好稳定的预期。

（十）依法保护民营企业产权和企业家权益。防止和纠正利用行政或刑事手段干预经济纠纷，以及执法司法中的地方保护主义。进一步规范涉产权强制性措施，避免超权限、超范围、超数额、超时限查封扣押冻结财产。对不宜查封扣押冻结的经营性涉案财物，在保证侦查活动正常进行的同时，可以允许有关当事人继续合理使用，并采取必要的保值保管措施，最大限度减少侦查办案对正常办公和合法生产经营的影响。完善涉企案件申诉、再审等机制，健全冤错案件有效防范和常态化纠正机制。

（十一）构建民营企业源头防范和治理腐败的体制机制。出台司法解释，依法加大对民营企业工作人员职务侵占、挪用资金、受贿等腐败行为的惩处力度。健全涉案财物追缴处置机制。深化涉案企业合规改革，推动民营企业合规守法经营。强化民营企业腐败源头治理，引导民营企业建立严格的审计监督体系和财会制度。充分发挥民营企业党组织作用，推动企业加强法治教育，营造诚信廉洁的企业文化氛围。建立多元主体参与的民营企业腐败治理机制。推动建设法治民营企业、清廉民营企业。

（十二）持续完善知识产权保护体系。加大对民营中小微企业原始创新保护力度。严格落实知识产权侵权惩罚性赔偿、行为保全等制度。建立知识产权侵权和行政非诉执行快速处理机制，健全知识产权法院跨区域管辖制度。研究完善商业改进、文化创意等创新成果的知识产权保护办法。严厉打击侵犯商业秘密、仿冒混淆等不正当竞争行为和恶意抢注商标等违法行为。加大对侵犯知识产权违法犯罪行为的刑事打击力度。完善海外知识产权纠纷应对指导机制。

（十三）完善监管执法体系。加强监管标准化规范化建设，依法公开监管标准和规则，增强监管制度和政策的稳定性、可预期性。提高监管公平性、规范性、简约性，杜绝选择性执法和让企业"自证清白"式监管。鼓励跨行政区域按规定联合发布统一监管政策法规及标准规范，开展联动执法。按照教育与处罚相结合原则，推行告知、提醒、劝导等执法方式，对初次违法且危害后果轻微并及时改正的依法不予行政处罚。

（十四）健全涉企收费长效监管机制。持续完善政府定价的涉企收费清单制度,进行常态化公示,接受企业和社会监督。畅通涉企违规收费投诉举报渠道,建立规范的问题线索部门共享和转办机制,综合采取市场监管、行业监管、信用监管等手段实施联合惩戒,公开曝光违规收费典型案例。

五、着力推动民营经济实现高质量发展

引导民营企业践行新发展理念,深刻把握存在的不足和面临的挑战,转变发展方式、调整产业结构、转换增长动力,坚守主业、做强实业,自觉走高质量发展之路。

(十五)引导完善治理结构和管理制度。支持引导民营企业完善法人治理结构、规范股东行为、强化内部监督,实现治理规范、有效制衡、合规经营,鼓励有条件的民营企业建立完善中国特色现代企业制度。依法推动实现企业法人财产与出资人个人或家族财产分离,明晰企业产权结构。研究构建风险评估体系和提示机制,对严重影响企业运营并可能引发社会稳定风险的情形提前预警。支持民营企业加强风险防范管理,引导建立覆盖企业战略、规划、投融资、市场运营等各领域的全面风险管理体系,提升质量管理意识和能力。

(十六)支持提升科技创新能力。鼓励民营企业根据国家战略需要和行业发展趋势,持续加大研发投入,开展关键核心技术攻关,按规定积极承担国家重大科技项目。培育一批关键行业民营科技领军企业、专精特新中小企业和创新能力强的中小企业特色产业集群。加大政府采购创新产品力度,发挥首台(套)保险补偿机制作用,支持民营企业创新产品迭代应用。推动不同所有制企业、大中小企业融通创新,开展共性技术联合攻关。完善高等学校、科研院所管理制度和成果转化机制,调动其支持民营中小微企业创新发展积极性,支持民营企业与科研机构合作建立技术研发中心、产业研究院、中试熟化基地、工程研究中心、制造业创新中心等创新平台。支持民营企业加强基础性前沿性研究和成果转化。

(十七)加快推动数字化转型和技术改造。鼓励民营企业开展数字化共性技术研发,参与数据中心、工业互联网等新型基础设施投资建设和应用创新。支持中小企业数字化转型,推动低成本、模块化智能制造设备和系统的推广应用。引导民营企业积极推进标准化建设,提升产品质量水平。支持民营企业加大生产工艺、设备、技术的绿色低碳改造力度，加快发展柔性制造，提升应急扩产转产能力，提升产业链韧性。

（十八）鼓励提高国际竞争力。支持民营企业立足自身实际，积极向核心零部件和高端制成品设计研发等方向延伸；加强品牌建设，提升"中国制造"美誉度。鼓励民营企业拓展海外业务，积极参与共建"一带一路"，有序参与境外项目，在走出去中遵守当地法律法规、履行社会责任。更好指导支持民营企业防范应对贸易保护主义、单边主义、"长臂管辖"等外部挑战。强化部门协同配合，针对民营经济人士海外人身和财产安全，建立防范化解风险协作机制。

（十九）支持参与国家重大战略。鼓励民营企业自主自愿通过扩大吸纳就业、完善工资分配制度等，提升员工享受企业发展成果的水平。支持民营企业到中西部和东北地区投资发展劳动密集型制造业、装备制造业和生态产业，促进革命老区、民族地区加快发展，投入边疆地区建设推进兴边富民。支持民营企业参与推进碳达峰碳中和，提供减碳技术和服务，加大可再生能源发电和储能等领域投资力度，参与碳排放权、用能权交易。支持民营企业参与乡村振兴，推动新型农业经营主体和社会化服务组织发展现代种养业，高质量发展现代农产品加工业，因地制宜发展现代农业服务业，壮大休闲农业、乡村旅游业等特色产业，积极投身"万企兴万村"行动。支持民营企业参与全面加强基础设施建设，引导民营资本参与新型城镇化、交通水利等重大工程和补短板领域建设。

（二十）依法规范和引导民营资本健康发展。健全规范和引导民营资本健康发展的法律制度，为资本设立"红绿灯"，完善资本行为制度规则，集中推出一批"绿灯"投资案例。全面提升资本治理效能，提高资本监管能力和监管体系现代化水平。引导平台经济向开放、创新、赋能方向发展，补齐发展短板弱项，支持平台企业在创造就业、拓展消费、国际竞争中大显身手，推动平台经济规范健康持续发展。鼓励民营企业集中精力做强做优主业，提升核心竞争力。

六、促进民营经济人士健康成长

全面贯彻信任、团结、服务、引导、教育的方针，用务实举措稳定人心、鼓舞人心、凝聚人心,引导民营经济人士弘扬企业家精神。

(二十一)健全民营经济人士思想政治建设机制。积极稳妥做好在民营经济代表人士先进分子中发展党员工作。深入开展理想信念教育和社会主义核心价值观教育。教育引导民营经济人士中的党员坚定理想信念,发挥先锋模范作用,坚决执行党的理论和路线方针政策。积极探索创新民营经济领域党建工作方式。

(二十二)培育和弘扬企业家精神。引导民营企业家增强爱国情怀、勇于创新、诚信守法、承担社会责任、拓展国际视野,敢闯敢干,不断激发创新活力和创造潜能。发挥优秀企业家示范带动作用,按规定加大评选表彰力度,在民营经济中大力培育企业家精神,及时总结推广富有中国特色、顺应时代潮流的企业家成长经验。

(二十三)加强民营经济代表人士队伍建设。优化民营经济代表人士队伍结构,健全选人机制,兼顾不同地区、行业和规模企业,适当向战略性新兴产业、高技术产业、先进制造业、现代服务业、现代农业等领域倾斜。规范政治安排,完善相关综合评价体系,稳妥做好推荐优秀民营经济人士作为各级人大代表候选人、政协委员人选工作,发挥工商联在民营经济人士有序政治参与中的主渠道作用。支持民营经济代表人士在国际经济活动和经济组织中发挥更大作用。

(二十四)完善民营经济人士教育培训体系。完善民营经济人士专题培训和学习研讨机制,进一步加大教育培训力度。完善民营中小微企业培训制度,构建多领域多层次、线上线下相结合的培训体系。加强对民营经济人士的梯次培养,建立健全年轻一代民营经济人士传帮带辅导制度,推动事业新老交接和有序传承。

(二十五)全面构建亲清政商关系。把构建亲清政商关系落到实处,党政干部和民营企业家要双向建立亲清统一的新型政商关系。各级领导干部要坦荡真诚同民营企业家接触交往,主动作为、靠前服务,依法依规为民营企业和民营企业家解难题、办实事,守住交往底线,防范廉政风险,做到亲而有度、清而有为。民营企业家要积极主动与各级党委和政府及部门沟通交流,讲真话、说实情、建诤言,洁身自好走正道,遵纪守法办企业,光明正大搞经营。

七、持续营造关心促进民营经济发展壮大社会氛围

引导和支持民营经济履行社会责任,展现良好形象,更好与舆论互动,营造正确认识、充分尊重、积极关心民营经济的良好社会氛围。

(二十六)引导全社会客观正确全面认识民营经济和民营经济人士。加强理论研究和宣传,坚持实事求是、客观公正,把握好正确舆论导向,引导社会正确认识民营经济的重大贡献和重要作用,正确看待民营经济人士通过合法合规经营获得的财富。坚决抵制、及时批驳澄清质疑社会主义基本经济制度、否定和弱化民营经济的错误言论与做法,及时回应关切、打消顾虑。

(二十七)培育尊重民营经济创新创业的舆论环境。加强对优秀企业家先进事迹、加快建设世界一流企业的宣传报道,凝聚崇尚创新创业正能量,增强企业家的荣誉感和社会价值感。营造鼓励创新、宽容失败的舆论环境和时代氛围,对民营经济人士合法经营中出现的失误失败给予理解、宽容、帮助。建立部门协作机制,依法严厉打击以负面舆情为要挟进行勒索等行为,健全相关举报机制,降低企业维权成本。

(二十八)支持民营企业更好履行社会责任。教育引导民营企业自觉担负促进共同富裕的社会责任,在企业内部积极构建和谐劳动关系,推动构建全体员工利益共同体,让企业发展成果更公平惠及全体员工。鼓励引导民营经济人士做发展的实干家和新时代的奉献者,在更高层次上实现个人价值,向全社会展现遵纪守法、遵守社会公德的良好形象,做到富而有责、富而有义、富而有爱。探索建立民营企业社会责任评价体系和激励机制,引导民营企业踊跃投身光彩事业和公益慈善事业,参与应急救灾,支持国防建设。

八、加强组织实施

(二十九)坚持和加强党的领导。坚持党中央对民营经济工作的集中统一领导,把党的领导落实到工作全过程各方面。坚持正确政治方向,建立完善民营经济和民营企业发展工作机制,明确和压实部门责任,加强协同配合,强化央地联动。支持工商联围绕促进民营经济健康发展和民营经济人士健康成长更好发挥作用。

(三十)完善落实激励约束机制。强化已出台政策的督促落实,重点推动促进民营经济发展壮大、产权保护、弘扬企业家精神等政策落实落细,完善评估督导体系。建立健全民营经济投诉维权平台,完善投诉举报保密制度、处理程序和督办考核机制。

(三十一)及时做好总结评估。在与宏观政策取向一致性评估中对涉民营经济政策开展专项评估审查。完善中国营商环境评价体系,健全政策实施效果第三方评价机制。加强民营经济统计监测评估,必要时可研究编制统一规范的民营经济发展指数。不断创新和发展"晋江经验",及时总结推广各地好经验好做法,对行之有效的经验做法以适当形式予以固化。

一、公平竞争

中华人民共和国反不正当竞争法

（1993年9月2日第八届全国人民代表大会常务委员会第三次会议通过 2017年11月4日第十二届全国人民代表大会常务委员会第三十次会议修订 根据2019年4月23日第十三届全国人民代表大会常务委员会第十次会议《关于修改〈中华人民共和国建筑法〉等八部法律的决定》修正）

目 录

第一章 总 则
第二章 不正当竞争行为
第三章 对涉嫌不正当竞争行为的调查
第四章 法律责任
第五章 附 则

第一章 总 则

第一条 为了促进社会主义市场经济健康发展，鼓励和保护公平竞争，制止不正当竞争行为，保护经营者和消费者的合法权益，制定本法。

第二条 经营者在生产经营活动中，应当遵循自愿、平等、公平、诚信的原则，遵守法律和商业道德。

本法所称的不正当竞争行为，是指经营者在生产经营活动中，违反本法规定，扰乱市场竞争秩序，损害其他经营者或者消费者的合法权益的行为。

本法所称的经营者,是指从事商品生产、经营或者提供服务(以下所称商品包括服务)的自然人、法人和非法人组织。

第三条 各级人民政府应当采取措施,制止不正当竞争行为,为公平竞争创造良好的环境和条件。

国务院建立反不正当竞争工作协调机制,研究决定反不正当竞争重大政策,协调处理维护市场竞争秩序的重大问题。

第四条 县级以上人民政府履行工商行政管理职责的部门对不正当竞争行为进行查处;法律、行政法规规定由其他部门查处的,依照其规定。

第五条 国家鼓励、支持和保护一切组织和个人对不正当竞争行为进行社会监督。

国家机关及其工作人员不得支持、包庇不正当竞争行为。

行业组织应当加强行业自律,引导、规范会员依法竞争,维护市场竞争秩序。

第二章　不正当竞争行为

第六条 经营者不得实施下列混淆行为,引人误认为是他人商品或者与他人存在特定联系:

(一)擅自使用与他人有一定影响的商品名称、包装、装潢等相同或者近似的标识;

(二)擅自使用他人有一定影响的企业名称(包括简称、字号等)、社会组织名称(包括简称等)、姓名(包括笔名、艺名、译名等);

(三)擅自使用他人有一定影响的域名主体部分、网站名称、网页等;

(四)其他足以引人误认为是他人商品或者与他人存在特定联系的混淆行为。

第七条 经营者不得采用财物或者其他手段贿赂下列单位或者个人,以谋取交易机会或者竞争优势:

(一)交易相对方的工作人员;

(二)受交易相对方委托办理相关事务的单位或者个人;

(三)利用职权或者影响力影响交易的单位或者个人。

经营者在交易活动中,可以以明示方式向交易相对方支付折扣,或者向中间人支付佣金。经营者向交易相对方支付折扣、向中间人支付佣金的,应当如实入账。接受折扣、佣金的经营者也应当如实入账。

经营者的工作人员进行贿赂的,应当认定为经营者的行为;但是,经营者有证据证明该工作人员的行为与为经营者谋取交易机会或者竞争优势无关的除外。

第八条 经营者不得对其商品的性能、功能、质量、销售状况、用户评价、曾获荣誉等作虚假或者引人误解的商业宣传,欺骗、误导消费者。

经营者不得通过组织虚假交易等方式,帮助其他经营者进行虚假或者引人误解的商业宣传。

第九条 经营者不得实施下列侵犯商业秘密的行为:

(一)以盗窃、贿赂、欺诈、胁迫、电子侵入或者其他不正当手段获取权利人的商业秘密;

(二)披露、使用或者允许他人使用以前项手段获取的权利人的商业秘密;

(三)违反保密义务或者违反权利人有关保守商业秘密的要求,披露、使用或者允许他人使用其所掌握的商业秘密;

(四)教唆、引诱、帮助他人违反保密义务或者违反权利人有关保守商业秘密的要求,获取、披露、使用或者允许他人使用权利人的商业秘密。

经营者以外的其他自然人、法人和非法人组织实施前款所列违法行为的,视为侵犯商业秘密。

第三人明知或者应知商业秘密权利人的员工、前员工或者其他单位、个人实施本条第一款所列违法行为,仍获取、披露、使用或者允许他人使用该商业秘密的,视为侵犯商业秘密。

本法所称的商业秘密,是指不为公众所知悉、具有商业价值并经权利人采取相应保密措施的技术信息、经营信息等商业信息。

第十条 经营者进行有奖销售不得存在下列情形:

(一)所设奖的种类、兑奖条件、奖金金额或者奖品等有奖销售信息不明确,影响兑奖;

（二）采用谎称有奖或者故意让内定人员中奖的欺骗方式进行有奖销售；

（三）抽奖式的有奖销售，最高奖的金额超过五万元。

第十一条 经营者不得编造、传播虚假信息或者误导性信息，损害竞争对手的商业信誉、商品声誉。

第十二条 经营者利用网络从事生产经营活动，应当遵守本法的各项规定。

经营者不得利用技术手段，通过影响用户选择或者其他方式，实施下列妨碍、破坏其他经营者合法提供的网络产品或者服务正常运行的行为：

（一）未经其他经营者同意，在其合法提供的网络产品或者服务中，插入链接、强制进行目标跳转；

（二）误导、欺骗、强迫用户修改、关闭、卸载其他经营者合法提供的网络产品或者服务；

（三）恶意对其他经营者合法提供的网络产品或者服务实施不兼容；

（四）其他妨碍、破坏其他经营者合法提供的网络产品或者服务正常运行的行为。

第三章　对涉嫌不正当竞争行为的调查

第十三条 监督检查部门调查涉嫌不正当竞争行为，可以采取下列措施：

（一）进入涉嫌不正当竞争行为的经营场所进行检查；

（二）询问被调查的经营者、利害关系人及其他有关单位、个人，要求其说明有关情况或者提供与被调查行为有关的其他资料；

（三）查询、复制与涉嫌不正当竞争行为有关的协议、账簿、单据、文件、记录、业务函电和其他资料；

（四）查封、扣押与涉嫌不正当竞争行为有关的财物；

（五）查询涉嫌不正当竞争行为的经营者的银行账户。

采取前款规定的措施，应当向监督检查部门主要负责人书面报告，并经批准。采取前款第四项、第五项规定的措施，应当向设区的市级以上人民政府监督检查部门主要负责人书面报告,并经批准。

监督检查部门调查涉嫌不正当竞争行为,应当遵守《中华人民共和国行政强制法》和其他有关法律、行政法规的规定,并应当将查处结果及时向社会公开。

第十四条 监督检查部门调查涉嫌不正当竞争行为,被调查的经营者、利害关系人及其他有关单位、个人应当如实提供有关资料或者情况。

第十五条 监督检查部门及其工作人员对调查过程中知悉的商业秘密负有保密义务。

第十六条 对涉嫌不正当竞争行为,任何单位和个人有权向监督检查部门举报,监督检查部门接到举报后应当依法及时处理。

监督检查部门应当向社会公开受理举报的电话、信箱或者电子邮件地址,并为举报人保密。对实名举报并提供相关事实和证据的,监督检查部门应当将处理结果告知举报人。

第四章 法 律 责 任

第十七条 经营者违反本法规定,给他人造成损害的,应当依法承担民事责任。

经营者的合法权益受到不正当竞争行为损害的,可以向人民法院提起诉讼。

因不正当竞争行为受到损害的经营者的赔偿数额,按照其因被侵权所受到的实际损失确定;实际损失难以计算的,按照侵权人因侵权所获得的利益确定。经营者恶意实施侵犯商业秘密行为,情节严重的,可以在按照上述方法确定数额的一倍以上五倍以下确定赔偿数额。赔偿数额还应当包括经营者为制止侵权行为所支付的合理开支。

经营者违反本法第六条、第九条规定,权利人因被侵权所受到的实际损失、侵权人因侵权所获得的利益难以确定的,由人民法院根据侵权行为的情节判决给予权利人五百万元以下的赔偿。

第十八条 经营者违反本法第六条规定实施混淆行为的,由监督检查部门责令停止违法行为,没收违法商品。违法经营额五万元以上的,可以并处违法经营额五倍以下的罚款;没有违法经营额或者违法经营额不足五万元的,可以并处二十五万元以下的罚款。情节严重的,吊销营业执照。

经营者登记的企业名称违反本法第六条规定的,应当及时办理名称变更登记;名称变更前,由原企业登记机关以统一社会信用代码代替其名称。

第十九条 经营者违反本法第七条规定贿赂他人的,由监督检查部门没收违法所得,处十万元以上三百万元以下的罚款。情节严重的,吊销营业执照。

第二十条 经营者违反本法第八条规定对其商品作虚假或者引人误解的商业宣传,或者通过组织虚假交易等方式帮助其他经营者进行虚假或者引人误解的商业宣传的,由监督检查部门责令停止违法行为,处二十万元以上一百万元以下的罚款;情节严重的,处一百万元以上二百万元以下的罚款,可以吊销营业执照。

经营者违反本法第八条规定,属于发布虚假广告的,依照《中华人民共和国广告法》的规定处罚。

第二十一条 经营者以及其他自然人、法人和非法人组织违反本法第九条规定侵犯商业秘密的,由监督检查部门责令停止违法行为,没收违法所得,处十万元以上一百万元以下的罚款;情节严重的,处五十万元以上五百万元以下的罚款。

第二十二条 经营者违反本法第十条规定进行有奖销售的,由监督检查部门责令停止违法行为,处五万元以上五十万元以下的罚款。

第二十三条 经营者违反本法第十一条规定损害竞争对手商业信誉、商品声誉的,由监督检查部门责令停止违法行为、消除影响,处十万元以上五十万元以下的罚款;情节严重的,处五十万元以上三百万元以下的罚款。

第二十四条 经营者违反本法第十二条规定妨碍、破坏其他经营者合法提供的网络产品或者服务正常运行的,由监督检查部门责令停止违法行为,处十万元以上五十万元以下的罚款;情节严重的,处五十万元以上三百万元以下的罚款。

第二十五条 经营者违反本法规定从事不正当竞争,有主动消除或者减轻违法行为危害后果等法定情形的,依法从轻或者减轻行政处罚;违法行为轻微并及时纠正,没有造成危害后果的,不予行政处罚。

第二十六条 经营者违反本法规定从事不正当竞争,受到行政处罚的,由监督检查部门记入信用记录,并依照有关法律、行政法规的规定予以公示。

第二十七条 经营者违反本法规定,应当承担民事责任、行政责任和刑事责任,其财产不足以支付的,优先用于承担民事责任。

第二十八条 妨害监督检查部门依照本法履行职责,拒绝、阻碍调查的,由监督检查部门责令改正,对个人可以处五千元以下的罚款,对单位可以处五万元以下的罚款,并可以由公安机关依法给予治安管理处罚。

第二十九条 当事人对监督检查部门作出的决定不服的,可以依法申请行政复议或者提起行政诉讼。

第三十条 监督检查部门的工作人员滥用职权、玩忽职守、徇私舞弊或者泄露调查过程中知悉的商业秘密的,依法给予处分。

第三十一条 违反本法规定,构成犯罪的,依法追究刑事责任。

第三十二条 在侵犯商业秘密的民事审判程序中,商业秘密权利人提供初步证据,证明其已经对所主张的商业秘密采取保密措施,且合理表明商业秘密被侵犯,涉嫌侵权人应当证明权利人所主张的商业秘密不属于本法规定的商业秘密。

商业秘密权利人提供初步证据合理表明商业秘密被侵犯,且提供以下证据之一的,涉嫌侵权人应当证明其不存在侵犯商业秘密的行为:

(一)有证据表明涉嫌侵权人有渠道或者机会获取商业秘密,且其使用的信息与该商业秘密实质上相同的;

(二)有证据表明商业秘密已经被涉嫌侵权人披露、使用或者有被披露、使用的风险;

(三)有其他证据表明商业秘密被涉嫌侵权人侵犯。

第五章 附 则

第三十三条 本法自 2018 年 1 月 1 日起施行。

中共中央办公厅、国务院办公厅
关于完善市场准入制度的意见

(2024年8月1日)

市场准入制度是社会主义市场经济基础制度之一,是推动有效市场和有为政府更好结合的关键。为深入贯彻党的二十届三中全会精神,完善市场准入制度,深入破除市场准入壁垒,构建开放透明、规范有序、平等竞争、权责清晰、监管有力的市场准入制度体系,经党中央、国务院同意,现提出如下意见。

一、完善市场准入负面清单管理模式。由法律、行政法规、国务院决定、地方性法规设定的市场准入管理措施,省、自治区、直辖市政府规章依法设定的临时性市场准入管理措施,全部列入全国统一的市场准入负面清单。各类按要求编制的全国层面准入类清单目录和产业政策、投资政策、环境政策、国土空间规划等涉及市场准入的,全部纳入市场准入负面清单管理,各类经营主体可依法平等进入清单之外的领域。严禁在清单之外违规设立准入许可、违规增设准入条件、自行制定市场准入性质的负面清单,或者在实施特许经营、指定经营、检测认证等过程中违规设置准入障碍。市场准入负面清单实行动态调整,清单事项内容、主管部门等向社会全面公开。

二、科学确定市场准入规则。实施宽进严管,放开充分竞争领域准入,大幅减少对经营主体的准入限制。对关系国家安全、国民经济命脉和涉及重大生产力布局、战略性资源开发、重大公共利益的领域,兼顾社会效益和经济效益,依法实施准入管理。对经营自然垄断环节业务企业开展垄断性业务和竞争性业务的范围进行监管,防止有关企业利用垄断优势向上下游竞争性环节延伸或排除、限制上下游竞争性环节的市场竞争。加强金融行业准入监管。前瞻性部署新业态新领域市场准入体系,更好促进新质生产力发展。

三、合理设定市场禁入和许可准入事项。需要实施市场准入管理的领域,确有必要的可依法制定市场禁入的措施,或者采取行政审批和限制经营主体资质、股权比例、经营范围、经营业态、商业模式等许可准入管理办法。对市场禁入事项,政府依法不予审批、核准,不予办理有关手续,坚决查处违法违规进入行为。对许可准入事项,地方各级政府要公开法律法规依据、技术标准、许可要求、办理流程、办理时限,制定市场准入服务规程,由经营主体按照规定的条件和方式合规进入。对未实施市场禁入或许可准入但按照备案管理的事项,不得以备案名义变相设立许可。

四、明确市场准入管理措施调整程序。市场准入管理措施新增或调整前,行业主管部门应按照"谁制定、谁负责"的原则自行开展必要性、安全性、有效性评估,评估通过后,依照法定程序提请制定或修订法律法规规章等。可能造成经济运行突发重大风险的,经报党中央、国务院同意后,可采取临时性市场准入管理措施。

五、加强内外资准入政策协同联动。加强内外资准入政策调整协同,在不减损现有经营主体准入机会的前提下,坚持国民待遇原则。对外资放开准入限制的,对内资同步放开;在不违反国际协定和承诺的前提下,对内资设定准入门槛的,对外资同步适用。鼓励海南自由贸易港、自由贸易试验区等有条件地方探索更加安全、便利、高效的内外资准入协同模式。

六、有序放宽服务业准入限制。对不涉及国家安全、社会稳定,可以依靠市场充分竞争提升供给质量的服务业行业领域逐步取消准入限制。对涉及重要民生领域的教育、卫生、体育等行业,稳妥放宽准入限制,优化养老、托育、助残等行业准入标准。清理不合理的服务业经营主体准入限制,破除跨地区经营行政壁垒,放宽服务业经营主体从事经营活动的资质、股权比例、注册资金、从业人员、营业场所、经营范围等要求,不得在环保、卫生、安保、质检、消防等领域违规设置准入障碍。推动市场准入相关中介服务事项网上公开办理。

七、优化新业态新领域市场准入环境。聚焦深海、航天、航空、生命健康、新型能源、人工智能、自主可信计算、信息安全、智慧轨道交通、现代种业等新业态新领域,按照标准引领、场景开放、市场推动、产业聚集、体系升级的原则和路径,分领域制定优化市场环境实施方案,推动生产要素创新性配置,提高准入效率。用好先进技术应用推进中心和各类科技成果转化等创新平台,畅通产业体系、创新资源、资本要素、应用场景、制度政策等,因地制宜加快发展新质生产力。实施前沿技术领域创新成果应用转化市场准入环境建设行动,率先推动海陆空全空间智能无人体系应用和标准建设,加快构建绿色能源等领域准入政策体系,积极扩大数字产品市场准入。选取电子信息、计算科学、深海、航空航天、新能源、新材料、生物医药、量子科技、现代种业等领域,推动重点企业、研究机构等创新单元和有关地方建立相关领域全球前沿科学研究协同模式,积极参与国际市场准入规则和标准制定,推动重点领域创新成果便捷高效应用。

八、加大放宽市场准入试点力度。围绕战略性新兴产业、未来产业重点领域和重大生产力布局,以法规政策、技术标准、检测认证、数据体系为抓手,更好促进新技术新产品应用,选择重点地区开展放宽市场准入试点,分批制定和推出放宽市场准入特别措施。抓好已部署的放宽市场准入特别措施落地实施,做好政策评估。实施效果好的地区,可推出新一批特别措施;具备复制推广条件的特别措施,可在更大范围推广应用。

九、抓好市场准入制度落实。全面开展市场准入效能评估,优化指标体系,注重发挥第三方机构作用,确保评估过程公开透明,评估结果客观合理,鼓励地方结合实际加强评估结果应用。对地方违背市场准入制度情况进行排查,发现一起,整改一起,有关情况纳入全国信用信息共享平台和全国城市信用监测范围并向社会通报。建立与市场准入相适应的监管模式,提升市场综合监管能力和水平,推动形成政府监管、企业自觉、行业自律、社会监督的格局。

十、强化组织实施。各地区各有关部门要把思想和行动统一到党中央决策部署上来,完善工作机制,加强组织实施、跟踪评估、总结反馈。重大事项及时向党中央、国务院请示报告。

国家发展改革委、商务部、市场监管总局关于印发《市场准入负面清单(2025年版)》的通知

(2025年4月16日　发改体改规〔2025〕466号)

各省、自治区、直辖市人民政府,新疆生产建设兵团,中央和国家机关有关部门:

《市场准入负面清单(2025年版)》已经党中央、国务院批准,自即日起印发实施,请结合实际认真贯彻落实。2022年3月12日发布的《市场准入负面清单(2022年版)》(发改体改规〔2022〕397号)同时废止。

《市场准入负面清单(2025年版)》

关于《市场准入负面清单(2025年版)》有关情况的说明

实行市场准入负面清单制度,是党中央、国务院作出的重大决策部署,是构建高水平社会主义市场经济体制的重要制度安排。经党中央、国务院批准,《市场准入负面清单(2025年版)》由国家发展改革委、商务部、市场监管总局联合发布。现将有关要求说明如下:

一、市场准入负面清单事项类型和准入要求。市场准入负面清单分为禁止和许可两类事项。对禁止准入事项,经营主体不得进入,政府依法不予审批、核准,不予办理有关手续;对许可准入事项,地方各级政府要公开法律法规依据、技术标准、许可要求、办理流程、办理时限,制定市场准入服务规程,由经营主体按照规定的条件和方式合规

进入;对市场准入负面清单以外的行业、领域、业务等,各类经营主体皆可依法平等进入。对未实施市场禁入或许可准入但按照备案管理的事项,不得以备案名义变相设立许可。

二、市场准入负面清单管理措施适用范围。市场准入负面清单依法列出中华人民共和国境内禁止或经政府许可方可投资经营的行业、领域、业务等。针对所有组织和个人普遍采取的管理措施,针对非投资经营活动的管理措施、准入后管理措施、备案类管理措施、职业资格类管理措施,只针对境外经营主体的管理措施,以及针对生态保护红线、自然保护地、饮用水水源保护区等特定地理区域、空间的管理措施等不列入市场准入负面清单,从其相关规定。

三、市场准入负面清单管理措施法定依据。列入清单的市场准入管理措施,由法律、行政法规、国务院决定或地方性法规设定,省级人民政府规章可设定临时性市场准入管理措施。全国人大及其常委会或国务院根据需要,依法授权在特定范围调整或暂停实施市场准入管理措施的,从其规定。清单实施中,因防范经济运行突发重大风险等特殊原因,经党中央、国务院同意,有关部门可采取临时性市场准入管理措施。为保护公共道德,维护公共利益,有关部门依法履行对文化领域和与文化相关新产业的市场准入政策调整和规制的责任。

四、市场准入负面清单一致性要求。各类按要求编制的全国层面准入类清单目录,全部纳入市场准入负面清单管理。产业结构调整指导目录、政府核准的投资项目目录,纳入市场准入负面清单,地方对两个目录有细化规定的,从其规定。地方国家重点生态功能区和农产品主产区产业准入负面清单(或禁止限制目录)及地方按照党中央、国务院要求制定的地方性产业结构禁止准入目录,统一纳入市场准入负面清单。上述清单目录修订中,涉及增设市场准入管理措施或增设准入条件的,应报国务院同意。各地区、各部门不得另行制定市场准入性质的负面清单。

五、市场准入负面清单与其他准入规定之关系。境内外经营主体统一适用市场准入负面清单的各项规定,境外投资者还需适用《外商投资准入特别管理措施(负面清单)》的有关规定;境外服务提供者以跨境形式提供服务的,还需适用《跨境服务贸易特别管理措施(负面清单)》的有关规定。我国参加的国际公约、与其他国家签署的双多边条约、与港澳台地区达成的相关安排等另有规定的,按照相关规定执行。涉及跨界(境)河流水资源配置调整的重大水利项目和水电站、跨境电网工程、跨境输气管网等跨境事项,以及涉界河工程、涉外海洋科考,征求外事部门意见。

六、市场准入规范化便利化要求。市场准入负面清单实施中,要统筹衔接"证""照"管理,统一各类经营主体登记,推动经营主体经营范围登记与市场准入负面清单管理措施、涉企经营许可事项管理相衔接,强化涉企信息归集共享,建立服务经营主体生产经营全流程的机制安排,不断提高企业办事便利度和可预期性。

七、市场准入负面清单信用承诺及履约要求。经营主体以告知承诺方式获得许可但未履行信用承诺的,撤销原发放许可,将其履约践诺情况全面纳入信用记录并共享相关信息,依法依规开展失信惩戒。对拒不履行司法裁判或行政处罚决定、屡犯不改、造成重大损失的经营主体及其相关责任人,依法依规在一定期限内实施市场和行业禁入措施。

八、市场准入负面清单综合监管要求。各级政府部门要按照职责分工,坚决查处违法违规进入行为,依法依规对经营主体实施准入后监管,做到事前事中事后监管全覆盖,杜绝监管盲区和真空,推动构建政府监管、企业自觉、行业自律、社会监督互为支撑的协同监管格局。

市场准入负面清单由国家发展改革委、商务部、市场监管总局会同有关部门负责解释。

《市场准入负面清单（2025年版）》

项目号	禁止或许可事项	事项编码	禁止或许可准入措施描述	中央主管部门	地方性许可措施
一、禁止准入类					
1	法律、法规、国务院决定等明确设立且与市场准入相关的禁止性规定	100001	法律、法规、国务院决定等明确设立，且与市场准入相关的禁止性规定（见附件）。		
2	国家产业政策明令淘汰和限制的产品、技术、工艺、设备及行为	100002	《产业结构调整指导目录》中的淘汰类项目，禁止投资；限制类项目，禁止新建。禁止投资建设《汽车产业投资管理规定》所列的汽车投资禁止类事项。		
3	不符合主体功能区建设要求的各类开发活动	100003	地方国家重点生态功能区产业准入负面清单（或禁止限制目录）、农产品主产区产业准入负面清单（或禁止限制目录）所列有关事项。		
4	禁止违规开展金融相关经营活动	100004	非金融机构，不从事金融活动的企业，在注册名称和经营范围中不得使用"银行""保险"（保险公司、保险资产管理公司、保险集团公司、自保公司、保险互保险组织）""证券公司""期货公司""基金管理公司（注：指从事公募基金管理业务的基金管理公司）""信托公司""金融控股""金融集团""财务公司""理财""财富管理""股权众筹"。	中国人民银行 金融监管总局 中国证监会 市场监管总局 国家网信办	

续表

项目号	禁止或许可事项	事项编码	禁止或许可准入措施描述	中央主管部门	地方性许可措施
			"金融""金融租赁""汽车金融""货币经纪""消费金融""融资担保""典当""交易所""交易中心""交易场所"等与金融相关的字样,法律、行政法规和国家另有规定的除外。		
			★非金融机构,不从事金融活动的企业,在注册名称和经营范围中原则上不得使用"融资租赁""商业保理""小额贷款""资产管理""网贷""网络借贷""P2P""互联网保险""支付""外汇(汇兑、结售汇、货币兑换)""基金管理(注:指从事私募基金管理业务的基金管理公司或者合伙企业、创业投资企业按照《国务院关于促进创业投资持续健康发展的若干意见》(国发[2016]53号)有关规定执行)"等与金融相关的字样。凡在名称(包括存量企业)和经营范围中选择使用上述字样的企业(包括存量企业),市场监管部门将注册信息及时告知金融管理部门,金融管理部门、市场监管部门予以持续关注,并列入重点监管对象。	中国人民银行 金融监管总局 中国证监会 市场监管总局 国家外汇局	

续表

项目号	禁止或许可事项	事项编码	禁止或许可准入措施描述	中央主管部门	地方性许可措施
5	禁止违规开展互联网相关经营活动	100005	《互联网市场准入禁止许可目录》中的有关禁止类措施： ★禁止个人在互联网上发布危险物品信息；禁止任何单位和个人在互联网上发布危险物品制造方法的信息；禁止危险物品从业单位在本单位网站以外的互联网应用服务中发布危险物品信息及建立相关链接。 ★网络借贷信息中介机构不得提供增信服务，不得直接或间接归集资金，不得非法集资，不得损害国家利益和社会公共利益。网络借贷信息中介机构不得从事或接受委托从事下列活动：(一)为自身或变相为自身融资；(二)直接或间接接受、归集出借人的资金；(三)直接或变相向出借人提供担保或者承诺保本保息；(四)自行或委托、授权第三方在互联网、固定电话、移动电话等电子渠道以外的物理场所进行宣传或推介融资项目；(五)发放贷款，但法律法规另有规定的除外；(六)将融资项目的期限进行拆分；(七)自行发售理财等金融产品募集资金，代销理财产品、券商资管、基金、保险或信托产品等金融产品。	公安部 国家网信办 工业和信息化部 生态环境部 市场监管总局 金融监管总局 工业和信息化部 公安部 国家网信办	

续表

项目号	禁止或许可事项	事项编码	禁止或许可准入措施描述	中央主管部门	地方性许可措施
			品;(八)开展类资产证券化业务或实现以打包资产、证券化资产、信托资产、基金份额等形式的债权转让行为;(九)除法律法规和网络借贷有关监管规定允许外,与其他机构投资、代理销售、经纪等业务进行任何形式的混合、捆绑、代理;(十)虚构、夸大融资项目的真实性,收益前景,隐瞒融资项目的瑕疵及风险,以歧义性语言或其他欺骗性手段进行虚假片面宣传或促销等,捏造、散布虚假信息或不完整信息损害其他商业信誉,误导出借人或借款人;(十一)向借款用途为投资股票、场外配资、期货合约、结构化产品及其他衍生品等高风险的融资提供信息中介服务;(十二)从事股权众筹等业务;(十三)法律法规、网络借贷有关监管规定禁止的其他活动。★特殊医学用途配方食品中特定全营养配方食品不得进行网络交易。	市场监管总局	

续表

项目号	禁止或许可事项	事项编码	禁止或许可准入措施描述	中央主管部门	地方性许可措施
6	禁止违规开展新闻传媒相关业务	100006	非公有资本不得从事新闻采编播发业务。	国家新闻出版署 广电总局 国家网信办	
			非公有资本不得投资设立和经营新闻机构,包括但不限于通讯社、报刊出版单位、广播电视播出机构、广播电视台以及互联网新闻信息采编发布服务机构等。	国家新闻出版署 广电总局 国家网信办	
			非公有资本不得经营新闻机构的版面、频道、频率、频道、栏目、公众账号等。	国家新闻出版署 广电总局 国家网信办	
			非公有资本不得从事涉及政治、经济、军事、外交、重大社会、文化、科技、卫生、教育、体育以及其他关系政治方向、舆论导向和价值取向等活动、事件的实况直播业务。	国家新闻出版署 广电总局 国家网信办	
			非公有资本不得引进境外主体发布的新闻。	国家新闻出版署 广电总局 国家网信办	
			非公有资本不得举办新闻舆论领域论坛峰会和评奖评选活动。	国家新闻出版署 广电总局 国家网信办	

续表

项目号	禁止或许可事项	事项编码	禁止或许可准入措施描述	中央主管部门	地方性许可措施
二、许可准入类					
(一)农、林、牧、渔业					
7	未经许可或指定,不得从事特定植物种子、繁育、调运或种子、种苗的生产、经营、检测和进出口	201001	农作物种子、食用菌种生产经营,进出口许可,林草种子生产经营许可	农业农村部 国家林草局	
			农作物种子、食用菌种质量检验机构资质认定	农业农村部	
			国家重点保护农业天然种质资源、林草种质资源采集、采伐审批	农业农村部 国家林草局	
			向境外提供或者与境外机构、个人开展合作研究利用农作物、林草、食用菌种质资源审批	农业农村部 国家林草局	工业大麻种植、加工许可(云南)
			向外国人转让农业、林草植物新品种申请权或品种权审批	农业农村部 国家林草局	
			麻醉药品药用原植物种植国家管制、种植企业指定及种植计划管理	国家药品监局 农业农村部	
			从国外引进农业、林草种子、苗木及其他繁殖材料检疫和隔离种植审批	农业农村部 国家林草局	
			农业、林草植物及其产品的产地检疫合格证,调运检疫证书核发	农业农村部 国家林草局	

续表

项目号	禁止或许可事项	事项编码	禁止或许可准入措施描述	中央主管部门	地方性许可措施
8	未获得许可，不得从事农林转基因生物的研究、生产、加工和进口	201002	农业转基因生物研究、试验、生产、加工、进口审批	农业农村部	
			开展林草转基因工程活动审批	国家林草局	
9	未获得许可，不得从事林木加工经营	201003	林木采伐许可证核发	国家林草局	采集、出售、收购、加工省级重点珍稀林木审批（内蒙古、浙江）
			松材线虫病疫木加工板材定点加工企业审批	国家林草局	
10	未获得许可，不得从事种畜禽等动物遗传材料的生产经营	201004	种畜禽、畜禽冷冻精液、胚胎、蚕种或者其他遗传材料生产经营许可	农业农村部	
			水产苗种（含转基因水产苗种）生产经营、进出口审批	农业农村部	
			畜禽、蜂、蚕遗传资源引进、输出、对外合作研究审批	农业农村部	

续表

项目号	禁止或许可事项	事项编码	禁止或许可准入措施描述	中央主管部门	地方性许可措施
11	未获得许可，不得从事渔业养殖、捕捞业务	201005	渔业捕捞及远洋渔业审批；渔业船网工具指标审批	农业农村部	
			水域滩涂养殖证核发	农业农村部	
			建设禁渔区线内侧的人工鱼礁审批	农业农村部	
12	未获得许可，不得从事动物诊疗、进出境检疫处理等业务	201006	动物诊疗许可	农业农村部	
			进出境动植物检疫处理单位核准	海关总署	
13	未获得许可，不得从事动物饲养、屠宰和经营	201007	设立动物饲养场和隔离场所、动物屠宰加工场所以及动物和动物产品无害化处理场所的动物防疫条件合格证核发；生猪定点屠宰厂（场）设置审查	农业农村部	牛、羊等禽畜定点屠宰厂（场）设立审批（浙江、福建、贵州、青海、宁夏、新疆等）
			屠宰、出售或者运输动物，以及出售或者运输动物产品的检疫合格证核发	农业农村部	
			从事饲料、饲料添加剂生产的企业审批；新饲料、新饲料添加剂证书核发；饲料添加剂产品批准文号核发	农业农村部	

续表

项目号	禁止或许可事项	事项编码	禁止或许可准入措施描述	中央主管部门	地方性许可措施
14	未获得许可,不得从事生鲜乳收购、运输	201008	生鲜乳收购站许可,准运证明核发	农业农村部	
15	未获得许可,不得超规模流转土地经营权	201009	工商企业等社会资本通过流转取得土地、林地经营权审批	农业农村部 国家林草局	
(二)采矿业					
16	未获得许可或相关资格,不得从事矿产资源的勘查开采、生产经营及对外合作	202001	勘查、开采矿产资源及转让探矿权、采矿权审批	自然资源部	
			铀矿资源开采审批	自然资源部 国家国防科工局	
			矿山企业、石油天然气企业安全生产许可	国家矿山安监局 应急管理部	
			矿山、石油天然气建设项目安全设施设计审查;煤层气建设项目设计文件审批	应急管理部 国家矿山安监局 国家能源局	
			石油天然气、煤层气对外合作专营;石油天然气、煤层气对外合作项目(含风险勘探和合作开发区域)审批	国家发展改革委 国家能源局	

续表

项目号	禁止或许可事项	事项编码	禁止或许可准入措施描述	中央主管部门	地方性许可措施
(三)制造业					
17	未获得许可,不得从事特定食品生产和进出口	203001	新食品原料、食品添加剂新品种、食品相关产品新品种审批;进口尚无食品安全国家标准食品的适用标准指定	国家卫生健康委	食品生产加工小作坊、食品摊贩和小餐饮等从事食品生产经营活动应按有关规定进行登记备案,获得许可或通过审批(全国各省份)
			食品生产、经营许可(仅销售预包装食品除外);食品添加剂生产许可	市场监管总局	
			特殊医学用途配方食品、婴幼儿配方乳粉产品配方,使用保健食品原料目录以外原料或首次进口的保健食品(不包括补充维生素、矿物质等营养物质的保健食品)注册	市场监管总局	
			食盐定点生产、批发企业审计	工业和信息化部	
18	未获得许可或履行规定程序,不得从事烟草专卖品生产	203002	烟叶种植者应当与烟草公司签订合同,约定烟叶种植面积	国家烟草局	
			烟草制品生产企业(含电子烟等新型烟草制品相关生产企业)设立、分立、合并、撤销,为扩大生产能力进行基本建设或者技术改造,超过年度总产量计划生产卷烟、雪茄烟审批	国家烟草局	

续表

项目号	禁止或许可事项	事项编码	禁止或许可准入措施描述	中央主管部门	地方性许可措施
			烟草专卖品生产企业(含电子烟等新型烟草制品相关生产企业)许可	国家烟草局	
			优良烟草品种需由当地烟草公司组织供应	国家烟草局	
			外国烟草制品来牌或来料加工,许可证生产,合作开发卷烟牌号审批	国家烟草局	
19	未获得许可,不得从事特定印刷复制业务	203003	制作机动车登记证书、行驶证、号牌、驾驶证资格限制	公安部	
			制作拖拉机和联合收割机登记证书、行驶证、号牌、驾驶证资格限制	农业农村部	
			印制银行票据、清算凭证资格限制	中国人民银行	
			印刷企业设立、变更、兼并、合并、分立审批	国家新闻出版署	
			音像复制单位、电子出版复制单位接受委托复制境外音像制品、电子出版物审批	国家新闻出版署	
			印刷企业接受委托印刷境外出版物审批;内部资料性出版物准印审批	国家新闻出版署	
			国家秘密载体制作、复制资质认定	国家保密局	

续表

项目号	禁止或许可事项	事项编码	禁止或许可准入措施描述	中央主管部门	地方性许可措施
20	未获得许可，不得从事涉核、放射性物品生产、运输和经营	203004	核材料许可证核发、民用核材料许可证核准	国家国防科工局 生态环境部	
			国防科技工业军用核设施和民用核设施核安全设备设计、制造、安装、无损检验单位许可	国家国防科工局 生态环境部	
			核电站实体保卫工程验收；核设施选址、建造、运行、退役等活动许可	国家国防科工局 生态环境部 公安部	
			放射性物品道路运输许可	公安部	
			一类放射性物品运输容器设计审批、制造许可证核发；使用境外单位制造的一类放射性物品运输容器审批；一类放射性物品运输的核与辐射安全分析报告书审批	生态环境部	
			放射性同位素转让、野外示踪试验审批	国家国防科工局	
			生产、销售、使用放射性同位素和射线装置的辐射安全许可	生态环境部	

续表

项目号	禁止或许可事项	事项编码	禁止或许可准入措施描述	中央主管部门	地方性许可措施
21	未获得许可,不得从事特定化学品的生产经营及项目建设,不得从事金属冶炼项目建设	203005	生产、储存危险化学品建设项目(港口建设项目除外)安全设施设计审查、安全条件审查	应急管理部	
			第一类监控化学品生产和使用许可	工业和信息化部	
			第二、三类和含磷硫氟的第四类监控化学品生产特别许可	工业和信息化部	
			第二、三类和含磷硫氟的第四类监控化学品生产设施建设审批	工业和信息化部	
			第一、二、三类监控化学品及其生产技术、专用设备进出口单位审批,进出口审批	工业和信息化部	
			第二类监控化学品经营、使用及改变使用目的许可	工业和信息化部	
			危险化学品(另有规定的除外)安全生产许可	应急管理部	
			易制毒化学品进出口许可;第一类药品类易制毒化学品生产许可;第一类非药品类易制毒化学品生产、经营许可	商务部 国家药监局 应急管理部	

续表

项目号	禁止或许可事项	事项编码	禁止或许可准入措施描述	中央主管部门	地方性许可措施
22	未获得许可，不得从事民用爆炸物品、烟花爆竹的生产经营及爆破作业	203006	易制毒化学品购买许可（除第一类中的药品类易制毒化学品外）；易制毒化学品运输许可	公安部	
			危险化学品经营许可、安全使用许可、进出口环境管理登记证核发；剧毒化学品购买、道路运输通行许可	应急管理部 生态环境部 公安部	
			新化学物质环境管理登记证核发（按备案管理的除外）	生态环境部	
			金属冶炼建设项目安全设施设计审查	应急管理部	
			民用爆炸物品生产、安全生产、进出口、运输、销售和购买许可	工业和信息化部 公安部	
			生产、储存烟花爆竹建设项目安全设施设计审查；烟花爆竹安全生产、经营、道路运输许可	应急管理部 公安部	
			爆破作业单位许可以及城市、风景名胜区和重要工程设施附近实施爆破作业审批	公安部	

续表

项目号	禁止或许可事项	事项编码	禁止或许可准入措施描述	中央主管部门	地方性许可措施
23	未获得许可，不得从事医疗器械或化妆品的生产与进口	203007	化妆品生产许可；特殊化妆品、风险程度较高的化妆品新原料注册审批	国家药监局	
			第二类、第三类医疗器械注册审批、生产许可；风险程度较高的第三类医疗器械临床试验审批	国家药监局	
24	未获得许可，不得从事药品的生产、销售或进出口	203008	疫苗类制品、血液制品，用于血源筛查的体外诊断试剂等法律规定生物制品销售、进口前批签发；微生物、人体组织、生物制品、血液制品等特殊物品出入境卫生检疫审批	国家药监局 海关总署	
			药品生产许可；疫苗委托生产审批；新建、改建或者扩建血液制品生产企业立项审查	国家药监局	
			麻醉药品和精神药品实验研究活动及成果转让审批	国家药监局	
			药物非临床研究质量管理规范认证	国家药监局	
			药物临床试验、药品上市注册审批	国家药监局	
			麻醉药品、精神药品生产企业、进出口许可	国家药监局	
			中药保护品种审批；中药保护品种向国外申请注册审批	国家药监局	

续表

项目号	禁止或许可事项	事项编码	禁止或许可准入措施描述	中央主管部门	地方性许可措施
25	未经许可或指定，不得从事兽药及兽用生物制品的临床试验、生产、经营和进出口	203009	放射性药品生产、经营企业审批	国家药监局 国家国防科工局	
			兽药生产、经营许可；强制免疫所需兽用生物制品生产企业指定	农业农村部	
			兽药产品批准文号核发及标签、说明书审批	农业农村部	
			兽医微生物菌、毒种进出口审批	农业农村部	
			国内兽用防疫急需（兽用）疫苗限制或者禁止出口	农业农村部	
			进口兽药注册和特殊用途兽药进口审批	农业农村部	
			新兽药研制、注册审批	农业农村部	
26	未获得许可，不得从事农药、肥料的生产、经营、进口	203010	农药登记；农药生产许可；农药经营（卫生用农药除外）许可	农业农村部	
			肥料登记	农业农村部	

续表

项目号	禁止或许可事项	事项编码	禁止或许可准入措施描述	中央主管部门	地方性许可措施
27	未获得许可或相关资格，不得从事武器装备、枪支及其他公共安全相关产品的研发、生产、销售、购买和运输及特定国防科技工业领域项目的投资建设	203011	民用枪支及枪支主要零部件、弹药制造、配售、配置及制造，配售年度限额许可；枪支及枪支主要零部件、弹药运输许可	公安部	
			武器装备科研生产许可；武器装备科研生产单位保密资格认定	国家国防科工局 国家保密局	
			特定国防科技工业领域的固定投资项目核准	国家国防科工局	
			人民防空工程防护设备定点生产企业资格认定	国家人防办	
			警用标志、制式服装和警械生产资格认定	公安部	
			弩的制造、销售、购置、进口、运输许可	公安部	
28	未获得许可，不得从事民用航空产品和零部件设计、制造和使用民用航空业务以及民用航天发射相关业务	203012	民用航天发射项目许可	国家国防科工局	
			民用航空器出口适航审批；民用航空产品生产许可	中国民航局	
			民用航空器适航审批；外国民用航空器适航认可；民用航空器特许飞行审批	中国民航局	
			民用航空产品改装设计审批	中国民航局	
			民用航空产品补充型号设计审批认可	中国民航局	

续表

项目号	禁止或许可事项	事项编码	禁止或许可准入措施描述	中央主管部门	地方性许可措施
			民用航空产品型号设计审批/认可	中国民航局	
			进口民用航空产品零部件设计认可	中国民航局	
			民用航空产品零部件技术标准规定项目审批	中国民航局	
			民用航空产品零部件制造人审批	中国民航局	
			民用航空发动机、螺旋桨、零部件适航审批	中国民航局	
			民用航空油料供应企业、油料检测单位审批	中国民航局	
			民用航空化学产品设计生产审批	中国民航局	
29	未获得许可，不得从事特定铁路运输设备生产、维修、进口业务	203013	铁路运输基础设备生产企业审批	国家铁路局	
			铁路机车车辆设计、制造、维修或进口许可	国家铁路局	
30	未获得许可，不得从事道路机动车辆生产	203014	道路机动车辆生产企业及产品准入许可	工业和信息化部	

续表

项目号	禁止或许可事项	事项编码	禁止或许可准入措施描述	中央主管部门	地方性许可措施
31	未获得许可或强制性认证，不得从事特种设备、重要工业产品等特定产品的生产经营	203015	特种设备生产单位许可；特种设备采用新材料、新技术、新工艺审批	市场监管总局	
			重要工业产品生产许可（含建筑用钢筋、水泥、直接接触食品的材料等相关产品共计14类27种）；矿山井下特种设备安全标志核发	市场监管总局 应急管理部	
			移动式压力容器、气瓶充装许可	市场监管总局	
			列入《强制性产品认证目录》的产品须取得认证并实施加施标识	市场监管总局	
32	未获得许可，不得从事电信、无线电发射设备的生产、进口和经营	203016	电信设备进网许可（含试用）	工业和信息化部	
			无线电发射设备型号核准；未取得型号核准的无线电发射设备进关核准	工业和信息化部	
33	未获得许可，不得从事商用密码的检测评估和进出口	203017	商用密码进出口许可	商务部 国家密码局	
			商用密码检测机构资质认定	国家密码局	

续表

项目号	禁止或许可事项	事项编码	禁止或许可准入措施描述	中央主管部门	地方性许可措施
34	未获得许可，不得制造计量器具或从事相关量值传递和技术业务工作	203018	计量器具型式批准	市场监管总局	
			国防计量技术机构设置审批	国家国防科工局	
35	未获得许可，不得从事报废机动车回收拆解业务	203019	报废机动车回收企业资质认定	商务部	
（四）电力、热力、燃气及水生产和供应业
36	未获得许可，不得从事电力和市政公用领域特定业务	204001	电力业务、承装(修、试)电力设施许可	国家能源局	城市供热经营许可(河北、山西、内蒙古、辽宁、吉林、黑龙江、江苏、山东、陕西、甘肃、青海、宁夏、新疆等)燃气工程建设项目审批；燃气燃烧器具安装维修许可(上海、江苏、福建、河南、湖南、广东、宁夏等)
			燃气经营许可	住房城乡建设部	

续表

项目号	禁止或许可事项	事项编码	禁止或许可准入措施描述	中央主管部门	地方性许可措施
(五)建筑业					
37	未经许可或审查,不得从事建筑业及房屋、土木工程、涉河项目、海洋工程等相关项目建设	205001	建设工程施工企业资质认定,安全生产许可及施工许可;房屋建筑工程、市政基础设施工程施工图设计文件审查	住房城乡建设部	在水利工程管理范围内从事生产经营活动和新建、扩建、改建工程审批(河北、福建、江西、江苏、浙江、广东、四川、宁夏)
			重大工程抗震设防要求审定;超限高层建筑工程抗震设防审批	应急管理部 住房城乡建设部	
			雷电防护装置设计审核	中国气象局	
			涉及国家安全事项的建设项目审批;涉密军事设施建设许可	国家安全部 国家保密局	

续表

项目号	禁止或许可事项	事项编码	禁止或许可准入措施描述	中央主管部门	地方性许可措施
			固定资产投资项目节能审查(按要求不单独进行节能审查的除外)	国家发展改革委	
			一般建设项目、海洋工程建设项目以及核与辐射类建设项目环境影响评价审批(按备案管理的除外)	生态环境部	
			建设项目压覆重要矿床审批	自然资源部	
			大中型水利水电工程移民安置规划审核	水利部 国家能源局	公共安全防范工程设计施工单位核准(上海)
			水利基建项目初步设计文件审批	水利部	
			洪水影响评价类审批	水利部	
			占用农业灌溉水源、灌排工程设施审批	水利部	
			大坝管理和保护范围内修建码头、渔塘许可;农村集体经济组织修建水库审批	水利部 住房城乡建设部 交通运输部 农业农村部 国家能源局	

续表

项目号	禁止或许可事项	事项编码	禁止或许可准入措施描述	中央主管部门	地方性许可措施
			建设工程消防设计审查、消防验收（按设备案管理的除外）	住房城乡建设部	
			建设项目使用林地、草原及在森林和野生动物类型国家级自然保护区建设审批	国家林草局	
			新建、扩建、改建建设工程避免危害气象探测环境审批	中国气象局	
			渔港内新建、改建、扩建设施或者其他水上、水下施工审批	农业农村部	
（六）批发和零售业					
38	未获得许可、配额或经营资格，不得从事特定农产品、技术、服务相应商品的经营、流通贸易和进出口（含过境）	206001	对部分进出口货物实行配额管理（目前适用商品详见本年度进口管理货物目录和出口许可证管理货物目录）	商务部 国家发展改革委	
			对部分进出口货物实行许可证管理（目前适用商品详见本年度进口管理货物目录和出口许可证管理货物目录）	商务部	

续表

项目号	禁止或许可事项	事项编码	禁止或许可准入措施描述	中央主管部门	地方性许可措施
39	未获得许可,不得从事进出口运输、特定货物仓储、流通贸易等服务	206002	对部分货物实行进出口国营贸易经营资格管理(目前适用商品包括出口玉米、大米、棉花、烟草、原油、成品油、煤炭、钨、锑、白银和进口小麦、玉米、大米、棉花、食糖、烟草、原油、成品油、化肥等)	商务部	
			对部分重点敏感商品加工贸易实行管理(目前适用商品包括铜精矿、锡精矿、卫星电视接收设施、生皮、白银等)	商务部	
			对输港澳活畜禽实行经营资格管理(目前适用商品详见本年度出口许可证管理货物目录)	商务部	
			进口饲料和饲料添加剂登记	农业农村部	
			成品油零售经营资格审批	商务部	
			国际航行船舶保税油供应资质许可	商务部 交通运输部 财政部 海关总署	
			设立免税场所审批;免税商店经营许可	财政部 海关总署	

续表

项目号	禁止或许可事项	事项编码	禁止或许可准入措施描述	中央主管部门	地方性许可措施
40	未获得许可，不得从事特定限制商品、技术的进出口		海关监管货物仓储企业注册	海关总署	
			过境动物，进境特定动植物及其产品检疫审批；出境特定动植物及其产品和其他检疫物的生产、加工、存放单位注册登记	海关总署	
			限制进出口技术进出口许可	商务部	
			两用物项和技术进出口许可	商务部	
		206003	列入限制进出口目录的放射性同位素进口审批	生态环境部	
			核物项及相关技术出口审批	国家原子能机构	
			黄金及其制品进出口审批	中国人民银行	
			军品出口许可	国家国防科工局	
41	未获得许可，不得从事特定粮油经营业务	206004	军粮供应站、军粮代供点资格认定	国家粮食和储备局	承储地方储备粮油资格认定（全国各省份）

续表

项目号	禁止或许可事项	事项编码	禁止或许可准入措施描述	中央主管部门	地方性许可措施
42	未获得许可,不得从事拍卖、直销业务	206005	从事拍卖业务许可	商务部	
			直销企业及其分支机构设立、变更审批	商务部	
43	未获得许可,不得从事特定药品、医疗器械经营	206006	药品批发、零售企业经营许可	国家药监局	
			医疗用毒性药品收购、批发、零售企业许可;科研和教学用毒性药品购买审批	国家药监局	
			蛋白同化制剂、肽类激素进出口审批;药品批发企业经营蛋白同化制剂、肽类激素审批	国家药监局	
			第三类医疗器械经营许可	国家药监局	
			第一类中的药品类易制毒化学品经营、购买许可	国家药监局	
			麻醉药品、精神药品批发企业审批;第二类精神药品零售业务审批	国家药监局	
			全国性批发企业向医疗机构销售麻醉药品和第一类精神药品,区域性批发企业跨区域向医疗机构销售麻醉药品和第一类精神药品许可	国家药监局	
			区域性批发企业从定点生产企业购买麻醉药品、第一类精神药品审批	国家药监局	

续表

项目号	禁止或许可事项	事项编码	禁止或许可准入措施描述	中央主管部门	地方性许可措施
44	未获得许可或相关资格，不得从事烟酒及相关产品的批发及零售，经营和进出口		麻醉药品、精神药品购买审批	国家药监局	
			麻醉药品、第一类精神药品运输许可	国家药监局	
			麻醉药品、精神药品邮寄许可	国家药监局	
		206007	烟叶收购专营及设立烟叶收购站（点）审批；烟草专卖品（含电子烟等新型烟草制品）批发企业许可；烟草专卖零售许可（含电子烟等新型烟草制品）；烟草专卖品运输许可	国家烟草局	
			经营烟草制品批发业务企业审批	国家烟草局	
			烟草专卖品进出口专营；烟草类货物进出口统一授权经营	国家烟草局	
			烟草专用机械购进、出售、转让审批	国家烟草局	
(七)交通运输、仓储和邮政业
45	未获得许可，不得从事公路、水运及与航道有关工程的建设及相关业务	207001	公路水运工程监理企业资质许可；公路养护作业单位资质审批	交通运输部	
			航道通航条件影响评价审核	交通运输部	
			利用坝(堤)顶或者兼做公路审批	水利部	

续表

项目号	禁止或许可事项	事项编码	禁止或许可准入措施描述	中央主管部门	地方性许可措施
46	未获得许可,不得从事客货道路运输经营及相关业务		公路、水运建设项目设计文件审批;公路、水运投资项目立项审批	交通运输部	
		207002	道路客运经营许可,国际道路旅客运输经营许可,道路货运经营许可(不包含总质量4500千克及以下普通货运车辆从事普通货运经营)、危险货物道路运输经营许可	交通运输部	城市公共交通企业和城市公共交通线路确定(各有关地区)
			道路旅客运输站经营许可	交通运输部	
			出租汽车(包括巡游出租汽车、网络预约出租汽车)经营许可,车辆运营证核发	交通运输部	
47	未获得许可,不得从事铁路旅客、货物公共运输营业	207003	铁路运输企业经营许可	国家铁路局	地方铁路运营许可证(含临时运营许可证)的核发(河北、河南)

续表

项目号	禁止或许可事项	事项编码	禁止或许可准入措施描述	中央主管部门	地方性许可措施
48	未获得许可，不得从事特定水上运输业务及其辅助活动		船舶搭靠外轮许可	国家移民局	
			国内水路运输经营许可及新增国内客船、危险品船运力审批；国际客船、散装液体危险品船运许可及国际班轮运输许可；外国籍船舶经营国内港口之间海上运输和拖航许可；大陆与台湾间海上运输业务许可；内地与港澳间客船、散装液体危险品船运输业务许可	交通运输部	
		207004	经营国内船舶管理业务审批	交通运输部	
			在港口总体规划区内建设港口设施的港口岸线（含深水岸线或非深水岸线）使用审批	交通运输部	
			危险货物港口建设项目安全条件审查、安全设施设计审查	交通运输部	
			港口经营许可	交通运输部	
			从事海员外派业务审批；船员、引航员培训机构许可；设立船舶检验机构审批	交通运输部	

续表

项目号	禁止或许可事项	事项编码	禁止或许可准入措施描述	中央主管部门	地方性许可措施
49	未获得许可，不得从事民用运输、民用机场建设、民航运输业务或其辅助活动	207005	规定权限内新建、改建和扩建民用机场审批；民用机场使用许可；民用航空安全检查仪器设备使用许可	中国民航局	
			民用航空油料企业安全运营许可	中国民航局	
			公共航空运输企业经营许可；中外航空运输企业航线、航班经营许可；中外公共航空运输企业运人运行合格证核发；航空运输危险品资格许可	中国民航局	
			经营性通用航空企业经营许可	中国民航局	
			特殊通用航空飞行活动任务审批	中国民航局	
			在我国境内国际国内定期和不定期飞行计划审批	中国民航局	
			民用无人驾驶航空器运营合格证审批（微型无人驾驶航空器除外）	中国民航局	
			民航通信、导航、监视设备使用许可	中国民航局	

续表

项目号	禁止或许可事项	事项编码	禁止或许可准入措施描述	中央主管部门	地方性许可措施
			商业非运输运营人、私用大型航空器运营人、航空器代管人运行合格证核发	中国民航局	
			民用航空产品维修单位许可	中国民航局	
			飞行训练中心、民用航空器驾驶员学校、民用航空维修培训机构、飞行签派员培训机构审批	中国民航局	
			用于民用航空器驾驶员训练、考试或检查的飞机模拟机、飞行训练器鉴定审批	中国民航局	
			★国内经营主体投资民航重要领域股比及关联投资限制	中国民航局	
50	未获得许可，不得从事保税货物仓储物流业务	207006	保税仓库、出口监管仓库、保税物流中心设立审批	海关总署	

续表

项目号	禁止或许可事项	事项编码	禁止或许可准入措施描述	中央主管部门	地方性许可措施
51	未获得许可，不得从事邮政等相关业务	207007	快递业务经营许可	国家邮政局	
			经营进出境邮政通信业务审批	国家邮政局	
			仿印邮票图案审批	国家邮政局	
			纪念邮票图案审查、纪念邮票和特种邮票发行计划审批	国家邮政局	
			邮政企业停止办理邮政普遍服务业务和特殊服务业务、撤销提供邮政普遍服务的邮政营业场所、停止使用邮资凭证审批	国家邮政局	

(八)住宿和餐饮业

52	未获得许可，不得经营旅馆住宿业务	208001	旅馆业特种行业许可	公安部	

(九)信息传输、软件和信息技术服务业

53	未获得许可，不得使用无线电频率、设置使用无线电台(站)	209001	无线电频率(含卫星无线电频率_卫星通信网无线电频率、地面无线电业务频率)使用许可	工业和信息化部	
			无线电台(站)(含卫星地球站、空间无线电台、地面无线电台(站))设置、使用许可；无线电台识别码(含呼号)核发	工业和信息化部	

续表

项目号	禁止或许可事项	事项编码	禁止或许可准入措施描述	中央主管部门	地方性许可措施
			船舶、航空器、铁路机车制式无线电台执照、识别码审批；民用航空无线电专用频率及呼号指配	交通运输部 中国民航局 国家铁路局	
54	未获得许可，不得经营电信业务、建设和使用电信网络或使用通信资源	209002	基础、增值电信业务经营许可	工业和信息化部	
			设置互联网域名根服务器（含工业互联网标识解析根节点）及其运行机构和互联网域名注册管理机构（含工业互联网标识解析国家顶级节点运行机构、标识注册管理机构）、域名注册服务机构（含工业互联网标识注册服务机构）设立审批	工业和信息化部	
			电信网码号资源使用和调整审批	工业和信息化部	
			主导电信企业制定的互联网规程审批	工业和信息化部	
			境内单位租用境外卫星资源核准	工业和信息化部	
			设立国际通信出入口局审批	工业和信息化部	

续表

项目号	禁止或许可事项	事项编码	禁止或许可准入措施描述	中央主管部门	地方性许可措施
55	超过股比限制、非公有资本不得投资新闻传媒领域特定业务	209003	非公有资本参股有线电视分配网建设和经营股比限制	广电总局	
			新闻媒体融资批准及控股权限制。转制为企业的出版社、报刊社等，要坚持国有独资或国有文化企业控股下的国有多元。此类企业上市后，要坚持国有资本绝对控股	国家新闻出版署	
56	未获得许可，不得从事电子认证服务和涉密信息系统处理相关业务	209004	电子认证服务许可；电子认证服务使用密码许可	工业和信息化部 国家密码局	
			电子政务电子认证服务机构资质认定	国家密码局	
			涉密信息系统集成资质认定	国家保密局	
（十）金融业					
57	未获得许可，不得设立金融机构	210001	金融控股公司许可	金融监管总局	
			银行业金融机构及金融资产管理公司、信托投资公司、财务公司、金融租赁公司等非银行业金融机构及其分支机构设立、变更、终止以及业务范围审批	金融监管总局	
			保险集团公司及保险控股公司设立、合并、分立、变更、解散审批	金融监管总局	

续表

项目号	禁止或许可事项	事项编码	禁止或许可准入措施描述	中央主管部门	地方性许可措施
			保险公司及其分支机构设立、变更、终止以及业务范围审批	金融监管总局	
			保险资产管理公司及其分支机构设立、变更、终止审批	金融监管总局	
			公募基金管理公司设立及变更事项许可	中国证监会	
			证券公司设立及变更许可	中国证监会	
			期货公司设立及变更许可	中国证监会	
			设立典当行及分支机构审批	金融监管总局	
			★小额贷款公司、融资租赁公司、商业保理公司、地方资产管理公司及其分支机构设立、变更、终止及业务范围审批		
			融资担保公司设立、合并、分立、减少注册资本及跨省设立分支机构审批	金融监管总局	
			银行卡清算机构许可	中国人民银行 金融监管总局	
			非银行支付机构设立、变更、终止许可	中国人民银行	

续表

项目号	禁止或许可事项	事项编码	禁止或许可准入措施描述	中央主管部门	地方性许可措施
58	未获得许可，不得从事特定金融业务		证券、期货、保险、信贷、黄金及名称中使用"交易所"字样的交易场所设立审批；证券登记结算机构、独立的期货结算机构设立审批；证券金融公司设立和解散审批	中国证监会 金融监管总局 中国人民银行	
			金融机构营业场所和金库安全防范设施建设方案审批及工程验收	各省级人民政府 公安部	
			个人征信业务经营许可	中国人民银行	
		210002	全国银行间债券市场准入许可；在银行间债券市场或到境外发行金融债券审批；保险公司次级定期债券发行审批；公司（企业）债券发行注册；上市公司发行可转换为股票的公司债券注册	中国人民银行 金融监管总局 中国证监会	农民专业合作社开展信用互助业务试点许可（山东）
			银行间债券市场结算代理人审批	中国人民银行	交易场所开展现货与期货之间的大宗商品交易业务许可（山东）
			承销金融债券、证券公司发行短期融资券、信用评级机构进入银行间债券市场开展债券评级业务应符合相关条件	中国人民银行	民间融资机构开展民间资本管理或民间融资登记服务业务许可（山东）
			商业银行、信用社代理支库业务审批	中国人民银行	
			国库集中收付代理银行资格认定	中国人民银行	

续表

项目号	禁止或许可事项	事项编码	禁止或许可准入措施描述	中央主管部门	地方性许可措施
			商业银行、政策性银行、金融资产管理公司对外从事股权投资审批	金融监管总局	
			★开展存托业务资格核准	金融监管总局	
			关系社会公众利益的保险险种，依法实行强制保险的险种和新开发的人寿保险险种等特定险种保险条款和保险费率许可	金融监管总局	
			保险公司拓宽保险资金运用形式审批	金融监管总局	
			保险代理业务、保险经纪业务经营许可；出口信用保险相关业务审批	金融监管总局 财政部	
			补充保险经办机构资格认定	人力资源社会保障部	
			公募基金服务机构、公募基金注册	中国证监会	
			基金托管人、公募基金管理人资格核准	中国证监会	
			公司发行股票、存托凭证注册	中国证监会	
			从事证券投资咨询服务业务核准	中国证监会	

续表

项目号	禁止或许可事项	事项编码	禁止或许可准入措施描述	中央主管部门	地方性许可措施
			经营者终止结售汇业务审批；非银行金融机构经营、终止结售汇业务以外的外汇业务审批	国家外汇局	
			跨境证券、衍生产品外汇业务核准	国家外汇局	
			境内机构（不含银行业金融机构）对外债权核准	国家外汇局	
			资本项目外汇资金结汇、购付汇核准	国家外汇局	
			经常项目收支核准及特定收支业务核准；经常项目外汇存放境外核准	国家外汇局	
			外币现钞提取、出境携带、跨境调运核准	国家外汇局	
			境内机构外债、跨境担保核准	国家外汇局	
59	未经指定，不得从事人民币印制、技术设备材料相关业务	210003	人民币印制企业指定	中国人民银行	
			研制、仿制、引进、销售、购买和使用印刷人民币所特有的防伪材料、防伪技术、防伪工艺和专用设备的企业指定	中国人民银行	

续表

项目号	禁止或许可事项	事项编码	禁止或许可准入措施描述	中央主管部门	地方性许可措施
（十一）房地产业					
60	未获得许可，不得从事房地产开发、预售等相关业务	211001	房地产开发企业资质核定	住房城乡建设部	
			商品房预售许可	住房城乡建设部	
（十二）租赁和商务服务业					
61	未获得许可，不得从事法律服务或特定咨询、调查、知识产权服务	212001	会计师事务所及其分支机构设立审批；★税务师事务所设立登记	财政部 税务总局	
			律师事务所及分所设立、变更、注销许可；公证机构设立审批；司法鉴定机构及分支机构设立、变更、延续、注销登记	司法部	
			中介机构从事代理记账业务审批	财政部	
			专利代理机构执业许可	国家知识产权局	
			涉外统计调查资格认定；涉外社会调查项目审批	国家统计局	

续表

项目号	禁止或许可事项	事项编码	禁止或许可准入措施描述	中央主管部门	地方性许可措施
62	未获得许可，不得从事职业中介、劳务派遣、保安服务等业务	212002	经营性人力资源服务机构从事职业中介活动许可	人力资源社会保障部	
			劳务派遣经营许可	人力资源社会保障部	
			对外劳务合作经营资格及内地输港澳劳务合作经营资格核准	商务部 国务院港澳办 澳门中联办 香港中联办	
			保安服务公司设立许可	办公安部	
63	未获得许可，不得设立旅行社或经营特定旅游业务	212003	旅行社设立许可；旅行社经营出境旅游业务、边境旅游资格审批	文化和旅游部	

续表

项目号	禁止或许可事项	事项编码	禁止或许可准入措施描述	中央主管部门	地方性许可措施
64	未获得许可,不得发布特定广告或设置特定广告设施	212004	特殊医学用途配方食品、保健食品、医疗(含中医)、药品、医疗器械、农药、兽药、农业转基因生物广告审查	国家卫生健康委 市场监管总局 国家中医药局 农业农村部	
			设置大型户外广告及在城市建筑物、设施上悬挂、张贴宣传品审批	住房城乡建设部	
65	未获得许可,不得在境内举办特定涉外经济技术展览会	212005	境内举办涉外经济技术展览会审批(仅包括首次举办冠名"中国"、"中华"、"全国"、"国家"等字样的涉外经济技术展览会,外国机构参与主办的涉外经济技术展览会)	商务部	
(十三)科学研究和技术服务业					
66	未获得许可,不得从事特定人类遗传资源相关业务	213001	中国人类遗传资源采集、保藏、国际合作科学研究,材料出境审批	国家卫生健康委	

续表

项目号	禁止或许可事项	事项编码	禁止或许可准入措施描述	中央主管部门	地方性许可措施
67	未获许可,不得从事动物、微生物等特定科学研究活动	213002	实验动物生产、使用许可	科技部	
			高等级病原微生物实验室建设审批	国家卫生健康委	
			高致病性或疑似高致病性病原微生物实验活动审批	农业农村部 国家卫生健康委	
68	未获许可,不得从事城乡规划编制业务	213003	城乡规划编制单位资质认定	自然资源部	
69	未获许可,不得从事建设工程勘察、设计、监理业务	213004	建设工程勘察、设计、监理企业资质认定	住房城乡建设部	
			水利工程建设监理单位资质认定	水利部	
70	未获许可,不得从事检验、检测、认证业务	213005	认证机构资质许可;从事强制性认证及相关活动的认证机构、实验室指定	市场监管总局	
			检验检测机构资质认定	市场监管总局	
			安全评价检验检测机构资质认定	应急管理部	
			农产品质量安全检测机构考核	农业农村部	
			农药登记试验单位认定	农业农村部	
			建设工程质量检测机构资质审批	住房城乡建设部	

续表

项目号	禁止或许可事项	事项编码	禁止或许可准入措施描述	中央主管部门	地方性许可措施
			公路水运工程质量检测机构资质审批	交通运输部	
			水利工程质量检验、检测单位资质认定	水利部	
			特种设备检验、检测机构核准	市场监管总局	
			地质灾害防治单位资质审批	自然资源部	
			雷电防护装置检测单位资质认定	中国气象局	
71	未获得许可，不得从事特定地理测绘、遥感、海洋科学研究、气象服务及相关业务	213006	从事测绘活动的单位测绘资质审批	自然资源部	
			建立相对独立的平面坐标系统审批	自然资源部	
			地图审核	自然资源部	
			涉外海洋科学研究审批	自然资源部	
			气象专用技术装备（含人工影响天气作业设备）使用审批	中国气象局	
			升放无人驾驶自由气球、系留气球单位资质认定及活动审批	中国气象局	

续表

项目号	禁止或许可事项	事项编码	禁止或许可准入措施描述	中央主管部门	地方性许可措施
（十四）水利、环境和公共设施管理业						
72	未获得许可，不得从事特定水利管理业务或开展相关生产建设项目	214001	取水许可	水利部	矿泉水鉴定（吉林）
			河道采砂许可	水利部	
			河道管理范围内特定活动审批	水利部	
			专用水文测站设立、撤销审批	水利部	
			生产建设项目水土保持方案审批	水利部	
73	未获得许可，不得从事污染物监测、贮存、处置等经营业务	214002	设立专门从事放射性废物处理、贮存、处置单位许可	生态环境部	
			危险废物经营许可、越境转移核准	生态环境部	
			废弃电器电子产品处理企业资格审批	生态环境部	
			生活垃圾经营性清扫、收集、运输、处理服务审批	住房城乡建设部	
			城市建筑垃圾处置核准	住房城乡建设部	

续表

项目号	禁止或许可事项	事项编码	禁止或许可准入措施描述	中央主管部门	地方性许可措施
74	未获得许可，不得从事野生动植物捕捉采集、进出口及相关经营业务		猎捕、出售、购买、利用国家重点保护野生动物或其制品审批；猎捕地方重点保护野生动物和有重要生态、科学、社会价值的陆生野生动物审批及捕猎量限额管理	农业农村部 国家林草局	出售、购买、利用省级重点保护野生动物或其制品审批（天津、河北、山西、内蒙古、辽宁、浙江、江西、山东、河南、湖北、湖南、甘肃、宁夏、新疆等采集、出售、收购出口省重点保护野生植物审批（河北、河南、湖南、西藏、陕西、新疆等）人工繁育地方重点保护野生动物许可（天津、河北、山西、辽宁、江苏、江西、山东、湖北、湖南、甘肃、西藏等）
		214003	采集、出售、收购国家重点保护野生植物审批；甘草、麻黄草收购审批	国家林草局 农业农村部 工业和信息化部	
			人工繁育国家重点保护野生动物许可	农业农村部 国家林草局	
			野生动植物或制品（产品）进出口审批（包括但不限于向境外机构或者人员提供我国特有的野生动物遗传资源）	国家林草局 农业农村部	

续表

项目号	禁止或许可事项	事项编码	禁止或许可准入措施描述	中央主管部门	地方性许可措施
75	未获得许可，不得使用海域、铺设海底电缆管道，开发利用无居民海岛	214004	无居民海岛开发利用审核；海底电缆管道铺设路由调查勘测、铺设施工审批；海域使用权审批（含招拍挂）	自然资源部；自然资源部；自然资源部	
76	未获得许可，不得从事消耗臭氧层物质的生产经营	214005	消耗臭氧层物质生产、使用，进出口配额许可及进出口审批	生态环境部	

（十五）居民服务、修理和其他服务业

| 77 | 未获得许可，不得建设殡葬设施 | 215001 | 殡葬设施建设审批 | 民政部 | 开展殡仪服务业审批（上海、四川、宁夏等） |
| 78 | 未获得许可，不得从事国家秘密载体维修、销毁业务 | 215002 | 国家秘密载体维修、销毁资质认定 | 国家保密局 | |

续表

项目号	禁止或许可事项	事项编码	禁止或许可准入措施描述	中央主管部门	地方性许可措施
（十六）教育					
79	未获得许可，不得设立特定教育机构	216001	高等学校和其他高等教育机构、民办和中外合作开办中等及以下学校及幼儿园、面向中小学生的校外培训机构等其他教育筹设、办学许可；外籍人员子女学校办学许可	教育部	设立专业技术人员继续教育实施机构审批（重庆）
			职业培训学校及民办技工学校、技师学院筹设审批；职业培训学校、技工学校、技师学院办学许可	人力资源社会保障部	
（十七）卫生和社会工作					
80	未获得许可，不得设置特定医疗机构或从事特定医疗业务	217001	医疗机构（含中医医疗机构）设置审批、执业登记（诊所除外）	国家卫生健康委 国家中医药局	
			血站设置审批、执业登记；单采血浆站设置审批	国家卫生健康委	
			职业卫生、放射卫生技术服务机构资质认可	国家卫生健康委	
			设置戒毒医疗机构或医疗机构从事戒毒治疗业务许可	国家卫生健康委	
			预防接种工作的接种单位指定	国家卫生健康委	
			医疗机构人体器官移植诊疗科目登记	国家卫生健康委	

续表

项目号	禁止或许可事项	事项编码	禁止或许可准入措施描述	中央主管部门	地方性许可措施
81	未获得许可，不得投资经营涉及公共卫生安全的业务		大型医用设备配置许可	国家卫生健康委	
			医疗机构建设项目放射性职业病危害预评价报告审核	国家卫生健康委	
			医疗机构设置人类精子库、开展人类辅助生殖技术许可	国家卫生健康委	
			母婴保健技术服务机构执业许可	国家卫生健康委	
			放射源诊疗技术和医用辐射机构许可	国家卫生健康委	
			兴奋剂检测机构资质认定	体育总局	
		217002	公共场所、国境口岸卫生许可	国家疾控局海关总署	
			消毒产品生产单位审批及利用新材料、新工艺技术、新杀菌原理生产消毒产品审批	国家疾控局	
			运输高致病性病原微生物菌、毒种或者样本审批	国家卫生健康委农业农村部	
			饮用水供水单位、涉及饮用水卫生安全产品卫生许可	国家疾控局	

续表

项目号	禁止或许可事项	事项编码	禁止或许可准入措施描述	中央主管部门	地方性许可措施
82	未获得许可,医疗机构不得配制医疗制剂,购买和使用特定药品、医疗器械	217003	医疗机构配制制剂许可;医疗机构配制的制剂品种注册审批、调剂审批	国家药监局	
			医疗机构购用麻醉药品、第一类精神药品许可	国家卫生健康委	
			医疗单位使用放射性药品(三、四类)许可	国家药监局	
			医疗机构因临床急需进口少量药品或少量第二类、第三类医疗器械审批	国家药监局	
(十八)文化、体育和娱乐业					
83	未获得许可,不得从事考古发掘、文物保护和经营等业务	218001	文物保护工程施工、监理资质审批	国家文物局	
			考古发掘资质许可	国家文物局	
			馆藏文物修复、复制、拓印资质许可及馆藏文物修复、复制、拓印许可	国家文物局	
			文物销售经营许可	国家文物局	
			文物拍卖经营许可及标的审核	国家文物局	

续表

项目号	禁止或许可事项	事项编码	禁止或许可准入措施描述	中央主管部门	地方性许可措施
84	未获得许可，不得设立出版传媒机构或从事特定出版传媒相关业务	218002	出版单位设立、变更、合并、分立、设立分支机构审批(含专项出版业务范围变更审批)	国家新闻出版署	
			出版物批发、零售业务经营许可；音像制品、电子出版物制作业务许可；音像制品、电子出版物复制单位设立、变更、合并、兼并、合并、分立审批	国家新闻出版署	
			著作权集体管理组织及分支驻地方机构设立审批	国家版权局	
			新闻单位设立驻地方机构审批	国家新闻出版署	
			时政类新闻转载服务业务审批	国家新闻出版署、广电总局、国家网信办	
			★报刊出版单位、广播电视类媒体和互联网站等媒体与外国新闻机构开展合作审批	国务院新闻办、国家网信办	
			新闻出版中外合作项目审批	国家新闻出版署	
			出版境外著作权人授权的电子出版物、互联网游戏作品审批	国家新闻出版署	
			中学小学教科书出版、发行资质审批	国家新闻出版署	

续表

项目号	禁止或许可事项	事项编码	禁止或许可准入措施描述	中央主管部门	地方性许可措施
			报纸、期刊、连续型电子出版物变更刊期、开版审批	国家新闻出版署	
			印刷宗教内容的内部资料性出版物和宗教用品的审批	国家新闻出版署宗教局	
			★图书出版社、报社、期刊社、电子出版物出版社、音像制品出版社等配合本版出版的音像制品或电子出版物审核	国家新闻出版署	
			报纸、期刊、连续型电子出版物出版审批（含变更名称审批）	国家新闻出版署	
			订户订购境外出版物审批；进口出版物目录备案核准	国家新闻出版署	
			图书、期刊、音像制品、电子出版物重大选题核准	国家新闻出版署	
			举办境外出版物展览审批	国家新闻出版署	
			出版国产网络游戏作品审批	国家新闻出版署	

续表

项目号	禁止或许可事项	事项编码	禁止或许可准入措施描述	中央主管部门	地方性许可措施
85	未经许可或指定，不得从事特定文化产品的进出口业务	218003	电影进口经营单位指定	国家电影局	
			美术品进出口经营活动审批	文化和旅游部	
			出版物进口经营单位设立、变更、合并、分立、设立分支机构审批	国家新闻出版署	
			进口用于出版的音像制品（电子出版物）和音像制品（电子出版物）成品审批	国家新闻出版署	
86	未获得许可，不得从事广播电视相关设施的生产、经营、安装、使用和进口，不得使用广播电视专用频段	218004	卫星电视广播地面接收设施生产、安装、设置、进口许可	市场监管总局 广电总局 工业和信息化部 商务部	
			广播电视专用频段频率使用许可	广电总局	
			有线广播电视传输覆盖网工程验收审核	广电总局	
			无线广播电视发射设备订购证明核发	广电总局	
			广播电视设备器材入网认定	广电总局	

续表

项目号	禁止或许可事项	事项编码	禁止或许可准入措施描述	中央主管部门	地方性许可措施
87	未获得许可或履行规定程序，不得从事特定广播电视、电影的制作、引进、播出、放映及相关业务	218005	广播电台、电视台设立、终止及有关单位设立有线广播电视站审批	广电总局	
			付费频道开办、终止和节目设置调整及播出区域、呼号、标识、识别号审批	广电总局	
			电影发行单位设立、变更业务范围或者兼并、合并、分立审批；电影放映单位设立审批	国家电影局	
			中外合作摄制电影片审批；境外人员参加电影制作审批；境外人员参加广播电视节目制作审批	国家电影局 广电总局	
			电影剧本梗概备案；涉及重大题材或国家安全、外交、民族、宗教、军事等方面题材电影剧本审查；电影片审查	国家电影局	
			广播电视视频点播业务审批	广电总局	
			广播电视节目制作经营单位设立审批	广电总局	
			广播电台、电视台以卫星等传输方式进口、转播境外广播电视节目审批	广电总局	
			影视节目制作机构与外方合作制作电视剧（含电视动画片）审批	广电总局	

续表

项目号	禁止或许可事项	事项编码	禁止或许可准入措施描述	中央主管部门	地方性许可措施
			国产电视剧片（含电视动画片、网络剧、网络电影、网络动画片）审查	广电总局	
			引进用于广播电台、电视台播放或信息网传播的境外电影、电视剧（动画片）及其他境外视听节目审批	广电总局	
			经营广播电视节目传送业务审批	广电总局	
			举办中外电影节、国际电影节、广播电视节目交流交易活动审批	国家电影局 广电总局	
88	未获得许可，不得发行彩票	218006	彩票发行管理事项审批	财政部 民政部 体育总局	
89	未获得许可或通过内容审核，不得从事特定文化体育娱乐业务	218007	高危险性体育项目经营许可	体育总局	
			文艺表演团体、演出经纪机构设立审批；营业性演出审批	文化和旅游部	
			设立社会艺术水平考级机构审批	文化和旅游部	
			举办焰火晚会及其他大型焰火燃放活动审批	公安部	
			娱乐场所经营活动审批	文化和旅游部	

续表

项目号	禁止或许可事项	事项编码	禁止或许可准入措施描述	中央主管部门	地方性许可措施
			营业性射击场设立许可	公安部	
			★游戏游艺设备内容审核	文化和旅游部 国家新闻出版署	
（十九）《政府核准的投资项目目录（2016年本）》明确实行核准制的项目（专门针对外商投资和境外投资的除外）
90	未获得许可，不得投资建设特定农业、水利项目	221001	农业：涉及开荒的项目由省级政府核准。 水利工程：涉及跨界（境）河流、跨省（区、市）水资源配置调整的重大水利项目由国务院投资主管部门核准，其中库容10亿立方米及以上或者涉及移民1万人及以上的水库项目由国务院核准。其余项目由地方政府核准。	国家发展改革委	
91	未获得许可，不得投资建设特定能源项目	221002	水电站：在跨界（境）河流、跨省（区、市）河流上建设的单站总装机容量50万千瓦及以上项目由国务院投资主管部门核准，其中单站总装机容量300万千瓦及以上或者涉及移民1万人及以上的项目由国务院核准。其余项目由地方政府核准。抽水蓄能电站：由省级政府按照国家制定的相关规划核准。 火电站（含自备电站）：由省级政府核准，其中燃煤、燃气火电项目应在国家依据总量控制制定的建设规划内核准。	国家发展改革委 国家能源局	

续表

项目号	禁止或许可事项	事项编码	禁止或许可准入措施描述	中央主管部门	地方性许可措施
			热电站(含自备电站):由地方政府核准,其中抽凝式燃煤热电项目由省级政府在国家依据总量控制制定的建设规划内核准。核电站:由国务院核准。电网工程:涉及跨境、跨省(区、市)输电的±500千伏及以上直流项目,750千伏、1000千伏交流项目,由国务院投资主管部门核准,其中±800千伏及以上直流项目和1000千伏交流项目报国务院备案;不涉及跨境、跨省(区、市)输电的±500千伏及以上直流项目和500千伏、750千伏、1000千伏交流项目由省级政府按照国家制定的相关规划核准,其余项目由地方政府按项目备案规划核准。煤矿:国家规划矿区内新增年生产能力120万吨及以上煤炭开发项目由国务院行业管理部门核准,其中新增年生产能力500万吨及以上的项目由国务院投资主管部门核准并报国务院备案;国家规划矿区内的其余煤炭开发项目和一般煤炭开发项目由省级政府核准。国家规定禁止建设或列入淘汰退出范围的项目,不得核准。		

续表

项目号	禁止或许可事项	事项编码	禁止或许可准入措施描述	中央主管部门	地方性许可措施
			煤制燃料:年产超过20亿立方米的煤制天然气项目、年产超过100万吨的煤制油项目,由国务院投资主管部门核准。液化石油气接收、存储设施(不含油气田、炼油厂的配套项目):由地方政府核准。进口液化天然气接收、储运设施:新建(含异地扩建)项目由国务院行业管理部门核准,其中新建接收储运能力300万吨及以上的项目由国务院投资主管部门核准并报国务院备案。其余项目由省级政府核准。输油管网(不含油田集输管网);跨省(区、市)干线管网项目由国务院投资主管部门核准,其中跨境项目报国务院备案。其余项目由地方政府核准。输气管网(不含油气田集输管网):跨境、跨省(区、市)干线管网项目由国务院投资主管部门核准,其中跨境项目报国务院备案。其余项目由地方政府核准。炼油:新建炼油及扩建一次炼油项目由省级政府按照国家批准的相关规划核准。未列入国家批准的相关规划的新建炼油及扩建一次炼油项目,禁止建设。变性燃料乙醇:由省级政府核准。		

续表

项目号	禁止或许可事项	事项编码	禁止或许可准入措施描述	中央主管部门	地方性许可措施
92	未获得许可，不得投资建设特定交通运输项目	221003	新建（含增建）铁路：列入国家批准的相关规划中的项目，中国铁路集团有限公司为主出资的由其自行决定并报国务院投资主管部门备案，其他企业投资的由省级政府批准；地方城际铁路项目由省级政府按照国务院投资主管部门批准的相关规划核准，并报国务院投资主管部门备案；其余项目由省级政府核准。公路：国家高速公路网和普通国道网项目由省级政府按照国家批准的相关规划核准，地方高速公路项目由省级政府核准，其余项目由地方政府核准。独立公（铁）路桥梁、隧道：跨境项目由国务院投资主管部门核准并报国务院备案。国家批准的相关规划中的项目，中国铁路集团有限公司为主出资的由其自行决定并报国务院投资主管部门备案，其他企业投资的由省级政府核准；其余独立铁路桥梁、隧道及跨10万吨级及以上航道海域，跨大江大河（现状或规划为大江及以上通航段）的独立公路桥梁、隧道项目，由省级政府核准，其中跨长江干线航道的项目应符合国家批准的相关规划，其余项目由地方政府核准。	国家发展改革委	

续表

项目号	禁止或许可事项	事项编码	禁止或许可准入措施描述	中央主管部门	地方性许可措施
			煤炭、矿石、油气专用(不含液化天然气进口)泊位:由省级政府按国家批准的相关规划核准。集装箱专用码头:由省级政府按国家批准的相关规划核准。内河航运:跨省(区、市)高等级航道的千吨级及以上航电枢纽项目由省级政府按国家批准的相关规划核准,其余项目由地方政府核准。民航:新建运输机场项目由国务院、中央军委核准,新建通用机场项目(扩建军民合用机场(增建跑道除外)项目由省级政府核准。		
93	未获得许可,不得投资建设特定信息产业项目	221004	电信:国际通信基础设施项目由国务院投资主管部门核准;国内干线传输网(含广播电视网)以及其他涉及信息安全的电信基础设施项目,由国务院行业管理部门核准。	国家发展改革委 工业和信息化部	
94	未获得许可,不得投资建设特定原材料项目	221005	稀土、铁矿、有色矿山开发:由省级政府核准。石化:新建乙烯、对二甲苯(PX)、二苯基甲烷二异氰酸酯(MDI)项目由省级政府按局方案核准的石化产业规划布局方案核准。未列入国家批准的相关规划的新建乙烯、对二甲苯(PX)、二苯基甲烷二异氰酸酯(MDI)项目,禁止建设。	国家发展改革委	

续表

项目号	禁止或许可事项	事项编码	禁止或许可准入措施描述	中央主管部门	地方性许可措施
			煤化工:新建煤制烯烃、新建煤制对二甲苯(PX)项目,由省级政府按照国家批准的相关规划核准。新建年产超过100万吨的煤制甲醇项目,由省级政府核准。其余项目禁止建设。稀土:稀土冶炼分离项目、稀土深加工项目由省级政府核准。黄金:采选矿项目由省级政府核准。		
95	未履行规定程序,不得投资建设特定机械制造项目	221006	汽车:经国务院同意,《政府核准的投资项目目录(2016年本)》中新建中外合资轿车生产企业项目、新建纯电动乘用车生产企业(含现有汽车企业跨类生产纯电动乘用车)项目及其余由省级政府核准的汽车投资项目均不再实行核准管理,调整为备案管理。	国家发展改革委	
96	未获得许可,不得投资建设特定轻工项目	221007	烟草:卷烟、烟用二醋酸纤维素丝束项目由国务院行业管理部门核准。	国家烟草局	
97	未获得许可,不得投资建设特定高新技术项目	221008	民用航空航天:干线支线飞机6吨及以上通用飞机和3吨及以上直升机制造、民用卫星制造,民用遥感卫星地面站建设项目,由国务院投资主管部门核准;6吨/9座以下通用飞机和3吨以下直升机制造项目由省级政府核准。	国家发展改革委	

续表

项目号	禁止或许可事项	事项编码	禁止或许可准入措施描述	中央主管部门	地方性许可措施
98	未获得许可，不得投资建设特定城建项目	221009	城市轨道交通项目（不含低运量轨道交通）：由省级发展改革部门根据国家批准的城市轨道交通建设规划，按照相关程序审批（核准）。低运量轨道交通项目由省级发展改革部门负责审批（核准）。城市道路桥梁、隧道：跨10万吨级及以上航道海域，跨大江大河（现状或规划为一级及以上通航段）的项目由省级政府核准。其他城建项目：由地方政府自行确定实行核准或者备案。	国家发展改革委	
99	未获得许可，不得投资建设特定社会事业项目	221010	主题公园：特大型项目由国务院核准，其余项目由省级政府核准。旅游：国家级风景名胜区、国家自然保护区、全国重点文物保护单位区域内总投资5000万元及以上旅游开发和资源保护项目，世界自然和文化遗产保护区内总投资3000万元及以上项目，由省级政府核准。其他社会事业项目：按照隶属关系由国务院行业管理部门、地方政府自行确定实行核准或者备案。	国家发展改革委	

续表

项目号	禁止或许可事项	事项编码	禁止或许可准入措施描述	中央主管部门	地方性许可措施
(二十)《互联网市场准入禁止许可目录》中的许可类事项					
100	未获得许可,不得从事互联网信息传输和信息服务	222001	国家对经营性互联网信息服务实行许可制度,对非经营性互联网信息服务实行核准制度。	工业和信息化部	
			从事新闻、出版、宗教等互联网信息服务,依照法律、行政法规以及国家有关规定须经有关主管部门审核同意,在申请经营许可或者履行备案手续前,应当依法经有关主管部门审核同意。	工业和信息化部 国家新闻出版署 国家宗教局 国家网信办	
			互联网地图服务单位从事互联网地图出版活动的,应当经国务院出版行政主管部门依法审核批准。	自然资源部 国家新闻出版署	
			从事药品网络销售的应当具备保证网络销售药品安全能力的药品上市许可持有人或者药品经营企业,中药饮片生产企业销售其生产的中药饮片应当履行药品上市许可持有人相关义务。药品网络销售企业为药品上市许可持有人的,仅能销售其取得药品注册证书的药品。未取得药品零售资质的,不得向个人销售药品。从事医疗器械网络销售的,应当是医疗器械注册人、备案人或者医疗器械经营企业。	国家药监局	

续表

项目号	禁止或许可事项	事项编码	禁止或许可准入措施描述	中央主管部门	地方性许可措施
			危险物品从业单位从事互联网信息服务的,应当按照《互联网信息服务管理办法》规定,向电信主管部门申请办理互联网信息服务增值电信业务经营许可或者办理非经营性互联网信息服务备案手续,并按照《计算机信息网络国际联网安全保护管理办法》规定,持从事危险物品活动的合法资质材料到所在地县级以上人民政府公安机关接受网站安全检查。	公安部 国家网信办 工业和信息化部 生态环境部 应急管理部	
			即时通信工具、微博客服务提供者以及通过互联网用户公众账号服务提供信息服务应当取得法律法规规定的相关资质。	国家网信办	
			通过互联网站、应用程序、论坛、博客、微博客、公众账号、即时通信工具、网络直播等形式向社会公众提供互联网新闻信息服务,应当取得互联网新闻信息服务许可,禁止未经许可或超越许可范围开展互联网新闻信息服务活动。	国家网信办	
			互联网信息搜索服务提供者应当取得法律法规规定的相关资质。	国家网信办	

续表

项目号	禁止或许可事项	事项编码	禁止或许可准入措施描述	中央主管部门	地方性许可措施
			★互联网新闻信息服务提供者变更主要负责人、总编辑、主管单位、股权结构等影响许可条件的重大事项，应当向原许可机关办理变更手续。互联网新闻信息服务经营单位与境内外中外合资经营、中外合作经营的企业进行涉及互联网新闻信息服务业务的合作，应当报国家互联网信息办公室进行安全评估。互联网新闻舆论属性或社会动员能力的应用功能，调整增设具有新闻舆论属性或社会动员能力的应用功能，应当报国家或省、自治区、直辖市互联网信息办公室进行互联网新闻信息服务安全评估。	国家网信办	
			从事具有媒体属性和舆论动员功能的公共账号平台服务，应当取得法律法规规定的相关资质。	广电总局 国家网信办	
			通过移动互联网应用程序提供信息服务，应当依法取得法律法规规定的相关资质。	国家网信办 工业和信息化部	

续表

项目号	禁止或许可事项	事项编码	禁止或许可准入措施描述	中央主管部门	地方性许可措施
101	未获得许可，不得从事互联网中介和商务服务	222002	互联网信息服务提供者专营或兼营人才信息网络中介服务的，必须申领许可证。职业中介机构可以从事下列职业中介服务：根据国家有关规定从事互联网职业信息服务。通过网络经营旅行业务的，应当依法取得旅行社业务经营许可，并在其网站主页的显著位置标明其业务经营许可证信息。	人力资源社会保障部 文化和旅游部	
102	未获得许可，不得从事网络视听节目服务或互联网文化娱乐服务	222003	从事互联网视听节目服务，应当依照相关规定取得广播电视主管部门颁发的《信息网络传播视听节目许可证》或履行备案手续。从事专网及定向传播视听节目服务，应当依照相关规定取得广播电视主管部门颁发的《信息网络传播视听节目许可证》。传输分发等专网及定向传播视听节目服务，应当依照相关规定取得广播电视主管部门颁发的《信息网络传播视听节目许可证》。从事集成播控、传输分发等专网及定向传播视听节目服务，应当依照相关规定取得广播电视主管部门颁发的《信息网络传播视听节目许可证》。公共视听载体播放视听节目服务（非联网方式播放广告内容除外），应当依照《信息网络传播视听节目许可证》颁发的《信息网络传播视听节目许可证》。	广电总局	

续表

项目号	禁止或许可事项	事项编码	禁止或许可准入措施描述	中央主管部门	地方性许可措施
			申请从事经营性互联网文化活动,应当向所在地省、自治区、直辖市人民政府文化和旅游行政部门提出申请,由省、自治区、直辖市人民政府文化和旅游行政部门审核批准。	文化和旅游部	
			从事网络出版服务,必须依法经过出版行政主管部门批准,取得《网络出版服务许可证》。	国家新闻出版署	
			经营进口互联网文化产品的活动应当由取得文化行政部门核发的《网络文化经营许可证》的经营性互联网文化单位实施,进口互联网文化产品应当报文化和旅游部进行内容审查。	文化和旅游部	
			国家对互联网上网服务营业场所经营单位的经营活动实行许可制度。未经许可,任何组织和个人不得设立互联网上网服务营业场所,不得从事互联网上网服务经营活动。	文化和旅游部	
			未经批准,不得开展互联网销售彩票业务。	财政部	
103	未获得许可,不得从事互联网游戏服务	222004	未经审批,网络游戏不得上网出版。	国家新闻出版署	
			出版境外著作权人授权的网络游戏,须按有关规定办理审批手续。	国家新闻出版署	

续表

项目号	禁止或许可事项	事项编码	禁止或许可准入措施描述	中央主管部门	地方性许可措施
104	未经认证检测，不得销售或提供网络关键设备和网络安全专用产品	222005	网络关键设备和网络安全专用产品应当按照相关国家标准的强制性要求，由具备资格的机构安全认证合格或者安全检测符合要求后，方可销售或者提供。	国家网信办 工业和信息化部 公安部 市场监管总局	
(二十一) 其他					
105	未获得许可，不得实施援外项目	299001	援外项目实施企业资格认定	商务部 国家国际发展合作署	
106			法律、行政法规、国务院决定、地方性法规及省、自治区、直辖市人民政府规章（可设定临时措施）规定的其他需许可后投资经营的行业、领域、业务等		

注：标★的为设立依据效力层级不足允许暂时保留的禁止或许可措施

公平竞争审查条例

(2024年5月11日国务院第32次常务会议通过　2024年6月6日国务院令第783号公布　自2024年8月1日起施行)

第一章　总　　则

第一条　为了规范公平竞争审查工作,促进市场公平竞争,优化营商环境,建设全国统一大市场,根据《中华人民共和国反垄断法》等法律,制定本条例。

第二条　起草涉及经营者经济活动的法律、行政法规、地方性法规、规章、规范性文件以及具体政策措施(以下统称政策措施),行政机关和法律、法规授权的具有管理公共事务职能的组织(以下统称起草单位)应当依照本条例规定开展公平竞争审查。

第三条　公平竞争审查工作坚持中国共产党的领导,贯彻党和国家路线方针政策和决策部署。

国家加强公平竞争审查工作,保障各类经营者依法平等使用生产要素、公平参与市场竞争。

第四条　国务院建立公平竞争审查协调机制,统筹、协调和指导全国公平竞争审查工作,研究解决公平竞争审查工作中的重大问题,评估全国公平竞争审查工作情况。

第五条　县级以上地方人民政府应当建立健全公平竞争审查工作机制,保障公平竞争审查工作力量,并将公平竞争审查工作经费纳入本级政府预算。

第六条　国务院市场监督管理部门负责指导实施公平竞争审查制度,督促有关部门和地方开展公平竞争审查工作。

县级以上地方人民政府市场监督管理部门负责在本行政区域组织实施公平竞争审查制度。

第七条　县级以上人民政府将公平竞争审查工作情况纳入法治政府建设、优化营商环境等考核评价内容。

第二章　审　查　标　准

第八条　起草单位起草的政策措施,不得含有下列限制或者变相限制市场准入和退出的内容:

(一)对市场准入负面清单以外的行业、领域、业务等违法设置审批程序;

(二)违法设置或者授予特许经营权;

(三)限定经营、购买或者使用特定经营者提供的商品或者服务(以下统称商品);

(四)设置不合理或者歧视性的准入、退出条件;

(五)其他限制或者变相限制市场准入和退出的内容。

第九条　起草单位起草的政策措施,不得含有下列限制商品、要素自由流动的内容:

(一)限制外地或者进口商品、要素进入本地市场,或者阻碍本地经营者迁出,商品、要素输出;

(二)排斥、限制、强制或者变相强制外地经营者在本地投资经营或者设立分支机构;

(三)排斥、限制或者变相限制外地经营者参加本地政府采购、招标投标;

(四)对外地或者进口商品、要素设置歧视性收费项目、收费标准、价格或者补贴;

(五)在资质标准、监管执法等方面对外地经营者在本地投资经营设置歧视性要求;

(六)其他限制商品、要素自由流动的内容。

第十条　起草单位起草的政策措施,没有法律、行政法规依据或者未经国务院批准,不得含有下列影响生产经营成本的内容:

(一)给予特定经营者税收优惠;

(二)给予特定经营者选择性、差异化的财政奖励或者补贴;

(三)给予特定经营者要素获取、行政事业性收费、政府性基金、社会保险费等方面的优惠；

（四）其他影响生产经营成本的内容。

第十一条 起草单位起草的政策措施，不得含有下列影响生产经营行为的内容：

（一）强制或者变相强制经营者实施垄断行为，或者为经营者实施垄断行为提供便利条件；

（二）超越法定权限制定政府指导价、政府定价，为特定经营者提供优惠价格；

（三）违法干预实行市场调节价的商品、要素的价格水平；

（四）其他影响生产经营行为的内容。

第十二条 起草单位起草的政策措施，具有或者可能具有排除、限制竞争效果，但符合下列情形之一，且没有对公平竞争影响更小的替代方案，并能够确定合理的实施期限或者终止条件的，可以出台：

（一）为维护国家安全和发展利益的；

（二）为促进科学技术进步、增强国家自主创新能力的；

（三）为实现节约能源、保护环境、救灾救助等社会公共利益的；

（四）法律、行政法规规定的其他情形。

第三章 审查机制

第十三条 拟由部门出台的政策措施，由起草单位在起草阶段开展公平竞争审查。

拟由多个部门联合出台的政策措施，由牵头起草单位在起草阶段开展公平竞争审查。

第十四条 拟由县级以上人民政府出台或者提请本级人民代表大会及其常务委员会审议的政策措施，由本级人民政府市场监督管理部门会同起草单位在起草阶段开展公平竞争审查。起草单位应当开展初审，并将政策措施草案和初审意见送市场监督管理部门审查。

第十五条 国家鼓励有条件的地区探索建立跨区域、跨部门的公平竞争审查工作机制。

第十六条 开展公平竞争审查，应当听取有关经营者、行业协会商会等利害关系人关于公平竞争影响的意见。涉及社会公众利益的，应当听取社会公众意见。

第十七条 开展公平竞争审查,应当按照本条例规定的审查标准,在评估对公平竞争影响后,作出审查结论。

适用本条例第十二条规定的,应当在审查结论中详细说明。

第十八条 政策措施未经公平竞争审查,或者经公平竞争审查认为违反本条例第八条至第十一条规定且不符合第十二条规定情形的,不得出台。

第十九条 有关部门和单位、个人对在公平竞争审查过程中知悉的国家秘密、商业秘密和个人隐私,应当依法予以保密。

第四章 监 督 保 障

第二十条 国务院市场监督管理部门强化公平竞争审查工作监督保障,建立健全公平竞争审查抽查、举报处理、督查等机制。

第二十一条 市场监督管理部门建立健全公平竞争审查抽查机制,组织对有关政策措施开展抽查,经核查发现违反本条例规定的,应当督促起草单位进行整改。

市场监督管理部门应当向本级人民政府报告抽查情况,抽查结果可以向社会公开。

第二十二条 对违反本条例规定的政策措施,任何单位和个人可以向市场监督管理部门举报。市场监督管理部门接到举报后,应当及时处理或者转送有关部门处理。

市场监督管理部门应当向社会公开受理举报的电话、信箱或者电子邮件地址。

第二十三条 国务院定期对县级以上地方人民政府公平竞争审查工作机制建设情况、公平竞争审查工作开展情况、举报处理情况等开展督查。国务院市场监督管理部门负责具体实施。

第二十四条 起草单位未依照本条例规定开展公平竞争审查,经市场监督管理部门督促,逾期仍未整改的,上一级市场监督管理部门可以对其负责人进行约谈。

第二十五条 未依照本条例规定开展公平竞争审查,造成严重不良影响的,对起草单位直接负责的主管人员和其他直接责任人员依法给予处分。

第五章　附　　则

第二十六条　国务院市场监督管理部门根据本条例制定公平竞争审查的具体实施办法。

第二十七条　本条例自2024年8月1日起施行。

公平竞争审查条例实施办法

（2025年2月28日国家市场监督管理总局令第99号公布
自2025年4月20日起施行）

第一章　总　　则

第一条　为了保障公平竞争审查制度实施，根据《中华人民共和国反垄断法》《公平竞争审查条例》（以下简称条例），制定本办法。

第二条　行政机关和法律、法规授权的具有管理公共事务职能的组织（以下统称起草单位）起草涉及经营者经济活动的政策措施，应当依法开展公平竞争审查。

前款所称涉及经营者经济活动的政策措施，包括市场准入和退出、产业发展、招商引资、政府采购、招标投标、资质标准、监管执法等方面涉及经营者依法平等使用生产要素、公平参与市场竞争的法律、行政法规、地方性法规、规章、规范性文件以及具体政策措施。

前款所称具体政策措施，是指除法律、行政法规、地方性法规、规章、规范性文件外其他涉及经营者经济活动的政策措施，包括政策性文件、标准、技术规范、与经营者签订的行政协议以及备忘录等。

第三条　国家市场监督管理总局负责指导实施公平竞争审查制度，督促有关部门和地方开展公平竞争审查工作，依法履行以下职责：

（一）指导全国公平竞争审查制度实施，推动解决制度实施中的重大问题；

（二）对拟由国务院出台或者提请全国人民代表大会及其常务委员会审议的政策措施，会同起草单位开展公平竞争审查；

（三）建立健全公平竞争审查抽查、举报处理、督查机制，在全国范围内组织开展相关工作；

（四）承担全国公平竞争审查制度实施情况评估工作；

（五）指导、督促公平竞争审查制度实施的其他事项。

第四条 县级以上地方市场监督管理部门负责在本行政区域内组织实施公平竞争审查制度，督促有关部门开展公平竞争审查工作，并接受上级市场监督管理部门的指导和监督。

第五条 起草单位应当严格落实公平竞争审查责任，建立健全公平竞争审查机制，明确承担公平竞争审查工作的机构，加强公平竞争审查能力建设，强化公平竞争审查工作保障。

第六条 市场监督管理部门应当加强公平竞争审查业务培训指导和普法宣传，推动提高公平竞争审查能力和水平。

第七条 市场监督管理部门应当做好公平竞争审查数据统计和开发利用等相关工作，加强公平竞争审查信息化建设。

第八条 在县级以上人民政府法治政府建设、优化营商环境等考核评价过程中，市场监督管理部门应当配合做好涉及公平竞争审查工作情况的考核评价，推动公平竞争审查制度全面落实。

第二章 审 查 标 准

第一节 关于限制市场准入和退出的审查标准

第九条 起草涉及经营者经济活动的政策措施，不得含有下列对市场准入负面清单以外的行业、领域、业务等违法设置市场准入审批程序的内容：

（一）在全国统一的市场准入负面清单之外违规制定市场准入性质的负面清单；

（二）在全国统一的市场准入负面清单之外违规设立准入许可，或者以备案、证明、目录、计划、规划、认证等方式，要求经营主体经申请获批后方可从事投资经营活动；

（三）违法增加市场准入审批环节和程序，或者设置具有行政审批性质的前置备案程序；

（四）违规增设市场禁入措施，或者限制经营主体资质、所有制形式、股权比例、经营范围、经营业态、商业模式等方面的市场准入许可管理措施；

（五）违规采取临时性市场准入管理措施；

（六）其他对市场准入负面清单以外的行业、领域、业务等违法设置审批程序的内容。

第十条 起草涉及经营者经济活动的政策措施，不得含有下列违法设置或者授予政府特许经营权的内容：

（一）没有法律、行政法规依据或者未经国务院批准，设置特许经营权或者以特许经营名义增设行政许可事项；

（二）未通过招标、谈判等公平竞争方式选择政府特许经营者；

（三）违法约定或者未经法定程序变更特许经营期限；

（四）其他违法设置或者授予政府特许经营权的内容。

第十一条 起草涉及经营者经济活动的政策措施，不得含有下列限定经营、购买或者使用特定经营者提供的商品或者服务（以下统称商品）的内容：

（一）以明确要求、暗示等方式，限定或者变相限定经营、购买、使用特定经营者提供的商品；

（二）通过限定经营者所有制形式、注册地、组织形式，或者设定其他不合理条件，限定或者变相限定经营、购买、使用特定经营者提供的商品；

（三）通过设置不合理的项目库、名录库、备选库、资格库等方式，限定或者变相限定经营、购买、使用特定经营者提供的商品；

（四）通过实施奖励性或者惩罚性措施，限定或者变相限定经营、购买、使用特定经营者提供的商品；

（五）其他限定经营、购买或者使用特定经营者提供的商品的内容。

第十二条 起草涉及经营者经济活动的政策措施，不得含有下列设置不合理或者歧视性的准入、退出条件的内容：

（一）设置明显不必要或者超出实际需要的准入条件；

（二）根据经营者所有制形式、注册地、组织形式、规模等设置歧视性的市场准入、退出条件；

（三）在经营者注销、破产、挂牌转让等方面违法设置市场退出障碍；

（四）其他设置不合理或者歧视性的准入、退出条件的内容。

第二节 关于限制商品、要素自由流动的审查标准

第十三条 起草涉及经营者经济活动的政策措施,不得含有下列限制外地或者进口商品、要素进入本地市场,或者阻碍本地经营者迁出,商品、要素输出的内容：

（一）对外地或者进口商品规定与本地同类商品不同的技术要求、检验标准,更多的检验频次等歧视性措施,或者要求重复检验、重复认证；

（二）通过设置关卡或者其他手段,阻碍外地和进口商品、要素进入本地市场或者本地商品、要素对外输出；

（三）违法设置审批程序或者其他不合理条件妨碍经营者变更注册地址、减少注册资本,或者对经营者在本地经营年限提出要求；

（四）其他限制外地或者进口商品、要素进入本地市场,或者阻碍本地经营者迁出,商品、要素输出的内容。

第十四条 起草涉及经营者经济活动的政策措施,不得含有下列排斥、限制、强制或者变相强制外地经营者在本地投资经营或者设立分支机构的内容：

（一）强制、拒绝或者阻碍外地经营者在本地投资经营或者设立分支机构；

（二）对外地经营者在本地投资的规模、方式、产值、税收,以及设立分支机构的商业模式、组织形式等进行不合理限制或者提出不合理要求；

（三）将在本地投资或者设立分支机构作为参与本地政府采购、招标投标、开展生产经营的必要条件；

（四）其他排斥、限制、强制或者变相强制外地经营者在本地投资

经营或者设立分支机构的内容。

第十五条 起草涉及经营者经济活动的政策措施,不得含有下列排斥、限制或者变相限制外地经营者参加本地政府采购、招标投标的内容:

(一)禁止外地经营者参与本地政府采购、招标投标活动;

(二)直接或者变相要求优先采购在本地登记注册的经营者提供的商品;

(三)将经营者取得业绩和奖项荣誉的区域、缴纳税收社保的区域、投标(响应)产品的产地、注册地址、与本地经营者组成联合体等作为投标(响应)条件、加分条件、中标(成交、入围)条件或者评标条款;

(四)将经营者在本地区业绩、成立年限、所获得的奖项荣誉、在本地缴纳税收社保等用于评价企业信用等级,或者根据商品、要素产地等因素设置差异化信用得分,影响外地经营者参加本地政府采购、招标投标;

(五)根据经营者投标(响应)产品的产地设置差异性评审标准;

(六)设置不合理的公示时间、响应时间、要求现场报名或者现场购买采购文件、招标文件等,影响外地经营者参加本地政府采购、招标投标;

(七)其他排斥、限制或者变相限制外地经营者参加本地政府采购、招标投标的内容。

第十六条 起草涉及经营者经济活动的政策措施,不得含有下列对外地或者进口商品、要素设置歧视性收费项目、收费标准、价格或者补贴的内容:

(一)对外地或者进口商品、要素设置歧视性的收费项目或者收费标准;

(二)对外地或者进口商品、要素实行歧视性的价格;

(三)对外地或者进口商品、要素实行歧视性的补贴政策;

(四)其他对外地或者进口商品、要素设置歧视性收费项目、收费标准、价格或者补贴的内容。

第十七条 起草涉及经营者经济活动的政策措施,不得含有下列在资质标准、监管执法等方面对外地经营者在本地投资经营设置歧视性要求的内容：

（一）对外地经营者在本地投资经营规定歧视性的资质、标准等要求；

（二）对外地经营者实施歧视性的监管执法标准，增加执法检查项目或者提高执法检查频次等；

（三）在投资经营规模、方式和税费水平等方面对外地经营者规定歧视性要求；

（四）其他在资质标准、监管执法等方面对外地经营者在本地投资经营设置歧视性要求的内容。

第三节　关于影响生产经营成本的审查标准

第十八条　起草涉及经营者经济活动的政策措施，没有法律、行政法规依据或者未经国务院批准，不得含有下列给予特定经营者税收优惠的内容：

（一）减轻或者免除特定经营者的税收缴纳义务；

（二）通过违法转换经营者组织形式等方式，变相支持特定经营者少缴或者不缴税款；

（三）通过对特定产业园区实行核定征收等方式，变相支持特定经营者少缴或者不缴税款；

（四）其他没有法律、行政法规依据或者未经国务院批准，给予特定经营者税收优惠的内容。

第十九条　起草涉及经营者经济活动的政策措施，没有法律、行政法规依据或者未经国务院批准，不得含有下列给予特定经营者选择性、差异化的财政奖励或者补贴的内容：

（一）以直接确定受益经营者或者设置不明确、不合理入选条件的名录库、企业库等方式，实施财政奖励或者补贴；

（二）根据经营者的所有制形式、组织形式等实施财政奖励或者补贴；

（三）以外地经营者将注册地迁移至本地、在本地纳税、纳入本地统计等为条件，实施财政奖励或者补贴；

（四）采取列收列支或者违法违规采取先征后返、即征即退等形

式,对特定经营者进行返还,或者给予特定经营者财政奖励或者补贴、减免自然资源有偿使用收入等优惠政策;

(五)其他没有法律、行政法规依据或者未经国务院批准,给予特定经营者选择性、差异化的财政奖励或者补贴的内容。

第二十条 起草涉及经营者经济活动的政策措施,没有法律、行政法规依据或者未经国务院批准,不得含有下列给予特定经营者要素获取、行政事业性收费、政府性基金、社会保险费等方面优惠的内容:

(一)以直接确定受益经营者,或者设置无客观明确条件的方式在要素获取方面给予优惠政策;

(二)减免、缓征或者停征行政事业性收费、政府性基金;

(三)减免或者缓征社会保险费用;

(四)其他没有法律、行政法规依据或者未经国务院批准给予特定经营者要素获取、行政事业性收费、政府性基金、社会保险费等方面优惠的内容。

第四节 关于影响生产经营行为的审查标准

第二十一条 起草涉及经营者经济活动的政策措施,不得含有下列强制或者变相强制经营者实施垄断行为,或者为经营者实施垄断行为提供便利条件的内容:

(一)以行政命令、行政指导等方式,强制、组织或者引导经营者实施垄断行为;

(二)通过组织签订协议、备忘录等方式,强制或者变相强制经营者实施垄断行为;

(三)对实行市场调节价的商品、要素,违法公开披露或者要求经营者公开披露拟定价格、成本、生产销售数量、生产销售计划、经销商和终端客户信息等生产经营敏感信息;

(四)其他强制或者变相强制经营者实施垄断行为,或者为经营者实施垄断行为提供便利条件的内容。

第二十二条 起草涉及经营者经济活动的政策措施,不得含有下列超越法定权限制定政府指导价、政府定价,为特定经营者提供优惠

价格,影响生产经营行为的内容:

(一)对实行政府指导价的商品、要素进行政府定价,违法提供优惠价格;

(二)对不属于本级政府定价目录范围内的商品、要素制定政府指导价、政府定价,违法提供优惠价格;

(三)不执行政府指导价或者政府定价,违法提供优惠价格;

(四)其他超越法定权限制定政府指导价、政府定价,为特定经营者提供优惠价格,影响生产经营行为的内容。

第二十三条 起草涉及经营者经济活动的政策措施,不得含有下列违法干预实行市场调节价的商品、要素价格水平的内容:

(一)对实行市场调节价的商品、要素制定建议价,影响公平竞争;

(二)通过违法干预手续费、保费、折扣等方式干预实行市场调节价的商品、要素价格水平,影响公平竞争;

(三)其他违法干预实行市场调节价的商品、要素的价格水平的内容。

第五节 关于审查标准的其他规定

第二十四条 起草涉及经营者经济活动的政策措施,不得含有其他限制或者变相限制市场准入和退出、限制商品要素自由流动、影响生产经营成本、影响生产经营行为等影响市场公平竞争的内容。

第二十五条 经公平竞争审查具有或者可能具有排除、限制竞争效果的政策措施,符合下列情形之一,且没有对公平竞争影响更小的替代方案,并能够确定合理的实施期限或者终止条件的,可以出台:

(一)为维护国家安全和发展利益的;

(二)为促进科学技术进步、增强国家自主创新能力的;

(三)为实现节约能源、保护环境、救灾救助等社会公共利益的;

(四)法律、行政法规规定或者经国务院批准的其他情形。

本条所称没有对公平竞争影响更小的替代方案,是指政策措施对实现有关政策目的确有必要,且对照审查标准评估竞争效果后,对公平竞争的不利影响范围最小、程度最轻的方案。

本条所称合理的实施期限应当是为实现政策目的所需的最短期

限,终止条件应当明确、具体。在期限届满或者终止条件满足后,有关政策措施应当及时停止实施。

第三章 审查机制和审查程序

第二十六条 起草单位在起草阶段对政策措施开展公平竞争审查,应当严格遵守公平竞争审查程序,准确适用公平竞争审查标准,科学评估公平竞争影响,依法客观作出公平竞争审查结论。

第二十七条 公平竞争审查应当在政策措施内容基本完备后开展。审查后政策措施内容发生重大变化的,应当重新开展公平竞争审查。

第二十八条 起草单位开展公平竞争审查,应当依法听取利害关系人关于公平竞争影响的意见。涉及社会公众利益的,应当通过政府部门网站、政务新媒体等便于社会公众知晓的方式听取社会公众意见。听取关于公平竞争影响的意见可以与其他征求意见程序一并进行。

对需要保密或者有正当理由需要限定知悉范围的政策措施,由起草单位按照相关法律法规规定处理,并在审查结论中说明有关情况。

本条所称利害关系人,包括参与相关市场竞争的经营者、上下游经营者、行业协会商会以及可能受政策措施影响的其他经营者。

第二十九条 起草单位应当在评估有关政策措施的公平竞争影响后,书面作出是否符合公平竞争审查标准的明确审查结论。

适用条例第十二条规定的,起草单位还应当在审查结论中说明下列内容:

(一)政策措施具有或者可能具有的排除、限制竞争效果;
(二)适用条例第十二条规定的具体情形;
(三)政策措施对公平竞争不利影响最小的理由;
(四)政策措施实施期限或者终止条件的合理性;
(五)其他需要说明的内容。

第三十条 拟由县级以上人民政府出台或者提请本级人民代表大会及其常务委员会审议的政策措施,由本级人民政府市场监督管理部门会同起草单位在起草阶段开展公平竞争审查。

本条所称拟由县级以上人民政府出台的政策措施,包括拟由县级以上人民政府及其办公厅(室)出台或者转发本级政府部门起草的政策措施。

本条所称提请本级人民代表大会及其常务委员会审议的政策措施,包括提请审议的法律、地方性法规草案等。

第三十一条 起草单位应当在向本级人民政府报送政策措施草案前,提请同级市场监督管理部门开展公平竞争审查,并提供下列材料:

(一)政策措施草案;

(二)政策措施起草说明;

(三)公平竞争审查初审意见;

(四)其他需要提供的材料。

起草单位提供的政策措施起草说明应当包含政策措施制定依据、听取公平竞争影响意见及采纳情况等内容。

起草单位应当严格依照条例和本办法规定的审查标准开展公平竞争审查,形成初审意见。

起草单位提供的材料不完备或者政策措施尚未按照条例要求征求有关方面意见的,市场监督管理部门可以要求在一定期限内补正;未及时补正的,予以退回处理。

第三十二条 起草单位不得以送市场监督管理部门会签、征求意见等代替公平竞争审查。

第三十三条 市场监督管理部门应当根据起草单位提供的材料对政策措施开展公平竞争审查,书面作出审查结论。

第三十四条 涉及经营者经济活动的政策措施未经公平竞争审查,或者经审查认为违反条例规定的,不得出台。

第三十五条 市场监督管理部门、起草单位可以根据职责,委托第三方机构,对政策措施可能产生的竞争影响、实施后的竞争效果和本地区公平竞争审查制度实施情况等开展评估,为决策提供参考。

第三十六条 有关部门和单位、个人在公平竞争审查过程中知悉的国家秘密、商业秘密和个人隐私,应当依法予以保密。

第四章 监 督 保 障

第三十七条 对违反条例规定的政策措施,任何单位和个人可以向市场监督管理部门举报。举报人应当对举报内容的真实性负责。起草单位及其工作人员应当依法保障举报人的合法权益。

各级市场监督管理部门负责处理对本级人民政府相关单位及下一级人民政府政策措施的举报;上级市场监督管理部门认为有必要的,可以直接处理属于下级市场监督管理部门职责范围的举报。

市场监督管理部门收到反映法律、行政法规、地方性法规涉嫌影响市场公平竞争的,应当依法依规移交有关单位处理。收到反映尚未出台的政策措施涉嫌违反条例规定的,可以转送起草单位处理。

第三十八条 市场监督管理部门收到举报材料后,应当及时审核举报材料是否属于反映涉嫌违反公平竞争审查制度的情形,以及举报材料是否完整、明确。

举报材料不完整、不明确的,市场监督管理部门可以要求举报人在七个工作日内补正。举报人逾期未补正或者补正后仍然无法判断举报材料指向的,市场监督管理部门不予核查。

有处理权限的市场监督管理部门应当自收到符合规定的举报材料之日起六十日内进行核查并作出核查结论。举报事项情况复杂的,经市场监督管理部门负责人批准,可以根据需要适当延长期限。

第三十九条 市场监督管理部门组织对有关政策措施开展抽查。

抽查可以在一定区域范围内进行,或者针对具体的行业、领域实施。对发现或者举报反映违反条例规定问题集中的地区或者行业、领域,市场监督管理部门应当开展重点抽查。

对实行垂直管理的单位及其派出机构起草的有关政策措施开展抽查,由实行垂直管理单位的同级或者上级人民政府市场监督管理部门负责。

市场监督管理部门应当向本级人民政府及上一级市场监督管理部门报告抽查情况,并可以向社会公开抽查结果。

第四十条 对通过举报处理、抽查等方式发现的涉嫌违反条例规定的政策措施,市场监督管理部门应当组织开展核查。核查认定有关政策措施违反条例规定的,市场监督管理部门应当督促有关起草单位进行整改。

各级地方市场监督管理部门在工作中发现实行垂直管理的单位派出机构涉嫌违反条例规定的,应当逐级报送实行垂直管理单位的同级或者上级人民政府市场监督管理部门核查。

第四十一条 国家市场监督管理总局应当按照条例有关规定实施公平竞争审查督查,并将督查情况报送国务院。对督查中发现的问题,督查对象应当按要求整改。

第四十二条 起草单位未按照条例规定开展公平竞争审查,经市场监督管理部门督促,逾期未整改或者整改不到位的,上一级市场监督管理部门可以对其负责人进行约谈,指出问题,听取意见,要求其提出整改措施。

市场监督管理部门可以将约谈情况通报起草单位的有关上级机关,也可以邀请有关上级机关共同实施约谈。

第四十三条 市场监督管理部门在公平竞争审查工作中发现存在行业、领域、区域性问题或者风险的,可以书面提醒敦促有关行业主管部门或者地方人民政府进行整改和预防。

第四十四条 市场监督管理部门在公平竞争审查工作中发现起草单位存在涉嫌滥用行政权力排除、限制竞争行为的,应当按照《中华人民共和国反垄断法》等有关规定,移交有管辖权的反垄断执法机构依法调查处理。

第四十五条 起草单位存在下列情形之一、造成严重不良影响的,市场监督管理部门可以向有权机关提出对直接负责的主管人员和其他直接责任人员依法给予处分的建议:

(一)违反公平竞争审查制度出台政策措施的;

(二)拒绝、阻碍市场监督管理部门依法开展公平竞争审查有关监督工作的;

(三)对公平竞争审查监督发现问题,经市场监督管理部门约谈后仍不整改的;

(四)其他违反公平竞争审查制度,造成严重不良影响的。

第五章　附　　则

第四十六条　本办法所称特定经营者,是指在政策措施中直接或者变相确定的某个或者某部分经营者,但通过公平合理、客观明确且非排他性条件确定的除外。

第四十七条　本办法所称法律、法规授权的具有管理公共事务职能的组织,包括依据法律法规,被授予特定管理公共事务权力和职责的事业单位、基层自治组织、专业技术机构、行业协会等非行政机关组织。

第四十八条　本办法自2025年4月20日起施行。

公平竞争审查举报处理工作规则

（2024年10月13日市场监管总局公告
2024年第45号公布施行）

第一条　为了做好公平竞争审查举报处理工作,强化公平竞争审查工作监督保障,根据《中华人民共和国反垄断法》《公平竞争审查条例》等有关规定,制定本规则。

第二条　对涉嫌违反《公平竞争审查条例》规定的政策措施,任何单位和个人可以向市场监督管理部门举报。

前款所称违反《公平竞争审查条例》规定,包括以下情形:

（一）有关政策措施未履行公平竞争审查程序,或者履行公平竞争审查程序不规范;

（二）有关政策措施存在违反公平竞争审查标准的内容;

（三）其他违反《公平竞争审查条例》的情形。

第三条　国家市场监督管理总局主管全国公平竞争审查举报处理工作,监督指导地方市场监督管理部门公平竞争审查举报处理工作。

县级以上地方市场监督管理部门负责本行政区域内的公平竞争审查举报处理工作，并对下级市场监督管理部门公平竞争审查举报处理工作进行监督指导。

第四条　市场监督管理部门处理公平竞争审查举报，应当遵循依法、公正、高效的原则。

第五条　县级以上市场监督管理部门负责处理对本级人民政府相关单位及下一级人民政府政策措施的举报。

上级市场监督管理部门认为有必要的，可以直接处理属于下级市场监督管理部门处理权限的公平竞争审查举报。

第六条　收到举报的市场监督管理部门不具备处理权限的，应当告知举报人直接向有处理权限的市场监督管理部门提出。

第七条　市场监督管理部门应当向社会公开举报电话、信箱或者电子邮件地址。

第八条　举报人应当对举报内容的真实性负责。举报内容一般包括：

（一）举报人的基本情况；

（二）政策措施的起草单位；

（三）政策措施涉嫌违反《公平竞争审查条例》的具体情形和理由；

（四）是否就同一事实已向其他机关举报，或者就依据该政策措施作出的具体行政行为已申请行政复议或者向人民法院提起行政诉讼。

举报人采取非书面方式举报的，市场监督管理部门工作人员应当记录。

第九条　市场监督管理部门收到举报材料后应当做好登记，准确记录举报材料反映的主要事项、举报人、签收日期等信息。

第十条　市场监督管理部门收到举报后，应当及时对举报反映的政策措施是否违反《公平竞争审查条例》规定组织开展核查。

反映法律、行政法规、地方性法规涉嫌存在影响市场公平竞争问题的，市场监督管理部门应当根据有关法律法规规定移交有关单位处理。

反映尚未出台的政策措施涉嫌违反《公平竞争审查条例》规定的，

市场监督管理部门可以转送有关起草单位处理。

第十一条 举报具有下列情形之一的,市场监督管理部门不予处理:

(一)不属于本规则第二条规定情形的;

(二)举报已核查处理结束,举报人以同一事实或者理由重复举报的;

(三)对有关具体行政行为及所依据的政策措施已申请行政复议或者向人民法院提起行政诉讼已经受理或者处理的;

(四)举报材料不完整、不明确,经市场监督管理部门要求未在七个工作日内补正或者补正后仍然无法判断举报材料指向的;

(五)不予处理举报的其他情形。

第十二条 市场监督管理部门开展核查,可以要求起草单位、牵头起草单位或者制定机关提供以下材料:

(一)政策措施文本及起草说明;

(二)政策措施征求意见情况;

(三)公平竞争审查结论;

(四)关于政策措施是否存在违反《公平竞争审查条例》规定情况的说明;

(五)其他为开展核查需要提供的材料。

第十三条 经核查存在下列情形的,属于未履行或者不规范履行公平竞争审查程序:

(一)政策措施属于公平竞争审查范围,但未开展公平竞争审查的;

(二)有关单位主张已经开展公平竞争审查,但未提供佐证材料的;

(三)适用《公平竞争审查条例》第十二条规定,但未在审查结论中详细说明的;

(四)政策措施属于《公平竞争审查条例》第十四条规定的情形,但未送交市场监督管理部门开展公平竞争审查的;

(五)未按照《公平竞争审查条例》第十六条规定听取有关方面意见的,法律另有规定的除外;

一、公平竞争

(六)未作出公平竞争审查结论,或者结论不明确的;

(七)其他违反公平竞争审查程序的情形。

第十四条 经核查存在下列情形的,属于违反公平竞争审查标准:

(一)政策措施中含有《公平竞争审查条例》第八条至第十一条规定的禁止性内容且不符合第十二条规定的;

(二)适用《公平竞争审查条例》第十二条规定的政策措施,经核查后发现不符合《公平竞争审查条例》第十二条第(一)至(四)项规定的适用情形的;

(三)适用《公平竞争审查条例》第十二条规定的政策措施,经核查后发现文件出台时存在其他对公平竞争影响更小的替代方案的;

(四)适用《公平竞争审查条例》第十二条规定的政策措施,没有确定合理的实施期限或者终止条件,或者在实施期限到期或者满足终止条件后未及时停止实施的;

(五)其他违反公平竞争审查标准的情形。

第十五条 核查过程中,市场监督管理部门可以听取有关部门、经营者、行业协会商会对有关政策措施公平竞争影响的意见。

第十六条 市场监督管理部门应当自收到完备的举报材料之日起六十日内结束核查;举报事项情况复杂的,经市场监督管理部门负责人批准,可以适当延长。

第十七条 经组织核查,属于下列情形之一的,市场监督管理部门可以结束核查:

(一)有关政策措施不违反《公平竞争审查条例》规定的;

(二)在核查期间有关单位主动修改、废止有关政策措施的;

(三)有关政策措施已经失效或者废止的。

第十八条 经核查发现有关单位违反《公平竞争审查条例》规定的,市场监督管理部门可以制发《提醒敦促函》,督促有关单位整改。《提醒敦促函》主要包括收到举报和组织核查的有关情况、整改要求和书面反馈整改情况的时间要求等内容。

市场监督管理部门可以提出以下整改要求:

(一)有关单位未履行或者履行公平竞争审查程序不规范的,要求开展公平竞争审查或者补正程序等；

（二）政策措施存在违反公平竞争审查标准内容的，要求按照相关程序予以修订或者废止；

（三）核查发现有关单位存在公平竞争审查制度和机制不完善等情形的，要求健全完善有关制度机制。

《提醒敦促函》可以抄送有关单位的上级机关。

第十九条 有关单位违反《公平竞争审查条例》规定，经市场监督管理部门督促，逾期仍未提供核查材料或者整改的，上一级市场监督管理部门可以对其负责人进行约谈。

市场监督管理部门根据工作实际，可以联合有关单位的上级机关共同开展约谈。

约谈应当指出违反《公平竞争审查条例》规定的有关问题，并提出明确整改要求。约谈情况可以向社会公开。

第二十条 未依照《公平竞争审查条例》规定开展公平竞争审查，造成严重不良影响的，市场监督管理部门可以向有关上级机关提出对有关单位直接负责的主管人员和其他直接责任人员依法给予处分的建议。

市场监督管理部门在工作中发现有关单位及其工作人员涉嫌违纪违法的，可以将有关问题线索按规定移送相应纪检监察机关。

第二十一条 市场监督管理部门经核查认为有关政策措施的制定依据涉嫌违反《公平竞争审查条例》规定的，应当逐级报告有处理权限的上级市场监督管理部门，由其按照本规则开展核查。

第二十二条 举报线索涉嫌滥用行政权力排除、限制竞争的，及时按照《中华人民共和国反垄断法》等有关规定，移交有管辖权的反垄断执法机构调查处理。

第二十三条 对于实名举报，市场监督管理部门可以根据举报人的书面请求，依法向其反馈举报处理情况。

第二十四条 鼓励社会公众和新闻媒体对违反《公平竞争审查条例》规定的行为依法进行社会监督和舆论监督。

第二十五条 市场监督管理部门应当做好本行政区域公平竞争审查举报信息的统计分析，有针对性加强公平竞争审查工作。

第二十六条 对公平竞争审查举报处理工作中获悉的国家秘密、商业秘密和个人隐私，市场监督管理部门、有关单位、个人应当依法予以保密。

第二十七条 本规则自2024年10月13日起实施。

公平竞争审查第三方评估实施指南

(2023年4月26日国家市场监管总局公告
2023年第17号公布施行)

第一章 总 则

第一条 为了建立健全公平竞争审查第三方评估机制，鼓励支持各级公平竞争审查工作联席会议(或者相应职能机构)办公室和各政策制定机关在公平竞争审查工作中引入第三方评估，提高审查质量和效果，推动公平竞争审查制度深入实施，根据《中华人民共和国反垄断法》《国务院关于在市场体系建设中建立公平竞争审查制度的意见》(国发〔2016〕34号，以下简称《意见》)和《公平竞争审查制度实施细则》(国市监反垄规〔2021〕2号，以下简称《实施细则》)规定，制定本指南。

第二条 本指南所称第三方评估，是指各级公平竞争审查工作联席会议(或者相应职能机构)办公室或者各政策制定机关(以下称委托单位)根据职责，委托第三方机构，依据本指南规定的标准和程序，运用科学、系统、规范的评估方法，对本地区或者本部门公平竞争审查制度实施情况、有关政策措施以及公平竞争审查其他有关工作进行评估，形成评估报告供委托单位或者其他有关政府部门决策参考的活动。

第三条 第三方评估应当遵循客观公正、科学严谨、专业规范、注重实效的原则。

第四条 各级公平竞争审查工作联席会议办公室开展第三方评

估时要加强统筹协调,与相关成员单位强化信息共享和协同协作,提升工作合力。

第二章 适用范围和评估内容

第五条 地方各级公平竞争审查工作联席会议办公室可以针对以下事项定期或者不定期开展第三方评估:

(一)本地区公平竞争审查制度实施总体情况;

(二)本地区重点领域、行业公平竞争审查制度实施情况;

(三)对本地区已出台政策措施进行定期清理、抽查检查等情况;

(四)其他需要评估的内容。

公平竞争审查工作部际联席会议办公室可以对各地区、行业或者部门公平竞争审查制度实施情况定期或者不定期开展第三方评估。

第六条 政策制定机关在开展公平竞争审查工作的以下阶段和环节,均可以引入第三方评估:

(一)对拟出台的政策措施进行公平竞争审查;

(二)对经公平竞争审查出台的政策措施进行定期或者不定期评估;

(三)对适用例外规定出台的政策措施进行逐年评估;

(四)对本机关公平竞争审查制度实施情况进行综合评估;

(五)与公平竞争审查工作相关的其他阶段和环节。

第七条 对拟出台的政策措施进行公平竞争审查时存在以下情形之一的,应当引入第三方评估:

(一)政策制定机关拟适用例外规定的;

(二)被多个单位或者个人反映或者举报涉嫌违反公平竞争审查标准的。

第八条 对拟出台的政策措施进行公平竞争审查时引入第三方评估,重点评估以下内容:

(一)是否涉及市场主体经济活动;

(二)是否违反公平竞争审查标准。违反标准的,分析对市场竞争的具体影响,并提出调整建议;

(三)是否符合适用例外规定的情形和条件。符合的,是否有对竞争损害更小的替代方案;不符合的,提出调整建议。

第九条 对已出台的政策措施进行第三方评估,重点评估以下内容:

(一)政策措施是否已按要求进行公平竞争审查;

(二)此前作出的审查结论是否符合公平竞争审查制度要求;

(三)政策措施出台后是否产生新的排除、限制竞争问题;

(四)政策措施出台后的客观情况变化,如法律法规政策或者市场状况变化等,对政策措施实施的影响;

(五)对评估发现排除、限制竞争的政策措施提出调整建议。

第十条 对适用例外规定出台的政策措施进行逐年评估时引入第三方评估,重点评估以下内容:

(一)此前作出的适用例外规定结论是否符合公平竞争审查制度要求;

(二)政策措施是否达到预期效果,政策措施出台后是否产生新的排除、限制竞争问题;

(三)目前是否存在对竞争损害更小的替代方案;

(四)政策措施出台后的客观情况变化,如法律法规政策或者市场状况变化等,对政策措施实施的影响;

(五)对评估发现不符合例外规定的政策措施提出调整建议。

第十一条 对公平竞争审查制度实施情况进行第三方评估,重点评估以下内容:

(一)工作部署落实情况,包括印发方案、建立机制、督查指导、宣传培训等;

(二)增量政策措施审查情况,包括审查范围是否全面、审查流程是否规范、审查结论是否准确等;

(三)存量政策措施清理情况,包括清理任务是否完成、清理范围是否全面、清理结果是否准确等;

(四)制度实施成效,包括经审查调整政策措施的情况、经清理废止调整政策措施的情况,以及公平竞争审查在预防和纠正行政性垄断、维护市场公平竞争、促进经济高质量发展等方面的作用等;

(五)总结分析制度实施中存在的问题和原因,本地区、本部门、本

行业推行公平竞争审查制度过程中面临的难点,可采取的应对措施;

(六)政策制定机关、利害关系人、社会公众以及新闻媒体对制度实施情况的相关评价和意见建议等;

(七)其他与公平竞争审查工作相关的内容。

第三章 评估机构

第十二条 本指南所称第三方评估机构,是指与政策制定机关及评估事项无利害关系,且具备相应评估能力的咨询研究机构,包括政府决策咨询及评估机构、高等院校、科研院所、专业咨询公司、律师事务所及其他社会组织等。

第十三条 第三方评估机构应当具备以下条件:

(一)遵守国家法律法规和行业相关规定,组织机构健全、内部管理规范;

(二)在法学、经济学、公共政策等领域具有一定的影响力和研究经验,完成项目所必备的人才等保障,具备评估所需的理论研究、数据收集分析和决策咨询能力;

(三)在组织机构、人员构成、经费来源上独立于评估涉及的政策制定机关;

(四)与评估事项无利害关系;

(五)能够承担民事责任,具有良好的商业信誉和健全的财务会计制度;

(六)具体评估所需的其他条件。

第四章 评估程序和方法

第十四条 第三方评估按照下列程序进行:

(一)确定评估事项。委托单位可以根据实际需要,决定将有关政策措施或者公平竞争审查其他工作委托第三方评估机构进行评估。

(二)选择评估机构。委托单位通过政府购买服务开展第三方评估工作,确定第三方评估机构,签订委托协议,明确评估事项、质量要求、评估费用、评估时限、权责关系及违约责任等。

按照本指南有关规定对政策措施进行事前评估后,再对同一项政策措施进行事后评估,原则上不得委托同一个或者具有隶属关系的第三方评估机构。

(三)制定评估方案。第三方评估机构根据委托单位的要求,组建评估小组,制定评估方案,明确具体的评估目标、内容、标准、方法、步骤、时间安排及成果形式等,经委托单位审核同意后组织实施。

(四)开展评估工作。第三方评估机构通过全面调查、抽样调查、网络调查、实地调研、舆情跟踪、专家论证等方式方法,汇总收集相关信息,广泛听取意见建议,全面了解真实情况,深入开展研究分析,形成评估报告。评估报告一般应当包括基本情况、评估内容、评估方法、评估结论、意见建议、评估机构主要负责人及参与评估工作人员的签名、评估机构盖章以及需要说明的其他问题等。

(五)验收评估成果。委托单位对评估报告及其他评估工作情况进行验收。对符合评估方案要求的,履行成果交接、费用支付等手续;对不符合评估方案要求的,可以根据协议约定要求第三方评估机构限期补充评估或者重新评估。

对特定政策措施或者其他简单事项进行评估时,委托单位可根据实际情况适当简化以上程序。

第十五条 第三方评估应当遵循《意见》和《实施细则》明确的基本分析框架和审查标准,并综合运用以下方法进行全面、客观、系统、深入的评估。

(一)定性评估。通过汇总、梳理、提炼、归纳相关资料和信息,运用相关基础理论,对政策措施影响市场竞争情况、制度实施情况等形成客观的定性评估结果。

(二)定量评估。使用规范统计数据,运用科学计算方法,对政策措施对市场竞争的影响程度、制度实施成效等形成量化评估结论。定量评估应当更多应用现代信息技术。

(三)比较分析。对政策措施实施前后的市场竞争状况进行对比分析。

(四)成本效益分析。将可以量化的竞争损害成本与政策措施取得的其他效益进行对比分析。

(五)第三方评估机构认为有助于评估的其他方法。

第十六条　第三方评估结束后评估机构应当提交评估报告，报告应当包括但不限于以下内容：

（一）对拟出台的政策措施进行公平竞争审查时引入第三方评估的，评估报告应当至少包含是否违反审查标准、是否适用例外规定、是否有对竞争损害更小的替代方案、审查结论等；

（二）对已出台的政策措施进行第三方评估的，评估报告应当至少包含审查程序执行情况、审查结论是否恰当、对公平竞争的影响、调整建议等；

（三）对适用例外规定出台的政策措施进行第三方评估的，评估报告应当至少包含例外规定适用结论是否恰当、政策措施是否达到预期效果、对公平竞争的影响、是否存在对竞争损害更小的替代方案、调整建议等；

（四）对重点领域、行业公平竞争审查制度实施情况进行第三方评估的，评估报告应当至少包含重点领域或者行业发展背景和现状、市场竞争态势、公平竞争审查工作落实情况和实施成效、市场主体对本领域竞争环境的满意度、存在的主要问题、下一步工作建议等；

（五）对公平竞争审查制度实施情况进行综合评估时引入第三方评估的，评估报告应当至少包含公平竞争审查工作落实情况和实施成效、存量和增量政策措施审查清理情况、存在的主要问题、利害关系人等各方意见建议、下一步工作建议等。

第五章　评估成果及运用

第十七条　评估成果所有权归委托单位所有。未经委托单位许可，第三方评估机构和有关个人不得对外披露、转让或者许可他人使用相关成果。

第十八条　评估成果作为委托单位开展公平竞争审查、评价制度实施成效、制定工作推进方案的重要参考依据。鼓励各委托单位以适当方式共享评估成果。

第十九条　对拟出台的政策措施进行第三方评估的，政策制定机关应当在书面审查结论中说明评估相关情况，评估成果不能代替政策制定机关的公平竞争审查结论。最终作出的审查结论与第三方评估结果不一致或者未采纳第三方评估相关意见建议的,应当在书面审查结论中说明理由。

第六章 保障措施和纪律要求

第二十条 第三方评估经费纳入政府预算管理,委托单位严格按照有关财务规定加强评估经费管理。

第二十一条 政策制定机关在不影响正常工作的前提下,应当积极配合第三方评估工作,主动、全面、准确提供相关资料和情况,不得以任何形式干扰评估工作、敷衍应付评估活动或者预先设定评判性、结论性意见。

第二十二条 第三方评估机构及其工作人员应当严格遵守国家法律法规,严守职业道德和职业规范;严格履行保密义务,对评估工作中涉及国家秘密、商业秘密和个人隐私的必须严格保密,涉密文件和介质以及未公开的内部信息要严格按相关规定使用和保存;不得干扰政策制定机关正常工作;应当接受委托单位监督,不得参与任何影响评估真实性、客观性、公正性的活动,一经发现,委托单位有权解除评估委托,由评估机构承担相应法律责任。

第二十三条 第三方评估机构在评估工作中出现以下情形之一的,有关政策制定机关应当及时向本级联席会议报告,由本级联席会议逐级上报部际联席会议,由部际联席会议进行通报:

(一)出现严重违规违约行为;

(二)政策制定机关根据第三方评估机构作出的评估报告得出公平竞争审查结论,并出台相关政策措施,被认定违反公平竞争审查标准。

对存在失信行为的,推送至全国信用信息共享平台,记入其信用档案。

第七章 附 则

第二十四条 本指南由公平竞争审查工作部际联席会议办公室负责解释。

第二十五条 本指南自公布之日起施行。

公平竞争审查制度实施细则

(2021年6月29日 国市监反垄规〔2021〕2号)

第一章 总 则

第一条 为全面落实公平竞争审查制度,健全公平竞争审查机制,规范有效开展审查工作,根据《中华人民共和国反垄断法》、《国务院关于在市场体系建设中建立公平竞争审查制度的意见》(国发〔2016〕34号,以下简称《意见》),制定本细则。

第二条 行政机关以及法律、法规授权的具有管理公共事务职能的组织(以下统称政策制定机关),在制定市场准入和退出、产业发展、招商引资、招标投标、政府采购、经营行为规范、资质标准等涉及市场主体经济活动的规章、规范性文件、其他政策性文件以及"一事一议"形式的具体政策措施(以下统称政策措施)时,应当进行公平竞争审查,评估对市场竞争的影响,防止排除、限制市场竞争。

经公平竞争审查认为不具有排除、限制竞争效果或者符合例外规定的,可以实施;具有排除、限制竞争效果且不符合例外规定的,应当不予出台或者调整至符合相关要求后出台;未经公平竞争审查的,不得出台。

第三条 涉及市场主体经济活动的行政法规、国务院制定的政策措施,以及政府部门负责起草的地方性法规、自治条例和单行条例,由起草部门在起草过程中按照本细则规定进行公平竞争审查。未经公平竞争审查的,不得提交审议。

以县级以上地方各级人民政府名义出台的政策措施,由起草部门或者本级人民政府指定的相关部门进行公平竞争审查。起草部门在审查过程中,可以会同本级市场监管部门进行公平竞争审查。未经审查的,不得提交审议。

以多个部门名义联合制定出台的政策措施,由牵头部门负责公平竞争审查,其他部门在各自职责范围内参与公平竞争审查。政策措施涉及其他部门职权的,政策制定机关在公平竞争审查中应当充分征求其意见。

第四条　市场监管总局、发展改革委、财政部、商务部会同有关部门,建立健全公平竞争审查工作部际联席会议制度,统筹协调和监督指导全国公平竞争审查工作。

县级以上地方各级人民政府负责建立健全本地区公平竞争审查工作联席会议制度(以下简称联席会议),统筹协调和监督指导本地区公平竞争审查工作,原则上由本级人民政府分管负责同志担任联席会议召集人。联席会议办公室设在市场监管部门,承担联席会议日常工作。

地方各级联席会议应当每年向本级人民政府和上一级联席会议报告本地区公平竞争审查制度实施情况,接受其指导和监督。

第二章　审查机制和程序

第五条　政策制定机关应当建立健全公平竞争内部审查机制,明确审查机构和程序,可以由政策制定机关的具体业务机构负责,也可以采取内部特定机构统一审查或者由具体业务机构初审后提交特定机构复核等方式。

第六条　政策制定机关开展公平竞争审查应当遵循审查基本流程(可参考附件1),识别相关政策措施是否属于审查对象、判断是否违反审查标准、分析是否适用例外规定。属于审查对象的,经审查后应当形成明确的书面审查结论。审查结论应当包括政策措施名称、涉及行业领域、性质类别、起草机构、审查机构、征求意见情况、审查结论、适用例外规定情况、审查机构主要负责人意见等内容(可参考附件2)。政策措施出台后,审查结论由政策制定机关存档备查。

未形成书面审查结论出台政策措施的,视为未进行公平竞争审查。

第七条　政策制定机关开展公平竞争审查,应当以适当方式征求利害关系人意见,或者通过政府部门网站、政务新媒体等便于社会公众知晓的方式公开征求意见,并在书面审查结论中说明征求意见情况。

在起草政策措施的其他环节已征求过利害关系人意见或者向社会公开征求意见的，可以不再专门就公平竞争审查问题征求意见。对出台前需要保密或者有正当理由需要限定知悉范围的政策措施，由政策制定机关按照相关法律法规处理。

利害关系人指参与相关市场竞争的经营者、上下游经营者、行业协会商会、消费者以及政策措施可能影响其公平参与市场竞争的其他市场主体。

第八条 政策制定机关进行公平竞争审查，可以咨询专家学者、法律顾问、专业机构的意见。征求上述方面意见的，应当在书面审查结论中说明有关情况。

各级联席会议办公室可以根据实际工作需要，建立公平竞争审查工作专家库，便于政策制定机关进行咨询。

第九条 政策制定机关可以就公平竞争审查中遇到的具体问题，向本级联席会议办公室提出咨询。提出咨询请求的政策制定机关，应当提供书面咨询函、政策措施文稿、起草说明、相关法律法规依据及其他相关材料。联席会议办公室应当在收到书面咨询函后及时研究回复。

对涉及重大公共利益，且在制定过程中被多个单位或者个人反映或者举报涉嫌排除、限制竞争的政策措施，本级联席会议办公室可以主动向政策制定机关提出公平竞争审查意见。

第十条 对多个部门联合制定或者涉及多个部门职责的政策措施，在公平竞争审查中出现较大争议或者部门意见难以协调一致时，政策制定机关可以提请本级联席会议协调。联席会议办公室认为确有必要的，可以根据相关工作规则召开会议进行协调。仍无法协调一致的，由政策制定机关提交上级机关决定。

第十一条 政策制定机关应当对本年度公平竞争审查工作进行总结，于次年1月15日前将书面总结报告报送本级联席会议办公室。

地方各级联席会议办公室汇总形成本级公平竞争审查工作总体情况，于次年1月20日前报送本级人民政府和上一级联席会议办公室，并以适当方式向社会公开。

第十二条　对经公平竞争审查后出台的政策措施,政策制定机关应当对其影响统一市场和公平竞争的情况进行定期评估。评估报告应当向社会公开征求意见,评估结果应当向社会公开。经评估认为妨碍统一市场和公平竞争的,应当及时废止或者修改完善。定期评估可以每三年进行一次,或者在定期清理规章、规范性文件时一并评估。

第三章　审　查　标　准

第十三条　市场准入和退出标准。

(一)不得设置不合理或者歧视性的准入和退出条件,包括但不限于:

1. 设置明显不必要或者超出实际需要的准入和退出条件,排斥或者限制经营者参与市场竞争;

2. 没有法律、行政法规或者国务院规定依据,对不同所有制、地区、组织形式的经营者实施不合理的差别化待遇,设置不平等的市场准入和退出条件;

3. 没有法律、行政法规或者国务院规定依据,以备案、登记、注册、目录、年检、年报、监制、认定、认证、认可、检验、监测、审定、指定、配号、复检、复审、换证、要求设立分支机构以及其他任何形式,设定或者变相设定市场准入障碍;

4. 没有法律、行政法规或者国务院规定依据,对企业注销、破产、挂牌转让、搬迁转移等设定或者变相设定市场退出障碍;

5. 以行政许可、行政检查、行政处罚、行政强制等方式,强制或者变相强制企业转让技术,设定或者变相设定市场准入和退出障碍。

(二)未经公平竞争不得授予经营者特许经营权,包括但不限于:

1. 在一般竞争性领域实施特许经营或者以特许经营为名增设行政许可;

2. 未明确特许经营权期限或者未经法定程序延长特许经营权期限;

3. 未依法采取招标、竞争性谈判等竞争方式,直接将特许经营权授予特定经营者;

4. 设置歧视性条件,使经营者无法公平参与特许经营权竞争。

（三）不得限定经营、购买、使用特定经营者提供的商品和服务，包括但不限于：

1. 以明确要求、暗示、拒绝或者拖延行政审批、重复检查、不予接入平台或者网络、违法违规给予奖励补贴等方式，限定或者变相限定经营、购买、使用特定经营者提供的商品和服务；

2. 在招标投标、政府采购中限定投标人所在地、所有制形式、组织形式，或者设定其他不合理的条件排斥或者限制经营者参与招标投标、政府采购活动；

3. 没有法律、行政法规或者国务院规定依据，通过设置不合理的项目库、名录库、备选库、资格库等条件，排斥或限制潜在经营者提供商品和服务。

（四）不得设置没有法律、行政法规或者国务院规定依据的审批或者具有行政审批性质的事前备案程序，包括但不限于：

1. 没有法律、行政法规或者国务院规定依据，增设行政审批事项，增加行政审批环节、条件和程序；

2. 没有法律、行政法规或者国务院规定依据，设置具有行政审批性质的前置性备案程序。

（五）不得对市场准入负面清单以外的行业、领域、业务等设置审批程序，主要指没有法律、行政法规或者国务院规定依据，采取禁止进入、限制市场主体资质、限制股权比例、限制经营范围和商业模式等方式，限制或者变相限制市场准入。

第十四条 商品和要素自由流动标准。

（一）不得对外地和进口商品、服务实行歧视性价格和歧视性补贴政策，包括但不限于：

1. 制定政府定价或者政府指导价时，对外地和进口同类商品、服务制定歧视性价格；

2. 对相关商品、服务进行补贴时，对外地同类商品、服务，国际经贸协定允许外的进口同类商品以及我国作出国际承诺的进口同类服务不予补贴或者给予较低补贴。

（二）不得限制外地和进口商品、服务进入本地市场或者阻碍本地商品运出、服务输出，包括但不限于：

1. 对外地商品、服务规定与本地同类商品、服务不同的技术要求、检验标准,或者采取重复检验、重复认证等歧视性技术措施;

2. 对进口商品规定与本地同类商品不同的技术要求、检验标准,或者采取重复检验、重复认证等歧视性技术措施;

3. 没有法律、行政法规或者国务院规定依据,对进口服务规定与本地同类服务不同的技术要求、检验标准,或者采取重复检验、重复认证等歧视性技术措施;

4. 设置专门针对外地和进口商品、服务的专营、专卖、审批、许可、备案,或者规定不同的条件、程序和期限等;

5. 在道路、车站、港口、航空港或者本行政区域边界设置关卡,阻碍外地和进口商品、服务进入本地市场或者本地商品运出和服务输出;

6. 通过软件或者互联网设置屏蔽以及采取其他手段,阻碍外地和进口商品、服务进入本地市场或者本地商品运出和服务输出。

(三)不得排斥或者限制外地经营者参加本地招标投标活动,包括但不限于:

1. 不依法及时、有效、完整地发布招标信息;

2. 直接规定外地经营者不能参与本地特定的招标投标活动;

3. 对外地经营者设定歧视性的资质资格要求或者评标评审标准;

4. 将经营者在本地区的业绩、所获得的奖项荣誉作为投标条件、加分条件、中标条件或者用于评价企业信用等级,限制或者变相限制外地经营者参加本地招标投标活动;

5. 没有法律、行政法规或者国务院规定依据,要求经营者在本地注册设立分支机构,在本地拥有一定办公面积,在本地缴纳社会保险等,限制或者变相限制外地经营者参加本地招标投标活动;

6. 通过设定与招标项目的具体特点和实际需要不相适应或者与合同履行无关的资格、技术和商务条件,限制或者变相限制外地经营者参加本地招标投标活动。

(四)不得排斥、限制或者强制外地经营者在本地投资或者设立分支机构,包括但不限于:

1. 直接拒绝外地经营者在本地投资或者设立分支机构;

2.没有法律、行政法规或者国务院规定依据,对外地经营者在本地投资的规模、方式以及设立分支机构的地址、模式等进行限制;

3.没有法律、行政法规或者国务院规定依据,直接强制外地经营者在本地投资或者设立分支机构;

4.没有法律、行政法规或者国务院规定依据,将在本地投资或者设立分支机构作为参与本地招标投标、享受补贴和优惠政策等的必要条件,变相强制外地经营者在本地投资或者设立分支机构。

(五)不得对外地经营者在本地的投资或者设立的分支机构实行歧视性待遇,侵害其合法权益,包括但不限于:

1.对外地经营者在本地的投资不给予与本地经营者同等的政策待遇;

2.对外地经营者在本地设立的分支机构在经营规模、经营方式、税费缴纳等方面规定与本地经营者不同的要求;

3.在节能环保、安全生产、健康卫生、工程质量、市场监管等方面,对外地经营者在本地设立的分支机构规定歧视性监管标准和要求。

第十五条 影响生产经营成本标准。

(一)不得违法给予特定经营者优惠政策,包括但不限于:

1.没有法律、行政法规或者国务院规定依据,给予特定经营者财政奖励和补贴;

2.没有专门的税收法律、法规和国务院规定依据,给予特定经营者税收优惠政策;

3.没有法律、行政法规或者国务院规定依据,在土地、劳动力、资本、技术、数据等要素获取方面,给予特定经营者优惠政策;

4.没有法律、行政法规或者国务院规定依据,在环保标准、排污权限等方面给予特定经营者特殊待遇;

5.没有法律、行政法规或者国务院规定依据,对特定经营者减免、缓征或停征行政事业性收费、政府性基金、住房公积金等。

给予特定经营者的优惠政策应当依法公开。

(二)安排财政支出一般不得与特定经营者缴纳的税收或非税收入挂钩,主要指根据特定经营者缴纳的税收或者非税收入情况,采取列收列支或者违法违规采取先征后返、即征即退等形式,对特定经营者进行返还,或者给予特定经营者财政奖励或补贴、减免土地等自然资源有偿使用收入等优惠政策。

(三)不得违法违规减免或者缓征特定经营者应当缴纳的社会保险费用,主要指没有法律、行政法规或者国务院规定依据,根据经营者规模、所有制形式、组织形式、地区等因素,减免或者缓征特定经营者需要缴纳的基本养老保险费、基本医疗保险费、失业保险费、工伤保险费、生育保险费等。

(四)不得在法律规定之外要求经营者提供或扣留经营者各类保证金,包括但不限于:

1. 没有法律、行政法规依据或者经国务院批准,要求经营者交纳各类保证金;

2. 限定只能以现金形式交纳投标保证金或履约保证金;

3. 在经营者履行相关程序或者完成相关事项后,不依法退还经营者交纳的保证金及银行同期存款利息。

第十六条 影响生产经营行为标准。

(一)不得强制经营者从事《中华人民共和国反垄断法》禁止的垄断行为,主要指以行政命令、行政授权、行政指导等方式或者通过行业协会商会,强制、组织或者引导经营者达成垄断协议、滥用市场支配地位,以及实施具有或者可能具有排除、限制竞争效果的经营者集中等行为。

(二)不得违法披露或者违法要求经营者披露生产经营敏感信息,为经营者实施垄断行为提供便利条件。生产经营敏感信息是指除依据法律、行政法规或者国务院规定需要公开之外,生产经营者未主动公开、通过公开渠道无法采集的生产经营数据。主要包括:拟定价格、成本、营业收入、利润、生产数量、销售数量、生产销售计划、进出口数量、经销商信息、终端客户信息等。

(三)不得超越定价权限进行政府定价,包括但不限于:

1. 对实行政府指导价的商品、服务进行政府定价;

2. 对不属于本级政府定价目录范围内的商品、服务制定政府定价或者政府指导价;

3. 违反《中华人民共和国价格法》等法律法规采取价格干预措施。

（四）不得违法干预实行市场调节价的商品和服务的价格水平，包括但不限于：

1. 制定公布商品和服务的统一执行价、参考价；
2. 规定商品和服务的最高或者最低限价；
3. 干预影响商品和服务价格水平的手续费、折扣或者其他费用。

第四章 例 外 规 定

第十七条 属于下列情形之一的政策措施，虽然在一定程度上具有限制竞争的效果，但在符合规定的情况下可以出台实施：

（一）维护国家经济安全、文化安全、科技安全或者涉及国防建设的；

（二）为实现扶贫开发、救灾救助等社会保障目的的；

（三）为实现节约能源资源、保护生态环境、维护公共卫生健康安全等社会公共利益的；

（四）法律、行政法规规定的其他情形。

属于前款第一项至第三项情形的，政策制定机关应当说明相关政策措施对实现政策目的不可或缺，且不会严重限制市场竞争，并明确实施期限。

第十八条 政策制定机关应当在书面审查结论中说明政策措施是否适用例外规定。认为适用例外规定的，应当对符合适用例外规定的情形和条件进行详细说明。

第十九条 政策制定机关应当逐年评估适用例外规定的政策措施的实施效果，形成书面评估报告。实施期限到期或者未达到预期效果的政策措施，应当及时停止执行或者进行调整。

第五章 第三方评估

第二十条 政策制定机关可以根据工作实际，委托具备相应评估能力的高等院校、科研院所、专业咨询公司等第三方机构，对有关政策措施进行公平竞争评估，或者对公平竞争审查有关工作进行评估。

各级联席会议办公室可以委托第三方机构，对本地公平竞争审查制度总体实施情况开展评估。

第二十一条　政策制定机关在开展公平竞争审查工作的以下阶段和环节,均可以采取第三方评估方式进行:

(一)对拟出台的政策措施进行公平竞争审查;

(二)对经公平竞争审查出台的政策措施进行定期评估;

(三)对适用例外规定出台的政策措施进行逐年评估;

(四)对公平竞争审查制度实施情况进行综合评价;

(五)与公平竞争审查工作相关的其他阶段和环节。

第二十二条　对拟出台的政策措施进行公平竞争审查时,存在以下情形之一的,应当引入第三方评估:

(一)政策制定机关拟适用例外规定的;

(二)被多个单位或者个人反映或者举报涉嫌违反公平竞争审查标准的。

第二十三条　第三方评估结果作为政策制定机关开展公平竞争审查、评价制度实施成效、制定工作推进方案的重要参考。对拟出台的政策措施进行第三方评估的,政策制定机关应当在书面审查结论中说明评估情况。最终做出的审查结论与第三方评估结果不一致的,应当在书面审查结论中说明理由。

第二十四条　第三方评估经费纳入预算管理。政策制定机关依法依规做好第三方评估经费保障。

第六章　监督与责任追究

第二十五条　政策制定机关涉嫌未进行公平竞争审查或者违反审查标准出台政策措施的,任何单位和个人可以向政策制定机关反映,也可以向政策制定机关的上级机关或者本级及以上市场监管部门举报。反映或者举报采用书面形式并提供相关事实依据的,有关部门要及时予以处理。涉嫌违反《中华人民共和国反垄断法》的,由反垄断执法机构依法调查。

第二十六条　政策制定机关未进行公平竞争审查出台政策措施的,应当及时补做审查。发现存在违反公平竞争审查标准问题的,应当按照相关程序停止执行或者调整相关政策措施。停止执行或者调整相关政策措施的,应当依照《中华人民共和国政府信息公开条例》要求向社会公开。

第二十七条 政策制定机关的上级机关经核实认定政策制定机关未进行公平竞争审查或者违反审查标准出台政策措施的,应当责令其改正;拒不改正或者不及时改正的,对直接负责的主管人员和其他直接责任人员依据《中华人民共和国公务员法》、《中华人民共和国公职人员政务处分法》、《行政机关公务员处分条例》等法律法规给予处分。本级及以上市场监管部门可以向政策制定机关或者其上级机关提出整改建议;整改情况要及时向有关方面反馈。违反《中华人民共和国反垄断法》的,反垄断执法机构可以向有关上级机关提出依法处理的建议。相关处理决定和建议依法向社会公开。

第二十八条 市场监管总局负责牵头组织政策措施抽查,检查有关政策措施是否履行审查程序、审查流程是否规范、审查结论是否准确等。对市场主体反映比较强烈、问题比较集中、滥用行政权力排除限制竞争行为多发的行业和地区,进行重点抽查。抽查结果及时反馈被抽查单位,并以适当方式向社会公开。对抽查发现的排除、限制竞争问题,被抽查单位应当及时整改。

各地应当结合实际,建立本地区政策措施抽查机制。

第二十九条 县级以上地方各级人民政府建立健全公平竞争审查考核制度,对落实公平竞争审查制度成效显著的单位予以表扬激励,对工作推进不力的进行督促整改,对工作中出现问题并造成不良后果的依法依规严肃处理。

第七章 附 则

第三十条 各地区、各部门在遵循《意见》和本细则规定的基础上,可以根据本地区、本行业实际情况,制定公平竞争审查工作办法和具体措施。

第三十一条 本细则自公布之日起实施。《公平竞争审查制度实施细则(暂行)》(发改价监〔2017〕1849号)同时废止。

附件:1.公平竞争审查基本流程(略)
    2.公平竞争审查表(略)

招标投标领域公平竞争审查规则

(2024年3月25日国家发展和改革委员会、工业和信息化部、住房和城乡建设部、交通运输部、水利部、农业农村部、商务部、国家市场监督管理总局令第16号公布 自2024年5月1日起施行)

第一章 总 则

第一条 为加强和规范招标投标领域公平竞争审查,维护公平竞争市场秩序,根据《中华人民共和国招标投标法》、《中华人民共和国招标投标法实施条例》等有关规定,制定本规则。

第二条 招标投标领域公平竞争审查工作,适用本规则。

第三条 本规则所称公平竞争审查,是指行政机关和法律、法规授权的具有管理公共事务职能的组织(以下统称政策制定机关)对拟制定的招标投标领域涉及经营主体经济活动的规章、行政规范性文件、其他政策性文件以及具体政策措施(以下统称政策措施)是否存在排除、限制竞争情形进行审查评估的活动。

除法律、行政法规或者国务院规定的公平竞争审查例外情形,未经公平竞争审查或者经审查存在排除、限制竞争情形的,不得出台有关政策措施。

第四条 政策制定机关履行公平竞争审查职责。政策制定机关应当确定专门机构具体负责政策措施的公平竞争审查工作。

多个部门联合制定政策措施的,由牵头部门组织开展公平竞争审查,各参与部门对职责范围内的政策措施负责。

第二章 审 查 标 准

第五条 政策制定机关应当尊重和保障招标人组织招标、选择招标代理机构、编制资格预审文件和招标文件的自主权,不得制定以下政策措施：

（一）为招标人指定招标代理机构或者违法限定招标人选择招标代理机构的方式；

（二）为招标人指定投标资格、技术、商务条件；

（三）为招标人指定特定类型的资格审查方法或者评标方法；

（四）为招标人指定具体的资格审查标准或者评标标准；

（五）为招标人指定评标委员会成员；

（六）对于已经纳入统一的公共资源交易平台体系的电子交易系统，限制招标人自主选择；

（七）强制招标人或者招标代理机构选择电子认证服务；

（八）为招标人或者招标代理机构指定特定交易工具；

（九）为招标人指定承包商（供应商）预选库、资格库或者备选名录等；

（十）要求招标人依照本地区创新产品名单、优先采购产品名单等地方性扶持政策开展招标投标活动；

（十一）以其他不合理条件限制招标人自主权的政策措施。

第六条 政策制定机关应当落实全国统一的市场准入条件，对经营主体参与投标活动，不得制定以下政策措施：

（一）对市场准入负面清单以外的行业、领域、业务，要求经营主体在参与投标活动前取得行政许可；

（二）要求经营主体在本地区设立分支机构、缴纳税收社保或者与本地区经营主体组成联合体；

（三）要求经营主体取得本地区业绩或者奖项；

（四）要求经营主体取得培训合格证、上岗证等特定地区或者特定行业组织颁发的相关证书；

（五）要求经营主体取得特定行业组织成员身份；

（六）以其他不合理条件限制经营主体参与投标的政策措施。

第七条 政策制定机关制定标准招标文件（示范文本）和标准资格预审文件（示范文本），应当平等对待不同地区、所有制形式的经营主体，不得在标准招标文件（示范文本）和标准资格预审文件（示范文本）中设置以下内容：

（一）根据经营主体取得业绩的区域设置差异性得分；

（二）根据经营主体的所有制形式设置差异性得分；

（三）根据经营主体投标产品的产地设置差异性得分；

（四）根据经营主体的规模、注册地址、注册资金、市场占有率、负债率、净资产规模等设置差异性得分；

（五）根据联合体成员单位的注册地址、所有制形式等设置差异性得分；

（六）其他排除或者限制竞争的内容。

第八条 政策制定机关制定定标相关政策措施，应当尊重和保障招标人定标权，落实招标人定标主体责任，不得制定以下政策措施：

（一）为招标人指定定标方法；

（二）为招标人指定定标单位或者定标人员；

（三）将定标权交由招标人或者其授权的评标委员会以外的其他单位或者人员行使；

（四）规定直接以抽签、摇号、抓阄等方式确定合格投标人、中标候选人或者中标人；

（五）以其他不合理条件限制招标人定标权的政策措施。

第九条 政策制定机关可以通过组织开展信用评价引导经营主体诚信守法参与招标投标活动，并可以通过制定实施相应政策措施鼓励经营主体应用信用评价结果，但应当平等对待不同地区、所有制形式的经营主体，依法保障经营主体自主权，不得制定以下政策措施：

（一）在信用信息记录、归集、共享等方面对不同地区或者所有制形式的经营主体作出区别规定；

（二）对不同地区或者所有制形式经营主体的资质、资格、业绩等采用不同信用评价标准；

（三）根据经营主体的所在地区或者所有制形式采取差异化的信用监管措施；

（四）没有法定依据，限制经营主体参考使用信用评价结果的自主权；

（五）其他排除限制竞争或者损害经营主体合法权益的政策措施。

第十条 政策制定机关制定涉及招标投标交易监管和服务的政策措施，应当平等保障各类经营主体参与，不得在交易流程上制定以下政策措施：

（一）规定招标投标交易服务机构行使审批、备案、监管、处罚等具有行政管理性质的职能；

（二）强制非公共资源交易项目进入公共资源交易平台交易；

（三）对能够通过告知承诺和事后核验核实真伪的事项，强制投标人在投标环节提供原件；

（四）在获取招标文件、开标环节违法要求投标人的法定代表人、技术负责人、项目负责人或者其他特定人员到场；

（五）其他不当限制经营主体参与招标投标的政策措施。

第十一条 政策制定机关制定涉及保证金的政策措施，不得设置以下不合理限制：

（一）限制招标人依法收取保证金；

（二）要求经营主体缴纳除投标保证金、履约保证金、工程质量保证金、农民工工资保证金以外的其他保证金；

（三）限定经营主体缴纳保证金的形式；

（四）要求经营主体从特定机构开具保函（保险）；

（五）在招标文件之外设定保证金退还的前置条件；

（六）其他涉及保证金的不合理限制措施。

第三章 审查机制

第十二条 政策制定机关应当建立本机关公平竞争审查工作机制，明确公平竞争审查负责机构、审查标准和审查流程，规范公平竞争审查行为。

第十三条 政策措施应当在提请审议或者报批前完成公平竞争审查。

政策制定机关应当作出符合或者不符合审查标准的书面审查结论。适用有关法律、行政法规或者国务院规定的公平竞争审查例外情形的，应当在审查结论中说明理由。

第十四条 政策制定机关在对政策措施开展公平竞争审查过程中,应当以适当方式听取有关经营主体、行业协会商会等意见;除依法保密外,应当向社会公开征求意见。

在起草政策措施的其他环节已经向社会公开征求意见或者征求过有关方面意见的,可以不再专门就公平竞争审查征求意见。

第十五条 政策制定机关可以委托第三方机构对拟出台政策措施的公平竞争影响、已出台政策措施的竞争效果和本地区招标投标公平竞争审查制度总体实施情况、市场竞争状况等开展评估。

第四章 监 督 管 理

第十六条 地方各级招标投标指导协调部门会同招标投标行政监督部门,应当定期组织开展政策措施评估,发现违反公平竞争审查有关规定的,应当及时纠正。

第十七条 公民、法人或者其他组织认为政策措施妨碍公平竞争的,有权向政策制定机关及其上一级机关反映。

地方各级招标投标指导协调部门、招标投标行政监督部门应当建立招标投标市场壁垒线索征集机制,动态清理废止各类有违公平竞争的政策措施。

第十八条 公民、法人或者其他组织认为资格预审文件、招标文件存在排斥、限制潜在投标人不合理条件的,有权依照《招标投标法》及其实施条例相关规定提出异议和投诉。招标投标行政监督部门、招标人应当按照规定程序处理。

第十九条 政策制定机关未进行公平竞争审查或者违反审查标准出台政策措施的,由上级机关责令改正;拒不改正或者不及时改正的,对直接负责的主管人员和其他相关责任人员依照《中华人民共和国公职人员政务处分法》第三十九条、《中华人民共和国公务员法》第六十一条等有关规定依法给予处分。

第五章 附 则

第二十条 政策制定机关作为招标人编制招标公告、资格预审文件和招标文件,以及公共资源交易平台运行服务机构制定招标投标交易服务文件,应当参照本规则开展公平竞争审查。

第二十一条　本规则由国家发展改革委会同有关部门负责解释。

第二十二条　本规则自 2024 年 5 月 1 日起施行。

二、投融资促进与科技创新

国务院办公厅关于印发加强信用信息共享应用促进中小微企业融资实施方案的通知

(2021年12月22日　国办发〔2021〕52号)

各省、自治区、直辖市人民政府,国务院各部委、各直属机构:

《加强信用信息共享应用促进中小微企业融资实施方案》已经国务院同意,现印发给你们,请认真组织实施。

各地区、各部门要认真贯彻落实党中央、国务院关于加强社会信用体系建设、促进中小微企业融资的决策部署,围绕保市场主体、应对新的经济下行压力,加快信用信息共享步伐,深化数据开发利用,创新优化融资模式,加强信息安全和市场主体权益保护,助力银行等金融机构提升服务中小微企业能力,不断提高中小微企业贷款可得性,有效降低融资成本,切实防范化解风险,支持中小微企业纾困发展,保持经济平稳运行,为构建新发展格局、推动高质量发展提供有力支撑。

加强信用信息共享应用促进中小微企业融资实施方案

中小微企业是稳增长、促就业、保民生的重要力量。近年来,金融供给侧结构性改革深入推进,社会信用体系不断完善,有效促进了中小微企业融资。但受银企信息不对称等因素制约,中小微企业贷款可得性不高、信用贷款占比偏低等问题仍然存在。为进一步发挥信用信息对中小微企业融资的支持作用,推动建立缓解中小微企业融资难融资贵问题的长效机制,根据《中共中央办公厅　国务院办公厅关于促进中小企业健康发展的指导意见》部署和《政府工作报告》要求,制定本实施方案。

一、总体要求

(一)指导思想。

以习近平新时代中国特色社会主义思想为指导,深入贯彻落实党的十九大和十九届历次全会精神,按照党中央、国务院决策部署,充分发挥各类信用信息平台作用,在切实保障信息安全和市场主体权益的前提下,加强信用信息共享整合,深化大数据应用,支持创新优化融资模式,加强对中小微企业的金融服务,不断提高中小微企业贷款覆盖率、可得性和便利度,助力中小微企业纾困发展,为扎实做好"六稳"工作、全面落实"六保"任务、加快构建新发展格局、推动高质量发展提供有力支撑。

(二)基本原则。

需求导向,充分共享。以支持银行等金融机构提升服务中小微企业能力为出发点,充分发挥各类信用信息平台作用,多种方式归集共享各类涉企信用信息,破解银企信息不对称难题。

创新应用,防控风险。充分运用大数据等技术,完善信用评价体系,创新金融产品和服务,加大信贷资源向中小微企业倾斜力度。建立健全风险识别、监测、分担、处置等机制,提升风险防范能力。

多方参与,协同联动。健全信用信息共享协调机制,发挥政府在组织协调、信息整合等方面的作用,加快构建政府与银行、保险、担保、信用服务等机构协同联动的工作格局,形成工作合力。

依法依规,保护权益。强化信息分级分类管理,规范信息使用权限和程序,加强信息安全保护,防止信息泄露和非法使用。依法查处侵权行为,保护商业秘密和个人隐私,维护市场主体合法权益。

二、加强信用信息共享整合

(三)健全信息共享网络。省级人民政府要在充分利用现有地方信用信息共享平台、征信平台、综合金融服务平台等信息系统的基础上,统筹建立或完善地方融资信用服务平台,鼓励有条件的市县结合实际建立相关融资信用服务平台。依托已建成的全国中小企业融资综合信用服务平台(以下简称全国融资信用服务平台),横向联通国家企业信用信息公示系统和有关行业领域信息系统,纵向对接地方各级融资信用服务平台,构建全国一体化融资信用服务平台网络,与全国一体化政务服务平台等数据共享交换通道做好衔接。(国家发展改革委、人民银行、银保监会牵头,各地区各有关部门和单位按职责分工负责)

(四)扩大信息共享范围。进一步整合市场主体注册登记、行政许可、行政处罚、司法判决及执行、严重失信主体名单、荣誉表彰、政策支持等公共信用信息,不断提高数据准确性、完整性和及时性。以中小微企业、个体工商户融资业务需求为导向,在依法依规、确保信息安全的前提下,逐步将纳税、社会保险费和住房公积金缴纳、进出口、水电气、不动产、知识产权、科技研发等信息纳入共享范围,打破"数据壁垒"和"信息孤岛"。鼓励企业通过"自愿填报+信用承诺"等方式补充完善自身信息,畅通信息共享渠道。(国家发展改革委、人民银行、银保监会牵头,最高人民法院、人力资源社会保障部、自然资源部、生态环境部、住房城乡建设部、农业农村部、海关总署、税务总局、市场监管总局、国家版权局、国家知识产权局等有关部门和单位及各地区按职责分工负责)

(五)优化信息共享方式。立足工作实际,灵活采取物理归集、系统接口调用、数据核验等多种方式共享相关信息。已实现全国集中管理的信息原则上在国家层面共享,由国家有关部门和单位负责与全国融资信用服务平台共享,在完成"总对总"对接前可以根据实际需求先行推进地方层面共享;其他信息在地方层面共享,由地方人民政府负责归集整合,以适当方式与地方融资信用服务平台共享。充分利用现有信息共享机制和渠道,凡已实现共享的信息,不再要求有关部门和单位重复提供。全国融资信用服务平台要根据有关部门和单位工作需要,依法依规同步共享所归集的信用信息,加强信息使用和管理的有效衔接。建立相关工作机制,支持有需求的银行、保险、担保、信用服务等机构(以下统称接入机构)接入融资信用服务平台。(各地区各有关部门和单位按职责分工负责)

(六)优化信用信息服务。各级融资信用服务平台按照公益性原则,依法依规向接入机构提供基础性信息服务,并将相关信息使用情况及时反馈数据提供单位。对依法公开的信息,应当整合形成标准化信用信息报告供接入机构查询,鼓励有条件的融资信用服务平台根据接入机构需求,按照区域、行业等维度批量推送相关信息。对涉及商业秘密等不宜公开的信息,未经信息主体授权不得向接入机构提供原始明细数据,主要通过数据提供单位与融资信用服务平台联合建模等方式供接入机构使用,或经信息主体授权后提供数据查询、核验等服务,实现数据"可用不可见"。在切实加强监管的基础上,稳妥引入企业征信机构依法依规参与平台建设和运营。(国家发展改革委、工业和信息化部、人民银行、银保监会及各地区按职责分工负责)

三、深化信用信息开发利用

(七)完善信用评价体系。各级融资信用服务平台要建立完善中小微企业信用评价指标体系,对中小微企业开展全覆盖信用评价,供银行等接入机构参考使用。鼓励接入机构根据自身业务特点和市场定位,充分利用内外部信息资源,完善信用评价模型,实现对中小微企业的精准"画像"。鼓励接入机构依法依规将相关信息向融资信用服务平台和有关部门开放共享。(国家发展改革委、工业和信息化部、人民银行、银保监会及各地区按职责分工负责)

(八)强化风险监测处置。各级融资信用服务平台要加强对获得贷款企业信用状况的动态监测,分析研判潜在风险并及时推送相关机构参考。依托融资信用服务平台等,探索建立中小微企业贷款"线上公证"、"线上仲裁"机制和金融互联网法庭,高效处置金融纠纷。对依法认定的恶意逃废债等行为,各有关部门和单位要依法依规开展联合惩戒。(国家发展改革委、最高人民法院、司法部、人民银行、银保监会等有关部门和单位及各地区按职责分工负责)

四、保障信息主体合法权益

(九)规范信息管理使用。各数据提供单位要按照相关法律法规和党中央、国务院政策文件要求,明确相关信息的共享公开属性和范围。各级融资信用服务平台要建立信息分级分类管理和使用制度。信息主体有权免费查询其在融资信用服务平台上的所有信息,并可按照有关规定提起异议申诉和申请信用修复。未经脱敏处理或信息主

体明确授权,不得对外提供涉及商业秘密或个人隐私的信息。(各地区各有关部门和单位按职责分工负责)

(十)加强信息安全保障。各级融资信用服务平台应当建立完备的信息安全管理制度,强化信息安全技术保障,对接入机构进行信息安全评估,提升信息安全风险监测、预警、处置能力。接入机构要加强内部信息安全管理,严格遵守国家有关规定和融资信用服务平台信息管理要求,获取的信息不得用于为企业提供融资支持以外的活动。严肃查处非法获取、传播、泄露、出售信息等违法违规行为。(各地区各有关部门和单位按职责分工负责)

五、保障措施

(十一)加强组织协调。国家发展改革委、工业和信息化部、人民银行、银保监会要会同有关部门和单位建立健全加强信用信息共享应用促进中小微企业融资工作协调机制,做好与国家政务数据共享协调机制的衔接,设立工作专班负责推动相关信息共享,通报工作成效。人民银行、银保监会要依法依规对涉及的相关金融机构和金融业务进行监督管理。各有关部门和单位要加快实现本领域相关信息系统与融资信用服务平台互联互通,推动信用信息应用服务。地方各级人民政府要加大工作力度,按照本实施方案要求统筹建立或完善地方融资信用服务平台,做好本行政区域内信用信息共享应用相关工作。(国家发展改革委、工业和信息化部、人民银行、银保监会牵头,最高人民法院、司法部、财政部、人力资源社会保障部、自然资源部、生态环境部、住房城乡建设部、农业农村部、海关总署、税务总局、市场监管总局、国家版权局、国家知识产权局等有关部门和单位及各地区按职责分工负责)

(十二)强化政策支持。地方人民政府要对地方融资信用服务平台建设予以合理保障。鼓励有条件的地方建立中小微企业信用贷款市场化风险分担补偿机制,合理分担信用风险。鼓励有条件的地方为符合产业政策导向、信用状况良好的中小微企业提供贷款贴息,对为中小微企业提供有效担保的政府性融资担保机构予以补贴。充分发挥国家融资担保基金引导作用,增强地方政府性融资担保机构增信能力,推动完善政府性融资担保体系。(财政部、银保监会及各地区按职

责分工负责）

（十三）做好宣传引导。创建一批加强信用信息共享应用促进中小微企业融资示范地区、示范银行、示范平台，强化正面引导，推广先进经验。组织动员银行、保险、担保、信用服务等机构广泛参与，加强中小微企业融资服务供给，不断提升中小微企业获得感。充分发挥部门、地方、行业组织、新闻媒体等作用，通过召开新闻发布会、制作新媒体产品等多种形式，全面准确解读政策，大力宣传工作成效、典型案例和创新做法，营造良好舆论环境。（国家发展改革委、工业和信息化部、人民银行、银保监会牵头，各地区各有关部门和单位按职责分工负责）

附件：信用信息共享清单（略）

统筹融资信用服务平台建设提升中小微企业融资便利水平实施方案

（2024 年 3 月 28 日　国办发〔2024〕15 号）

融资信用服务平台是政府部门指导建立的通过跨部门跨领域归集信用信息、为金融机构开展企业融资活动提供信用信息服务的综合性平台，在破解银企信息不对称难题、降低企业融资成本等方面发挥重要作用。为贯彻落实党中央、国务院决策部署，更好统筹融资信用服务平台建设，完善以信用信息为基础的普惠融资服务体系，有效提升中小微企业融资便利水平，制定本实施方案。

一、总体要求

以习近平新时代中国特色社会主义思想为指导，全面贯彻落实党的二十大精神，完整、准确、全面贯彻新发展理念，加快构建新发展格局，着力推动高质量发展，健全数据基础制度，加大融资信用服务平台建设统筹力度，健全信用信息归集共享机制，深入推进"信易贷"工作，深化信用大数据应用，保障信息安全和经营主体合法权益，推动金融机构转变经营理念、优化金融服务、防控金融风险,为企业特别是中小微企业提供高质量金融服务。

二、加大平台建设统筹力度

(一)明确信用信息归集共享渠道。强化全国信用信息共享平台(以下简称信用信息平台)的信用信息归集共享"总枢纽"功能,加强国家金融信用信息基础数据库的数据共享。信用信息平台统一归集各类信用信息,并根据需要向部门和地方共享。依托信用信息平台建设全国融资信用服务平台,并联通地方融资信用服务平台形成全国一体化平台网络,作为向金融机构集中提供公共信用信息服务的"唯一出口",部门向金融机构提供的本领域信用信息服务不受此限制。坚持国家金融信用信息基础数据库的金融基础设施定位,为金融机构提供高质量的专业化征信服务。

(二)加强地方平台整合和统一管理。对功能重复或运行低效的地方融资信用服务平台进行整合,原则上一个省份只保留一个省级平台,市县设立的平台不超过一个,所有地方平台统一纳入全国一体化平台网络,实行清单式管理,减少重复建设和资源闲置浪费。国家发展改革委负责统筹融资信用服务平台建设,推动地方平台整合和统一管理。各地区要在2024年12月底前完成平台整合,有序做好资产划转、数据移交、人员安置等工作,确保整合期间平台服务功能不受影响。

(三)加强对地方平台建设的指导。统一地方融资信用服务平台接入全国一体化平台网络的标准,优化信用信息服务,促进地方平台规范健康发展。依托城市信用监测、社会信用体系建设示范区创建,加强对提升平台数据质量的指导。充分利用现有对口援建机制,进一步深化东部地区和中西部地区融资信用服务平台建设合作,推动中西部地区加快推进"信易贷"工作。

三、优化信息归集共享机制

(四)明确信用信息归集共享范围。根据金融机构对信用信息的实际需求,进一步扩大信用信息归集共享范围,将企业主要人员信息、各类资质信息、进出口信息等纳入信用信息归集共享清单(见附件),国家发展改革委牵头适时对清单进行更新。各地区要充分发挥地方融资信用服务平台作用,进一步破除数据壁垒,依法依规加大清单外信用信息归集共享力度,结合本地区实际编制省级信用信息归集共享清单,有效拓展数据归集共享的广度与深度。

(五)提升信用信息共享质效。对已在国家有关部门实现集中管理的信用信息,要加大"总对总"共享力度。加强数据质量协同治理,统一数据归集标准,及时做好信用信息修复,健全信息更新维护机制,确保数据真实、准确、完整。着力解决数据共享频次不够、接口调用容量不足、部分公共事业信息共享不充分等问题,进一步提升信用信息共享效率。根据数据提供单位需求,定期反馈数据使用情况及成效。国家发展改革委要牵头对各地区和有关部门信用信息共享质效开展评估。

四、深化信用数据开发利用

(六)完善信息查询服务。各级融资信用服务平台要按照公益性原则依法依规向金融机构提供信息推送、信息查询、信用报告查询等服务,扩大信用信息查询范围,完善信用报告查询制度,提高信用报告质量。支持银行机构完善信贷管理制度,加大信用报告在客户筛选、贷前调查、贷中审批、贷后管理等方面的应用力度,为中小微企业提供优质金融服务。

(七)开展联合建模应用。支持融资信用服务平台与金融机构建立信用信息归集加工联合实验室,通过"数据不出域"等方式加强敏感数据开发应用,提升金融授信联合建模水平。鼓励金融机构积极对接融资信用服务平台,充分利用信用信息优化信贷产品研发、信用评估和风险管理等。

(八)开发信用融资产品。充分发挥链主企业、集中交易场所、特色产业集群的信用信息集聚优势,因地制宜开展"信易贷"专项产品试点。加强公共信用综合评价结果应用,鼓励地方融资信用服务平台开发战略性新兴产业、未来产业、绿色低碳发展、重点产业链供应链、"三农"等特色功能模块,支持金融机构用好特色化信用信息,面向市场需要推出细分领域金融产品和服务。加快推动农村信用体系建设,支持金融机构开发农户、新型农业经营主体专属的金融产品和服务,适度提高信用贷款比例。

(九)拓展提升平台服务功能。鼓励地方建立健全"政策找人"机制,充分发挥地方融资信用服务平台联通企业和金融机构优势,推动各项金融便民惠企政策通过平台直达中小微企业等经营主体。推动融资担保机构入驻融资信用服务平台,依托平台建立银行机构、政府、融资担保机构等多方合作机制,合理简化融资担保相关手续。鼓励有条件的地方依托融资信用服务平台等,建立"线上公证"、"线上仲裁"机制和金融互联网法庭,高效处置金融纠纷。

(十)发展信用服务市场。制定信用信息平台的授权运营条件和标准。在确保信息安全的前提下,依法合规向包括征信机构在内的各类信用服务机构稳步开放数据,积极培育信用服务市场,提升信用融资供需匹配效率。

五、保障措施

(十一)加强信息安全保障和信息主体权益保护。加强融资信用服务平台信息安全管理,完善平台对接、机构入驻、信息归集、信息共享、数据安全等管理规范和标准体系,有效保障物理归集信息安全。各级融资信用服务平台要加强信息授权规范管理,强化数据共享、使用、传输、存储的安全性保障,提升安全风险监测和预警处置能力,切实保障数据安全。未经脱敏处理或信息主体明确授权,各级融资信用服务平台不得对外提供涉及商业秘密或个人隐私的信息,不得违法传播、泄露、出售有关信用信息。

(十二)强化政策支持保障。地方人民政府要对本级融资信用服务平台建设予以适当支持,引导地方平台和融资担保机构加强合作,提升中小微企业融资便利水平。鼓励地方制定支持信用融资的激励政策,对通过融资信用服务平台帮助中小微企业实现融资的金融机构给予适当激励。

附件:信用信息归集共享清单(略)

国家发展改革委办公厅等关于建立促进民间投资资金和要素保障工作机制的通知

(2024年8月16日 发改办投资〔2024〕705号)

各省、自治区、直辖市及计划单列市、新疆生产建设兵团发展改革委、自然资源主管部门、生态环境厅(局)、金融监管局：

为贯彻党中央、国务院决策部署，进一步增强促进民间投资政策制定的针对性，持续加大对民间投资项目的支持力度，抓好抓紧抓实促进民间投资工作，国家发展改革委、自然资源部、生态环境部、金融监管总局共同决定建立以统计数据为基础，以重点项目为抓手，以政策为支撑的促进民间投资资金和要素保障工作机制。现就有关工作通知如下。

一、加强统计数据分析，找准政策着力点和结合点

国家发展改革委聚焦基础设施、制造业、房地产开发等民间投资重点行业重点领域，进一步加强民间投资增速、结构、占比等统计数据分析，依据全国投资在线审批监管平台汇集共享的投资项目数据，同步开展民间意向投资分析，发现民间投资需要加力支持的领域，找准民间投资存在的短板弱项，为更加精准、更加务实地制定相应支持政策和措施奠定基础。

二、建立重点领域项目常态化推介机制，加大政府投资支持力度

国家发展改革委依托全国向民间资本推介项目平台，组织地方持续向社会公开推介并严格审核把关，形成滚动接续的向民间资本推介项目清单。按照好中选优的原则，再遴选一批交通、能源、水利等重点领域向民间资本推介的项目，进一步加大集中推介力度。组织各地方持续筛选符合政策要求、投资规模较大、示范性较强的民间投资项目，经评估审核后，按程序纳入全国重点民间投资项目库，形成全国重点民间投资项目清单。筛选全国重点民间投资项目时，优先考虑重点领

域向民间资本推介项目清单中的成功推介项目。国家发展改革委将针对全国重点民间投资项目,通过安排中央预算内投资等方式,按照规定予以政府投资支持。

三、加强用地用海等要素保障,协同提升项目前期工作质效

国家发展改革委将存在用地用海保障需求的全国重点民间投资项目清单推送至自然资源部,由自然资源部依据土地管理法、海域使用管理法等法律法规和国土空间规划,对全国重点民间投资项目予以用地用海保障支持。自然资源部、国家发展改革委将加强项目前期工作的协同配合,共同研究分析民间投资项目用地用海要素保障中存在的问题,指导民营企业用足用好现有用地用海要素保障系列措施,提升民间投资项目前期工作质量和效率,依法依规、节约集约用地用海。

四、做好环评要素保障,促进投资建设与环评管理协同推进

国家发展改革委将全国重点民间投资项目清单及时推送至生态环境部,由生态环境部依据环境影响评价法、《规划环境影响评价条例》等法律法规,根据对项目环评分级分类管理要求,做好全国重点民间投资项目环评保障。生态环境部、国家发展改革委将深化沟通协作,结合民间投资项目有关环评工作诉求,不断优化投资决策管理与环评审批服务,加强政策解读和培训,指导民营企业在前期工作阶段同步启动、同等深度开展环评工作,扎实推进项目前期工作。

五、坚持市场化导向,引导加大民间投资项目融资支持力度

国家发展改革委将全国重点民间投资项目清单通过全国投资项目在线审批监管平台推送至有关合作银行,同步请金融监管总局向其他银行保险机构推送,引导各家机构按照市场化法治化原则,独立评审、自主选择符合条件的项目给予融资支持。国家发展改革委将依托全国投资项目在线审批监管平台,协助各家银行准确核验民间投资项目法人单位、建设内容、审批事项以及建设进度等信息,为银行贷款审批提供信息支撑,助力提升审贷效能。金融监管总局、国家发展改革委共同研究促进民间投资发展的融资支持政策,引导银行业、保险业等金融机构创新金融产品和服务,合理确定民营企业贷款利率水平,严格规范信贷融资各环节收费,持续提升民间投资项目融资便利化水平,促进解决民营企业融资难、融资贵问题。

六、加强组织领导,不断提升促进民间投资工作效能

国家发展改革委、自然资源部、生态环境部、金融监管总局共同建立促进民间投资资金和要素保障工作机制,定期召开工作会议,研究解决民间投资项目推进存在的共性问题,共同完善民间投资项目投资、融资和要素保障政策,并加强对各地方的政策指导,切实提升民营企业对相关改革和审批服务的获得感。各地方发展改革、自然资源、生态环境、金融监管等部门要根据本通知精神,建立健全本地区有关工作机制,帮助民营企业切实解决项目推进遇到的资金、要素等难点堵点问题,不断促进民间投资工作走深走实。

中国人民银行、金融监管总局、最高人民法院、国家发展改革委、商务部、市场监管总局关于规范供应链金融业务 引导供应链信息服务机构更好服务中小企业融资有关事宜的通知

(2025年4月26日 银发〔2025〕77号)

为深入贯彻党的二十届三中全会、中央经济工作会议和中央金融工作会议精神,提升金融服务实体经济质效,减少对中小企业资金挤占和账款拖欠,优化中小企业融资环境,强化供应链金融规范,防控相关业务风险,根据《中华人民共和国中国人民银行法》《中华人民共和国银行业监督管理法》《中华人民共和国商业银行法》《保障中小企业款项支付条例》《中国人民银行 工业和信息化部 司法部 商务部 国资委 市场监管总局 银保监会 外汇局关于规范发展供应链金融 支持供应链产业链稳定循环和优化升级的意见》(银发〔2020〕226号)、《关于推动动产和权利融资业务健康发展的指导意见》(银保监发〔2022〕29号)等法律法规和文件精神,现就有关事宜通知如下:

一、规范发展供应链金融业务,促进供应链上下游互利共赢发展

(一)正确把握供应链金融内涵与方向。发展供应链金融应完整、准确、全面贯彻新发展理念,深刻把握金融工作的政治性、人民性,以服务实体经济、服务社会民生、服务国家战略为出发点,促进加速发展新质生产力,着力做好金融"五篇大文章"。以支持产业链供应链优化升级为着力点,聚焦制造业等重点行业和关键领域,增强产业链供应链韧性和竞争力。以维护市场公平有序为立足点,促进降低产业链供应链整体融资成本,实现上下游企业互利共赢发展。

(二)鼓励发展多样化的供应链金融模式。鼓励商业银行加强自身能力建设,更多采取直接服务方式触达供应链企业,提升应收账款融资服务质效,积极探索供应链脱核模式,利用供应链"数据信用"和"物的信用",支持供应链企业尤其是中小企业开展信用贷款及基于订单、存货、仓单等动产和权利的质押融资业务。鼓励商业银行完善供应链票据业务管理制度、优化业务流程和系统功能,推动供应链票据扩大应用。研究推动经营主体在平等自愿的前提下,通过市场化、法治化方式试点供应链票据有限追索服务。引导金融机构在依法合规、风险可控的前提下,有序开展供应链票据资产证券化试点,拓宽票据融资渠道。

(三)促进供应链核心企业及时支付账款。供应链核心企业应遵守《保障中小企业款项支付条例》等法律法规和有关规定,及时支付中小企业款项,保障中小企业的合法权益,合理共担供应链融资成本,不得利用优势地位拖欠中小企业账款或不当增加中小企业应收账款,不得要求中小企业接受不合理的付款期限,不得强制中小企业接受各类非现金支付方式和滥用非现金支付方式变相延长付款期限。

(四)坚持供应链信息服务机构本职定位。运营、管理供应链信息服务系统的供应链信息服务机构,要按照依法、诚信、自愿、公平、自律的原则,做好"四流合一"等供应链信息归集、整合等信息服务工作,切实维护供应链金融各参与主体合法权益。供应链信息服务机构应回归信息服务本源,未依法获得许可不得开展支付结算、融资担保、保理融资或贷款等金融业务,不得直接或间接归集资金。杜绝信息中介异化为信用中介,从事企业征信业务的应当依法办理企业征信机构备案。严禁以供应链金融名义开展非法金融活动。

二、规范商业银行供应链金融管理，切实履行贷款管理主体责任

（五）完善供应链金融信用风险管理。商业银行要建立健全基于供应链核心企业的贷款、债券、票据、应付账款等全口径债务监测机制，认真审核核心企业的融资需求和资金用途，加强对核心企业生产经营、市场销售、存货周转、货款支付等经营状况监控，及时跟踪其信用评级、授信余额、资产质量等因素，对于出现财务状况恶化、预付账款或应付账款比例异常、严重信贷违约等情况的核心企业，严格控制风险敞口。要严防对核心企业多头授信、过度授信以及不当利用供应链金融业务加剧上下游账款拖欠。积极研究建立涵盖供应链上下游授信企业的信用风险防控体系。

（六）切实履行贷款管理主体责任。商业银行要在建立健全贷款尽职免责机制基础上，严格履行贷款调查、风险评估、授信管理、贷款资金监测等主体责任，加强核心风控环节管理，提高贷款风险管控能力，不得因业务合作降低风险管控标准，不得将贷前、贷中、贷后管理的关键环节外包，防范贷款管理"空心化"。贷款资金发放等关键环节要由商业银行自主决策，指令由商业银行发起，采用自主支付的，资金直接发放至借款人银行账户，采用受托支付的，商业银行应当履行受托支付责任，将贷款资金最终支付给符合借款人合同约定用途的交易对象，防范供应链信息服务机构截留、汇集、挪用，并严格落实金融管理部门对征信、支付和反洗钱等方面的要求。

（七）规范供应链金融业务合作管理。商业银行与供应链信息服务机构开展营销获客、信息科技合作的，要遵循公平、公正、公开原则，及时签订合作协议并明确各方权责，定期评估合作供应链信息服务机构的经营情况、管理能力、服务质量等。对于供应链信息服务机构存在违法违规归集贷款资金、设定不公平不合理合作条件、提供虚假客户资料或数据信息、服务收费质价不符或者违反其他法律规定与自律规则等情况，商业银行应当限制或者拒绝合作。商业银行建设运营供应链信息服务系统，均限于自身开展业务使用，不得对外提供建设运营供应链信息服务系统的服务。

（八）强化供应链金融信息数据管理。商业银行与供应链信息服务机构合作,要严格执行《中华人民共和国民法典》、《中华人民共和国个人信息保护法》、《征信业管理条例》、《征信业务管理办法》(中国人民银行令〔2021〕第 4 号发布)等法律法规和监管规定,遵循合法、正当、必要原则,完整准确获取身份验证、贷前调查、风险评估和贷后管理所需要的信息数据,并采取有效措施核实其真实性,在数据使用、加工、保管等方面加强对借款人信息的保护。商业银行要结合有关自律评估情况,定期对合作供应链信息服务机构进行信息安全评估,评估内容包括但不限于信息保护合规制度体系、监督机制、处理信息规范、安全防护措施等,相关评估费用应由商业银行承担。

三、规范应收账款电子凭证业务,完善管理框架,防范业务风险

(九)本通知所称应收账款电子凭证,是指供应链核心企业等应收账款债务人依据真实贸易关系,通过供应链信息服务系统向供应链链上企业等应收账款债权人出具的,承诺按期支付相应款项的电子化记录。

供应链信息服务系统,是指商业银行、供应链核心企业或第三方公司等建设运营的,为应收账款电子凭证等供应链金融业务或其他供应链管理活动提供信息服务和技术支撑的系统。供应链信息服务机构,是指负责运营、管理供应链信息服务系统并承担相应经济责任、法律责任的法人主体。

(十)应收账款电子凭证的开立、供应链链上企业间转让应具备真实贸易背景,不得基于预付款开立。供应链信息服务机构应做好贸易背景材料的信息归集。商业银行提供应收账款电子凭证融资服务,应当严格审查贸易背景材料,有效识别和防范虚构贸易背景套取银行资金和无贸易背景的资金交易行为,同时应积极优化资金供给结构,优先支持科技创新、先进制造、绿色发展相关企业及中小企业融资,严禁借此新增地方政府隐性债务。

(十一)应收账款电子凭证付款期限原则上应在 6 个月以内,最长不超过 1 年。付款期限超过 6 个月的,商业银行应对应收账款电子凭证开立的账期合理性和行业结算惯例加强审查,审慎开展融资业务。

(十二)供应链信息服务机构为应收账款电子凭证提供拆分转让功能的,应强化自律约束,对凭证转让层级、笔数进行合理管控,对异常的拆分转让行为及时进行风险核查和提示报告，防范供应链核心企业信用风险扩散外溢。商业银行为拆分后的应收账款电子凭证提供融资，应加强贸易背景审查，不得为债权债务关系不清晰的应收账款电子凭证提供融资。

（十三）应收账款电子凭证融资，由当事人通过中国人民银行征信中心动产融资统一登记公示系统办理登记，并对登记内容的真实性、完整性和合法性负责。鼓励推进应收账款电子凭证融资业务登记标准化，提升登记质效，促进供应链金融健康规范发展。

（十四）应收账款电子凭证的资金清结算应通过商业银行等具备相关业务资质的机构开展。供应链信息服务机构不得以自身账户作为应收账款电子凭证业务的资金结算账户，不得占用、挪用相关资金。

应收账款电子凭证到期付款时，提供清结算服务的商业银行等应根据应收账款电子凭证开立人（供应链核心企业）的支付指令或授权划转资金，并采取必要措施核验支付指令或授权的有效性、完整性；供应链链上企业持有应收账款电子凭证到期的，应将资金划转至持有应收账款电子凭证的供应链链上企业指定账户；供应链链上企业申请保理融资的，应将资金划转至持有应收账款电子凭证的融资机构指定账户；供应链链上企业申请质押融资的，应将资金按约定分别划转至供应链链上企业及融资机构指定账户。

（十五）供应链核心企业等应收账款债务人到期未按约定支付应收账款电子凭证款项，或存在发行债券违约、承兑票据持续逾期等情形且尚未完成清偿的，供应链信息服务机构应及时停止为其新开立应收账款电子凭证提供服务。

（十六）供应链核心企业不得利用优势地位，强制供应链链上企业与特定融资方以高于合理市场利率的水平获取融资服务，不得以应收账款确权有关名义对链上企业进行收费、获取不当费用返还或者侵害链上企业合法权益。供应链信息服务机构提供应收账款电子凭证相关服务，应合理制定服务收费标准、明确收费对象，并将收费标准公示或与相关方进行协议约定，供应链信息服务收费和银行融资利息要严格区分。

（十七）供应链信息服务机构应切实保障供应链信息服务系统的

安全性、可靠性、稳定性,保护用户隐私和数据安全,准确、完整记录并妥善保存相关信息,支撑应收账款电子凭证业务安全、稳定开展,及时按要求向行业自律组织、上海票据交易所报送自律管理、业务统计监测等所需数据。

(十八)中国人民银行等部门指导有关供应链金融行业自律组织对供应链信息服务机构和应收账款电子凭证业务开展自律管理,研究制定自律管理规则,组织开展自律备案和风险监测,督促各业务参与主体合规审慎经营,强化供应链信息服务安全性、合规性评估。供应链信息服务机构、商业银行、供应链核心企业等各业务参与主体遵循自愿原则加入行业自律组织。

(十九)中国人民银行等部门指导上海票据交易所组织应收账款电子凭证业务信息归集,开展统计监测分析,提供信息查询服务,并与行业自律组织做好数据对接和信息共享。供应链信息服务机构、为应收账款电子凭证提供融资或资金清结算服务的商业银行应切实做好信息报送工作,并对报送信息的真实性、准确性和完整性负责。

(二十)中国人民银行、金融监管总局依照本通知及法定职责分工,对供应链金融业务实施监督管理,并加强与最高人民法院、国家发展改革委、商务部、国务院国资委、市场监管总局等相关部门的政策协同和信息共享,共同强化对应收账款电子凭证业务有关参与主体的政策指导。地方金融管理部门依照本通知精神及相关职责,对商业保理公司等地方金融组织参与应收账款电子凭证业务实施监督管理。

(二十一)本通知自 2025 年 6 月 15 日起实施。

关于应收账款电子凭证业务的相关规定,自实施之日起设置两年过渡期,过渡期内,各参与主体应积极做好业务整改;过渡期后,各参与主体应严格按照通知要求加强业务规范。行业自律组织、金融基础设施做好有关落实工作。国家开发银行、政策性银行、农村合作银行、农村信用社、外资银行、企业集团财务公司、商业保理公司等金融机构及地方金融组织开展相关业务,参照本通知执行。

中国人民银行、金融监管总局、中国证监会、国家外汇局、国家发展改革委、工业和信息化部、财政部、全国工商联关于强化金融支持举措助力民营经济发展壮大的通知

（2023年11月　银发〔2023〕233号）

为深入贯彻党的二十大精神和中央金融工作会议要求，全面落实《中共中央国务院关于促进民营经济发展壮大的意见》，坚持"两个毫不动摇"，引导金融机构树立"一视同仁"理念，持续加强民营企业金融服务，努力做到金融对民营经济的支持与民营经济对经济社会发展的贡献相适应，现就有关事宜通知如下。

一、持续加大信贷资源投入，助力民营经济发展壮大

（一）明确金融服务民营企业目标和重点。银行业金融机构要制定民营企业年度服务目标，提高服务民营企业相关业务在绩效考核中的权重，加大对民营企业的金融支持力度，逐步提升民营企业贷款占比。健全适应民营企业融资需求特点的组织架构和产品服务，加大对科技创新、"专精特新"、绿色低碳、产业基础再造工程等重点领域民营企业的支持力度，支持民营企业技术改造投资和项目建设，积极满足民营中小微企业的合理金融需求，优化信贷结构。合理提高民营企业不良贷款容忍度，建立健全民营企业贷款尽职免责机制，充分保护基层展业人员的积极性。

（二）加大首贷、信用贷支持力度。银行业金融机构要积极开展首贷客户培育拓展行动，加强与发展改革和行业管理部门、工商联、商会协会对接合作，挖掘有市场、有效益、信用好、有融资需求的优质民营企业，制定针对性综合培育方案，提升民营企业的金融获得率。强化科技赋能，开发适合民营企业的信用类融资产品，推广"信易贷"模式，

发挥国家产融合作平台作用,持续扩大信用贷款规模。

(三)积极开展产业链供应链金融服务。银行业金融机构要积极探索供应链脱核模式,支持供应链上民营中小微企业开展订单贷款、仓单质押贷款等业务。进一步完善中征应收账款融资服务平台功能,加强服务平台应用。促进供应链票据规范发展。深入实施"一链一策一批"中小微企业融资促进行动,支持重点产业链和先进制造业集群、中小企业特色产业集群内民营中小微企业融资。

(四)主动做好资金接续服务。鼓励主办银行和银团贷款牵头银行积极发挥牵头协调作用,对暂时遇到困难但产品有市场、项目有发展前景、技术有市场竞争力的民营企业,按市场化原则提前对接接续融资需求,不盲目停贷、压贷、抽贷、断贷。抓好《关于做好当前金融支持房地产市场平稳健康发展工作的通知》(银发〔2022〕254号文)等政策落实落地,保持信贷、债券等重点融资渠道稳定,合理满足民营房地产企业金融需求。

(五)切实抓好促发展和防风险。银行业金融机构要增强服务民营企业的可持续性,依法合规审慎经营。健全信用风险管控机制,加强享受优惠政策低成本资金使用管理,严格监控资金流向。加强关联交易管理,提高对关联交易的穿透识别、监测预警能力。

二、深化债券市场体系建设,畅通民营企业债券融资渠道

(六)扩大民营企业债券融资规模。支持民营企业注册发行科创票据、科创债券、股债结合类产品、绿色债券、碳中和债券、转型债券等,进一步满足科技创新、绿色低碳等领域民营企业资金需求。支持民营企业发行资产支持证券,推动盘活存量资产。优化民营企业债务融资工具注册机制,注册全流程采用"快速通道",支持储架式注册发行,提高融资服务便利度。

(七)充分发挥民营企业债券融资支持工具作用。鼓励中债信用增进投资股份有限公司、中国证券金融股份有限公司以及市场机构按照市场化、法治化原则,通过担保增信、创设信用风险缓释工具、直接投资等方式,推动民营企业债券融资支持工具扩容增量、稳定存量。

(八)加大对民营企业债券投资力度。鼓励和引导商业银行、保险公司、各类养老金、公募基金等机构投资者积极科学配置民营企业债

券。支持民营企业在符合信息披露、公允定价、公平交易等规范基础上,以市场化方式购回本企业发行的债务融资工具。

(九)探索发展高收益债券市场。研究推进高收益债券市场建设,面向科技型中小企业融资需求,建设高收益债券专属平台,设计符合高收益特征的交易机制与系统,加强专业投资者培育,提高市场流动性。

三、更好发挥多层次资本市场作用,扩大优质民营企业股权融资规模

(十)支持民营企业上市融资和并购重组。推动注册制改革走深走实,大力支持民营企业发行上市和再融资。支持符合条件的民营企业赴境外上市,利用好两个市场、两种资源。继续深化并购重组市场化改革,研究优化并购重组"小额快速"审核机制,支持民营企业通过并购重组提质增效、做大做强。

(十一)强化区域性股权市场对民营企业的支持服务。推动区域性股权市场突出私募股权市场定位,稳步拓展私募基金份额转让、认股权综合服务等创新业务试点,提升私募基金、证券服务机构等参与区域性股权市场积极性。支持保险、信托等机构以及资管产品在依法合规、风险可控、商业自愿的前提下,投资民营企业重点建设项目和未上市企业股权。

(十二)发挥股权投资基金支持民营企业融资的作用。发挥政府资金引导作用,支持更多社会资本投向重点产业、关键领域民营企业。积极培育天使投资、创业投资等早期投资力量,增加对初创期民营中小微企业的投入。完善投资退出机制,优化创投基金所投企业上市解禁期与投资期限反向挂钩制度安排。切实落实国有创投机构尽职免责机制。

四、加大外汇便利化政策和服务供给,支持民营企业"走出去""引进来"

(十三)提升经常项目收支便利化水平。鼓励银行业金融机构开展跨境人民币"首办户"拓展行动。支持银行业金融机构为更多优质民营企业提供贸易外汇收支便利化服务,提升资金跨境结算效率。支持银行业金融机构统筹运用好本外币结算政策,为跨境电商等贸易新

业态提供优质的贸易便利化服务。

(十四)完善跨境投融资便利化政策。优化外汇账户和资本项目资金使用管理,完善资本项目收入支付结汇便利化政策,支持符合条件的银行业金融机构开展资本项目数字化服务。扩大高新技术和"专精特新"中小企业跨境融资便利化试点范围。支持符合条件的民营企业开展跨国公司本外币一体化资金池业务试点,便利民营企业统筹境内外资金划转和使用。有序扩大外资企业境内再投资免登记试点范围,提升外资企业境内开展股权投资便利化水平和民营企业利用外资效率。支持跨境股权投资基金投向优质民营企业。

(十五)优化跨境金融外汇特色服务。鼓励银行业金融机构健全汇率风险管理服务体系和工作机制,加强政银企担保多方联动合作,减轻民营中小微企业外汇套期保值成本。持续创新跨境金融服务平台应用场景、拓展覆盖范围,为民营企业提供线上化、便利化的融资结算服务。

五、强化正向激励,提升金融机构服务民营经济的积极性

(十六)加大货币政策工具支持力度。继续实施好多种货币政策工具,支持银行业金融机构增加对重点领域民营企业的信贷投放。用好支农支小再贷款额度,将再贷款优惠利率传导到民营小微企业,降低民营小微企业融资成本。

(十七)强化财政奖补和保险保障。优化创业担保贷款政策,简化办理流程,推广线上化业务模式。发挥首台(套)重大技术装备、重点新材料首批次应用保险补偿机制作用。在风险可控前提下,稳步扩大出口信用保险覆盖面。

(十八)拓宽银行业金融机构资金来源渠道。支持银行业金融机构发行金融债券,募集资金用于发放民营企业贷款。对于支持民营企业力度较大的银行业金融机构,在符合发债条件的前提下,优先支持发行各类资本工具补充资本。

六、优化融资配套政策,增强民营经济金融承载力

(十九)完善信用激励约束机制。完善民营企业信用信息共享机制,健全中小微企业和个体工商户信用评级和评价体系。推动水电、工商、税务、政府补贴等涉企信用信息在依法合规前提下向银行业金融机构开放查询,缓解信息不对称。健全失信行为纠正后信用修复机制。

(二十)健全风险分担和补偿机制。发挥国家融资担保基金体系引领作用,稳定再担保业务规模,引导各级政府性融资担保机构合理厘定担保费率,积极培育民营企业"首保户",加大对民营小微企业的融资增信支持力度。建立国家融资担保基金风险补偿机制,鼓励有条件的地方完善政府性融资担保机构的资本补充和风险补偿机制,进一步增强政府性融资担保机构的增信分险作用。

(二十一)完善票据市场信用约束机制。支持民营企业更便利地使用票据进行融资,强化对民营企业使用票据的保护,对票据持续逾期的失信企业,限制其开展票据业务,更好防范拖欠民营企业账款。引导票据市场基础设施优化系统功能,便利企业查询票据信息披露结果,更有效地识别评估相关信用风险。

(二十二)强化应收账款确权。鼓励机关、事业单位、大型企业等应收账款付款方在中小企业提出确权请求后,及时确认债权债务关系。鼓励地方政府积极采取多种措施,加大辖区内小微企业应收账款确权力度,提高应收账款融资效率。推动核心企业、政府部门、金融机构加强与中征应收账款融资服务平台对接,通过服务平台及时确认账款,缓解核心企业、政府部门确权难和金融机构风控难问题。

(二十三)加大税收政策支持力度。落实以物抵债资产税收政策,银行业金融机构处置以物抵债资产时无法取得进项发票的,允许按现行规定适用差额征收增值税政策,按现行规定减免接收、处置环节的契税、印花税等。推动落实金融企业呆账核销管理制度,进一步支持银行业金融机构加快不良资产处置。

七、强化组织实施保障

(二十四)加强宣传解读。金融机构要积极开展宣传解读,丰富宣传形式、提高宣传频率、扩大宣传范围,主动将金融支持政策、金融产品和服务信息推送至民营企业。发展改革和行业管理部门、工商联通过培训等方式,引导民营企业依法合规诚信经营,珍惜商业信誉和信用记录,防范化解风险。

(二十五)强化工作落实。各地金融管理、发展改革、工信、财税、工商联等部门加强沟通协调，推动解决政策落实中的堵点、难点问题，强化政策督导，梳理总结典型经验，加强宣传推介，提升政策实效。进一步完善统计监测，加强政策效果评估。工商联要发挥好桥梁纽带和助手作用，建立优质民营企业名录，及时向金融机构精准推送，加强银企沟通。各金融机构要履行好主体责任，抓紧制定具体实施细则，加快政策落实落细。

国家发展改革委关于进一步抓好抓实促进民间投资工作努力调动民间投资积极性的通知

（2023年7月14日　发改投资〔2023〕1004号）

各省、自治区、直辖市及计划单列市、新疆生产建设兵团发展改革委：

为深入贯彻习近平总书记重要指示精神，落实党中央、国务院决策部署，按照中央经济工作会议和《政府工作报告》要求，进一步深化、实化、细化政策措施，持续增强民间投资意愿和能力，努力调动民间投资积极性，推动民间投资高质量发展，现就有关工作通知如下。

一、明确工作目标，提振民间投资信心

（一）充分认识促进民间投资的重要意义。习近平总书记指出，党中央始终坚持"两个毫不动摇"、"三个没有变"，始终把民营企业和民营企业家当作自己人；要激发民间资本投资活力，鼓励和吸引更多民间资本参与国家重大工程、重点产业链供应链项目建设，为构建新发展格局、推动高质量发展作出更大贡献。我们要以习近平新时代中国特色社会主义思想为指导，全面贯彻落实党的二十大精神，按照中央经济工作会议和《政府工作报告》要求，切实做好促进民间投资工作，充分调动民间投资积极性。

（二）明确促进民间投资的工作目标。充分发挥民间投资的重要作用，力争将全国民间投资占固定资产投资的比重保持在合理水平，带动民间投资环境进一步优化、民间投资意愿进一步增强、民间投资活力进一步提升。各省级发展改革委要明确本地区民间投资占比、民间投资中基础设施投资增速的工作目标,分解重点任务,制定具体措施,压实各方责任,推动各项工作落到实处。

二、聚焦重点领域,支持民间资本参与重大项目

(三)明确一批鼓励民间资本参与的重点细分行业。我委将在交通、水利、清洁能源、新型基础设施、先进制造业、现代设施农业等领域中,选择一批市场空间大、发展潜力强、符合国家重大战略和产业政策要求、有利于推动高质量发展的细分行业,鼓励民间资本积极参与;组织梳理相关细分行业的发展规划、产业政策、投资管理要求、财政金融支持政策等,向社会公开发布,帮助民营企业更好进行投资决策。各省级发展改革委要对照上述细分行业目录,商请本地相关部门补充完善地方有关政策,并加强宣传解读,引导民间投资落地生根。

(四)全面梳理吸引民间资本项目清单。各省级发展改革委要从国家重大工程和补短板项目中,认真选取投资回报机制明确、投资收益水平较好、适合向民间资本推介的项目,形成拟向民间资本推介的重大项目清单。要积极组织本地区有关方面,因地制宜选择适合民间资本参与的重点产业链供应链等项目,形成拟向民间资本推介的产业项目清单。要组织梳理完全使用者付费的特许经营项目,形成拟向民间资本推介的特许经营项目清单。

(五)切实做好民间投资服务对接工作。各省级发展改革委要在推进有效投资重要项目协调机制中,纳入鼓励民间投资工作机制,明确工作重点,细化支持政策,强化协调联动,加强服务保障。要以上述拟向民间资本推介的重大项目、产业项目、特许经营项目等三类项目清单为基础,通过召开项目推介会等多种方式开展投融资合作对接,公开发布项目基本情况、参与方式、回报机制等信息,做好政策解读、业务对接、条件落实等工作,为项目落地创造条件。有关方面在选择项目投资人、社会资本方或合作单位时,鼓励选择技术水平高、创新能力强、综合实力好的民营企业。

(六)搭建统一的向民间资本推介项目平台。我委将依托全国投资项目在线审批监管平台,建立统一的向民间资本推介项目平台,发布项目推介、支持政策等信息,便于民间资本更便捷地获取相关项目信息,吸引更多民间资本参与国家重大工程和补短板项目、重点产业链供应链项目、完全使用者付费的特许经营项目等建设。各地投资项目在线审批监管平台要完善功能、强化服务,及时更新项目清单,动态发布地方政策、推介活动、项目进展等信息,为统一的向民间资本推介项目平台提供更好支撑。

(七)引导民间投资科学合理决策。各省级发展改革委要采取多种方式向民营企业宣传解读《企业投资项目可行性研究报告编写参考大纲(2023年版)》,引导民营企业切实重视可行性研究工作,不断提高投资决策的科学性和精准性,实现长期健康可持续发展。鼓励民营企业聚焦实业、做精主业、提升核心竞争力,避免片面追求热点、盲目扩大投资、增加运营风险。引导民营企业量力而行,自觉强化信用管理,合理控制债务融资规模和比例,避免超出自身能力的高杠杆投资,防止资金链断裂等重大风险。

三、健全保障机制,促进民间投资项目落地实施

(八)建立重点民间投资项目库。我委将按照标准明确、程序严谨、客观公正的原则,在各省级发展改革委推荐的基础上,经过专业评估,筛选符合条件的民间投资项目,建立全国重点民间投资项目库,加强重点民间投资项目的融资保障和要素保障。各省级发展改革委应分别建立省级重点民间投资项目库,对入库项目加强融资保障和要素保障,并以此为基础向我委推荐重点民间投资项目。

(九)优化民间投资项目的融资支持。我委将按照"成熟一批、推荐一批"的思路,向有关金融机构推荐全国重点民间投资项目库项目;有关金融机构按照市场化法治化原则,独立评审、自主决策、自担风险,自主选择符合条件的项目给予金融支持。我委将与有关政策性开发性银行、国有商业银行、股份制银行加强对接,依托全国投资项目在线审批监管平台,适时共享有关民间投资项目前期手续办理情况,以及是否获得中央预算内投资等资金支持信息,引导加大融资支持力度。有关金融机构及时向我委反馈向重点民间投资项目及其他民间投资项目提供银行贷款或股权投资等资金支持情况。各省级发展改革委要参照上述工作机制,主动与银行、保险等金融机构加强对接,积极帮助民间投资项目解决融资困难。

（十）强化重点民间投资项目的要素保障。我委将把全国重点民间投资项目库项目纳入国家重大项目用地保障机制，商请自然资源部加大项目用地保障力度；各省级发展改革委要商请本地区自然资源部门，帮助解决本地区重点民间投资项目用地保障问题。各省级发展改革委要主动与自然资源、生态环境等有关部门加强沟通协调，在办理用林用海、环境影响评价、节能等手续时，对民间投资项目一视同仁、平等对待，帮助民间投资项目顺利实施。

（十一）积极发挥信用信息的支撑作用。我委将会同有关部门进一步推广"信易贷"模式，以信用信息共享和大数据开发利用为基础，深入挖掘信用信息价值，提升信用支持金融服务实体经济能力水平，提高民间投资融资能力。各省级发展改革委要会同有关部门，在现有地方信用信息共享平台、征信平台、综合金融服务平台等信息系统基础上，进一步统筹建立或完善地方融资信用服务平台，努力减少银企信息不对称，促进信贷资源向民间投资合理配置。

（十二）鼓励民间投资项目发行基础设施领域不动产投资信托基金（REITs）。我委将进一步加大工作力度，推荐更多符合条件的民间投资项目发行基础设施REITs，促进资产类型多样化，进一步拓宽民间投资的投融资渠道，降低企业资产负债率，提升再投资能力。各省级发展改革委要与自然资源、生态环境、住房城乡建设等部门加强沟通协调，重点围绕前期手续完善、产权证书办理、土地使用管理等方面，帮助落实存量资产盘活条件，支持更多的民间投资项目发行基础设施REITs。

四、营造良好环境，促进民间投资健康发展

（十三）优化民间投资项目管理流程。各省级发展改革委要与有关部门密切配合，压缩民间投资项目核准备案、规划许可、施工许可流程，积极探索开展"多评合一、一评多用"的综合评估模式，提高民间投资项目前期工作效率。对民间投资项目探索采取分层供地等创新模式，提高土地供应与使用效率。探索对民间投资项目分栋、分层、分段进行预验收，在保证安全生产的前提下对个别检测耗时较长的验收材料实行容缺受理，探索联合验收模式，压缩竣工验收、不动产登记时间,尽早完成权属登记,帮助民间投资项目尽快具备融资条件。

(十四)搭建民间投资问题反映和解决渠道。我委将依托全国投资项目在线审批监管平台,建立民间投资问题反映专栏,收集民间投资遇到的以罚代管、市场准入隐性壁垒、招投标不公正待遇、前期手续办理进展缓慢等重点问题线索。对事实清楚、问题明确的重点线索,将转请有关地方和部门加快推动解决,并将具体落实情况反馈我委,形成问题线索"收集-反馈-解决"的闭环管理机制。我委将明确一批定点联系的民营企业,定期开展民间投资深度问卷调查,畅通直诉路径,更好倾听民营企业呼声。对反映问题集中、解决问题不力的地方,将报请国务院纳入国务院大督查范围。对民间投资遇到的共性问题,将会同或提请有关部门研究提出具体措施,制定或修改政策文件,从制度和法律上把对国企民企平等对待的要求落下来。

(十五)建立民间投资工作调度评估机制。我委将建立促进民间投资工作调度评估机制,对明确工作目标、梳理项目清单、公开推介项目、建立工作机制、加强与金融机构对接、做好要素保障、处理反映问题等工作进展,以及民间投资增速、民间投资占比、推介项目数量、吸引金融机构融资支持规模、项目要素保障力度、民间投资问题解决效率等工作成效,进行每月调度、每季通报、每年评估,压实工作责任。有关情况将以通报等方式印发各省级发展改革委,抄送省级人民政府和国务院有关部门,并适时上报国务院。

(十六)设立促进民间投资引导专项。我委将调整设立中央预算内投资专项,每年选择20个民间投资增速快、占比高、活力强、措施实的地级市(区)予以支持,由相关地方将专项资金用于符合条件的重点项目建设。我委将制定专项管理办法和评价标准,确保支持措施规范公平落实到位,并将支持名单以适当方式向社会公开,充分调动各地促进民间投资工作的积极性。

(十七)宣传推广促进民间投资典型经验。各地要积极探索、大胆尝试,创新方式方法,支持民间投资健康发展。我委将深入挖掘、大力推广各地促进民间投资的好经验好做法,通过召开促进民间投资现场会、举办新闻发布会、印发典型经验案例等多种方式,推动各地互相学习借鉴,不断优化投资环境,为民间投资健康发展创造良好氛围。

各地发展改革部门要按照本通知要求,切实抓好促进民间投资工作,努力营造公平、透明、法治的发展环境,充分调动民间投资积极性,促进民间投资高质量发展。我委将对政策落实情况进行跟踪调研和督促检查,重大事项及时向国务院报告。

国家发展改革委关于进一步完善政策环境加大力度支持民间投资发展的意见

(2022年10月28日　发改投资〔2022〕1652号)

各省、自治区、直辖市人民政府,新疆生产建设兵团,国务院各部委、各直属机构,全国工商联,中国国家铁路集团有限公司:

全面建设社会主义现代化国家必须扎实推进高质量发展,必须完整、准确、全面贯彻新发展理念,坚持社会主义市场经济改革方向。党中央、国务院明确要求,着力做好"六稳"、"六保"工作,注重启动既能补短板调结构、又能带消费扩就业的一举多得项目,促进有效投资特别是民间投资合理增长。民间投资占全社会投资一半以上,坚持"两个毫不动摇",加大政策支持,用市场办法、改革举措激发民间投资活力,有利于调动各方投资积极性、稳定市场预期、增加就业岗位、促进经济高质量发展,助力实现中国式现代化。为贯彻落实党的二十大精神,进一步完善政策环境、加大力度支持民间投资发展,经国务院同意,现提出以下意见。

一、发挥重大项目牵引和政府投资撬动作用

(一)支持民间投资参与102项重大工程等项目建设。根据"十四五"规划102项重大工程、国家重大战略等明确的重点建设任务,选择具备一定收益水平、条件相对成熟的项目,多种方式吸引民间资本参与。已确定的交通、水利等项目要加快推进,在招投标中对民间投资一视同仁。支持民营企业参与铁路、高速公路、港口码头及相关站场、服务设施建设。鼓励民间投资以城市基础设施等为重点,通过综合开发模式参与重点项目建设,提高数字化、网络化、智能化水平。鼓励民营企业加大太阳能发电、风电、生物质发电、储能等节能降碳领域投资力度。鼓励民间投资的重点工程项目积极采取以工代赈方式扩大就业容量。(国家发展改革委、住房城乡建设部、交通运输部、水利部、国家能源局等国务院相关部门,中国国家铁路集团有限公司及各地区按职责分工负责)

(二)发挥政府投资引导带动作用。全面梳理适用于民间投资项目的投资支持政策,加大宣传推广力度。在安排各类政府性投资资金时,对民营企业一视同仁,积极利用投资补助、贷款贴息等方式,支持符合条件的民间投资项目建设。用好政府出资产业引导基金,加大对民间投资项目的支持力度。推动政府和社会资本合作(PPP)模式规范发展、阳光运行,引导民间投资积极参与基础设施建设。在政府投资招投标领域全面推行保函(保险)替代现金缴纳投标、履约、工程质量等保证金,鼓励招标人对民营企业投标人免除投标担保。(国家发展改革委、财政部牵头,国务院相关部门及各地区按职责分工负责)

(三)支持民间投资参与科技创新项目建设。鼓励民间资本积极参与国家产业创新中心、国家技术创新中心、国家能源研发创新平台、国家工程研究中心、国家企业技术中心等创新平台建设,支持民营企业承担国家重大科技战略任务。鼓励中央企业、行业龙头企业加强对民营企业新产品、新技术的应用,引导民营企业参与重大项目供应链建设。在稳定产业链供应链相关项目招投标中,对大中小企业联合体给予倾斜,鼓励民营企业参与。支持平台经济规范健康持续发展,鼓励平台企业加快人工智能、云计算、区块链、操作系统、处理器等领域重点项目建设。(国家发展改革委、科技部、工业和信息化部、国务院国资委、国家能源局等国务院相关部门及各地区按职责分工负责)

二、推动民间投资项目加快实施

(四)深化"放管服"改革。强化事前事中事后全链条全领域监管,全面开展市场准入效能评估,优化完善市场准入负面清单,健全重点案例督查督办机制,持续破除市场准入壁垒,创造公平市场准入环境。持续规范和完善以市场主体和公众满意度为导向的中国营商环境评价机制,不断优化市场化法治化国际化营商环境。支持各地区聚焦制造业、科技创新和服务业等民间投资重点领域,研究出台有针对性的具体支持措施,与符合政策鼓励方向的民间投资项目建立常态化沟通机制,密切跟进、主动服务,协调解决关键问题,营造有利于民间投资发展的政策环境。充分发挥全国投资项目在线审批监管平台作用,实现项目网上申报、并联审批、信息公开、协同监管,不断提高民间投资项目办理效率和服务质量。(国家发展改革委、科技部、工业和信息化部等国务院相关部门及各地区按职责分工负责)

(五)加快民间投资项目前期工作。加快民间投资项目核准备案、规划选址、用地用海、环境影响评价、施工许可等前期工作手续办理,落实各项建设条件。对符合法律法规和政策要求,在推动经济社会发展、促进产业转型、加快技术进步等方面有较强带动作用、投资规模较大的民间投资项目,积极纳入各地区重点投资项目库,加强用地(用海)、用能、用水、资金等要素保障,促进项目落地实施。(国家发展改革委、自然资源部、生态环境部、住房城乡建设部、银保监会、国家能源局等国务院相关部门及各地区按职责分工负责)

(六)健全完善政府守信践诺机制。在鼓励和吸引民间投资项目落地的过程中,要切实加强政务诚信建设,避免过头承诺,不开"空头支票"。地方各级政府要严格履行依法依规作出的政策承诺,对中小企业账款拖欠问题要抓紧按要求化解。加大失信惩戒力度,将政府拖欠账款且拒不履行司法裁判等失信信息纳入全国信用信息共享平台并向社会公开。(国家发展改革委、工业和信息化部、财政部等国务院相关部门及各地区按职责分工负责)

三、引导民间投资高质量发展

(七)支持制造业民间投资转型升级。鼓励民营企业立足我国产业规模优势、配套优势和部分领域先发优势,积极加大先进制造业投资,持续提升核心竞争力。鼓励民营企业应用先进适用技术,加快设备更新升级,推动传统产业高端化、智能化、绿色化转型升级,巩固优势产业领先地位。引导制造业民营企业顺应市场变化和高质量发展要求,充分发挥自身优势,积极开发新技术、推出新产品,构建新的增长引擎。(国家发展改革委、科技部、工业和信息化部等国务院相关部门及各地区按职责分工负责)

（八）鼓励民间投资更多依靠创新驱动发展。引导民间资本以市场为导向，发挥自身在把握创新方向、凝聚人才等方面的积极作用，持续加大研发投入，推动创新创业创造深入发展。支持有条件的地区建立混合所有制的产业技术研究院，服务区域关键共性技术开发。营造有利于科技型中小微企业成长的良好环境，鼓励民间资本参与5G应用、数据中心、工业互联网、工业软件等新型基础设施及相关领域投资建设和运营，发展以数据资源为关键要素的数字经济，积极培育新业态、新模式。（国家发展改革委、工业和信息化部等国务院相关部门及各地区按职责分工负责）

（九）引导民间投资积极参与乡村振兴。在充分保障农民权益的前提下，鼓励并规范民间资本到农村发展种苗种畜繁育、高标准设施农业、规模化养殖等现代种养业，参与高标准农田建设；支持民营企业投资农村新产业新业态，促进农业与文化体育、健康养老等业态融合，因地制宜发展休闲农业和乡村旅游产业，培育壮大特色产业。鼓励民间资本参与文化产业赋能乡村振兴建设，支持优势特色产业集群、现代农业产业园、农业产业强镇等项目，以及国家农村产业融合发展示范园建设，激发乡村产业发展活力。（国家发展改革委、民政部、农业农村部、文化和旅游部等国务院相关部门及各地区按职责分工负责）

（十）探索开展投资项目环境、社会和治理（ESG）评价。完善支持绿色发展的投资体系，充分借鉴国际经验，结合国内资本市场、绿色金融等方面的具体实践，研究开展投资项目ESG评价，引导民间投资更加注重环境影响优化、社会责任担当、治理机制完善。ESG评价工作要坚持前瞻性和指导性，帮助民营企业更好地预判、防范和管控投资项目可能产生的环境、社会、治理风险，规范投资行为，提高投资质量。（国家发展改革委牵头，国务院相关部门及各地区按职责分工负责）

四、鼓励民间投资以多种方式盘活存量资产

（十一）支持民间投资项目参与基础设施领域不动产投资信托基金（REITs）试点。在发行基础设施REITs时，对各类所有制企业一视同仁，加快推出民间投资具体项目，形成示范效应，增强民营企业参与信心。积极做好政策解读和宣传引导，提升民营企业参与基础设施REITs试点的积极性，拿出优质项目参与试点，降低企业资产负债率，

实现轻资产运营,增强再投资能力。(证监会、国家发展改革委牵头,国务院相关部门及各地区按职责分工负责)

(十二)引导民间投资积极参与盘活国有存量资产。鼓励民间资本通过政府和社会资本合作(PPP)等方式参与盘活国有存量资产。通过开展混合所有制改革、引入战略投资人和专业运营管理方等,吸引民间资本参与基础设施项目建设、运营。对长期闲置但具有潜在开发利用价值的老旧厂房、文化体育场馆和闲置土地等资产,可采取资产升级改造与定位转型等方式,充分挖掘资产价值,吸引民间投资参与。(国家发展改革委、财政部、自然资源部、文化和旅游部、国务院国资委等国务院相关部门及各地区按职责分工负责)

(十三)通过盘活存量和改扩建有机结合等方式吸引民间投资。鼓励民间投资参与盘活城市老旧资源,因地制宜推进城镇老旧小区改造,支持通过精准定位、提升品质、完善用途,丰富存量资产功能、提升资产效益。因地制宜推广污水处理厂下沉、地铁上盖物业、交通枢纽地上地下空间、公路客运场站及城市公共交通场站用地综合开发等模式,拓宽收益来源,提高资产综合利用价值,增强对民间投资的吸引力。(国家发展改革委、自然资源部、住房城乡建设部、交通运输部等国务院相关部门及各地区按职责分工负责)

(十四)鼓励民营企业盘活自身存量资产。鼓励民营企业通过产权交易、并购重组、不良资产收购处置等方式盘活自身资产,加强存量资产优化整合。引导民营企业将盘活存量资产回收资金,用于新的助力国家重大战略、符合政策鼓励方向的项目建设,形成投资良性循环。(国家发展改革委、人民银行、银保监会等国务院相关部门及各地区按职责分工负责)

五、加强民间投资融资支持

(十五)加大对民间投资项目融资的政策支持。加强涉企信用信息共享应用,引导金融机构对民营企业精准信用画像,客观合理判断企业风险。建立和完善社会资本投融资合作对接机制,通过项目对接会等多种方式,搭建有利于民间投资项目与金融机构沟通衔接的平台。发挥政府性融资担保机构作用,按市场化原则对符合条件的交通运输、餐饮、住宿、旅游行业民间投资项目提供融资担保支持,扩大民营企业融资担保业务规模。(国家发展改革委、财政部、文化和旅游部、人民银行、银保监会等国务院相关部门及各地区按职责分工负责)

(十六)引导金融机构积极支持民间投资项目。推动金融机构按市场化原则积极采用续贷、贷款展期、调整还款安排等方式对民间投资项目予以支持,避免因抽贷、断贷影响项目正常建设。完善民营企业债券融资支持机制,加大对民营企业发债融资的支持力度。引导金融机构创新金融产品和服务,降低对民营企业贷款利率水平和与融资相关的费用支出,加大对符合条件的民间投资项目的支持力度。督促金融机构对民营企业债券融资交易费用能免尽免。(国家发展改革委、人民银行、银保监会、证监会等国务院相关部门及各地区按职责分工负责)

(十七)支持民营企业创新融资方式。鼓励国有企业通过投资入股、联合投资、并购重组等方式,与民营企业进行股权融合、战略合作、资源整合,投资新的重点领域项目。支持民间资本发展创业投资,加大对创新型中小企业的支持力度。支持符合条件的高新技术和"专精特新"企业开展外债便利化额度试点。(国家发展改革委、工业和信息化部、国务院国资委、外汇局等国务院相关部门及各地区按职责分工负责)

六、促进民间投资健康发展

(十八)深入落实降成本各项政策。落实落细党中央、国务院关于降成本的各项决策部署,畅通政策落地"最后一公里",持续推动合理降低企业税费负担,鼓励金融机构合理让利,推进降低企业用能、用地、房屋租金等成本。及时研究解决突出问题,切实降低民营企业生产经营成本,推动政策红利应享尽享。(国家发展改革委、财政部、自然资源部、住房城乡建设部、人民银行、银保监会等国务院相关部门及各地区按职责分工负责)

(十九)引导民间投资科学合理决策。引导民营企业正确看待国内外经济形势,准确理解国家政策意图,客观认识困难和挑战,发掘新的投资机遇,找准未来发展方向。引导民营企业加强投资项目管理,掌握投资决策的理论和方法,不断提高投资决策的科学性和精准性,提升投资效益,坚持依法合规生产经营,实现健康可持续发展。(国家

发展改革委等国务院相关部门,全国工商联及各地区按职责分工负责)

(二十)支持民营企业加强风险防范。鼓励民营企业聚焦实业、做精主业、提升核心竞争力,避免片面追求热点、盲目扩大投资、增加运营风险。引导民营企业量力而行,自觉强化信用管理,合理控制债务融资规模和比例,避免超出自身能力的高杠杆投资,防止资金链断裂等重大风险。(国家发展改革委、工业和信息化部、人民银行、银保监会等国务院相关部门及各地区按职责分工负责)

(二十一)进一步优化民间投资社会环境。落实鼓励民营经济发展的各项政策措施,促进民营经济发展壮大。依法保护民营企业产权和企业家权益,在防止资本无序扩张的前提下设立"红绿灯",推出一批"绿灯"投资案例,规范和引导资本健康发展。做好拟出台政策与宏观政策取向一致性评估,防止出台影响民间投资积极性的政策措施。加强宣传引导,及时回应市场关切,稳定市场预期,增强民间投资信心,促进民间投资高质量发展。(国家发展改革委等国务院相关部门,全国工商联及各地区按职责分工负责)

中国银保监会关于进一步加强金融服务民营企业有关工作的通知

(2019年2月25日　银保监发〔2019〕8号)

为深入贯彻落实中共中央办公厅、国务院办公厅印发的《关于加强金融服务民营企业的若干意见》精神,进一步缓解民营企业融资难融资贵问题,切实提高民营企业金融服务的获得感,现就有关工作通知如下:

一、持续优化金融服务体系

(一)国有控股大型商业银行要继续加强普惠金融事业部建设,严格落实"五专"经营机制,合理配置服务民营企业的内部资源。鼓励中型商业银行设立普惠金融事业部,结合各自特色和优势,探索创新更加灵活的普惠金融服务方式。

（二）地方法人银行要坚持回归本源,继续下沉经营管理和服务重心,充分发挥了解当地市场的优势,创新信贷产品,服务地方实体经济。

（三）银行要加快处置不良资产,将盘活资金重点投向民营企业。加强与符合条件的融资担保机构的合作,通过利益融合、激励相容实现增信分险,为民营企业提供更多服务。银行保险机构要加大对民营企业债券投资力度。

（四）保险机构要不断提升综合服务水平,在风险可控情况下提供更灵活的民营企业贷款保证保险服务,为民营企业获得融资提供增信支持。

（五）支持银行保险机构通过资本市场补充资本,提高服务实体经济能力。加快商业银行资本补充债券工具创新,通过发行无固定期限资本债券、转股型二级资本债券等创新工具补充资本,支持保险资金投资银行发行的二级资本债券和无固定期限资本债券。加快研究取消保险资金开展财务性股权投资行业范围限制,规范实施战略性股权投资。

（六）银保监会及派出机构将继续按照"成熟一家、设立一家"的原则,有序推进民营银行常态化发展,推动其明确市场定位,积极服务民营企业发展,加快建设与民营中小微企业需求相匹配的金融服务体系。

二、抓紧建立"敢贷、愿贷、能贷"的长效机制

（七）商业银行要于每年年初制定民营企业服务年度目标,在内部绩效考核机制中提高民营企业融资业务权重,加大正向激励力度。对服务民营企业的分支机构和相关人员,重点对其服务企业数量、信贷质量进行综合考核,提高不良贷款考核容忍度。对民营企业贷款增速和质量高于行业平均水平,以及在客户体验好、可复制、易推广服务项目创新上表现突出的分支机构和个人,要予以奖励。

（八）商业银行要尽快建立健全民营企业贷款尽职免责和容错纠错机制。重点明确对分支机构和基层人员的尽职免责认定标准和免

责条件,将授信流程涉及的人员全部纳入尽职免责评价范畴。设立内部问责申诉通道,对已尽职但出现风险的项目,可免除相关人员责任,激发基层机构和人员服务民营企业的内生动力。

三、公平精准有效开展民营企业授信业务

(九)商业银行贷款审批中不得对民营企业设置歧视性要求,同等条件下民营企业与国有企业贷款利率和贷款条件保持一致,有效提高民营企业融资可获得性。

(十)商业银行要根据民营企业融资需求特点,借助互联网、大数据等新技术,设计个性化产品满足企业不同需求。综合考虑资金成本、运营成本、服务模式以及担保方式等因素科学定价。

(十一)商业银行要坚持审核第一还款来源,减轻对抵押担保的过度依赖,合理提高信用贷款比重。把主业突出、财务稳健、大股东及实际控制人信用良好作为授信主要依据。对于制造业企业,要把经营稳健、订单充足和用水用电正常等作为授信重要考虑因素。对于科创型轻资产企业,要把创始人专业专注、有知识产权等作为授信重要考虑因素。要依托产业链核心企业信用、真实交易背景和物流、信息流、资金流闭环,为上下游企业提供无需抵押担保的订单融资、应收应付账款融资。

四、着力提升民营企业信贷服务效率

(十二)商业银行要积极运用金融科技手段加强对风险评估与信贷决策的支持,提高贷款需求响应速度和授信审批效率。在探索线上贷款审批操作的同时,结合自身实际,将一定额度民营企业信贷业务的发起权和审批权下放至分支机构,进一步下沉经营重心。

(十三)商业银行要根据自身风险管理制度和业务流程,通过推广预授信、平行作业、简化年审等方式,提高信贷审批效率。特别是对于材料齐备的首次申贷中小企业、存量客户 1000 万元以内的临时性融资需求等,要在信贷审批及放款环节提高时效。加大续贷支持力度,要至少提前一个月主动对接续贷需求,切实降低民营企业贷款周转成本。

五、从实际出发帮助遭遇风险事件的民营企业融资纾困

(十四)支持资管产品、保险资金依法合规通过监管部门认可的私

募股权基金等机构,参与化解处置民营上市公司股票质押风险。

(十五)对暂时遇到困难的民营企业,银行保险机构要按照市场化、法治化原则,区别对待、"一企一策",分类采取支持处置措施,着力化解企业流动性风险。对符合经济结构优化升级方向、有发展前景和一定竞争力但暂时遇到困难的民营企业,银行业金融机构债权人委员会要加强统一协调,不盲目停贷、压贷,可提供必要的融资支持,帮助企业维持或恢复正常生产经营;对其中困难较大的民营企业,可在平等自愿前提下,综合运用增资扩股、财务重组、兼并重组或市场化债转股等方式,帮助企业优化负债结构,完善公司治理。对于符合破产清算条件的"僵尸企业",应积极配合各方面坚决破产清算。

六、推动完善融资服务信息平台

(十六)银行保险机构要加强内外部数据的积累、集成和对接,搭建大数据综合信息平台,精准分析民营企业生产经营和信用状况。健全优化与民营企业信息对接机制,实现资金供需双方线上高效对接,让信息"多跑路",让企业"少跑腿",为民营企业融资提供支持。

(十七)银保监会及派出机构要积极协调配合地方政府,进一步整合金融、税务、市场监管、社保、海关、司法等领域的企业信用信息,建设区域性的信用信息服务平台,加强数据信息的自动采集、查询和实时更新,推动实现跨层级跨部门跨地域互联互通。

七、处理好支持民营企业发展与防范金融风险的关系

(十八)商业银行要遵循经济金融规律,坚持审慎稳健的经营理念,建立完善行之有效的风险管控体系和精细高效的管理机制。科学设定信贷计划,不得组织运动式信贷投放。

(十九)商业银行要健全信用风险管控机制,不断提升数据治理、客户评级和贷款风险定价能力,强化贷款全生命周期的穿透式风险管理。加强对贷款资金流向的监测,做好贷中贷后管理,确保贷款资金真正用于支持民营企业和实体经济,防止被截留、挪用甚至转手套利,有效防范道德风险和形成新的风险隐患。

(二十)银行业金融机构要继续深化联合授信试点工作,与民营企业构建中长期银企关系,遏制多头融资、过度融资,有效防控信用风险。

八、加大对金融服务民营企业的监管督查力度

（二十一）商业银行要在 2019 年 3 月底前制定 2019 年度民营企业服务目标，结合民营企业经营实际科学安排贷款投放。国有控股大型商业银行要充分发挥"头雁"效应，2019 年普惠型小微企业贷款力争总体实现余额同比增长 30% 以上，信贷综合融资成本控制在合理水平。

（二十二）银保监会将在 2019 年 2 月底前明确民营企业贷款统计口径。按季监测银行业金融机构民营企业贷款情况。根据实际情况按法人机构制定实施差异化考核方案，形成贷款户数和金额并重的年度考核机制。加强监管督导和考核，确保民营企业贷款在新发放公司类贷款中的比重进一步提高，并将融资成本保持在合理水平。

（二十三）银保监会将对金融服务民营企业政策落实情况进行督导和检查。2019 年督查重点将包括贷款尽职免责和容错纠错机制是否有效建立、贷款审批中对民营企业是否设置歧视性要求、授信中是否附加以贷转存等不合理条件、民营企业贷款数据是否真实、享受优惠政策低成本资金的使用是否合规等方面。相关违规行为一经查实，依法严肃处理相关机构和责任人员。严厉打击金融信贷领域强行返点等行为，对涉嫌违法犯罪的机构和个人，及时移送司法机关等有关机关依法查处。

国家发展改革委办公厅关于进一步做好政府和社会资本合作新机制项目规范实施工作的通知

（2024 年 12 月 12 日　发改办投资〔2024〕1013 号）

各省、自治区、直辖市及计划单列市、新疆生产建设兵团发展改革委：

为贯彻党中央、国务院决策部署，进一步推动政府和社会资本合作（PPP）新机制落实落细，推进 PPP 新机制项目规范有序实施，按照

《关于规范实施政府和社会资本合作新机制的指导意见》(国办函〔2023〕115号)等要求,现就有关工作通知如下。

一、高度重视PPP新机制规范实施

各省级发展改革委要高度重视,切实负起牵头责任,认真履职尽责,对本省(区、市)所有PPP新机制项目加强监督管理,强化项目全流程把关,指导督促地方各级发展改革部门切实发挥综合协调作用,在有效防范地方政府债务风险的基础上,做好PPP新机制政策执行。要加强政策解读和培训宣传,指导地方各级发展改革部门和有关方面深刻理解聚焦使用者付费项目、全部采取特许经营模式、优先选择民营企业参与等政策导向,严格按照PPP新机制要求规范实施特许经营项目。

二、严格聚焦使用者付费项目

PPP新机制项目应为具有明确收费渠道和方式的使用者付费项目。使用者付费包括特许经营者直接向用户收费,以及由政府或其依法授权机构代为向用户收费。对拟在建设期提供政府投资支持的项目,要在特许经营方案中明确政府投资支持资金来源、支持方式以及额度上限。对拟在运营期按规定补贴运营的项目,要按照地市级以上人民政府或其行业主管部门制定的补贴政策及具体标准执行,并在特许经营方案中明确相关依据。相关补贴政策应当具有普适性,不得仅适用于个别项目。除法律法规和国家政策有明确规定外,不得针对具体项目设定任何保底安排,不得在特许经营协议中对具体项目作出保底约定或承诺。

三、合理使用特许经营模式

要准确把握PPP新机制定位,不应强制规定特定领域和范围必须采用特许经营模式。对具有一定投资回报的基础设施和公用事业固定资产投资项目,要充分论证采取特许经营模式的必要性和可行性,合理决策是否采取特许经营模式。要鼓励特许经营者通过技术创新、管理创新和商业模式创新等降低建设和运营成本,鼓励特许经营者充分挖掘项目市场价值,提高基础设施和公用事业项目建设运营水平,提升项目投资收益。市场化程度高的商业项目和产业项目,以及没有经营收入的公益项目,不得采用特许经营模式。路侧停车服务、垃圾清运服务等不涉及固定资产投资项目的经营权或收费权转让等,不得采取特许经营模式。

四、优先选择民营企业参与

严格按照《支持民营企业参与的特许经营新建（含改扩建）项目清单（2023年版）》要求，推动有关特许经营新建或改扩建项目吸引民营企业参与。优先采取公开招标方式选择特许经营者，如不采取公开招标方式，要充分论证采取其他方式的合法性、合理性；不得采取拍卖等方式选择特许经营者。不得规避项目管理经验、专业运营能力、企业综合实力、信用评级状况等设定的评审条件，将标的物总价作为唯一标准选择特许经营者。要将项目运营方案、收费单价、特许经营期限等作为选择特许经营者的重要评定标准，不得设置限制民营企业参与的招标条件、评标标准。对因通过资格预审的申请人少于3人等招标失败的，重新组织招标时应重新审查项目基本条件、评标标准，确保不存在不利于民营企业参与的招标条件，最大程度鼓励民营企业参与；若无法选择符合条件的特许经营者，应重新论证采取特许经营模式的必要性和可行性。

五、规范盘活存量资产

对不涉及新建、改扩建的盘活存量资产项目，要结合项目历史运营和本地区实际情况，合理预测项目收益、确定项目估值，深入论证采取特许经营模式的可行性和必要性。要严格落实防范化解地方政府隐性债务风险的要求，不得以盘活存量资产为名，将特许经营模式异化为地方政府、地方国有企业或平台公司变卖资产、变相融资的手段，严禁在盘活存量资产过程中新增地方政府隐性债务等各类风险。要优先支持民营企业通过特许经营模式参与盘活存量资产项目，鼓励符合条件的国有企业规范参与不涉及新建和改扩建的盘活存量资产特许经营项目。

六、加强特许经营方案把关

地方各级发展改革部门要切实负起特许经营方案审核责任。对采取资本金注入的政府投资项目，应比照政府投资项目可行性研究报告审批权限，由相关发展改革部门审核特许经营方案；对企业投资项目，应比照核准（备案）权限，由相关发展改革部门审核特许经营方案。对由其他部门负责审批、核准或备案的项目，原则上应由与其他部门同级的发展改革部门审核特许经营方案。负责审核特许经营方案的发展改革部门要在全国PPP项目信息系统中及时上传完整规范的特许经营方案审核证明文件。

七、做好信息填报和审核把关

各省级发展改革委要用好全国PPP项目信息系统,指导地方各级发展改革部门组织实施机构、特许经营者等及时填报项目信息,并对填报信息进行审核确认。经省级发展改革委确认通过且实施机构启动特许经营者选择程序的项目,将通过全国PPP项目信息系统向社会公开。对不符合PPP新机制要求的特许经营项目,省级发展改革委要指导有关地方发展改革部门,及时组织有关方面优化完善特许经营方案,规范推进建设实施流程,严格按照PPP新机制要求实施特许经营项目。

八、强化事中事后监管

国家发展改革委将健全事中事后监管机制,持续组织对经省级发展改革委确认后的项目是否符合PPP新机制政策导向进行抽查复核,并通过各种渠道摸排项目实施情况,督促各地切实将PPP新机制各项政策要求逐一落到实处。同时,持续完善PPP新机制现行制度体系,切实加强政策指导和培训交流,针对各方关注较高的共性问题适时发布问答口径,帮助各方全面准确把握PPP新机制定位、作用和要求,推动PPP新机制深入实施,最大程度鼓励民营企业参与,不断提升基础设施等项目建设运营水平。

国家发展改革委关于鼓励民间资本参与政府和社会资本合作（PPP）项目的指导意见

(2017年11月28日 发改投资〔2017〕2059号)

各省、自治区、直辖市及计划单列市、新疆生产建设兵团发展改革委：

按照党中央、国务院关于深化投融资体制改革的意见等文件精神,为贯彻落实《国务院办公厅关于进一步激发民间有效投资活力促进经济持续健康发展的指导意见》(国办发〔2017〕79号)要求,鼓励民间资本规范有序参与基础设施项目建设,促进政府和社会资本合作(PPP)模式更好发展,提高公共产品供给效率,加快补短板建设,充分发挥投资对优化供给结构的关键性作用,增强经济内生增长动力,现提出以下意见。

一、创造民间资本参与 PPP 项目的良好环境

不断加大基础设施领域开放力度,除国家法律法规明确禁止准入的行业和领域外,一律向民间资本开放,不得以任何名义、任何形式限制民间资本参与 PPP 项目。在制定 PPP 政策、编制 PPP 规划、确定 PPP 项目实施方案时,注重听取民营企业的意见,充分吸收采纳民营企业的合理建议。主动为民营企业服务,不断优化营商环境,构建"亲""清"新型政商关系,为民间资本参与 PPP 项目创造更加公平、规范、开放的市场环境。对民间资本主导或参与的 PPP 项目,鼓励开通前期工作办理等方面的"绿色通道"。鼓励结合本地区实际,依法依规出台更多的优惠政策。

二、分类施策支持民间资本参与 PPP 项目

针对不同 PPP 项目投资规模、合作期限、技术要求、运营管理等特点,采取多种方式积极支持民间资本参与,充分发挥民营企业创新、运营等方面的优势。对商业运营潜力大、投资规模适度、适合民间资本参与的 PPP 项目,积极支持民间资本控股,提高项目运营效率。对投资规模大、合作期限长、工程技术复杂的项目,鼓励民营企业相互合作,或与国有企业、外商投资企业等合作,通过组建投标联合体、成立混合所有制公司等方式参与,充分发挥不同企业比较优势。鼓励民间资本成立或参与投资基金,将分散的资金集中起来,由专业机构管理并投资 PPP 项目,获取长期稳定收益。

三、鼓励民营企业运用 PPP 模式盘活存量资产

积极采取转让–运营–移交(TOT)、改扩建–运营–移交(ROT)等多种运作方式,规范有序盘活存量资产,吸引民间资本参与,避免项目规划选址、征地拆迁等比较复杂的前期工作由民营企业承担。盘活资产回收的资金主要用于补短板项目建设,形成新的优质资产,实现投资良性循环。对适宜采取PPP模式的存量项目,鼓励多采用转让项目的经营权、收费权等方式盘活存量资产,降低转让难度,提高盘活效率。对已经采取PPP模式的存量项目,经与社会资本方协商一致,在保证有效监管的前提下,可通过股权转让等多种方式,将政府方持有的股权部分或全部转让给民营企业。对在建的政府投资项目,积极探索、规范有序推进PPP模式,吸引民间资本参与。

四、持续做好民营企业PPP项目推介工作

依托全国投资项目在线审批监管平台建立的PPP项目库,对入库项目定期进行梳理,规范有序开展推介工作,适时选择回报机制明确、运营收益潜力大、前期工作成熟的PPP项目,向民营企业推介。重点推介以使用者付费为主的特许经营类项目,审慎推介完全依靠政府付费的PPP项目,以降低地方政府支出压力,防范地方债务风险。各地发展改革部门要与当地行业主管部门、工商联、行业协会等加强合作,通过多种方式推介优质项目、介绍典型案例,加大政策宣传解读和业务培训力度,帮助民营企业更好参与PPP项目。

五、科学合理设定社会资本方选择标准

严格按照《中华人民共和国招标投标法》和《中华人民共和国政府采购法》规定,通过公开招标等竞争性方式选择PPP项目的社会资本方。合理确定社会资本方资格,不得设置超过项目实际需要的注册资本金、资产规模、银行存款证明或融资意向函等条件,不得设置与项目投融资、建设、运营无关的准入条件。规范投标保证金设置,除合法合规的投标保证金外,不得以任何其他名义设置投标担保要求,推行以银行保函方式缴纳保证金。科学设置评标标准,综合考虑投标人的工程技术、运营水平、投融资能力、投标报价等因素。鼓励通过组建高质量的PPP项目特殊目的载体(SPV)等方式,整合各方资源,完善项目治理结构,提高专业化运作能力。支持民间资本股权占比高的社会资本参与PPP项目,调动民间资本积极性。同等条件下,优先选择运营经验丰富、商业运作水平高、创新创造能力强的民营企业。

六、依法签订规范、有效、全面的PPP项目合同

在与民营企业充分协商、利益共享、风险共担的基础上,客观合理、全面详尽地订立PPP项目合同。明确各方责权利和争议解决方式,合理确定价格调整机制,科学设定运营服务绩效标准,有效设置排他性条款,保障项目顺利实施。PPP项目合同既要规范民营企业投资行为,确保项目持续稳定运行,也要保证当政府方不依法履约时,民营企业可以及时获得合理补偿乃至合法退出。要依据相关法律法规和合同约定,对PPP项目进行全生命周期监管。禁止政府和投资人签订承诺回购投资本金、承诺最低收益等条款,严禁利用PPP模式违法违规变相举债,严防地方政府隐性债务风险。

七、加大民间资本PPP项目融资支持力度

鼓励政府投资通过资本金注入、投资补助、贷款贴息等方式支持民间资本PPP项目,鼓励各级政府出资的PPP基金投资民间资本PPP项目。鼓励各类金融机构发挥专业优势,大力开展PPP项目金融产品创新,支持开展基于项目本身现金流的有限追索融资,有针对性地为民间资本PPP项目提供优质金融服务。积极推进符合条件的民间资本PPP项目发行债券、开展资产证券化,拓宽项目融资渠道。按照统一标准对参与PPP项目的民营企业等各类社会资本方进行信用评级,引导金融市场和金融机构根据评级结果等加大对民营企业的融资支持力度。

八、提高咨询机构的PPP业务能力

咨询机构要坚持"合法、合规、专业、自律"的原则,深入研究民间资本参与PPP项目咨询服务新要求,加强PPP项目策划、论证、建设、运营阶段管理能力建设,准确把握民间资本参与PPP项目的商业诉求,提高项目全过程咨询服务能力。健全行业自律管理体系,通过PPP咨询机构论坛等多种形式,加强同业交流与合作。制定和完善PPP咨询业务操作标准规范,着力解决PPP项目工程技术、招投标、投融资、项目管理、法律和财务等方面难题,为民间资本PPP项目提供优质高效的咨询服务。

九、评选民间资本PPP项目典型案例

各地在已经引入民间资本的PPP项目中,适时评选在项目运作规范、交易结构合理、运营持续稳定、商业模式创新、回报机制明确等方面具有参考示范价值的典型案例,总结经验、加强宣传,发挥示范效应。国家发展改革委将会同有关行业主管部门组织专家对各地报送的案例进行评审和筛选,挑选出若干典型案例进行宣传,优先推荐发行 PPP 项目资产证券化产品。对支持和鼓励民间资本参与 PPP 项目工作积极主动、典型案例多的地区,在安排 PPP 项目前期工作中央预算内投资时予以倾斜支持。

十、加强政府和社会资本合作诚信体系建设

建立健全 PPP 项目守信践诺机制,准确记录并客观评价政府方和民营企业在 PPP 项目实施过程中的履约情况。政府方要严格履行各项约定义务,做出履约守信表率,坚决杜绝"新官不理旧账"现象。民营企业也要认真履行合同,持续稳定提供高质量且成本合理的公共产品和服务。将 PPP 项目各方信用记录,纳入全国信用信息共享平台供各部门、各地区共享,并依法通过"信用中国"网站公示。将严重失信责任主体纳入黑名单,并开展联合惩戒。

鼓励民间资本参与 PPP 项目是贯彻落实党中央、国务院关于激发民间有效投资活力、促进经济持续健康发展的重要措施,是充分发挥投资对优化供给结构关键性作用的重要抓手。各地发展改革部门要高度重视,加强组织领导,努力破除制约民间资本参与 PPP 项目的困难和障碍,切实保障民间资本合法权益,推动民间资本 PPP 项目规范有序发展。

中华人民共和国促进科技成果转化法

(1996 年 5 月 15 日第八届全国人民代表大会常务委员会第十九次会议通过 根据 2015 年 8 月 29 日第十二届全国人民代表大会常务委员会第十六次会议《关于修改〈中华人民共和国促进科技成果转化法〉的决定》修正)

目 录

第一章 总 则
第二章 组织实施

第三章　保障措施
第四章　技术权益
第五章　法律责任
第六章　附　　则

第一章　总　　则

第一条　为了促进科技成果转化为现实生产力,规范科技成果转化活动,加速科学技术进步,推动经济建设和社会发展,制定本法。

第二条　本法所称科技成果,是指通过科学研究与技术开发所产生的具有实用价值的成果。职务科技成果,是指执行研究开发机构、高等院校和企业等单位的工作任务,或者主要是利用上述单位的物质技术条件所完成的科技成果。

本法所称科技成果转化,是指为提高生产力水平而对科技成果所进行的后续试验、开发、应用、推广直至形成新技术、新工艺、新材料、新产品,发展新产业等活动。

第三条　科技成果转化活动应当有利于加快实施创新驱动发展战略,促进科技与经济的结合,有利于提高经济效益、社会效益和保护环境、合理利用资源,有利于促进经济建设、社会发展和维护国家安全。

科技成果转化活动应当尊重市场规律,发挥企业的主体作用,遵循自愿、互利、公平、诚实信用的原则,依照法律法规规定和合同约定,享有权益,承担风险。科技成果转化活动中的知识产权受法律保护。

科技成果转化活动应当遵守法律法规,维护国家利益,不得损害社会公共利益和他人合法权益。

第四条　国家对科技成果转化合理安排财政资金投入,引导社会资金投入,推动科技成果转化资金投入的多元化。

第五条　国务院和地方各级人民政府应当加强科技、财政、投资、税收、人才、产业、金融、政府采购、军民融合等政策协同,为科技成果转化创造良好环境。

地方各级人民政府根据本法规定的原则,结合本地实际,可以采取更加有利于促进科技成果转化的措施。

第六条 国家鼓励科技成果首先在中国境内实施。中国单位或者个人向境外的组织、个人转让或者许可其实施科技成果的,应当遵守相关法律、行政法规以及国家有关规定。

第七条 国家为了国家安全、国家利益和重大社会公共利益的需要,可以依法组织实施或者许可他人实施相关科技成果。

第八条 国务院科学技术行政部门、经济综合管理部门和其他有关行政部门依照国务院规定的职责,管理、指导和协调科技成果转化工作。

地方各级人民政府负责管理、指导和协调本行政区域内的科技成果转化工作。

第二章 组 织 实 施

第九条 国务院和地方各级人民政府应当将科技成果的转化纳入国民经济和社会发展计划,并组织协调实施有关科技成果的转化。

第十条 利用财政资金设立应用类科技项目和其他相关科技项目,有关行政部门、管理机构应当改进和完善科研组织管理方式,在制定相关科技规划、计划和编制项目指南时应当听取相关行业、企业的意见;在组织实施应用类科技项目时,应当明确项目承担者的科技成果转化义务,加强知识产权管理,并将科技成果转化和知识产权创造、运用作为立项和验收的重要内容和依据。

第十一条 国家建立、完善科技报告制度和科技成果信息系统,向社会公布科技项目实施情况以及科技成果和相关知识产权信息,提供科技成果信息查询、筛选等公益服务。公布有关信息不得泄露国家秘密和商业秘密。对不予公布的信息,有关部门应当及时告知相关科技项目承担者。

利用财政资金设立的科技项目的承担者应当按照规定及时提交相关科技报告,并将科技成果和相关知识产权信息汇交到科技成果信息系统。

国家鼓励利用非财政资金设立的科技项目的承担者提交相关科技报告,将科技成果和相关知识产权信息汇交到科技成果信息系统,县级以上人民政府负责相关工作的部门应当为其提供方便。

第十二条　对下列科技成果转化项目,国家通过政府采购、研究开发资助、发布产业技术指导目录、示范推广等方式予以支持:

（一）能够显著提高产业技术水平、经济效益或者能够形成促进社会经济健康发展的新产业的;

（二）能够显著提高国家安全能力和公共安全水平的;

（三）能够合理开发和利用资源、节约能源、降低消耗以及防治环境污染、保护生态、提高应对气候变化和防灾减灾能力的;

（四）能够改善民生和提高公共健康水平的;

（五）能够促进现代农业或者农村经济发展的;

（六）能够加快民族地区、边远地区、贫困地区社会经济发展的。

第十三条　国家通过制定政策措施,提倡和鼓励采用先进技术、工艺和装备,不断改进、限制使用或者淘汰落后技术、工艺和装备。

第十四条　国家加强标准制定工作,对新技术、新工艺、新材料、新产品依法及时制定国家标准、行业标准,积极参与国际标准的制定,推动先进适用技术推广和应用。

国家建立有效的军民科技成果相互转化体系,完善国防科技协同创新体制机制。军品科研生产应当依法优先采用先进适用的民用标准,推动军用、民用技术相互转移、转化。

第十五条　各级人民政府组织实施的重点科技成果转化项目,可以由有关部门组织采用公开招标的方式实施转化。有关部门应当对中标单位提供招标时确定的资助或者其他条件。

第十六条　科技成果持有者可以采用下列方式进行科技成果转化:

（一）自行投资实施转化;

（二）向他人转让该科技成果;

（三）许可他人使用该科技成果;

（四）以该科技成果作为合作条件,与他人共同实施转化;

（五）以该科技成果作价投资,折算股份或者出资比例;

（六）其他协商确定的方式。

第十七条　国家鼓励研究开发机构、高等院校采取转让、许可或者作价投资等方式,向企业或者其他组织转移科技成果。

国家设立的研究开发机构、高等院校应当加强对科技成果转化的管理、组织和协调,促进科技成果转化队伍建设,优化科技成果转化流程,通过本单位负责技术转移工作的机构或者委托独立的科技成果转化服务机构开展技术转移。

第十八条 国家设立的研究开发机构、高等院校对其持有的科技成果,可以自主决定转让、许可或者作价投资,但应当通过协议定价、在技术交易市场挂牌交易、拍卖等方式确定价格。通过协议定价的,应当在本单位公示科技成果名称和拟交易价格。

第十九条 国家设立的研究开发机构、高等院校所取得的职务科技成果,完成人和参加人在不变更职务科技成果权属的前提下,可以根据与本单位的协议进行该项科技成果的转化,并享有协议规定的权益。该单位对上述科技成果转化活动应当予以支持。

科技成果完成人或者课题负责人,不得阻碍职务科技成果的转化,不得将职务科技成果及其技术资料和数据占为己有,侵犯单位的合法权益。

第二十条 研究开发机构、高等院校的主管部门以及财政、科学技术等相关行政部门应当建立有利于促进科技成果转化的绩效考核评价体系,将科技成果转化情况作为对相关单位及人员评价、科研资金支持的重要内容和依据之一,并对科技成果转化绩效突出的相关单位及人员加大科研资金支持。

国家设立的研究开发机构、高等院校应当建立符合科技成果转化工作特点的职称评定、岗位管理和考核评价制度,完善收入分配激励约束机制。

第二十一条 国家设立的研究开发机构、高等院校应当向其主管部门提交科技成果转化情况年度报告,说明本单位依法取得的科技成果数量、实施转化情况以及相关收入分配情况,该主管部门应当按照规定将科技成果转化情况年度报告报送财政、科学技术等相关行政部门。

第二十二条 企业为采用新技术、新工艺、新材料和生产新产品,可以自行发布信息或者委托科技中介服务机构征集其所需的科技成果,或者征寻科技成果转化的合作者。

县级以上地方各级人民政府科学技术行政部门和其他有关部门应当根据职责分工,为企业获取所需的科技成果提供帮助和支持。

第二十三条 企业依法有权独立或者与境内外企业、事业单位和其他合作者联合实施科技成果转化。

企业可以通过公平竞争,独立或者与其他单位联合承担政府组织实施的科技研究开发和科技成果转化项目。

第二十四条 对利用财政资金设立的具有市场应用前景、产业目标明确的科技项目,政府有关部门、管理机构应当发挥企业在研究开发方向选择、项目实施和成果应用中的主导作用,鼓励企业、研究开发机构、高等院校及其他组织共同实施。

第二十五条 国家鼓励研究开发机构、高等院校与企业相结合,联合实施科技成果转化。

研究开发机构、高等院校可以参与政府有关部门或者企业实施科技成果转化的招标投标活动。

第二十六条 国家鼓励企业与研究开发机构、高等院校及其他组织采取联合建立研究开发平台、技术转移机构或者技术创新联盟等产学研合作方式,共同开展研究开发、成果应用与推广、标准研究与制定等活动。

合作各方应当签订协议,依法约定合作的组织形式、任务分工、资金投入、知识产权归属、权益分配、风险分担和违约责任等事项。

第二十七条 国家鼓励研究开发机构、高等院校与企业及其他组织开展科技人员交流,根据专业特点、行业领域技术发展需要,聘请企业及其他组织的科技人员兼职从事教学和科研工作,支持本单位的科技人员到企业及其他组织从事科技成果转化活动。

第二十八条 国家支持企业与研究开发机构、高等院校、职业院校及培训机构联合建立学生实习实践培训基地和研究生科研实践工作机构,共同培养专业技术人才和高技能人才。

第二十九条 国家鼓励农业科研机构、农业试验示范单位独立或者与其他单位合作实施农业科技成果转化。

第三十条 国家培育和发展技术市场,鼓励创办科技中介服务机构,为技术交易提供交易场所、信息平台以及信息检索、加工与分析、评估、经纪等服务。

科技中介服务机构提供服务,应当遵循公正、客观的原则,不得提供虚假的信息和证明,对其在服务过程中知悉的国家秘密和当事人的商业秘密负有保密义务。

第三十一条 国家支持根据产业和区域发展需要建设公共研究开发平台,为科技成果转化提供技术集成、共性技术研究开发、中间试验和工业性试验、科技成果系统化和工程化开发、技术推广与示范等服务。

第三十二条 国家支持科技企业孵化器、大学科技园等科技企业孵化机构发展,为初创期科技型中小企业提供孵化场地、创业辅导、研究开发与管理咨询等服务。

第三章 保障措施

第三十三条 科技成果转化财政经费,主要用于科技成果转化的引导资金、贷款贴息、补助资金和风险投资以及其他促进科技成果转化的资金用途。

第三十四条 国家依照有关税收法律、行政法规规定对科技成果转化活动实行税收优惠。

第三十五条 国家鼓励银行业金融机构在组织形式、管理机制、金融产品和服务等方面进行创新,鼓励开展知识产权质押贷款、股权质押贷款等贷款业务,为科技成果转化提供金融支持。

国家鼓励政策性金融机构采取措施,加大对科技成果转化的金融支持。

第三十六条 国家鼓励保险机构开发符合科技成果转化特点的保险品种,为科技成果转化提供保险服务。

第三十七条 国家完善多层次资本市场,支持企业通过股权交易、依法发行股票和债券等直接融资方式为科技成果转化项目进行融资。

第三十八条 国家鼓励创业投资机构投资科技成果转化项目。

国家设立的创业投资引导基金,应当引导和支持创业投资机构投资初创期科技型中小企业。

第三十九条 国家鼓励设立科技成果转化基金或者风险基金,其资金来源由国家、地方、企业、事业单位以及其他组织或者个人提供,用于支持高投入、高风险、高产出的科技成果的转化,加速重大科技成果的产业化。

科技成果转化基金和风险基金的设立及其资金使用,依照国家有关规定执行。

第四章 技 术 权 益

第四十条 科技成果完成单位与其他单位合作进行科技成果转化的,应当依法由合同约定该科技成果有关权益的归属。合同未作约定的,按照下列原则办理:

(一)在合作转化中无新的发明创造的,该科技成果的权益,归该科技成果完成单位;

(二)在合作转化中产生新的发明创造的,该新发明创造的权益归合作各方共有;

(三)对合作转化中产生的科技成果,各方都有实施该项科技成果的权利,转让该科技成果应经合作各方同意。

第四十一条 科技成果完成单位与其他单位合作进行科技成果转化的,合作各方应当就保守技术秘密达成协议;当事人不得违反协议或者违反权利人有关保守技术秘密的要求,披露、允许他人使用该技术。

第四十二条 企业、事业单位应当建立健全技术秘密保护制度,保护本单位的技术秘密。职工应当遵守本单位的技术秘密保护制度。

企业、事业单位可以与参加科技成果转化的有关人员签订在职期间或者离职、离休、退休后一定期限内保守本单位技术秘密的协议;有关人员不得违反协议约定,泄露本单位的技术秘密和从事与原单位相同的科技成果转化活动。

职工不得将职务科技成果擅自转让或者变相转让。

第四十三条 国家设立的研究开发机构、高等院校转化科技成果所获得的收入全部留归本单位,在对完成、转化职务科技成果做出重要贡献的人员给予奖励和报酬后,主要用于科学技术研究开发与成果转化等相关工作。

第四十四条　职务科技成果转化后,由科技成果完成单位对完成、转化该项科技成果做出重要贡献的人员给予奖励和报酬。

科技成果完成单位可以规定或者与科技人员约定奖励和报酬的方式、数额和时限。单位制定相关规定,应当充分听取本单位科技人员的意见,并在本单位公开相关规定。

第四十五条　科技成果完成单位未规定、也未与科技人员约定奖励和报酬的方式和数额的,按照下列标准对完成、转化职务科技成果做出重要贡献的人员给予奖励和报酬:

（一）将该项职务科技成果转让、许可给他人实施的,从该项科技成果转让净收入或者许可净收入中提取不低于百分之五十的比例;

（二）利用该项职务科技成果作价投资的,从该项科技成果形成的股份或者出资比例中提取不低于百分之五十的比例;

（三）将该项职务科技成果自行实施或者与他人合作实施的,应当在实施转化成功投产后连续三至五年,每年从实施该项科技成果的营业利润中提取不低于百分之五的比例。

国家设立的研究开发机构、高等院校规定或者与科技人员约定奖励和报酬的方式和数额应当符合前款第一项至第三项规定的标准。

国有企业、事业单位依照本法规定对完成、转化职务科技成果做出重要贡献的人员给予奖励和报酬的支出计入当年本单位工资总额,但不受当年本单位工资总额限制、不纳入本单位工资总额基数。

第五章　法 律 责 任

第四十六条　利用财政资金设立的科技项目的承担者未依照本法规定提交科技报告、汇交科技成果和相关知识产权信息的,由组织实施项目的政府有关部门、管理机构责令改正;情节严重的,予以通报批评,禁止其在一定期限内承担利用财政资金设立的科技项目。

国家设立的研究开发机构、高等院校未依照本法规定提交科技成果转化情况年度报告的,由其主管部门责令改正;情节严重的,予以通报批评。

第四十七条　违反本法规定,在科技成果转化活动中弄虚作假,采取欺骗手段,骗取奖励和荣誉称号、诈骗钱财、非法牟利的,由政府有关部门依照管理职责责令改正,取消该奖励和荣誉称号,没收违法所得,并处以罚款。给他人造成经济损失的,依法承担民事赔偿责任。构成犯罪的,依法追究刑事责任。

第四十八条　科技服务机构及其从业人员违反本法规定,故意提供虚假的信息、实验结果或者评估意见等欺骗当事人,或者与当事人一方串通欺骗另一方当事人的,由政府有关部门依照管理职责责令改正,没收违法所得,并处以罚款;情节严重的,由工商行政管理部门依法吊销营业执照。给他人造成经济损失的,依法承担民事赔偿责任;构成犯罪的,依法追究刑事责任。

科技中介服务机构及其从业人员违反本法规定泄露国家秘密或者当事人的商业秘密的,依照有关法律、行政法规的规定承担相应的法律责任。

第四十九条　科学技术行政部门和其他有关部门及其工作人员在科技成果转化中滥用职权、玩忽职守、徇私舞弊的,由任免机关或者监察机关对直接负责的主管人员和其他直接责任人员依法给予处分;构成犯罪的,依法追究刑事责任。

第五十条　违反本法规定,以唆使窃取、利诱胁迫等手段侵占他人的科技成果,侵犯他人合法权益的,依法承担民事赔偿责任,可以处以罚款;构成犯罪的,依法追究刑事责任。

第五十一条　违反本法规定,职工未经单位允许,泄露本单位的技术秘密,或者擅自转让、变相转让职务科技成果的,参加科技成果转化的有关人员违反与本单位的协议,在离职、离休、退休后约定的期限内从事与原单位相同的科技成果转化活动,给本单位造成经济损失的,依法承担民事赔偿责任;构成犯罪的,依法追究刑事责任。

第六章　附　　则

第五十二条　本法自1996年10月1日起施行。

三、规 范 经 营

中华人民共和国公司法

（1993年12月29日第八届全国人民代表大会常务委员会第五次会议通过 根据1999年12月25日第九届全国人民代表大会常务委员会第十三次会议《关于修改〈中华人民共和国公司法〉的决定》第一次修正 根据2004年8月28日第十届全国人民代表大会常务委员会第十一次会议《关于修改〈中华人民共和国公司法〉的决定》第二次修正 2005年10月27日第十届全国人民代表大会常务委员会第十八次会议第一次修订 根据2013年12月28日第十二届全国人民代表大会常务委员会第六次会议《关于修改〈中华人民共和国海洋环境保护法〉等七部法律的决定》第三次修正 根据2018年10月26日第十三届全国人民代表大会常务委员会第六次会议《关于修改〈中华人民共和国公司法〉的决定》第四次修正 2023年12月29日第十四届全国人民代表大会常务委员会第七次会议第二次修订）

目 录

第一章 总　　则
第二章 公司登记
第三章 有限责任公司的设立和组织机构
　第一节 设　　立
　第二节 组织机构
第四章 有限责任公司的股权转让

第五章　股份有限公司的设立和组织机构
　第一节　设　　立
　第二节　股东会
　第三节　董事会、经理
　第四节　监事会
　第五节　上市公司组织机构的特别规定
第六章　股份有限公司的股份发行和转让
　第一节　股份发行
　第二节　股份转让
第七章　国家出资公司组织机构的特别规定
第八章　公司董事、监事、高级管理人员的资格和义务
第九章　公司债券
第十章　公司财务、会计
第十一章　公司合并、分立、增资、减资
第十二章　公司解散和清算
第十三章　外国公司的分支机构
第十四章　法律责任
第十五章　附　　则

第一章　总　　则

第一条　为了规范公司的组织和行为，保护公司、股东、职工和债权人的合法权益，完善中国特色现代企业制度，弘扬企业家精神，维护社会经济秩序，促进社会主义市场经济的发展，根据宪法，制定本法。

第二条　本法所称公司，是指依照本法在中华人民共和国境内设立的有限责任公司和股份有限公司。

第三条　公司是企业法人，有独立的法人财产，享有法人财产权。公司以其全部财产对公司的债务承担责任。

公司的合法权益受法律保护，不受侵犯。

第四条　有限责任公司的股东以其认缴的出资额为限对公司承担责任；股份有限公司的股东以其认购的股份为限对公司承担责任。

公司股东对公司依法享有资产收益、参与重大决策和选择管理者

等权利。

第五条 设立公司应当依法制定公司章程。公司章程对公司、股东、董事、监事、高级管理人员具有约束力。

第六条 公司应当有自己的名称。公司名称应当符合国家有关规定。

公司的名称权受法律保护。

第七条 依照本法设立的有限责任公司,应当在公司名称中标明有限责任公司或者有限公司字样。

依照本法设立的股份有限公司,应当在公司名称中标明股份有限公司或者股份公司字样。

第八条 公司以其主要办事机构所在地为住所。

第九条 公司的经营范围由公司章程规定。公司可以修改公司章程,变更经营范围。

公司的经营范围中属于法律、行政法规规定须经批准的项目,应当依法经过批准。

第十条 公司的法定代表人按照公司章程的规定,由代表公司执行公司事务的董事或者经理担任。

担任法定代表人的董事或者经理辞任的,视为同时辞去法定代表人。

法定代表人辞任的,公司应当在法定代表人辞任之日起三十日内确定新的法定代表人。

第十一条 法定代表人以公司名义从事的民事活动,其法律后果由公司承受。

公司章程或者股东会对法定代表人职权的限制,不得对抗善意相对人。

法定代表人因执行职务造成他人损害的,由公司承担民事责任。公司承担民事责任后,依照法律或者公司章程的规定,可以向有过错的法定代表人追偿。

第十二条 有限责任公司变更为股份有限公司,应当符合本法规定的股份有限公司的条件。股份有限公司变更为有限责任公司,应当符合本法规定的有限责任公司的条件。

有限责任公司变更为股份有限公司的,或者股份有限公司变更为有限责任公司的,公司变更前的债权、债务由变更后的公司承继。

第十三条 公司可以设立子公司。子公司具有法人资格,依法独立承担民事责任。

公司可以设立分公司。分公司不具有法人资格,其民事责任由公司承担。

第十四条 公司可以向其他企业投资。

法律规定公司不得成为对所投资企业的债务承担连带责任的出资人的,从其规定。

第十五条 公司向其他企业投资或者为他人提供担保,按照公司章程的规定,由董事会或者股东会决议;公司章程对投资或者担保的总额及单项投资或者担保的数额有限额规定的,不得超过规定的限额。

公司为公司股东或者实际控制人提供担保的,应当经股东会决议。

前款规定的股东或者受前款规定的实际控制人支配的股东,不得参加前款规定事项的表决。该项表决由出席会议的其他股东所持表决权的过半数通过。

第十六条 公司应当保护职工的合法权益,依法与职工签订劳动合同,参加社会保险,加强劳动保护,实现安全生产。

公司应当采用多种形式,加强公司职工的职业教育和岗位培训,提高职工素质。

第十七条 公司职工依照《中华人民共和国工会法》组织工会,开展工会活动,维护职工合法权益。公司应当为本公司工会提供必要的活动条件。公司工会代表职工就职工的劳动报酬、工作时间、休息休假、劳动安全卫生和保险福利等事项依法与公司签订集体合同。

公司依照宪法和有关法律的规定,建立健全以职工代表大会为基本形式的民主管理制度,通过职工代表大会或者其他形式,实行民主管理。

公司研究决定改制、解散、申请破产以及经营方面的重大问题、制定重要的规章制度时,应当听取公司工会的意见,并通过职工代表大会或者其他形式听取职工的意见和建议。

第十八条 在公司中,根据中国共产党章程的规定,设立中国共产党的组织,开展党的活动。公司应当为党组织的活动提供必要条件。

第十九条 公司从事经营活动,应当遵守法律法规,遵守社会公德、商业道德,诚实守信,接受政府和社会公众的监督。

第二十条 公司从事经营活动,应当充分考虑公司职工、消费者等利益相关者的利益以及生态环境保护等社会公共利益,承担社会责任。

国家鼓励公司参与社会公益活动,公布社会责任报告。

第二十一条 公司股东应当遵守法律、行政法规和公司章程,依法行使股东权利,不得滥用股东权利损害公司或者其他股东的利益。

公司股东滥用股东权利给公司或者其他股东造成损失的,应当承担赔偿责任。

第二十二条 公司的控股股东、实际控制人、董事、监事、高级管理人员不得利用关联关系损害公司利益。

违反前款规定,给公司造成损失的,应当承担赔偿责任。

第二十三条 公司股东滥用公司法人独立地位和股东有限责任,逃避债务,严重损害公司债权人利益的,应当对公司债务承担连带责任。

股东利用其控制的两个以上公司实施前款规定行为的,各公司应当对任一公司的债务承担连带责任。

只有一个股东的公司,股东不能证明公司财产独立于股东自己的财产的,应当对公司债务承担连带责任。

第二十四条 公司股东会、董事会、监事会召开会议和表决可以采用电子通信方式,公司章程另有规定的除外。

第二十五条 公司股东会、董事会的决议内容违反法律、行政法规的无效。

第二十六条 公司股东会、董事会的会议召集程序、表决方式违反法律、行政法规或者公司章程,或者决议内容违反公司章程的,股东自决议作出之日起六十日内,可以请求人民法院撤销。但是,股东会、董事会的会议召集程序或者表决方式仅有轻微瑕疵,对决议未产生实质影响的除外。

未被通知参加股东会会议的股东自知道或者应当知道股东会决议作出之日起六十日内,可以请求人民法院撤销;自决议作出之日起一年内没有行使撤销权的,撤销权消灭。

第二十七条 有下列情形之一的,公司股东会、董事会的决议不成立:

(一)未召开股东会、董事会会议作出决议;

(二)股东会、董事会会议未对决议事项进行表决;

(三)出席会议的人数或者所持表决权数未达到本法或者公司章程规定的人数或者所持表决权数;

(四)同意决议事项的人数或者所持表决权数未达到本法或者公司章程规定的人数或者所持表决权数。

第二十八条 公司股东会、董事会决议被人民法院宣告无效、撤销或者确认不成立的,公司应当向公司登记机关申请撤销根据该决议已办理的登记。

股东会、董事会决议被人民法院宣告无效、撤销或者确认不成立的,公司根据该决议与善意相对人形成的民事法律关系不受影响。

第二章 公 司 登 记

第二十九条 设立公司,应当依法向公司登记机关申请设立登记。

法律、行政法规规定设立公司必须报经批准的,应当在公司登记前依法办理批准手续。

第三十条 申请设立公司,应当提交设立登记申请书、公司章程等文件,提交的相关材料应当真实、合法和有效。

申请材料不齐全或者不符合法定形式的,公司登记机关应当一次性告知需要补正的材料。

第三十一条 申请设立公司,符合本法规定的设立条件的,由公司登记机关分别登记为有限责任公司或者股份有限公司;不符合本法规定的设立条件的,不得登记为有限责任公司或者股份有限公司。

第三十二条　公司登记事项包括：

（一）名称；

（二）住所；

（三）注册资本；

（四）经营范围；

（五）法定代表人的姓名；

（六）有限责任公司股东、股份有限公司发起人的姓名或者名称。

公司登记机关应当将前款规定的公司登记事项通过国家企业信用信息公示系统向社会公示。

第三十三条　依法设立的公司，由公司登记机关发给公司营业执照。公司营业执照签发日期为公司成立日期。

公司营业执照应当载明公司的名称、住所、注册资本、经营范围、法定代表人姓名等事项。

公司登记机关可以发给电子营业执照。电子营业执照与纸质营业执照具有同等法律效力。

第三十四条　公司登记事项发生变更的，应当依法办理变更登记。

公司登记事项未经登记或者未经变更登记，不得对抗善意相对人。

第三十五条　公司申请变更登记，应当向公司登记机关提交公司法定代表人签署的变更登记申请书、依法作出的变更决议或者决定等文件。

公司变更登记事项涉及修改公司章程的，应当提交修改后的公司章程。

公司变更法定代表人的，变更登记申请书由变更后的法定代表人签署。

第三十六条　公司营业执照记载的事项发生变更的，公司办理变更登记后，由公司登记机关换发营业执照。

第三十七条　公司因解散、被宣告破产或者其他法定事由需要终止的，应当依法向公司登记机关申请注销登记，由公司登记机关公告公司终止。

第三十八条 公司设立分公司,应当向公司登记机关申请登记,领取营业执照。

第三十九条 虚报注册资本、提交虚假材料或者采取其他欺诈手段隐瞒重要事实取得公司设立登记的,公司登记机关应当依照法律、行政法规的规定予以撤销。

第四十条 公司应当按照规定通过国家企业信用信息公示系统公示下列事项:

(一)有限责任公司股东认缴和实缴的出资额、出资方式和出资日期,股份有限公司发起人认购的股份数;

(二)有限责任公司股东、股份有限公司发起人的股权、股份变更信息;

(三)行政许可取得、变更、注销等信息;

(四)法律、行政法规规定的其他信息。

公司应当确保前款公示信息真实、准确、完整。

第四十一条 公司登记机关应当优化公司登记办理流程,提高公司登记效率,加强信息化建设,推行网上办理等便捷方式,提升公司登记便利化水平。

国务院市场监督管理部门根据本法和有关法律、行政法规的规定,制定公司登记注册的具体办法。

第三章 有限责任公司的设立和组织机构

第一节 设 立

第四十二条 有限责任公司由一个以上五十个以下股东出资设立。

第四十三条 有限责任公司设立时的股东可以签订设立协议,明确各自在公司设立过程中的权利和义务。

第四十四条 有限责任公司设立时的股东为设立公司从事的民事活动,其法律后果由公司承受。

公司未成立的,其法律后果由公司设立时的股东承受;设立时的股东为二人以上的,享有连带债权,承担连带债务。

设立时的股东为设立公司以自己的名义从事民事活动产生的民事责任,第三人有权选择请求公司或者公司设立时的股东承担。

设立时的股东因履行公司设立职责造成他人损害的,公司或者无过错的股东承担赔偿责任后,可以向有过错的股东追偿。

第四十五条 设立有限责任公司,应当由股东共同制定公司章程。

第四十六条 有限责任公司章程应当载明下列事项:

(一)公司名称和住所;

(二)公司经营范围;

(三)公司注册资本;

(四)股东的姓名或者名称;

(五)股东的出资额、出资方式和出资日期;

(六)公司的机构及其产生办法、职权、议事规则;

(七)公司法定代表人的产生、变更办法;

(八)股东会认为需要规定的其他事项。

股东应当在公司章程上签名或者盖章。

第四十七条 有限责任公司的注册资本为在公司登记机关登记的全体股东认缴的出资额。全体股东认缴的出资额由股东按照公司章程的规定自公司成立之日起五年内缴足。

法律、行政法规以及国务院决定对有限责任公司注册资本实缴、注册资本最低限额、股东出资期限另有规定的,从其规定。

第四十八条 股东可以用货币出资,也可以用实物、知识产权、土地使用权、股权、债权等可以用货币估价并可以依法转让的非货币财产作价出资;但是,法律、行政法规规定不得作为出资的财产除外。

对作为出资的非货币财产应当评估作价,核实财产,不得高估或者低估作价。法律、行政法规对评估作价有规定的,从其规定。

第四十九条 股东应当按期足额缴纳公司章程规定的各自所认缴的出资额。

股东以货币出资的,应当将货币出资足额存入有限责任公司在银行开设的账户;以非货币财产出资的,应当依法办理其财产权的转移手续。

股东未按期足额缴纳出资的,除应当向公司足额缴纳外,还应当对给公司造成的损失承担赔偿责任。

第五十条 有限责任公司设立时,股东未按照公司章程规定实际缴纳出资,或者实际出资的非货币财产的实际价额显著低于所认缴的出资额的,设立时的其他股东与该股东在出资不足的范围内承担连带责任。

第五十一条 有限责任公司成立后,董事会应当对股东的出资情况进行核查,发现股东未按期足额缴纳公司章程规定的出资的,应当由公司向该股东发出书面催缴书,催缴出资。

未及时履行前款规定的义务,给公司造成损失的,负有责任的董事应当承担赔偿责任。

第五十二条 股东未按照公司章程规定的出资日期缴纳出资,公司依照前条第一款规定发出书面催缴书催缴出资的,可以载明缴纳出资的宽限期;宽限期自公司发出催缴书之日起,不得少于六十日。宽限期届满,股东仍未履行出资义务的,公司经董事会决议可以向该股东发出失权通知,通知应当以书面形式发出。自通知发出之日起,该股东丧失其未缴纳出资的股权。

依照前款规定丧失的股权应当依法转让,或者相应减少注册资本并注销该股权;六个月内未转让或者注销的,由公司其他股东按照其出资比例足额缴纳相应出资。

股东对失权有异议的,应当自接到失权通知之日起三十日内,向人民法院提起诉讼。

第五十三条 公司成立后,股东不得抽逃出资。

违反前款规定的,股东应当返还抽逃的出资;给公司造成损失的,负有责任的董事、监事、高级管理人员应当与该股东承担连带赔偿责任。

第五十四条 公司不能清偿到期债务的,公司或者已到期债权的债权人有权要求已认缴出资但未届出资期限的股东提前缴纳出资。

第五十五条 有限责任公司成立后,应当向股东签发出资证明书,记载下列事项:

(一)公司名称;

(二)公司成立日期;

(三)公司注册资本;

(四)股东的姓名或者名称、认缴和实缴的出资额、出资方式和出资日期;

(五)出资证明书的编号和核发日期。

出资证明书由法定代表人签名,并由公司盖章。

第五十六条 有限责任公司应当置备股东名册,记载下列事项:

(一)股东的姓名或者名称及住所;

(二)股东认缴和实缴的出资额、出资方式和出资日期;

(三)出资证明书编号;

(四)取得和丧失股东资格的日期。

记载于股东名册的股东,可以依股东名册主张行使股东权利。

第五十七条 股东有权查阅、复制公司章程、股东名册、股东会会议记录、董事会会议决议、监事会会议决议和财务会计报告。

股东可以要求查阅公司会计账簿、会计凭证。股东要求查阅公司会计账簿、会计凭证的,应当向公司提出书面请求,说明目的。公司有合理根据认为股东查阅会计账簿、会计凭证有不正当目的,可能损害公司合法利益的,可以拒绝提供查阅,并应当自股东提出书面请求之日起十五日内书面答复股东并说明理由。公司拒绝提供查阅的,股东可以向人民法院提起诉讼。

股东查阅前款规定的材料,可以委托会计师事务所、律师事务所等中介机构进行。

股东及其委托的会计师事务所、律师事务所等中介机构查阅、复制有关材料,应当遵守有关保护国家秘密、商业秘密、个人隐私、个人信息等法律、行政法规的规定。

股东要求查阅、复制公司全资子公司相关材料的,适用前四款的规定。

第二节 组织机构

第五十八条 有限责任公司股东会由全体股东组成。股东会是公司的权力机构,依照本法行使职权。

第五十九条 股东会行使下列职权：

（一）选举和更换董事、监事，决定有关董事、监事的报酬事项；

（二）审议批准董事会的报告；

（三）审议批准监事会的报告；

（四）审议批准公司的利润分配方案和弥补亏损方案；

（五）对公司增加或者减少注册资本作出决议；

（六）对发行公司债券作出决议；

（七）对公司合并、分立、解散、清算或者变更公司形式作出决议；

（八）修改公司章程；

（九）公司章程规定的其他职权。

股东会可以授权董事会对发行公司债券作出决议。

对本条第一款所列事项股东以书面形式一致表示同意的，可以不召开股东会会议，直接作出决定，并由全体股东在决定文件上签名或者盖章。

第六十条 只有一个股东的有限责任公司不设股东会。股东作出前条第一款所列事项的决定时，应当采用书面形式，并由股东签名或者盖章后置备于公司。

第六十一条 首次股东会会议由出资最多的股东召集和主持，依照本法规定行使职权。

第六十二条 股东会会议分为定期会议和临时会议。

定期会议应当按照公司章程的规定按时召开。代表十分之一以上表决权的股东、三分之一以上的董事或者监事会提议召开临时会议的，应当召开临时会议。

第六十三条 股东会会议由董事会召集，董事长主持；董事长不能履行职务或者不履行职务的，由副董事长主持；副董事长不能履行职务或者不履行职务的，由过半数的董事共同推举一名董事主持。

董事会不能履行或者不履行召集股东会会议职责的，由监事会召集和主持；监事会不召集和主持的，代表十分之一以上表决权的股东可以自行召集和主持。

第六十四条 召开股东会会议，应当于会议召开十五日前通知全体股东；但是，公司章程另有规定或者全体股东另有约定的除外。

股东会应当对所议事项的决定作成会议记录,出席会议的股东应当在会议记录上签名或者盖章。

第六十五条 股东会会议由股东按照出资比例行使表决权;但是,公司章程另有规定的除外。

第六十六条 股东会的议事方式和表决程序,除本法有规定的外,由公司章程规定。

股东会作出决议,应当经代表过半数表决权的股东通过。

股东会作出修改公司章程、增加或者减少注册资本的决议,以及公司合并、分立、解散或者变更公司形式的决议,应当经代表三分之二以上表决权的股东通过。

第六十七条 有限责任公司设董事会,本法第七十五条另有规定的除外。

董事会行使下列职权:

(一)召集股东会会议,并向股东会报告工作;

(二)执行股东会的决议;

(三)决定公司的经营计划和投资方案;

(四)制订公司的利润分配方案和弥补亏损方案;

(五)制订公司增加或者减少注册资本以及发行公司债券的方案;

(六)制订公司合并、分立、解散或者变更公司形式的方案;

(七)决定公司内部管理机构的设置;

(八)决定聘任或者解聘公司经理及其报酬事项,并根据经理的提名决定聘任或者解聘公司副经理、财务负责人及其报酬事项;

(九)制定公司的基本管理制度;

(十)公司章程规定或者股东会授予的其他职权。

公司章程对董事会职权的限制不得对抗善意相对人。

第六十八条 有限责任公司董事会成员为三人以上,其成员中可以有公司职工代表。职工人数三百人以上的有限责任公司,除依法设监事会并有公司职工代表的外,其董事会成员中应当有公司职工代表。董事会中的职工代表由公司职工通过职工代表大会、职工大会或者其他形式民主选举产生。

董事会设董事长一人,可以设副董事长。董事长、副董事长的产生办法由公司章程规定。

第六十九条 有限责任公司可以按照公司章程的规定在董事会中设置由董事组成的审计委员会,行使本法规定的监事会的职权,不设监事会或者监事。公司董事会成员中的职工代表可以成为审计委员会成员。

第七十条 董事任期由公司章程规定,但每届任期不得超过三年。董事任期届满,连选可以连任。

董事任期届满未及时改选,或者董事在任期内辞任导致董事会成员低于法定人数的,在改选出的董事就任前,原董事仍应当依照法律、行政法规和公司章程的规定,履行董事职务。

董事辞任的,应当以书面形式通知公司,公司收到通知之日辞任生效,但存在前款规定情形的,董事应当继续履行职务。

第七十一条 股东会可以决议解任董事,决议作出之日解任生效。

无正当理由,在任期届满前解任董事的,该董事可以要求公司予以赔偿。

第七十二条 董事会会议由董事长召集和主持;董事长不能履行职务或者不履行职务的,由副董事长召集和主持;副董事长不能履行职务或者不履行职务的,由过半数的董事共同推举一名董事召集和主持。

第七十三条 董事会的议事方式和表决程序,除本法有规定的外,由公司章程规定。

董事会会议应当有过半数的董事出席方可举行。董事会作出决议,应当经全体董事的过半数通过。

董事会决议的表决,应当一人一票。

董事会应当对所议事项的决定作成会议记录,出席会议的董事应当在会议记录上签名。

第七十四条 有限责任公司可以设经理,由董事会决定聘任或者解聘。

经理对董事会负责,根据公司章程的规定或者董事会的授权行使职权。经理列席董事会会议。

第七十五条　规模较小或者股东人数较少的有限责任公司,可以不设董事会,设一名董事,行使本法规定的董事会的职权。该董事可以兼任公司经理。

第七十六条　有限责任公司设监事会,本法第六十九条、第八十三条另有规定的除外。

监事会成员为三人以上。监事会成员应当包括股东代表和适当比例的公司职工代表,其中职工代表的比例不得低于三分之一,具体比例由公司章程规定。监事会中的职工代表由公司职工通过职工代表大会、职工大会或者其他形式民主选举产生。

监事会设主席一人,由全体监事过半数选举产生。监事会主席召集和主持监事会会议;监事会主席不能履行职务或者不履行职务的,由过半数的监事共同推举一名监事召集和主持监事会会议。

董事、高级管理人员不得兼任监事。

第七十七条　监事的任期每届为三年。监事任期届满,连选可以连任。

监事任期届满未及时改选,或者监事在任期内辞任导致监事会成员低于法定人数的,在改选出的监事就任前,原监事仍应当依照法律、行政法规和公司章程的规定,履行监事职务。

第七十八条　监事会行使下列职权:

(一)检查公司财务;

(二)对董事、高级管理人员执行职务的行为进行监督,对违反法律、行政法规、公司章程或者股东会决议的董事、高级管理人员提出解任的建议;

(三)当董事、高级管理人员的行为损害公司的利益时,要求董事、高级管理人员予以纠正;

(四)提议召开临时股东会会议,在董事会不履行本法规定的召集和主持股东会会议职责时召集和主持股东会会议;

(五)向股东会会议提出提案;

(六)依照本法第一百八十九条的规定,对董事、高级管理人员提起诉讼;

(七)公司章程规定的其他职权。

第七十九条 监事可以列席董事会会议,并对董事会决议事项提出质询或者建议。

监事会发现公司经营情况异常,可以进行调查;必要时,可以聘请会计师事务所等协助其工作,费用由公司承担。

第八十条 监事会可以要求董事、高级管理人员提交执行职务的报告。

董事、高级管理人员应当如实向监事会提供有关情况和资料,不得妨碍监事会或者监事行使职权。

第八十一条 监事会每年度至少召开一次会议,监事可以提议召开临时监事会会议。

监事会的议事方式和表决程序,除本法有规定的外,由公司章程规定。

监事会决议应当经全体监事的过半数通过。

监事会决议的表决,应当一人一票。

监事会应当对所议事项的决定作成会议记录,出席会议的监事应当在会议记录上签名。

第八十二条 监事会行使职权所必需的费用,由公司承担。

第八十三条 规模较小或者股东人数较少的有限责任公司,可以不设监事会,设一名监事,行使本法规定的监事会的职权;经全体股东一致同意,也可以不设监事。

第四章 有限责任公司的股权转让

第八十四条 有限责任公司的股东之间可以相互转让其全部或者部分股权。

股东向股东以外的人转让股权的,应当将股权转让的数量、价格、支付方式和期限等事项书面通知其他股东,其他股东在同等条件下有优先购买权。股东自接到书面通知之日起三十日内未答复的,视为放弃优先购买权。两个以上股东行使优先购买权的,协商确定各自的购买比例;协商不成的,按照转让时各自的出资比例行使优先购买权。

公司章程对股权转让另有规定的,从其规定。

第八十五条 人民法院依照法律规定的强制执行程序转让股东

的股权时,应当通知公司及全体股东,其他股东在同等条件下有优先购买权。其他股东自人民法院通知之日起满二十日不行使优先购买权的,视为放弃优先购买权。

第八十六条 股东转让股权的,应当书面通知公司,请求变更股东名册;需要办理变更登记的,并请求公司向公司登记机关办理变更登记。公司拒绝或者在合理期限内不予答复的,转让人、受让人可以依法向人民法院提起诉讼。

股权转让的,受让人自记载于股东名册时起可以向公司主张行使股东权利。

第八十七条 依照本法转让股权后,公司应当及时注销原股东的出资证明书,向新股东签发出资证明书,并相应修改公司章程和股东名册中有关股东及其出资额的记载。对公司章程的该项修改不需再由股东会表决。

第八十八条 股东转让已认缴出资但未届出资期限的股权的,由受让人承担缴纳该出资的义务;受让人未按期足额缴纳出资的,转让人对受让人未按期缴纳的出资承担补充责任。

未按照公司章程规定的出资日期缴纳出资或者作为出资的非货币财产的实际价额显著低于所认缴的出资额的股东转让股权的,转让人与受让人在出资不足的范围内承担连带责任;受让人不知道且不应当知道存在上述情形的,由转让人承担责任。

第八十九条 有下列情形之一的,对股东会该项决议投反对票的股东可以请求公司按照合理的价格收购其股权:

(一)公司连续五年不向股东分配利润,而公司该五年连续盈利,并且符合本法规定的分配利润条件;

(二)公司合并、分立、转让主要财产;

(三)公司章程规定的营业期限届满或者章程规定的其他解散事由出现,股东会通过决议修改章程使公司存续。

自股东会决议作出之日起六十日内,股东与公司不能达成股权收购协议的,股东可以自股东会决议作出之日起九十日内向人民法院提起诉讼。

公司的控股股东滥用股东权利,严重损害公司或者其他股东利益的,其他股东有权请求公司按照合理的价格收购其股权。

公司因本条第一款、第三款规定的情形收购的本公司股权,应当在六个月内依法转让或者注销。

第九十条 自然人股东死亡后,其合法继承人可以继承股东资格;但是,公司章程另有规定的除外。

第五章 股份有限公司的设立和组织机构

第一节 设 立

第九十一条 设立股份有限公司,可以采取发起设立或者募集设立的方式。

发起设立,是指由发起人认购设立公司时应发行的全部股份而设立公司。

募集设立,是指由发起人认购设立公司时应发行股份的一部分,其余股份向特定对象募集或者向社会公开募集而设立公司。

第九十二条 设立股份有限公司,应当有一人以上二百人以下为发起人,其中应当有半数以上的发起人在中华人民共和国境内有住所。

第九十三条 股份有限公司发起人承担公司筹办事务。

发起人应当签订发起人协议,明确各自在公司设立过程中的权利和义务。

第九十四条 设立股份有限公司,应当由发起人共同制订公司章程。

第九十五条 股份有限公司章程应当载明下列事项:

(一)公司名称和住所;

(二)公司经营范围;

(三)公司设立方式;

(四)公司注册资本、已发行的股份数和设立时发行的股份数,面额股的每股金额;

(五)发行类别股的,每一类别股的股份数及其权利和义务;

(六)发起人的姓名或者名称、认购的股份数、出资方式;

（七）董事会的组成、职权和议事规则；

（八）公司法定代表人的产生、变更办法；

（九）监事会的组成、职权和议事规则；

（十）公司利润分配办法；

（十一）公司的解散事由与清算办法；

（十二）公司的通知和公告办法；

（十三）股东会认为需要规定的其他事项。

第九十六条 股份有限公司的注册资本为在公司登记机关登记的已发行股份的股本总额。在发起人认购的股份缴足前，不得向他人募集股份。

法律、行政法规以及国务院决定对股份有限公司注册资本最低限额另有规定的，从其规定。

第九十七条 以发起设立方式设立股份有限公司的，发起人应当认足公司章程规定的公司设立时应发行的股份。

以募集设立方式设立股份有限公司的，发起人认购的股份不得少于公司章程规定的公司设立时应发行股份总数的百分之三十五；但是，法律、行政法规另有规定的，从其规定。

第九十八条 发起人应当在公司成立前按照其认购的股份全额缴纳股款。

发起人的出资，适用本法第四十八条、第四十九条第二款关于有限责任公司股东出资的规定。

第九十九条 发起人不按照其认购的股份缴纳股款，或者作为出资的非货币财产的实际价额显著低于所认购的股份的，其他发起人与该发起人在出资不足的范围内承担连带责任。

第一百条 发起人向社会公开募集股份，应当公告招股说明书，并制作认股书。认股书应当载明本法第一百五十四条第二款、第三款所列事项，由认股人填写认购的股份数、金额、住所，并签名或者盖章。认股人应当按照所认购股份足额缴纳股款。

第一百零一条 向社会公开募集股份的股款缴足后，应当经依法设立的验资机构验资并出具证明。

第一百零二条 股份有限公司应当制作股东名册并置备于公司。

股东名册应当记载下列事项：

（一）股东的姓名或者名称及住所；

（二）各股东所认购的股份种类及股份数；

（三）发行纸面形式的股票的，股票的编号；

（四）各股东取得股份的日期。

第一百零三条 募集设立股份有限公司的发起人应当自公司设立时应发行股份的股款缴足之日起三十日内召开公司成立大会。发起人应当在成立大会召开十五日前将会议日期通知各认股人或者予以公告。成立大会应当有持有表决权过半数的认股人出席，方可举行。

以发起设立方式设立股份有限公司成立大会的召开和表决程序由公司章程或者发起人协议规定。

第一百零四条 公司成立大会行使下列职权：

（一）审议发起人关于公司筹办情况的报告；

（二）通过公司章程；

（三）选举董事、监事；

（四）对公司的设立费用进行审核；

（五）对发起人非货币财产出资的作价进行审核；

（六）发生不可抗力或者经营条件发生重大变化直接影响公司设立的，可以作出不设立公司的决议。

成立大会对前款所列事项作出决议，应当经出席会议的认股人所持表决权过半数通过。

第一百零五条 公司设立时应发行的股份未募足，或者发行股份的股款缴足后，发起人在三十日内未召开成立大会的，认股人可以按照所缴股款并加算银行同期存款利息，要求发起人返还。

发起人、认股人缴纳股款或者交付非货币财产出资后，除未按期募足股份、发起人未按期召开成立大会或者成立大会决议不设立公司的情形外，不得抽回其股本。

第一百零六条 董事会应当授权代表，于公司成立大会结束后三十日内向公司登记机关申请设立登记。

第一百零七条 本法第四十四条、第四十九条第三款、第五十一条、第五十二条、第五十三条的规定,适用于股份有限公司。

第一百零八条 有限责任公司变更为股份有限公司时,折合的实收股本总额不得高于公司净资产额。有限责任公司变更为股份有限公司,为增加注册资本公开发行股份时,应当依法办理。

第一百零九条 股份有限公司应当将公司章程、股东名册、股东会会议记录、董事会会议记录、监事会会议记录、财务会计报告、债券持有人名册置备于本公司。

第一百一十条 股东有权查阅、复制公司章程、股东名册、股东会会议记录、董事会会议决议、监事会会议决议、财务会计报告,对公司的经营提出建议或者质询。

连续一百八十日以上单独或者合计持有公司百分之三以上股份的股东要求查阅公司的会计账簿、会计凭证的,适用本法第五十七条第二款、第三款、第四款的规定。公司章程对持股比例有较低规定的,从其规定。

股东要求查阅、复制公司全资子公司相关材料的,适用前两款的规定。

上市公司股东查阅、复制相关材料的,应当遵守《中华人民共和国证券法》等法律、行政法规的规定。

第二节 股 东 会

第一百一十一条 股份有限公司股东会由全体股东组成。股东会是公司的权力机构,依照本法行使职权。

第一百一十二条 本法第五十九条第一款、第二款关于有限责任公司股东会职权的规定,适用于股份有限公司股东会。

本法第六十条关于只有一个股东的有限责任公司不设股东会的规定,适用于只有一个股东的股份有限公司。

第一百一十三条 股东会应当每年召开一次年会。有下列情形之一的,应当在两个月内召开临时股东会会议:

(一)董事人数不足本法规定人数或者公司章程所定人数的三分之二时;

(二)公司未弥补的亏损达股本总额三分之一时;

（三）单独或者合计持有公司百分之十以上股份的股东请求时；

（四）董事会认为必要时；

（五）监事会提议召开时；

（六）公司章程规定的其他情形。

第一百一十四条 股东会会议由董事会召集，董事长主持；董事长不能履行职务或者不履行职务的，由副董事长主持；副董事长不能履行职务或者不履行职务的，由过半数的董事共同推举一名董事主持。

董事会不能履行或者不履行召集股东会会议职责的，监事会应当及时召集和主持；监事会不召集和主持的，连续九十日以上单独或者合计持有公司百分之十以上股份的股东可以自行召集和主持。

单独或者合计持有公司百分之十以上股份的股东请求召开临时股东会会议的，董事会、监事会应当在收到请求之日起十日内作出是否召开临时股东会会议的决定，并书面答复股东。

第一百一十五条 召开股东会会议，应当将会议召开的时间、地点和审议的事项于会议召开二十日前通知各股东；临时股东会会议应当于会议召开十五日前通知各股东。

单独或者合计持有公司百分之一以上股份的股东，可以在股东会会议召开十日前提出临时提案并书面提交董事会。临时提案应当有明确议题和具体决议事项。董事会应当在收到提案后二日内通知其他股东，并将该临时提案提交股东会审议；但临时提案违反法律、行政法规或者公司章程的规定，或者不属于股东会职权范围的除外。公司不得提高提出临时提案股东的持股比例。

公开发行股份的公司，应当以公告方式作出前两款规定的通知。

股东会不得对通知中未列明的事项作出决议。

第一百一十六条 股东出席股东会会议，所持每一股份有一表决权，类别股股东除外。公司持有的本公司股份没有表决权。

股东会作出决议，应当经出席会议的股东所持表决权过半数通过。

股东会作出修改公司章程、增加或者减少注册资本的决议，以及公司合并、分立、解散或者变更公司形式的决议，应当经出席会议的股东所持表决权的三分之二以上通过。

第一百一十七条　股东会选举董事、监事,可以按照公司章程的规定或者股东会的决议,实行累积投票制。

本法所称累积投票制,是指股东会选举董事或者监事时,每一股份拥有与应选董事或者监事人数相同的表决权,股东拥有的表决权可以集中使用。

第一百一十八条　股东委托代理人出席股东会会议的,应当明确代理人代理的事项、权限和期限;代理人应当向公司提交股东授权委托书,并在授权范围内行使表决权。

第一百一十九条　股东会应当对所议事项的决定作成会议记录,主持人、出席会议的董事应当在会议记录上签名。会议记录应当与出席股东的签名册及代理出席的委托书一并保存。

第三节　董事会、经理

第一百二十条　股份有限公司设董事会,本法第一百二十八条另有规定的除外。

本法第六十七条、第六十八条第一款、第七十条、第七十一条的规定,适用于股份有限公司。

第一百二十一条　股份有限公司可以按照公司章程的规定在董事会中设置由董事组成的审计委员会,行使本法规定的监事会的职权,不设监事会或者监事。

审计委员会成员为三名以上,过半数成员不得在公司担任除董事以外的其他职务,且不得与公司存在任何可能影响其独立客观判断的关系。公司董事会成员中的职工代表可以成为审计委员会成员。

审计委员会作出决议,应当经审计委员会成员的过半数通过。

审计委员会决议的表决,应当一人一票。

审计委员会的议事方式和表决程序,除本法有规定的外,由公司章程规定。

公司可以按照公司章程的规定在董事会中设置其他委员会。

第一百二十二条　董事会设董事长一人,可以设副董事长。董事长和副董事长由董事会以全体董事的过半数选举产生。

董事长召集和主持董事会会议,检查董事会决议的实施情况。副董事长协助董事长工作,董事长不能履行职务或者不履行职务的,由副董事长履行职务;副董事长不能履行职务或者不履行职务的,由过半数的董事共同推举一名董事履行职务。

第一百二十三条　董事会每年度至少召开两次会议,每次会议应当于会议召开十日前通知全体董事和监事。

代表十分之一以上表决权的股东、三分之一以上董事或者监事会,可以提议召开临时董事会会议。董事长应当自接到提议后十日内,召集和主持董事会会议。

董事会召开临时会议,可以另定召集董事会的通知方式和通知时限。

第一百二十四条　董事会会议应当有过半数的董事出席方可举行。董事会作出决议,应当经全体董事的过半数通过。

董事会决议的表决,应当一人一票。

董事会应当对所议事项的决定作成会议记录,出席会议的董事应当在会议记录上签名。

第一百二十五条　董事会会议,应当由董事本人出席;董事因故不能出席,可以书面委托其他董事代为出席,委托书应当载明授权范围。

董事应当对董事会的决议承担责任。董事会的决议违反法律、行政法规或者公司章程、股东会决议,给公司造成严重损失的,参与决议的董事对公司负赔偿责任;经证明在表决时曾表明异议并记载于会议记录的,该董事可以免除责任。

第一百二十六条　股份有限公司设经理,由董事会决定聘任或者解聘。

经理对董事会负责,根据公司章程的规定或者董事会的授权行使职权。经理列席董事会会议。

第一百二十七条　公司董事会可以决定由董事会成员兼任经理。

第一百二十八条　规模较小或者股东人数较少的股份有限公司,可以不设董事会,设一名董事,行使本法规定的董事会的职权。该董事可以兼任公司经理。

第一百二十九条 公司应当定期向股东披露董事、监事、高级管理人员从公司获得报酬的情况。

第四节 监事会

第一百三十条 股份有限公司设监事会,本法第一百二十一条第一款、第一百三十三条另有规定的除外。

监事会成员为三人以上。监事会成员应当包括股东代表和适当比例的公司职工代表,其中职工代表的比例不得低于三分之一,具体比例由公司章程规定。监事会中的职工代表由公司职工通过职工代表大会、职工大会或者其他形式民主选举产生。

监事会设主席一人,可以设副主席。监事会主席和副主席由全体监事过半数选举产生。监事会主席召集和主持监事会会议;监事会主席不能履行职务或者不履行职务的,由监事会副主席召集和主持监事会会议;监事会副主席不能履行职务或者不履行职务的,由过半数的监事共同推举一名监事召集和主持监事会会议。

董事、高级管理人员不得兼任监事。

本法第七十七条关于有限责任公司监事任期的规定,适用于股份有限公司监事。

第一百三十一条 本法第七十八条至第八十条的规定,适用于股份有限公司监事会。

监事会行使职权所必需的费用,由公司承担。

第一百三十二条 监事会每六个月至少召开一次会议。监事可以提议召开临时监事会会议。

监事会的议事方式和表决程序,除本法有规定的外,由公司章程规定。

监事会决议应当经全体监事的过半数通过。

监事会决议的表决,应当一人一票。

监事会应当对所议事项的决定作成会议记录,出席会议的监事应当在会议记录上签名。

第一百三十三条 规模较小或者股东人数较少的股份有限公司,可以不设监事会,设一名监事,行使本法规定的监事会的职权。

第五节 上市公司组织机构的特别规定

第一百三十四条 本法所称上市公司,是指其股票在证券交易所上市交易的股份有限公司。

第一百三十五条 上市公司在一年内购买、出售重大资产或者向他人提供担保的金额超过公司资产总额百分之三十的,应当由股东会作出决议,并经出席会议的股东所持表决权的三分之二以上通过。

第一百三十六条 上市公司设独立董事,具体管理办法由国务院证券监督管理机构规定。

上市公司的公司章程除载明本法第九十五条规定的事项外,还应当依照法律、行政法规的规定载明董事会专门委员会的组成、职权以及董事、监事、高级管理人员薪酬考核机制等事项。

第一百三十七条 上市公司在董事会中设置审计委员会的,董事会对下列事项作出决议前应当经审计委员会全体成员过半数通过：

（一）聘用、解聘承办公司审计业务的会计师事务所；

（二）聘任、解聘财务负责人；

（三）披露财务会计报告；

（四）国务院证券监督管理机构规定的其他事项。

第一百三十八条 上市公司设董事会秘书,负责公司股东会和董事会会议的筹备、文件保管以及公司股东资料的管理,办理信息披露事务等事宜。

第一百三十九条 上市公司董事与董事会会议决议事项所涉及的企业或者个人有关联关系的,该董事应当及时向董事会书面报告。有关联关系的董事不得对该项决议行使表决权,也不得代理其他董事行使表决权。该董事会会议由过半数的无关联关系董事出席即可举行,董事会会议所作决议须经无关联关系董事过半数通过。出席董事会会议的无关联关系董事人数不足三人的,应当将该事项提交上市公司股东会审议。

第一百四十条 上市公司应当依法披露股东、实际控制人的信息,相关信息应当真实、准确、完整。

禁止违反法律、行政法规的规定代持上市公司股票。

第一百四十一条 上市公司控股子公司不得取得该上市公司的股份。

上市公司控股子公司因公司合并、质权行使等原因持有上市公司股份的,不得行使所持股份对应的表决权,并应当及时处分相关上市公司股份。

第六章 股份有限公司的股份发行和转让

第一节 股份发行

第一百四十二条 公司的资本划分为股份。公司的全部股份,根据公司章程的规定择一采用面额股或者无面额股。采用面额股的,每一股的金额相等。

公司可以根据公司章程的规定将已发行的面额股全部转换为无面额股或者将无面额股全部转换为面额股。

采用无面额股的,应当将发行股份所得股款的二分之一以上计入注册资本。

第一百四十三条 股份的发行,实行公平、公正的原则,同类别的每一股份应当具有同等权利。

同次发行的同类别股份,每股的发行条件和价格应当相同;认购人所认购的股份,每股应当支付相同价额。

第一百四十四条 公司可以按照公司章程的规定发行下列与普通股权利不同的类别股:

(一)优先或者劣后分配利润或者剩余财产的股份;

(二)每一股的表决权数多于或者少于普通股的股份;

(三)转让须经公司同意等转让受限的股份;

(四)国务院规定的其他类别股。

公开发行股份的公司不得发行前款第二项、第三项规定的类别股;公开发行前已发行的除外。

公司发行本条第一款第二项规定的类别股的,对于监事或者审计委员会成员的选举和更换,类别股与普通股每一股的表决权数相同。

第一百四十五条 发行类别股的公司,应当在公司章程中载明以下事项：

（一）类别股分配利润或者剩余财产的顺序；

（二）类别股的表决权数；

（三）类别股的转让限制；

（四）保护中小股东权益的措施；

（五）股东会认为需要规定的其他事项。

第一百四十六条 发行类别股的公司，有本法第一百一十六条第三款规定的事项等可能影响类别股股东权利的，除应当依照第一百一十六条第三款的规定经股东会决议外，还应当经出席类别股股东会议的股东所持表决权的三分之二以上通过。

公司章程可以对需经类别股股东会议决议的其他事项作出规定。

第一百四十七条 公司的股份采取股票的形式。股票是公司签发的证明股东所持股份的凭证。

公司发行的股票，应当为记名股票。

第一百四十八条 面额股股票的发行价格可以按票面金额，也可以超过票面金额，但不得低于票面金额。

第一百四十九条 股票采用纸面形式或者国务院证券监督管理机构规定的其他形式。

股票采用纸面形式的，应当载明下列主要事项：

（一）公司名称；

（二）公司成立日期或者股票发行的时间；

（三）股票种类、票面金额及代表的股份数，发行无面额股的，股票代表的股份数。

股票采用纸面形式的，还应当载明股票的编号，由法定代表人签名，公司盖章。

发起人股票采用纸面形式的，应当标明发起人股票字样。

第一百五十条 股份有限公司成立后，即向股东正式交付股票。公司成立前不得向股东交付股票。

第一百五十一条 公司发行新股，股东会应当对下列事项作出决议：

（一）新股种类及数额；

（二）新股发行价格；

（三）新股发行的起止日期；

（四）向原有股东发行新股的种类及数额；

（五）发行无面额股的,新股发行所得股款计入注册资本的金额。

公司发行新股,可以根据公司经营情况和财务状况,确定其作价方案。

第一百五十二条 公司章程或者股东会可以授权董事会在三年内决定发行不超过已发行股份百分之五十的股份。但以非货币财产作价出资的应当经股东会决议。

董事会依照前款规定决定发行股份导致公司注册资本、已发行股份数发生变化的,对公司章程该项记载事项的修改不需再由股东会表决。

第一百五十三条 公司章程或者股东会授权董事会决定发行新股的,董事会决议应当经全体董事三分之二以上通过。

第一百五十四条 公司向社会公开募集股份,应当经国务院证券监督管理机构注册,公告招股说明书。

招股说明书应当附有公司章程,并载明下列事项：

（一）发行的股份总数；

（二）面额股的票面金额和发行价格或者无面额股的发行价格；

（三）募集资金的用途；

（四）认股人的权利和义务；

（五）股份种类及其权利和义务；

（六）本次募股的起止日期及逾期未募足时认股人可以撤回所认股份的说明。

公司设立时发行股份的,还应当载明发起人认购的股份数。

第一百五十五条 公司向社会公开募集股份,应当由依法设立的证券公司承销,签订承销协议。

第一百五十六条 公司向社会公开募集股份,应当同银行签订代收股款协议。

代收股款的银行应当按照协议代收和保存股款,向缴纳股款的认股人出具收款单据,并负有向有关部门出具收款证明的义务。

公司发行股份募足股款后,应予公告。

第二节 股份转让

第一百五十七条 股份有限公司的股东持有的股份可以向其他股东转让,也可以向股东以外的人转让;公司章程对股份转让有限制的,其转让按照公司章程的规定进行。

第一百五十八条 股东转让其股份,应当在依法设立的证券交易场所进行或者按照国务院规定的其他方式进行。

第一百五十九条 股票的转让,由股东以背书方式或者法律、行政法规规定的其他方式进行;转让后由公司将受让人的姓名或者名称及住所记载于股东名册。

股东会会议召开前二十日内或者公司决定分配股利的基准日前五日内,不得变更股东名册。法律、行政法规或者国务院证券监督管理机构对上市公司股东名册变更另有规定的,从其规定。

第一百六十条 公司公开发行股份前已发行的股份,自公司股票在证券交易所上市交易之日起一年内不得转让。法律、行政法规或者国务院证券监督管理机构对上市公司的股东、实际控制人转让其所持有的本公司股份另有规定的,从其规定。

公司董事、监事、高级管理人员应当向公司申报所持有的本公司的股份及其变动情况,在就任时确定的任职期间每年转让的股份不得超过其所持有本公司股份总数的百分之二十五;所持本公司股份自公司股票上市交易之日起一年内不得转让。上述人员离职后半年内,不得转让其所持有的本公司股份。公司章程可以对公司董事、监事、高级管理人员转让其所持有的本公司股份作出其他限制性规定。

股份在法律、行政法规规定的限制转让期限内出质的,质权人不得在限制转让期限内行使质权。

第一百六十一条 有下列情形之一的,对股东会该项决议投反对票的股东可以请求公司按照合理的价格收购其股份,公开发行股份的公司除外:

(一)公司连续五年不向股东分配利润,而公司该五年连续盈利,并且符合本法规定的分配利润条件;

(二)公司转让主要财产；

(三)公司章程规定的营业期限届满或者章程规定的其他解散事由出现,股东会通过决议修改章程使公司存续。

自股东会决议作出之日起六十日内,股东与公司不能达成股份收购协议的,股东可以自股东会决议作出之日起九十日内向人民法院提起诉讼。

公司因本条第一款规定的情形收购的本公司股份,应当在六个月内依法转让或者注销。

第一百六十二条 公司不得收购本公司股份。但是,有下列情形之一的除外：

(一)减少公司注册资本；

(二)与持有本公司股份的其他公司合并；

(三)将股份用于员工持股计划或者股权激励；

(四)股东因对股东会作出的公司合并、分立决议持异议,要求公司收购其股份；

(五)将股份用于转换公司发行的可转换为股票的公司债券；

(六)上市公司为维护公司价值及股东权益所必需。

公司因前款第一项、第二项规定的情形收购本公司股份的,应当经股东会决议；公司因前款第三项、第五项、第六项规定的情形收购本公司股份的,可以按照公司章程或者股东会的授权,经三分之二以上董事出席的董事会会议决议。

公司依照本条第一款规定收购本公司股份后,属于第一项情形的,应当自收购之日起十日内注销；属于第二项、第四项情形的,应当在六个月内转让或者注销；属于第三项、第五项、第六项情形的,公司合计持有的本公司股份数不得超过本公司已发行股份总数的百分之十,并应当在三年内转让或者注销。

上市公司收购本公司股份的,应当依照《中华人民共和国证券法》的规定履行信息披露义务。上市公司因本条第一款第三项、第五项、第六项规定的情形收购本公司股份的,应当通过公开的集中交易方式进行。

公司不得接受本公司的股份作为质权的标的。

第一百六十三条 公司不得为他人取得本公司或者其母公司的股份提供赠与、借款、担保以及其他财务资助,公司实施员工持股计划的除外。

为公司利益,经股东会决议,或者董事会按照公司章程或者股东会的授权作出决议,公司可以为他人取得本公司或者其母公司的股份提供财务资助,但财务资助的累计总额不得超过已发行股本总额的百分之十。董事会作出决议应当经全体董事的三分之二以上通过。

违反前两款规定,给公司造成损失的,负有责任的董事、监事、高级管理人员应当承担赔偿责任。

第一百六十四条 股票被盗、遗失或者灭失,股东可以依照《中华人民共和国民事诉讼法》规定的公示催告程序,请求人民法院宣告该股票失效。人民法院宣告该股票失效后,股东可以向公司申请补发股票。

第一百六十五条 上市公司的股票,依照有关法律、行政法规及证券交易所交易规则上市交易。

第一百六十六条 上市公司应当依照法律、行政法规的规定披露相关信息。

第一百六十七条 自然人股东死亡后,其合法继承人可以继承股东资格;但是,股份转让受限的股份有限公司的章程另有规定的除外。

第七章 国家出资公司组织机构的特别规定

第一百六十八条 国家出资公司的组织机构,适用本章规定;本章没有规定的,适用本法其他规定。

本法所称国家出资公司,是指国家出资的国有独资公司、国有资本控股公司,包括国家出资的有限责任公司、股份有限公司。

第一百六十九条 国家出资公司,由国务院或者地方人民政府分别代表国家依法履行出资人职责,享有出资人权益。国务院或者地方人民政府可以授权国有资产监督管理机构或者其他部门、机构代表本级人民政府对国家出资公司履行出资人职责。

代表本级人民政府履行出资人职责的机构、部门,以下统称为履行出资人职责的机构。

第一百七十条 国家出资公司中中国共产党的组织,按照中国共产党章程的规定发挥领导作用,研究讨论公司重大经营管理事项,支持公司的组织机构依法行使职权。

第一百七十一条 国有独资公司章程由履行出资人职责的机构制定。

第一百七十二条 国有独资公司不设股东会,由履行出资人职责的机构行使股东会职权。履行出资人职责的机构可以授权公司董事会行使股东会的部分职权,但公司章程的制定和修改,公司的合并、分立、解散、申请破产,增加或者减少注册资本,分配利润,应当由履行出资人职责的机构决定。

第一百七十三条 国有独资公司的董事会依照本法规定行使职权。

国有独资公司的董事会成员中,应当过半数为外部董事,并应当有公司职工代表。

董事会成员由履行出资人职责的机构委派;但是,董事会成员中的职工代表由公司职工代表大会选举产生。

董事会设董事长一人,可以设副董事长。董事长、副董事长由履行出资人职责的机构从董事会成员中指定。

第一百七十四条 国有独资公司的经理由董事会聘任或者解聘。经履行出资人职责的机构同意,董事会成员可以兼任经理。

第一百七十五条 国有独资公司的董事、高级管理人员,未经履行出资人职责的机构同意,不得在其他有限责任公司、股份有限公司或者其他经济组织兼职。

第一百七十六条 国有独资公司在董事会中设置由董事组成的审计委员会行使本法规定的监事会职权的,不设监事会或者监事。

第一百七十七条 国家出资公司应当依法建立健全内部监督管理和风险控制制度,加强内部合规管理。

第八章 公司董事、监事、高级管理人员的资格和义务

第一百七十八条 有下列情形之一的,不得担任公司的董事、监事、高级管理人员:

（一）无民事行为能力或者限制民事行为能力；

（二）因贪污、贿赂、侵占财产、挪用财产或者破坏社会主义市场经济秩序，被判处刑罚，或者因犯罪被剥夺政治权利，执行期满未逾五年，被宣告缓刑的，自缓刑考验期满之日起未逾二年；

（三）担任破产清算的公司、企业的董事或者厂长、经理，对该公司、企业的破产负有个人责任的，自该公司、企业破产清算完结之日起未逾三年；

（四）担任因违法被吊销营业执照、责令关闭的公司、企业的法定代表人，并负有个人责任的，自该公司、企业被吊销营业执照、责令关闭之日起未逾三年；

（五）个人因所负数额较大债务到期未清偿被人民法院列为失信被执行人。

违反前款规定选举、委派董事、监事或者聘任高级管理人员的，该选举、委派或者聘任无效。

董事、监事、高级管理人员在任职期间出现本条第一款所列情形的，公司应当解除其职务。

第一百七十九条 董事、监事、高级管理人员应当遵守法律、行政法规和公司章程。

第一百八十条 董事、监事、高级管理人员对公司负有忠实义务，应当采取措施避免自身利益与公司利益冲突，不得利用职权牟取不正当利益。

董事、监事、高级管理人员对公司负有勤勉义务，执行职务应当为公司的最大利益尽到管理者通常应有的合理注意。

公司的控股股东、实际控制人不担任公司董事但实际执行公司事务的，适用前两款规定。

第一百八十一条 董事、监事、高级管理人员不得有下列行为：

（一）侵占公司财产、挪用公司资金；

（二）将公司资金以其个人名义或者以其他个人名义开立账户存储；

（三）利用职权贿赂或者收受其他非法收入；

（四）接受他人与公司交易的佣金归为己有；

(五)擅自披露公司秘密;

(六)违反对公司忠实义务的其他行为。

第一百八十二条 董事、监事、高级管理人员,直接或者间接与本公司订立合同或者进行交易,应当就与订立合同或者进行交易有关的事项向董事会或者股东会报告,并按照公司章程的规定经董事会或者股东会决议通过。

董事、监事、高级管理人员的近亲属,董事、监事、高级管理人员或者其近亲属直接或者间接控制的企业,以及与董事、监事、高级管理人员有其他关联关系的关联人,与公司订立合同或者进行交易,适用前款规定。

第一百八十三条 董事、监事、高级管理人员,不得利用职务便利为自己或者他人谋取属于公司的商业机会。但是,有下列情形之一的除外:

(一)向董事会或者股东会报告,并按照公司章程的规定经董事会或者股东会决议通过;

(二)根据法律、行政法规或者公司章程的规定,公司不能利用该商业机会。

第一百八十四条 董事、监事、高级管理人员未向董事会或者股东会报告,并按照公司章程的规定经董事会或者股东会决议通过,不得自营或者为他人经营与其任职公司同类的业务。

第一百八十五条 董事会对本法第一百八十二条至第一百八十四条规定的事项决议时,关联董事不得参与表决,其表决权不计入表决权总数。出席董事会会议的无关联关系董事人数不足三人的,应当将该事项提交股东会审议。

第一百八十六条 董事、监事、高级管理人员违反本法第一百八十一条至第一百八十四条规定所得的收入应当归公司所有。

第一百八十七条 股东会要求董事、监事、高级管理人员列席会议的,董事、监事、高级管理人员应当列席并接受股东的质询。

第一百八十八条 董事、监事、高级管理人员执行职务违反法律、行政法规或者公司章程的规定,给公司造成损失的,应当承担赔偿责任。

第一百八十九条 董事、高级管理人员有前条规定的情形的，有限责任公司的股东、股份有限公司连续一百八十日以上单独或者合计持有公司百分之一以上股份的股东，可以书面请求监事会向人民法院提起诉讼；监事有前条规定的情形的，前述股东可以书面请求董事会向人民法院提起诉讼。

监事会或者董事会收到前款规定的股东书面请求后拒绝提起诉讼，或者自收到请求之日起三十日内未提起诉讼，或者情况紧急、不立即提起诉讼将会使公司利益受到难以弥补的损害的，前款规定的股东有权为公司利益以自己的名义直接向人民法院提起诉讼。

他人侵犯公司合法权益，给公司造成损失的，本条第一款规定的股东可以依照前两款的规定向人民法院提起诉讼。

公司全资子公司的董事、监事、高级管理人员有前条规定情形，或者他人侵犯公司全资子公司合法权益造成损失的，有限责任公司的股东、股份有限公司连续一百八十日以上单独或者合计持有公司百分之一以上股份的股东，可以依照前三款规定书面请求全资子公司的监事会、董事会向人民法院提起诉讼或者以自己的名义直接向人民法院提起诉讼。

第一百九十条 董事、高级管理人员违反法律、行政法规或者公司章程的规定，损害股东利益的，股东可以向人民法院提起诉讼。

第一百九十一条 董事、高级管理人员执行职务，给他人造成损害的，公司应当承担赔偿责任；董事、高级管理人员存在故意或者重大过失的，也应当承担赔偿责任。

第一百九十二条 公司的控股股东、实际控制人指示董事、高级管理人员从事损害公司或者股东利益的行为的，与该董事、高级管理人员承担连带责任。

第一百九十三条 公司可以在董事任职期间为董事因执行公司职务承担的赔偿责任投保责任保险。

公司为董事投保责任保险或者续保后，董事会应当向股东会报告责任保险的投保金额、承保范围及保险费率等内容。

第九章　公　司　债　券

第一百九十四条　本法所称公司债券,是指公司发行的约定按期还本付息的有价证券。

公司债券可以公开发行,也可以非公开发行。

公司债券的发行和交易应当符合《中华人民共和国证券法》等法律、行政法规的规定。

第一百九十五条　公开发行公司债券,应当经国务院证券监督管理机构注册,公告公司债券募集办法。

公司债券募集办法应当载明下列主要事项：

（一）公司名称；

（二）债券募集资金的用途；

（三）债券总额和债券的票面金额；

（四）债券利率的确定方式；

（五）还本付息的期限和方式；

（六）债券担保情况；

（七）债券的发行价格、发行的起止日期；

（八）公司净资产额；

（九）已发行的尚未到期的公司债券总额；

（十）公司债券的承销机构。

第一百九十六条　公司以纸面形式发行公司债券的,应当在债券上载明公司名称、债券票面金额、利率、偿还期限等事项,并由法定代表人签名,公司盖章。

第一百九十七条　公司债券应当为记名债券。

第一百九十八条　公司发行公司债券应当置备公司债券持有人名册。

发行公司债券的,应当在公司债券持有人名册上载明下列事项：

（一）债券持有人的姓名或者名称及住所；

（二）债券持有人取得债券的日期及债券的编号；

（三）债券总额,债券的票面金额、利率、还本付息的期限和方式；

（四）债券的发行日期。

第一百九十九条 公司债券的登记结算机构应当建立债券登记、存管、付息、兑付等相关制度。

第二百条 公司债券可以转让,转让价格由转让人与受让人约定。

公司债券的转让应当符合法律、行政法规的规定。

第二百零一条 公司债券由债券持有人以背书方式或者法律、行政法规规定的其他方式转让;转让后由公司将受让人的姓名或者名称及住所记载于公司债券持有人名册。

第二百零二条 股份有限公司经股东会决议,或者经公司章程、股东会授权由董事会决议,可以发行可转换为股票的公司债券,并规定具体的转换办法。上市公司发行可转换为股票的公司债券,应当经国务院证券监督管理机构注册。

发行可转换为股票的公司债券,应当在债券上标明可转换公司债券字样,并在公司债券持有人名册上载明可转换公司债券的数额。

第二百零三条 发行可转换为股票的公司债券的,公司应当按照其转换办法向债券持有人换发股票,但债券持有人对转换股票或者不转换股票有选择权。法律、行政法规另有规定的除外。

第二百零四条 公开发行公司债券的,应当为同期债券持有人设立债券持有人会议,并在债券募集办法中对债券持有人会议的召集程序、会议规则和其他重要事项作出规定。债券持有人会议可以对与债券持有人有利害关系的事项作出决议。

除公司债券募集办法另有约定外,债券持有人会议决议对同期全体债券持有人发生效力。

第二百零五条 公开发行公司债券的,发行人应当为债券持有人聘请债券受托管理人,由其为债券持有人办理受领清偿、债权保全、与债券相关的诉讼以及参与债务人破产程序等事项。

第二百零六条 债券受托管理人应当勤勉尽责,公正履行受托管理职责,不得损害债券持有人利益。

受托管理人与债券持有人存在利益冲突可能损害债券持有人利益的,债券持有人会议可以决议变更债券受托管理人。

债券受托管理人违反法律、行政法规或者债券持有人会议决议,损害债券持有人利益的,应当承担赔偿责任。

第十章　公司财务、会计

第二百零七条　公司应当依照法律、行政法规和国务院财政部门的规定建立本公司的财务、会计制度。

第二百零八条　公司应当在每一会计年度终了时编制财务会计报告,并依法经会计师事务所审计。

财务会计报告应当依照法律、行政法规和国务院财政部门的规定制作。

第二百零九条　有限责任公司应当按照公司章程规定的期限将财务会计报告送交各股东。

股份有限公司的财务会计报告应当在召开股东会年会的二十日前置备于本公司,供股东查阅;公开发行股份的股份有限公司应当公告其财务会计报告。

第二百一十条　公司分配当年税后利润时,应当提取利润的百分之十列入公司法定公积金。公司法定公积金累计额为公司注册资本的百分之五十以上的,可以不再提取。

公司的法定公积金不足以弥补以前年度亏损的,在依照前款规定提取法定公积金之前,应当先用当年利润弥补亏损。

公司从税后利润中提取法定公积金后,经股东会决议,还可以从税后利润中提取任意公积金。

公司弥补亏损和提取公积金后所余税后利润,有限责任公司按照股东实缴的出资比例分配利润,全体股东约定不按照出资比例分配利润的除外;股份有限公司按照股东所持有的股份比例分配利润,公司章程另有规定的除外。

公司持有的本公司股份不得分配利润。

第二百一十一条　公司违反本法规定向股东分配利润的,股东应当将违反规定分配的利润退还公司;给公司造成损失的,股东及负有责任的董事、监事、高级管理人员应当承担赔偿责任。

第二百一十二条　股东会作出分配利润的决议的,董事会应当在股东会决议作出之日起六个月内进行分配。

第二百一十三条　公司以超过股票票面金额的发行价格发行股份所得的溢价款、发行无面额股所得股款未计入注册资本的金额以及国务院财政部门规定列入资本公积金的其他项目，应当列为公司资本公积金。

第二百一十四条　公司的公积金用于弥补公司的亏损、扩大公司生产经营或者转为增加公司注册资本。

公积金弥补公司亏损，应当先使用任意公积金和法定公积金；仍不能弥补的，可以按照规定使用资本公积金。

法定公积金转为增加注册资本时，所留存的该项公积金不得少于转增前公司注册资本的百分之二十五。

第二百一十五条　公司聘用、解聘承办公司审计业务的会计师事务所，按照公司章程的规定，由股东会、董事会或者监事会决定。

公司股东会、董事会或者监事会就解聘会计师事务所进行表决时，应当允许会计师事务所陈述意见。

第二百一十六条　公司应当向聘用的会计师事务所提供真实、完整的会计凭证、会计账簿、财务会计报告及其他会计资料，不得拒绝、隐匿、谎报。

第二百一十七条　公司除法定的会计账簿外，不得另立会计账簿。

对公司资金，不得以任何个人名义开立账户存储。

第十一章　公司合并、分立、增资、减资

第二百一十八条　公司合并可以采取吸收合并或者新设合并。

一个公司吸收其他公司为吸收合并，被吸收的公司解散。两个以上公司合并设立一个新的公司为新设合并，合并各方解散。

第二百一十九条　公司与其持股百分之九十以上的公司合并，被合并的公司不需经股东会决议，但应当通知其他股东，其他股东有权请求公司按照合理的价格收购其股权或者股份。

公司合并支付的价款不超过本公司净资产百分之十的，可以不经股东会决议；但是，公司章程另有规定的除外。

公司依照前两款规定合并不经股东会决议的，应当经董事会

决议。

第二百二十条 公司合并,应当由合并各方签订合并协议,并编制资产负债表及财产清单。公司应当自作出合并决议之日起十日内通知债权人,并于三十日内在报纸上或者国家企业信用信息公示系统公告。债权人自接到通知之日起三十日内,未接到通知的自公告之日起四十五日内,可以要求公司清偿债务或者提供相应的担保。

第二百二十一条 公司合并时,合并各方的债权、债务,应当由合并后存续的公司或者新设的公司承继。

第二百二十二条 公司分立,其财产作相应的分割。

公司分立,应当编制资产负债表及财产清单。公司应当自作出分立决议之日起十日内通知债权人,并于三十日内在报纸上或者国家企业信用信息公示系统公告。

第二百二十三条 公司分立前的债务由分立后的公司承担连带责任。但是,公司在分立前与债权人就债务清偿达成的书面协议另有约定的除外。

第二百二十四条 公司减少注册资本,应当编制资产负债表及财产清单。

公司应当自股东会作出减少注册资本决议之日起十日内通知债权人,并于三十日内在报纸上或者国家企业信用信息公示系统公告。债权人自接到通知之日起三十日内,未接到通知的自公告之日起四十五日内,有权要求公司清偿债务或者提供相应的担保。

公司减少注册资本,应当按照股东出资或者持有股份的比例相应减少出资额或者股份,法律另有规定、有限责任公司全体股东另有约定或者股份有限公司章程另有规定的除外。

第二百二十五条 公司依照本法第二百一十四条第二款的规定弥补亏损后,仍有亏损的,可以减少注册资本弥补亏损。减少注册资本弥补亏损的,公司不得向股东分配,也不得免除股东缴纳出资或者股款的义务。

依照前款规定减少注册资本的,不适用前条第二款的规定,但应当自股东会作出减少注册资本决议之日起三十日内在报纸上或者国家企业信用信息公示系统公告。

公司依照前两款的规定减少注册资本后,在法定公积金和任意公积金累计额达到公司注册资本百分之五十前,不得分配利润。

第二百二十六条 违反本法规定减少注册资本的,股东应当退还其收到的资金,减免股东出资的应当恢复原状;给公司造成损失的,股东及负有责任的董事、监事、高级管理人员应当承担赔偿责任。

第二百二十七条 有限责任公司增加注册资本时,股东在同等条件下有权优先按照实缴的出资比例认缴出资。但是,全体股东约定不按照出资比例优先认缴出资的除外。

股份有限公司为增加注册资本发行新股时,股东不享有优先认购权,公司章程另有规定或者股东会决议决定股东享有优先认购权的除外。

第二百二十八条 有限责任公司增加注册资本时,股东认缴新增资本的出资,依照本法设立有限责任公司缴纳出资的有关规定执行。

股份有限公司为增加注册资本发行新股时,股东认购新股,依照本法设立股份有限公司缴纳股款的有关规定执行。

第十二章 公司解散和清算

第二百二十九条 公司因下列原因解散:

(一)公司章程规定的营业期限届满或者公司章程规定的其他解散事由出现;

(二)股东会决议解散;

(三)因公司合并或者分立需要解散;

(四)依法被吊销营业执照、责令关闭或者被撤销;

(五)人民法院依照本法第二百三十一条的规定予以解散。

公司出现前款规定的解散事由,应当在十日内将解散事由通过国家企业信用信息公示系统予以公示。

第二百三十条 公司有前条第一款第一项、第二项情形,且尚未向股东分配财产的,可以通过修改公司章程或者经股东会决议而存续。

依照前款规定修改公司章程或者经股东会决议,有限责任公司须经持有三分之二以上表决权的股东通过,股份有限公司须经出席股东会会议的股东所持表决权的三分之二以上通过。

第二百三十一条 公司经营管理发生严重困难,继续存续会使股东利益受到重大损失,通过其他途径不能解决的,持有公司百分之十以上表决权的股东,可以请求人民法院解散公司。

第二百三十二条 公司因本法第二百二十九条第一款第一项、第二项、第四项、第五项规定而解散的,应当清算。董事为公司清算义务人,应当在解散事由出现之日起十五日内组成清算组进行清算。

清算组由董事组成,但是公司章程另有规定或者股东会决议另选他人的除外。

清算义务人未及时履行清算义务,给公司或者债权人造成损失的,应当承担赔偿责任。

第二百三十三条 公司依照前条第一款的规定应当清算,逾期不成立清算组进行清算或者成立清算组后不清算的,利害关系人可以申请人民法院指定有关人员组成清算组进行清算。人民法院应当受理该申请,并及时组织清算组进行清算。

公司因本法第二百二十九条第一款第四项的规定而解散的,作出吊销营业执照、责令关闭或者撤销决定的部门或者公司登记机关,可以申请人民法院指定有关人员组成清算组进行清算。

第二百三十四条 清算组在清算期间行使下列职权:

(一)清理公司财产,分别编制资产负债表和财产清单;

(二)通知、公告债权人;

(三)处理与清算有关的公司未了结的业务;

(四)清缴所欠税款以及清算过程中产生的税款;

(五)清理债权、债务;

(六)分配公司清偿债务后的剩余财产;

(七)代表公司参与民事诉讼活动。

第二百三十五条 清算组应当自成立之日起十日内通知债权人,并于六十日内在报纸上或者国家企业信用信息公示系统公告。债权人应当自接到通知之日起三十日内,未接到通知的自公告之日起四十五日内,向清算组申报其债权。

债权人申报债权,应当说明债权的有关事项,并提供证明材料。

清算组应当对债权进行登记。

在申报债权期间,清算组不得对债权人进行清偿。

第二百三十六条 清算组在清理公司财产、编制资产负债表和财产清单后,应当制订清算方案,并报股东会或者人民法院确认。

公司财产在分别支付清算费用、职工的工资、社会保险费用和法定补偿金,缴纳所欠税款,清偿公司债务后的剩余财产,有限责任公司按照股东的出资比例分配,股份有限公司按照股东持有的股份比例分配。

清算期间,公司存续,但不得开展与清算无关的经营活动。公司财产在未依照前款规定清偿前,不得分配给股东。

第二百三十七条 清算组在清理公司财产、编制资产负债表和财产清单后,发现公司财产不足清偿债务的,应当依法向人民法院申请破产清算。

人民法院受理破产申请后,清算组应当将清算事务移交给人民法院指定的破产管理人。

第二百三十八条 清算组成员履行清算职责,负有忠实义务和勤勉义务。

清算组成员怠于履行清算职责,给公司造成损失的,应当承担赔偿责任;因故意或者重大过失给债权人造成损失的,应当承担赔偿责任。

第二百三十九条 公司清算结束后,清算组应当制作清算报告,报股东会或者人民法院确认,并报送公司登记机关,申请注销公司登记。

第二百四十条 公司在存续期间未产生债务,或者已清偿全部债务的,经全体股东承诺,可以按照规定通过简易程序注销公司登记。

通过简易程序注销公司登记,应当通过国家企业信用信息公示系统予以公告,公告期限不少于二十日。公告期限届满后,未有异议的,公司可以在二十日内向公司登记机关申请注销公司登记。

公司通过简易程序注销公司登记,股东对本条第一款规定的内容承诺不实的,应当对注销登记前的债务承担连带责任。

第二百四十一条 公司被吊销营业执照、责令关闭或者被撤销,满三年未向公司登记机关申请注销公司登记的,公司登记机关可以通过国家企业信用信息公示系统予以公告,公告期限不少于六十日。公告期限届满后,未有异议的,公司登记机关可以注销公司登记。

依照前款规定注销公司登记的,原公司股东、清算义务人的责任不受影响。

第二百四十二条　公司被依法宣告破产的,依照有关企业破产的法律实施破产清算。

第十三章　外国公司的分支机构

第二百四十三条　本法所称外国公司,是指依照外国法律在中华人民共和国境外设立的公司。

第二百四十四条　外国公司在中华人民共和国境内设立分支机构,应当向中国主管机关提出申请,并提交其公司章程、所属国的公司登记证书等有关文件,经批准后,向公司登记机关依法办理登记,领取营业执照。

外国公司分支机构的审批办法由国务院另行规定。

第二百四十五条　外国公司在中华人民共和国境内设立分支机构,应当在中华人民共和国境内指定负责该分支机构的代表人或者代理人,并向该分支机构拨付与其所从事的经营活动相适应的资金。

对外国公司分支机构的经营资金需要规定最低限额的,由国务院另行规定。

第二百四十六条　外国公司的分支机构应当在其名称中标明该外国公司的国籍及责任形式。

外国公司的分支机构应当在本机构中置备该外国公司章程。

第二百四十七条　外国公司在中华人民共和国境内设立的分支机构不具有中国法人资格。

外国公司对其分支机构在中华人民共和国境内进行经营活动承担民事责任。

第二百四十八条　经批准设立的外国公司分支机构,在中华人民共和国境内从事业务活动,应当遵守中国的法律,不得损害中国的社会公共利益,其合法权益受中国法律保护。

第二百四十九条　外国公司撤销其在中华人民共和国境内的分支机构时,应当依法清偿债务,依照本法有关公司清算程序的规定进行清算。未清偿债务之前,不得将其分支机构的财产转移至中华人民共和国境外。

第十四章　法　律　责　任

第二百五十条　违反本法规定,虚报注册资本、提交虚假材料或者采取其他欺诈手段隐瞒重要事实取得公司登记的,由公司登记机关责令改正,对虚报注册资本的公司,处以虚报注册资本金额百分之五以上百分之十五以下的罚款;对提交虚假材料或者采取其他欺诈手段隐瞒重要事实的公司,处以五万元以上二百万元以下的罚款;情节严重的,吊销营业执照;对直接负责的主管人员和其他直接责任人员处以三万元以上三十万元以下的罚款。

第二百五十一条　公司未依照本法第四十条规定公示有关信息或者不如实公示有关信息的,由公司登记机关责令改正,可以处以一万元以上五万元以下的罚款。情节严重的,处以五万元以上二十万元以下的罚款;对直接负责的主管人员和其他直接责任人员处以一万元以上十万元以下的罚款。

第二百五十二条　公司的发起人、股东虚假出资,未交付或者未按期交付作为出资的货币或者非货币财产的,由公司登记机关责令改正,可以处以五万元以上二十万元以下的罚款;情节严重的,处以虚假出资或者未出资金额百分之五以上百分之十五以下的罚款;对直接负责的主管人员和其他直接责任人员处以一万元以上十万元以下的罚款。

第二百五十三条　公司的发起人、股东在公司成立后,抽逃其出资的,由公司登记机关责令改正,处以所抽逃出资金额百分之五以上百分之十五以下的罚款;对直接负责的主管人员和其他直接责任人员处以三万元以上三十万元以下的罚款。

第二百五十四条　有下列行为之一的,由县级以上人民政府财政部门依照《中华人民共和国会计法》等法律、行政法规的规定处罚:

(一)在法定的会计账簿以外另立会计账簿;

(二)提供存在虚假记载或者隐瞒重要事实的财务会计报告。

第二百五十五条 公司在合并、分立、减少注册资本或者进行清算时,不依照本法规定通知或者公告债权人的,由公司登记机关责令改正,对公司处以一万元以上十万元以下的罚款。

第二百五十六条 公司在进行清算时,隐匿财产,对资产负债表或者财产清单作虚假记载,或者在未清偿债务前分配公司财产的,由公司登记机关责令改正,对公司处以隐匿财产或者未清偿债务前分配公司财产金额百分之五以上百分之十以下的罚款;对直接负责的主管人员和其他直接责任人员处以一万元以上十万元以下的罚款。

第二百五十七条 承担资产评估、验资或者验证的机构提供虚假材料或者提供有重大遗漏的报告的,由有关部门依照《中华人民共和国资产评估法》、《中华人民共和国注册会计师法》等法律、行政法规的规定处罚。

承担资产评估、验资或者验证的机构因其出具的评估结果、验资或者验证证明不实,给公司债权人造成损失的,除能够证明自己没有过错的外,在其评估或者证明不实的金额范围内承担赔偿责任。

第二百五十八条 公司登记机关违反法律、行政法规规定未履行职责或者履行职责不当的,对负有责任的领导人员和直接责任人员依法给予政务处分。

第二百五十九条 未依法登记为有限责任公司或者股份有限公司,而冒用有限责任公司或者股份有限公司名义的,或者未依法登记为有限责任公司或者股份有限公司的分公司,而冒用有限责任公司或者股份有限公司的分公司名义的,由公司登记机关责令改正或者予以取缔,可以并处十万元以下的罚款。

第二百六十条 公司成立后无正当理由超过六个月未开业的,或者开业后自行停业连续六个月以上的,公司登记机关可以吊销营业执照,但公司依法办理歇业的除外。

公司登记事项发生变更时,未依照本法规定办理有关变更登记的,由公司登记机关责令限期登记;逾期不登记的,处以一万元以上十万元以下的罚款。

第二百六十一条 外国公司违反本法规定,擅自在中华人民共和国境内设立分支机构的,由公司登记机关责令改正或者关闭,可以并处五万元以上二十万元以下的罚款。

第二百六十二条 利用公司名义从事危害国家安全、社会公共利益的严重违法行为的,吊销营业执照。

第二百六十三条 公司违反本法规定,应当承担民事赔偿责任和缴纳罚款、罚金的,其财产不足以支付时,先承担民事赔偿责任。

第二百六十四条 违反本法规定,构成犯罪的,依法追究刑事责任。

第十五章 附 则

第二百六十五条 本法下列用语的含义:

(一)高级管理人员,是指公司的经理、副经理、财务负责人,上市公司董事会秘书和公司章程规定的其他人员。

(二)控股股东,是指其出资额占有限责任公司资本总额超过百分之五十或者其持有的股份占股份有限公司股本总额超过百分之五十的股东;出资额或者持有股份的比例虽然低于百分之五十,但依其出资额或者持有的股份所享有的表决权已足以对股东会的决议产生重大影响的股东。

(三)实际控制人,是指通过投资关系、协议或者其他安排,能够实际支配公司行为的人。

(四)关联关系,是指公司控股股东、实际控制人、董事、监事、高级管理人员与其直接或者间接控制的企业之间的关系,以及可能导致公司利益转移的其他关系。但是,国家控股的企业之间不仅因为同受国家控股而具有关联关系。

第二百六十六条 本法自2024年7月1日起施行。

本法施行前已登记设立的公司,出资期限超过本法规定的期限的,除法律、行政法规或者国务院另有规定外,应当逐步调整至本法规定的期限以内;对于出资期限、出资额明显异常的,公司登记机关可以依法要求其及时调整。具体实施办法由国务院规定。

中华人民共和国合伙企业法

(1997年2月23日第八届全国人民代表大会常务委员会第二十四次会议通过 2006年8月27日第十届全国人民代表大会常务委员会第二十三次会议修订)

目 录

第一章 总 则
第二章 普通合伙企业
 第一节 合伙企业设立
 第二节 合伙企业财产
 第三节 合伙事务执行
 第四节 合伙企业与第三人关系
 第五节 入伙、退伙
 第六节 特殊的普通合伙企业
第三章 有限合伙企业
第四章 合伙企业解散、清算
第五章 法律责任
第六章 附 则

第一章 总 则

第一条 为了规范合伙企业的行为,保护合伙企业及其合伙人、债权人的合法权益,维护社会经济秩序,促进社会主义市场经济的发展,制定本法。

第二条 本法所称合伙企业,是指自然人、法人和其他组织依照本法在中国境内设立的普通合伙企业和有限合伙企业。

普通合伙企业由普通合伙人组成,合伙人对合伙企业债务承担无限连带责任。本法对普通合伙人承担责任的形式有特别规定的,从其规定。

有限合伙企业由普通合伙人和有限合伙人组成,普通合伙人对合伙企业债务承担无限连带责任,有限合伙人以其认缴的出资额为限对合伙企业债务承担责任。

第三条 国有独资公司、国有企业、上市公司以及公益性的事业单位、社会团体不得成为普通合伙人。

第四条 合伙协议依法由全体合伙人协商一致、以书面形式订立。

第五条 订立合伙协议、设立合伙企业,应当遵循自愿、平等、公平、诚实信用原则。

第六条 合伙企业的生产经营所得和其他所得,按照国家有关税收规定,由合伙人分别缴纳所得税。

第七条 合伙企业及其合伙人必须遵守法律、行政法规,遵守社会公德、商业道德,承担社会责任。

第八条 合伙企业及其合伙人的合法财产及其权益受法律保护。

第九条 申请设立合伙企业,应当向企业登记机关提交登记申请书、合伙协议书、合伙人身份证明等文件。

合伙企业的经营范围中有属于法律、行政法规规定在登记前须经批准的项目的,该项经营业务应当依法经过批准,并在登记时提交批准文件。

第十条 申请人提交的登记申请材料齐全、符合法定形式,企业登记机关能够当场登记的,应予当场登记,发给营业执照。

除前款规定情形外,企业登记机关应当自受理申请之日起二十日内,作出是否登记的决定。予以登记的,发给营业执照;不予登记的,应当给予书面答复,并说明理由。

第十一条 合伙企业的营业执照签发日期,为合伙企业成立日期。

合伙企业领取营业执照前,合伙人不得以合伙企业名义从事合伙业务。

第十二条 合伙企业设立分支机构,应当向分支机构所在地的企业登记机关申请登记,领取营业执照。

第十三条 合伙企业登记事项发生变更的,执行合伙事务的合伙人应当自作出变更决定或者发生变更事由之日起十五日内,向企业登记机关申请办理变更登记。

第二章 普通合伙企业

第一节 合伙企业设立

第十四条 设立合伙企业,应当具备下列条件:
(一)有二个以上合伙人。合伙人为自然人的,应当具有完全民事行为能力;
(二)有书面合伙协议;
(三)有合伙人认缴或者实际缴付的出资;
(四)有合伙企业的名称和生产经营场所;
(五)法律、行政法规规定的其他条件。

第十五条 合伙企业名称中应当标明"普通合伙"字样。

第十六条 合伙人可以用货币、实物、知识产权、土地使用权或者其他财产权利出资,也可以用劳务出资。

合伙人以实物、知识产权、土地使用权或者其他财产权利出资,需要评估作价的,可以由全体合伙人协商确定,也可以由全体合伙人委托法定评估机构评估。

合伙人以劳务出资的,其评估办法由全体合伙人协商确定,并在合伙协议中载明。

第十七条 合伙人应当按照合伙协议约定的出资方式、数额和缴付期限,履行出资义务。

以非货币财产出资的,依照法律、行政法规的规定,需要办理财产权转移手续的,应当依法办理。

第十八条 合伙协议应当载明下列事项:
(一)合伙企业的名称和主要经营场所的地点;
(二)合伙目的和合伙经营范围;
(三)合伙人的姓名或者名称、住所;
(四)合伙人的出资方式、数额和缴付期限;

（五）利润分配、亏损分担方式；

（六）合伙事务的执行；

（七）入伙与退伙；

（八）争议解决办法；

（九）合伙企业的解散与清算；

（十）违约责任。

第十九条 合伙协议经全体合伙人签名、盖章后生效。合伙人按照合伙协议享有权利，履行义务。

修改或者补充合伙协议，应当经全体合伙人一致同意；但是，合伙协议另有约定的除外。

合伙协议未约定或者约定不明确的事项，由合伙人协商决定；协商不成的，依照本法和其他有关法律、行政法规的规定处理。

第二节 合伙企业财产

第二十条 合伙人的出资、以合伙企业名义取得的收益和依法取得的其他财产，均为合伙企业的财产。

第二十一条 合伙人在合伙企业清算前，不得请求分割合伙企业的财产；但是，本法另有规定的除外。

合伙人在合伙企业清算前私自转移或者处分合伙企业财产的，合伙企业不得以此对抗善意第三人。

第二十二条 除合伙协议另有约定外，合伙人向合伙人以外的人转让其在合伙企业中的全部或者部分财产份额时，须经其他合伙人一致同意。

合伙人之间转让在合伙企业中的全部或者部分财产份额时，应当通知其他合伙人。

第二十三条 合伙人向合伙人以外的人转让其在合伙企业中的财产份额的，在同等条件下，其他合伙人有优先购买权；但是，合伙协议另有约定的除外。

第二十四条 合伙人以外的人依法受让合伙人在合伙企业中的财产份额的，经修改合伙协议即成为合伙企业的合伙人，依照本法和修改后的合伙协议享有权利，履行义务。

第二十五条 合伙人以其在合伙企业中的财产份额出质的,须经其他合伙人一致同意;未经其他合伙人一致同意,其行为无效,由此给善意第三人造成损失的,由行为人依法承担赔偿责任。

第三节 合伙事务执行

第二十六条 合伙人对执行合伙事务享有同等的权利。

按照合伙协议的约定或者经全体合伙人决定,可以委托一个或者数个合伙人对外代表合伙企业,执行合伙事务。

作为合伙人的法人、其他组织执行合伙事务的,由其委派的代表执行。

第二十七条 依照本法第二十六条第二款规定委托一个或者数个合伙人执行合伙事务的,其他合伙人不再执行合伙事务。

不执行合伙事务的合伙人有权监督执行事务合伙人执行合伙事务的情况。

第二十八条 由一个或者数个合伙人执行合伙事务的,执行事务合伙人应当定期向其他合伙人报告事务执行情况以及合伙企业的经营和财务状况,其执行合伙事务所产生的收益归合伙企业,所产生的费用和亏损由合伙企业承担。

合伙人为了解合伙企业的经营状况和财务状况,有权查阅合伙企业会计账簿等财务资料。

第二十九条 合伙人分别执行合伙事务的,执行事务合伙人可以对其他合伙人执行的事务提出异议。提出异议时,应当暂停该项事务的执行。如果发生争议,依照本法第三十条规定作出决定。

受委托执行合伙事务的合伙人不按照合伙协议或者全体合伙人的决定执行事务的,其他合伙人可以决定撤销该委托。

第三十条 合伙人对合伙企业有关事项作出决议,按照合伙协议约定的表决办法办理。合伙协议未约定或者约定不明确的,实行合伙人一人一票并经全体合伙人过半数通过的表决办法。

本法对合伙企业的表决办法另有规定的,从其规定。

第三十一条 除合伙协议另有约定外,合伙企业的下列事项应当经全体合伙人一致同意:

（一）改变合伙企业的名称；

（二）改变合伙企业的经营范围、主要经营场所的地点；

（三）处分合伙企业的不动产；

（四）转让或者处分合伙企业的知识产权和其他财产权利；

（五）以合伙企业名义为他人提供担保；

（六）聘任合伙人以外的人担任合伙企业的经营管理人员。

第三十二条 合伙人不得自营或者同他人合作经营与本合伙企业相竞争的业务。

除合伙协议另有约定或者经全体合伙人一致同意外，合伙人不得同本合伙企业进行交易。

合伙人不得从事损害本合伙企业利益的活动。

第三十三条 合伙企业的利润分配、亏损分担，按照合伙协议的约定办理；合伙协议未约定或者约定不明确的，由合伙人协商决定；协商不成的，由合伙人按照实缴出资比例分配、分担；无法确定出资比例的，由合伙人平均分配、分担。

合伙协议不得约定将全部利润分配给部分合伙人或者由部分合伙人承担全部亏损。

第三十四条 合伙人按照合伙协议的约定或者经全体合伙人决定，可以增加或者减少对合伙企业的出资。

第三十五条 被聘任的合伙企业的经营管理人员应当在合伙企业授权范围内履行职务。

被聘任的合伙企业的经营管理人员，超越合伙企业授权范围履行职务，或者在履行职务过程中因故意或者重大过失给合伙企业造成损失的，依法承担赔偿责任。

第三十六条 合伙企业应当依照法律、行政法规的规定建立企业财务、会计制度。

第四节 合伙企业与第三人关系

第三十七条 合伙企业对合伙人执行合伙事务以及对外代表合伙企业权利的限制，不得对抗善意第三人。

第三十八条 合伙企业对其债务，应先以其全部财产进行清偿。

第三十九条 合伙企业不能清偿到期债务的,合伙人承担无限连带责任。

第四十条 合伙人由于承担无限连带责任,清偿数额超过本法第三十三条第一款规定的其亏损分担比例的,有权向其他合伙人追偿。

第四十一条 合伙人发生与合伙企业无关的债务,相关债权人不得以其债权抵销其对合伙企业的债务;也不得代位行使合伙人在合伙企业中的权利。

第四十二条 合伙人的自有财产不足清偿其与合伙企业无关的债务的,该合伙人可以以其从合伙企业中分取的收益用于清偿;债权人也可以依法请求人民法院强制执行该合伙人在合伙企业中的财产份额用于清偿。

人民法院强制执行合伙人的财产份额时,应当通知全体合伙人,其他合伙人有优先购买权;其他合伙人未购买,又不同意将该财产份额转让给他人的,依照本法第五十一条的规定为该合伙人办理退伙结算,或者办理削减该合伙人相应财产份额的结算。

第五节 入伙、退伙

第四十三条 新合伙人入伙,除合伙协议另有约定外,应当经全体合伙人一致同意,并依法订立书面入伙协议。

订立入伙协议时,原合伙人应当向新合伙人如实告知原合伙企业的经营状况和财务状况。

第四十四条 入伙的新合伙人与原合伙人享有同等权利,承担同等责任。入伙协议另有约定的,从其约定。

新合伙人对入伙前合伙企业的债务承担无限连带责任。

第四十五条 合伙协议约定合伙期限的,在合伙企业存续期间,有下列情形之一的,合伙人可以退伙:

(一)合伙协议约定的退伙事由出现;

(二)经全体合伙人一致同意;

(三)发生合伙人难以继续参加合伙的事由;

(四)其他合伙人严重违反合伙协议约定的义务。

第四十六条 合伙协议未约定合伙期限的,合伙人在不给合伙企业事务执行造成不利影响的情况下，可以退伙，但应当提前三十日通知其他合伙人。

第四十七条 合伙人违反本法第四十五条、第四十六条的规定退伙的，应当赔偿由此给合伙企业造成的损失。

第四十八条 合伙人有下列情形之一的，当然退伙：

（一）作为合伙人的自然人死亡或者被依法宣告死亡；

（二）个人丧失偿债能力；

（三）作为合伙人的法人或者其他组织依法被吊销营业执照、责令关闭、撤销，或者被宣告破产；

（四）法律规定或者合伙协议约定合伙人必须具有相关资格而丧失该资格；

（五）合伙人在合伙企业中的全部财产份额被人民法院强制执行。

合伙人被依法认定为无民事行为能力人或者限制民事行为能力人的，经其他合伙人一致同意，可以依法转为有限合伙人，普通合伙企业依法转为有限合伙企业。其他合伙人未能一致同意的，该无民事行为能力或者限制民事行为能力的合伙人退伙。

退伙事由实际发生之日为退伙生效日。

第四十九条 合伙人有下列情形之一的，经其他合伙人一致同意，可以决议将其除名：

（一）未履行出资义务；

（二）因故意或者重大过失给合伙企业造成损失；

（三）执行合伙事务时有不正当行为；

（四）发生合伙协议约定的事由。

对合伙人的除名决议应当书面通知被除名人。被除名人接到除名通知之日，除名生效，被除名人退伙。

被除名人对除名决议有异议的，可以自接到除名通知之日起三十日内，向人民法院起诉。

第五十条 合伙人死亡或者被依法宣告死亡的，对该合伙人在合伙企业中的财产份额享有合法继承权的继承人，按照合伙协议的约定或者经全体合伙人一致同意，从继承开始之日起，取得该合伙企业的合伙人资格。

有下列情形之一的,合伙企业应当向合伙人的继承人退还被继承合伙人的财产份额:

(一)继承人不愿意成为合伙人;

(二)法律规定或者合伙协议约定合伙人必须具有相关资格,而该继承人未取得该资格;

(三)合伙协议约定不能成为合伙人的其他情形。

合伙人的继承人为无民事行为能力人或者限制民事行为能力人的,经全体合伙人一致同意,可以依法成为有限合伙人,普通合伙企业依法转为有限合伙企业。全体合伙人未能一致同意的,合伙企业应当将被继承合伙人的财产份额退还该继承人。

第五十一条 合伙人退伙,其他合伙人应当与该退伙人按照退伙时的合伙企业财产状况进行结算,退还退伙人的财产份额。退伙人对给合伙企业造成的损失负有赔偿责任的,相应扣减其应当赔偿的数额。

退伙时有未了结的合伙企业事务的,待该事务了结后进行结算。

第五十二条 退伙人在合伙企业中财产份额的退还办法,由合伙协议约定或者由全体合伙人决定,可以退还货币,也可以退还实物。

第五十三条 退伙人对基于其退伙前的原因发生的合伙企业债务,承担无限连带责任。

第五十四条 合伙人退伙时,合伙企业财产少于合伙企业债务的,退伙人应当依照本法第三十三条第一款的规定分担亏损。

第六节 特殊的普通合伙企业

第五十五条 以专业知识和专门技能为客户提供有偿服务的专业服务机构,可以设立为特殊的普通合伙企业。

特殊的普通合伙企业是指合伙人依照本法第五十七条的规定承担责任的普通合伙企业。

特殊的普通合伙企业适用本节规定;本节未作规定的,适用本章第一节至第五节的规定。

第五十六条 特殊的普通合伙企业名称中应当标明"特殊普通合伙"字样。

第五十七条 一个合伙人或者数个合伙人在执业活动中因故意或者重大过失造成合伙企业债务的,应当承担无限责任或者无限连带责任,其他合伙人以其在合伙企业中的财产份额为限承担责任。

合伙人在执业活动中非因故意或者重大过失造成的合伙企业债务以及合伙企业的其他债务,由全体合伙人承担无限连带责任。

第五十八条 合伙人执业活动中因故意或者重大过失造成的合伙企业债务,以合伙企业财产对外承担责任后,该合伙人应当按照合伙协议的约定对给合伙企业造成的损失承担赔偿责任。

第五十九条 特殊的普通合伙企业应当建立执业风险基金、办理职业保险。

执业风险基金用于偿付合伙人执业活动造成的债务。执业风险基金应当单独立户管理。具体管理办法由国务院规定。

第三章 有限合伙企业

第六十条 有限合伙企业及其合伙人适用本章规定;本章未作规定的,适用本法第二章第一节至第五节关于普通合伙企业及其合伙人的规定。

第六十一条 有限合伙企业由二个以上五十个以下合伙人设立;但是,法律另有规定的除外。

有限合伙企业至少应当有一个普通合伙人。

第六十二条 有限合伙企业名称中应当标明"有限合伙"字样。

第六十三条 合伙协议除符合本法第十八条的规定外,还应当载明下列事项:

(一)普通合伙人和有限合伙人的姓名或者名称、住所;

(二)执行事务合伙人应具备的条件和选择程序;

(三)执行事务合伙人权限与违约处理办法;

(四)执行事务合伙人的除名条件和更换程序;

(五)有限合伙人入伙、退伙的条件、程序以及相关责任;

(六)有限合伙人和普通合伙人相互转变程序。

第六十四条 有限合伙人可以用货币、实物、知识产权、土地使用权或者其他财产权利作价出资。

有限合伙人不得以劳务出资。

第六十五条 有限合伙人应当按照合伙协议的约定按期足额缴纳出资；未按期足额缴纳的，应当承担补缴义务，并对其他合伙人承担违约责任。

第六十六条 有限合伙企业登记事项中应当载明有限合伙人的姓名或者名称及认缴的出资数额。

第六十七条 有限合伙企业由普通合伙人执行合伙事务。执行事务合伙人可以要求在合伙协议中确定执行事务的报酬及报酬提取方式。

第六十八条 有限合伙人不执行合伙事务，不得对外代表有限合伙企业。

有限合伙人的下列行为，不视为执行合伙事务：

（一）参与决定普通合伙人入伙、退伙；

（二）对企业的经营管理提出建议；

（三）参与选择承办有限合伙企业审计业务的会计师事务所；

（四）获取经审计的有限合伙企业财务会计报告；

（五）对涉及自身利益的情况，查阅有限合伙企业财务会计账簿等财务资料；

（六）在有限合伙企业中的利益受到侵害时，向有责任的合伙人主张权利或者提起诉讼；

（七）执行事务合伙人怠于行使权利时，督促其行使权利或者为了本企业的利益以自己的名义提起诉讼；

（八）依法为本企业提供担保。

第六十九条 有限合伙企业不得将全部利润分配给部分合伙人；但是，合伙协议另有约定的除外。

第七十条 有限合伙人可以同本有限合伙企业进行交易；但是，合伙协议另有约定的除外。

第七十一条 有限合伙人可以自营或者同他人合作经营与本有限合伙企业相竞争的业务；但是，合伙协议另有约定的除外。

第七十二条 有限合伙人可以将其在有限合伙企业中的财产份额出质；但是，合伙协议另有约定的除外。

第七十三条 有限合伙人可以按照合伙协议的约定向合伙人以外的人转让其在有限合伙企业中的财产份额,但应当提前三十日通知其他合伙人。

第七十四条 有限合伙人的自有财产不足清偿其与合伙企业无关的债务的,该合伙人可以以其从有限合伙企业中分取的收益用于清偿;债权人也可以依法请求人民法院强制执行该合伙人在有限合伙企业中的财产份额用于清偿。

人民法院强制执行有限合伙人的财产份额时,应当通知全体合伙人。在同等条件下,其他合伙人有优先购买权。

第七十五条 有限合伙企业仅剩有限合伙人的,应当解散;有限合伙企业仅剩普通合伙人的,转为普通合伙企业。

第七十六条 第三人有理由相信有限合伙人为普通合伙人并与其交易的,该有限合伙人对该笔交易承担与普通合伙人同样的责任。

有限合伙人未经授权以有限合伙企业名义与他人进行交易,给有限合伙企业或者其他合伙人造成损失的,该有限合伙人应当承担赔偿责任。

第七十七条 新入伙的有限合伙人对入伙前有限合伙企业的债务,以其认缴的出资额为限承担责任。

第七十八条 有限合伙人有本法第四十八条第一款第一项、第三项至第五项所列情形之一的,当然退伙。

第七十九条 作为有限合伙人的自然人在有限合伙企业存续期间丧失民事行为能力的,其他合伙人不得因此要求其退伙。

第八十条 作为有限合伙人的自然人死亡、被依法宣告死亡或者作为有限合伙人的法人及其他组织终止时,其继承人或者权利承受人可以依法取得该有限合伙人在有限合伙企业中的资格。

第八十一条 有限合伙人退伙后,对基于其退伙前的原因发生的有限合伙企业债务,以其退伙时从有限合伙企业中取回的财产承担责任。

第八十二条 除合伙协议另有约定外,普通合伙人转变为有限合伙人,或者有限合伙人转变为普通合伙人,应当经全体合伙人一致同意。

第八十三条 有限合伙人转变为普通合伙人的,对其作为有限合伙人期间有限合伙企业发生的债务承担无限连带责任。

第八十四条 普通合伙人转变为有限合伙人的,对其作为普通合伙人期间合伙企业发生的债务承担无限连带责任。

第四章 合伙企业解散、清算

第八十五条 合伙企业有下列情形之一的,应当解散:
(一)合伙期限届满,合伙人决定不再经营;
(二)合伙协议约定的解散事由出现;
(三)全体合伙人决定解散;
(四)合伙人已不具备法定人数满三十天;
(五)合伙协议约定的合伙目的已经实现或者无法实现;
(六)依法被吊销营业执照、责令关闭或者被撤销;
(七)法律、行政法规规定的其他原因。

第八十六条 合伙企业解散,应当由清算人进行清算。

清算人由全体合伙人担任;经全体合伙人过半数同意,可以自合伙企业解散事由出现后十五日内指定一个或者数个合伙人,或者委托第三人,担任清算人。

自合伙企业解散事由出现之日起十五日内未确定清算人的,合伙人或者其他利害关系人可以申请人民法院指定清算人。

第八十七条 清算人在清算期间执行下列事务:
(一)清理合伙企业财产,分别编制资产负债表和财产清单;
(二)处理与清算有关的合伙企业未了结事务;
(三)清缴所欠税款;
(四)清理债权、债务;
(五)处理合伙企业清偿债务后的剩余财产;
(六)代表合伙企业参加诉讼或者仲裁活动。

第八十八条 清算人自被确定之日起十日内将合伙企业解散事项通知债权人,并于六十日内在报纸上公告。债权人应当自接到通知书之日起三十日内,未接到通知书的自公告之日起四十五日内,向清算人申报债权。

债权人申报债权,应当说明债权的有关事项,并提供证明材料。清算人应当对债权进行登记。

清算期间,合伙企业存续,但不得开展与清算无关的经营活动。

第八十九条 合伙企业财产在支付清算费用和职工工资、社会保险费用、法定补偿金以及缴纳所欠税款、清偿债务后的剩余财产,依照本法第三十三条第一款的规定进行分配。

第九十条 清算结束,清算人应当编制清算报告,经全体合伙人签名、盖章后,在十五日内向企业登记机关报送清算报告,申请办理合伙企业注销登记。

第九十一条 合伙企业注销后,原普通合伙人对合伙企业存续期间的债务仍应承担无限连带责任。

第九十二条 合伙企业不能清偿到期债务的,债权人可以依法向人民法院提出破产清算申请,也可以要求普通合伙人清偿。

合伙企业依法被宣告破产的,普通合伙人对合伙企业债务仍应承担无限连带责任。

第五章 法律责任

第九十三条 违反本法规定,提交虚假文件或者采取其他欺骗手段,取得合伙企业登记的,由企业登记机关责令改正,处以五千元以上五万元以下的罚款;情节严重的,撤销企业登记,并处以五万元以上二十万元以下的罚款。

第九十四条 违反本法规定,合伙企业未在其名称中标明"普通合伙"、"特殊普通合伙"或者"有限合伙"字样的,由企业登记机关责令限期改正,处以二千元以上一万元以下的罚款。

第九十五条 违反本法规定,未领取营业执照,而以合伙企业或者合伙企业分支机构名义从事合伙业务的,由企业登记机关责令停止,处以五千元以上五万元以下的罚款。

合伙企业登记事项发生变更时,未依照本法规定办理变更登记的,由企业登记机关责令限期登记;逾期不登记的,处以二千元以上二万元以下的罚款。

合伙企业登记事项发生变更,执行合伙事务的合伙人未按期申请办理变更登记的,应当赔偿由此给合伙企业、其他合伙人或者善意第三人造成的损失。

第九十六条 合伙人执行合伙事务,或者合伙企业从业人员利用职务上的便利,将应当归合伙企业的利益据为己有的,或者采取其他手段侵占合伙企业财产的,应当将该利益和财产退还合伙企业;给合伙企业或者其他合伙人造成损失的,依法承担赔偿责任。

第九十七条 合伙人对本法规定或者合伙协议约定必须经全体合伙人一致同意始得执行的事务擅自处理,给合伙企业或者其他合伙人造成损失的,依法承担赔偿责任。

第九十八条 不具有事务执行权的合伙人擅自执行合伙事务,给合伙企业或者其他合伙人造成损失的,依法承担赔偿责任。

第九十九条 合伙人违反本法规定或者合伙协议的约定,从事与本合伙企业相竞争的业务或者与本合伙企业进行交易的,该收益归合伙企业所有;给合伙企业或者其他合伙人造成损失的,依法承担赔偿责任。

第一百条 清算人未依照本法规定向企业登记机关报送清算报告,或者报送清算报告隐瞒重要事实,或者有重大遗漏的,由企业登记机关责令改正。由此产生的费用和损失,由清算人承担和赔偿。

第一百零一条 清算人执行清算事务,牟取非法收入或者侵占合伙企业财产的,应当将该收入和侵占的财产退还合伙企业;给合伙企业或者其他合伙人造成损失的,依法承担赔偿责任。

第一百零二条 清算人违反本法规定,隐匿、转移合伙企业财产,对资产负债表或者财产清单作虚假记载,或者在未清偿债务前分配财产,损害债权人利益的,依法承担赔偿责任。

第一百零三条 合伙人违反合伙协议的,应当依法承担违约责任。

合伙人履行合伙协议发生争议的,合伙人可以通过协商或者调解解决。不愿通过协商、调解解决或者协商、调解不成的,可以按照合伙协议约定的仲裁条款或者事后达成的书面仲裁协议,向仲裁机构申请仲裁。合伙协议中未订立仲裁条款,事后又没有达成书面仲裁协议的,可以向人民法院起诉。

第一百零四条 有关行政管理机关的工作人员违反本法规定,滥用职权、徇私舞弊、收受贿赂、侵害合伙企业合法权益的,依法给予行政处分。

第一百零五条 违反本法规定,构成犯罪的,依法追究刑事责任。

第一百零六条 违反本法规定,应当承担民事赔偿责任和缴纳罚款、罚金,其财产不足以同时支付的,先承担民事赔偿责任。

第六章 附 则

第一百零七条 非企业专业服务机构依据有关法律采取合伙制的,其合伙人承担责任的形式可以适用本法关于特殊的普通合伙企业合伙人承担责任的规定。

第一百零八条 外国企业或者个人在中国境内设立合伙企业的管理办法由国务院规定。

第一百零九条 本法自2007年6月1日起施行。

中华人民共和国个人独资企业法

(1999年8月30日第九届全国人民代表大会常务委员会第十一次会议通过 1999年8月30日中华人民共和国主席令第20号公布 自2000年1月1日起施行)

目 录

第一章 总 则
第二章 个人独资企业的设立
第三章 个人独资企业的投资人及事务管理
第四章 个人独资企业的解散和清算
第五章 法律责任
第六章 附 则

第一章 总　　则

第一条　为了规范个人独资企业的行为,保护个人独资企业投资人和债权人的合法权益,维护社会经济秩序,促进社会主义市场经济的发展,根据宪法,制定本法。

第二条　本法所称个人独资企业,是指依照本法在中国境内设立,由一个自然人投资,财产为投资人个人所有,投资人以其个人财产对企业债务承担无限责任的经营实体。

第三条　个人独资企业以其主要办事机构所在地为住所。

第四条　个人独资企业从事经营活动必须遵守法律、行政法规,遵守诚实信用原则,不得损害社会公共利益。

个人独资企业应当依法履行纳税义务。

第五条　国家依法保护个人独资企业的财产和其他合法权益。

第六条　个人独资企业应当依法招用职工。职工的合法权益受法律保护。

个人独资企业职工依法建立工会,工会依法开展活动。

第七条　在个人独资企业中的中国共产党党员依照中国共产党章程进行活动。

第二章　个人独资企业的设立

第八条　设立个人独资企业应当具备下列条件：
（一）投资人为一个自然人；
（二）有合法的企业名称；
（三）有投资人申报的出资；
（四）有固定的生产经营场所和必要的生产经营条件；
（五）有必要的从业人员。

第九条　申请设立个人独资企业,应当由投资人或者其委托的代理人向个人独资企业所在地的登记机关提交设立申请书、投资人身份证明、生产经营场所使用证明等文件。委托代理人申请设立登记时,应当出具投资人的委托书和代理人的合法证明。

个人独资企业不得从事法律、行政法规禁止经营的业务；从事法律、行政法规规定须报经有关部门审批的业务，应当在申请设立登记时提交有关部门的批准文件。

第十条 个人独资企业设立申请书应当载明下列事项：

（一）企业的名称和住所；

（二）投资人的姓名和居所；

（三）投资人的出资额和出资方式；

（四）经营范围。

第十一条 个人独资企业的名称应当与其责任形式及从事的营业相符合。

第十二条 登记机关应当在收到设立申请文件之日起十五日内，对符合本法规定条件的，予以登记，发给营业执照；对不符合本法规定条件的，不予登记，并应当给予书面答复，说明理由。

第十三条 个人独资企业的营业执照的签发日期，为个人独资企业成立日期。

在领取个人独资企业营业执照前，投资人不得以个人独资企业名义从事经营活动。

第十四条 个人独资企业设立分支机构，应当由投资人或者其委托的代理人向分支机构所在地的登记机关申请登记，领取营业执照。

分支机构经核准登记后，应将登记情况报该分支机构隶属的个人独资企业的登记机关备案。

分支机构的民事责任由设立该分支机构的个人独资企业承担。

第十五条 个人独资企业存续期间登记事项发生变更的，应当在作出变更决定之日起的十五日内依法向登记机关申请办理变更登记。

第三章 个人独资企业的投资人及事务管理

第十六条 法律、行政法规禁止从事营利性活动的人，不得作为投资人申请设立个人独资企业。

第十七条 个人独资企业投资人对本企业的财产依法享有所有权，其有关权利可以依法进行转让或继承。

第十八条 个人独资企业投资人在申请企业设立登记时明确以其家庭共有财产作为个人出资的，应当依法以家庭共有财产对企业债务承担无限责任。

第十九条 个人独资企业投资人可以自行管理企业事务,也可以委托或者聘用其他具有民事行为能力的人负责企业的事务管理。

投资人委托或者聘用他人管理个人独资企业事务,应当与受托人或者被聘用的人签订书面合同,明确委托的具体内容和授予的权利范围。

受托人或者被聘用的人员应当履行诚信、勤勉义务,按照与投资人签订的合同负责个人独资企业的事务管理。

投资人对受托人或者被聘用的人员职权的限制,不得对抗善意第三人。

第二十条 投资人委托或者聘用的管理个人独资企业事务的人员不得有下列行为:

(一)利用职务上的便利,索取或者收受贿赂;

(二)利用职务或者工作上的便利侵占企业财产;

(三)挪用企业的资金归个人使用或者借贷给他人;

(四)擅自将企业资金以个人名义或者以他人名义开立帐户储存;

(五)擅自以企业财产提供担保;

(六)未经投资人同意,从事与本企业相竞争的业务;

(七)未经投资人同意,同本企业订立合同或者进行交易;

(八)未经投资人同意,擅自将企业商标或者其他知识产权转让给他人使用;

(九)泄露本企业的商业秘密;

(十)法律、行政法规禁止的其他行为。

第二十一条 个人独资企业应当依法设置会计帐簿,进行会计核算。

第二十二条 个人独资企业招用职工的,应当依法与职工签订劳动合同,保障职工的劳动安全,按时、足额发放职工工资。

第二十三条 个人独资企业应当按照国家规定参加社会保险,为职工缴纳社会保险费。

第二十四条 个人独资企业可以依法申请贷款、取得土地使用权,并享有法律、行政法规规定的其他权利。

第二十五条　任何单位和个人不得违反法律、行政法规的规定，以任何方式强制个人独资企业提供财力、物力、人力；对于违法强制提供财力、物力、人力的行为，个人独资企业有权拒绝。

第四章　个人独资企业的解散和清算

第二十六条　个人独资企业有下列情形之一时，应当解散：
（一）投资人决定解散；
（二）投资人死亡或者被宣告死亡，无继承人或者继承人决定放弃继承；
（三）被依法吊销营业执照；
（四）法律、行政法规规定的其他情形。

第二十七条　个人独资企业解散，由投资人自行清算或者由债权人申请人民法院指定清算人进行清算。

投资人自行清算的，应当在清算前十五日内书面通知债权人，无法通知的，应当予以公告。债权人应当在接到通知之日起三十日内，未接到通知的应当在公告之日起六十日内，向投资人申报其债权。

第二十八条　个人独资企业解散后，原投资人对个人独资企业存续期间的债务仍应承担偿还责任，但债权人在五年内未向债务人提出偿债请求的，该责任消灭。

第二十九条　个人独资企业解散的，财产应当按照下列顺序清偿：
（一）所欠职工工资和社会保险费用；
（二）所欠税款；
（三）其他债务。

第三十条　清算期间，个人独资企业不得开展与清算目的无关的经营活动。在按前条规定清偿债务前，投资人不得转移、隐匿财产。

第三十一条　个人独资企业财产不足以清偿债务的，投资人应当以其个人的其他财产予以清偿。

第三十二条　个人独资企业清算结束后，投资人或者人民法院指定的清算人应当编制清算报告，并于十五日内到登记机关办理注销登记。

第五章 法 律 责 任

第三十三条 违反本法规定,提交虚假文件或采取其他欺骗手段,取得企业登记的,责令改正,处以五千元以下的罚款;情节严重的,并处吊销营业执照。

第三十四条 违反本法规定,个人独资企业使用的名称与其在登记机关登记的名称不相符合的,责令限期改正,处以二千元以下的罚款。

第三十五条 涂改、出租、转让营业执照的,责令改正,没收违法所得,处以三千元以下的罚款;情节严重的,吊销营业执照。

伪造营业执照的,责令停业,没收违法所得,处以五千元以下的罚款。构成犯罪的,依法追究刑事责任。

第三十六条 个人独资企业成立后无正当理由超过六个月未开业的,或者开业后自行停业连续六个月以上的,吊销营业执照。

第三十七条 违反本法规定,未领取营业执照,以个人独资企业名义从事经营活动的,责令停止经营活动,处以三千元以下的罚款。

个人独资企业登记事项发生变更时,未按本法规定办理有关变更登记的,责令限期办理变更登记;逾期不办理的,处以二千元以下的罚款。

第三十八条 投资人委托或者聘用的人员管理个人独资企业事务时违反双方订立的合同,给投资人造成损害的,承担民事赔偿责任。

第三十九条 个人独资企业违反本法规定,侵犯职工合法权益,未保障职工劳动安全,不缴纳社会保险费用的,按照有关法律、行政法规予以处罚,并追究有关责任人员的责任。

第四十条 投资人委托或者聘用的人员违反本法第二十条规定,侵犯个人独资企业财产权益的,责令退还侵占的财产;给企业造成损失的,依法承担赔偿责任;有违法所得的,没收违法所得;构成犯罪的,依法追究刑事责任。

第四十一条 违反法律、行政法规的规定强制个人独资企业提供财力、物力、人力的,按照有关法律、行政法规予以处罚,并追究有关责任人员的责任。

第四十二条 个人独资企业及其投资人在清算前或清算期间隐匿或转移财产,逃避债务的,依法追回其财产,并按照有关规定予以处罚;构成犯罪的,依法追究刑事责任。

第四十三条 投资人违反本法规定,应当承担民事赔偿责任和缴纳罚款、罚金,其财产不足以支付的,或者被判处没收财产的,应当先承担民事赔偿责任。

第四十四条 登记机关对不符合本法规定条件的个人独资企业予以登记,或者对符合本法规定条件的企业不予登记的,对直接责任人员依法给予行政处分;构成犯罪的,依法追究刑事责任。

第四十五条 登记机关的上级部门的有关主管人员强令登记机关对不符合本法规定条件的企业予以登记,或者对符合本法规定条件的企业不予登记的,或者对登记机关的违法登记行为进行包庇的,对直接责任人员依法给予行政处分;构成犯罪的,依法追究刑事责任。

第四十六条 登记机关对符合法定条件的申请不予登记或者超过法定时限不予答复的,当事人可依法申请行政复议或提起行政诉讼。

第六章 附 则

第四十七条 外商独资企业不适用本法。

第四十八条 本法自 2000 年 1 月 1 日起施行。

中华人民共和国中小企业促进法

(2002 年 6 月 29 日第九届全国人民代表大会常务委员会第二十八次会议通过 2017 年 9 月 1 日第十二届全国人民代表大会常务委员会第二十九次会议修订)

目 录

第一章 总 则

第二章　财税支持
第三章　融资促进
第四章　创业扶持
第五章　创新支持
第六章　市场开拓
第七章　服务措施
第八章　权益保护
第九章　监督检查
第十章　附　　则

第一章　总　　则

第一条　为了改善中小企业经营环境,保障中小企业公平参与市场竞争,维护中小企业合法权益,支持中小企业创业创新,促进中小企业健康发展,扩大城乡就业,发挥中小企业在国民经济和社会发展中的重要作用,制定本法。

第二条　本法所称中小企业,是指在中华人民共和国境内依法设立的,人员规模、经营规模相对较小的企业,包括中型企业、小型企业和微型企业。

中型企业、小型企业和微型企业划分标准由国务院负责中小企业促进工作综合管理的部门会同国务院有关部门,根据企业从业人员、营业收入、资产总额等指标,结合行业特点制定,报国务院批准。

第三条　国家将促进中小企业发展作为长期发展战略,坚持各类企业权利平等、机会平等、规则平等,对中小企业特别是其中的小型微型企业实行积极扶持、加强引导、完善服务、依法规范、保障权益的方针,为中小企业创立和发展创造有利的环境。

第四条　中小企业应当依法经营,遵守国家劳动用工、安全生产、职业卫生、社会保障、资源环境、质量标准、知识产权、财政税收等方面的法律、法规,遵循诚信原则,规范内部管理,提高经营管理水平;不得损害劳动者合法权益,不得损害社会公共利益。

第五条　国务院制定促进中小企业发展政策,建立中小企业促进工作协调机制,统筹全国中小企业促进工作。

国务院负责中小企业促进工作综合管理的部门组织实施促进中小企业发展政策,对中小企业促进工作进行宏观指导、综合协调和监督检查。

国务院有关部门根据国家促进中小企业发展政策,在各自职责范围内负责中小企业促进工作。

县级以上地方各级人民政府根据实际情况建立中小企业促进工作协调机制,明确相应的负责中小企业促进工作综合管理的部门,负责本行政区域内的中小企业促进工作。

第六条 国家建立中小企业统计监测制度。统计部门应当加强对中小企业的统计调查和监测分析,定期发布有关信息。

第七条 国家推进中小企业信用制度建设,建立社会化的信用信息征集与评价体系,实现中小企业信用信息查询、交流和共享的社会化。

第二章 财税支持

第八条 中央财政应当在本级预算中设立中小企业科目,安排中小企业发展专项资金。

县级以上地方各级人民政府应当根据实际情况,在本级财政预算中安排中小企业发展专项资金。

第九条 中小企业发展专项资金通过资助、购买服务、奖励等方式,重点用于支持中小企业公共服务体系和融资服务体系建设。

中小企业发展专项资金向小型微型企业倾斜,资金管理使用坚持公开、透明的原则,实行预算绩效管理。

第十条 国家设立中小企业发展基金。国家中小企业发展基金应当遵循政策性导向和市场化运作原则,主要用于引导和带动社会资金支持初创期中小企业,促进创业创新。

县级以上地方各级人民政府可以设立中小企业发展基金。

中小企业发展基金的设立和使用管理办法由国务院规定。

第十一条 国家实行有利于小型微型企业发展的税收政策,对符合条件的小型微型企业按照规定实行缓征、减征、免征企业所得税、增值税等措施,简化税收征管程序,减轻小型微型企业税收负担。

第十二条　国家对小型微型企业行政事业性收费实行减免等优惠政策,减轻小型微型企业负担。

第三章　融资促进

第十三条　金融机构应当发挥服务实体经济的功能,高效、公平地服务中小企业。

第十四条　中国人民银行应当综合运用货币政策工具,鼓励和引导金融机构加大对小型微型企业的信贷支持,改善小型微型企业融资环境。

第十五条　国务院银行业监督管理机构对金融机构开展小型微型企业金融服务应当制定差异化监管政策,采取合理提高小型微型企业不良贷款容忍度等措施,引导金融机构增加小型微型企业融资规模和比重,提高金融服务水平。

第十六条　国家鼓励各类金融机构开发和提供适合中小企业特点的金融产品和服务。

国家政策性金融机构应当在其业务经营范围内,采取多种形式,为中小企业提供金融服务。

第十七条　国家推进和支持普惠金融体系建设,推动中小银行、非存款类放贷机构和互联网金融有序健康发展,引导银行业金融机构向县域和乡镇等小型微型企业金融服务薄弱地区延伸网点和业务。

国有大型商业银行应当设立普惠金融机构,为小型微型企业提供金融服务。国家推动其他银行业金融机构设立小型微型企业金融服务专营机构。

地区性中小银行应当积极为其所在地的小型微型企业提供金融服务,促进实体经济发展。

第十八条　国家健全多层次资本市场体系,多渠道推动股权融资,发展并规范债券市场,促进中小企业利用多种方式直接融资。

第十九条　国家完善担保融资制度,支持金融机构为中小企业提供以应收账款、知识产权、存货、机器设备等为担保品的担保融资。

第二十条　中小企业以应收账款申请担保融资时,其应收账款的付款方,应当及时确认债权债务关系,支持中小企业融资。

国家鼓励中小企业及付款方通过应收账款融资服务平台确认债权债务关系，提高融资效率，降低融资成本。

第二十一条 县级以上人民政府应当建立中小企业政策性信用担保体系，鼓励各类担保机构为中小企业融资提供信用担保。

第二十二条 国家推动保险机构开展中小企业贷款保证保险和信用保险业务，开发适应中小企业分散风险、补偿损失需求的保险产品。

第二十三条 国家支持征信机构发展针对中小企业融资的征信产品和服务，依法向政府有关部门、公用事业单位和商业机构采集信息。

国家鼓励第三方评级机构开展中小企业评级服务。

第四章 创业扶持

第二十四条 县级以上人民政府及其有关部门应当通过政府网站、宣传资料等形式，为创业人员免费提供工商、财税、金融、环境保护、安全生产、劳动用工、社会保障等方面的法律政策咨询和公共信息服务。

第二十五条 高等学校毕业生、退役军人和失业人员、残疾人员等创办小型微型企业，按照国家规定享受税收优惠和收费减免。

第二十六条 国家采取措施支持社会资金参与投资中小企业。创业投资企业和个人投资者投资初创期科技创新企业的，按照国家规定享受税收优惠。

第二十七条 国家改善企业创业环境，优化审批流程，实现中小企业行政许可便捷，降低中小企业设立成本。

第二十八条 国家鼓励建设和创办小型微型企业创业基地、孵化基地，为小型微型企业提供生产经营场地和服务。

第二十九条 地方各级人民政府应当根据中小企业发展的需要，在城乡规划中安排必要的用地和设施，为中小企业获得生产经营场所提供便利。

国家支持利用闲置的商业用房、工业厂房、企业库房和物流设施等，为创业者提供低成本生产经营场所。

第三十条　国家鼓励互联网平台向中小企业开放技术、开发、营销、推广等资源,加强资源共享与合作,为中小企业创业提供服务。

第三十一条　国家简化中小企业注销登记程序,实现中小企业市场退出便利化。

第五章　创　新　支　持

第三十二条　国家鼓励中小企业按照市场需求,推进技术、产品、管理模式、商业模式等创新。

中小企业的固定资产由于技术进步等原因,确需加速折旧的,可以依法缩短折旧年限或者采取加速折旧方法。

国家完善中小企业研究开发费用加计扣除政策,支持中小企业技术创新。

第三十三条　国家支持中小企业在研发设计、生产制造、运营管理等环节应用互联网、云计算、大数据、人工智能等现代技术手段,创新生产方式,提高生产经营效率。

第三十四条　国家鼓励中小企业参与产业关键共性技术研究开发和利用财政资金设立的科研项目实施。

国家推动军民融合深度发展,支持中小企业参与国防科研和生产活动。

国家支持中小企业及中小企业的有关行业组织参与标准的制定。

第三十五条　国家鼓励中小企业研究开发拥有自主知识产权的技术和产品,规范内部知识产权管理,提升保护和运用知识产权的能力;鼓励中小企业投保知识产权保险;减轻中小企业申请和维持知识产权的费用等负担。

第三十六条　县级以上人民政府有关部门应当在规划、用地、财政等方面提供支持,推动建立和发展各类创新服务机构。

国家鼓励各类创新服务机构为中小企业提供技术信息、研发设计与应用、质量标准、实验试验、检验检测、技术转让、技术培训等服务,促进科技成果转化,推动企业技术、产品升级。

第三十七条　县级以上人民政府有关部门应当拓宽渠道,采取补贴、培训等措施,引导高等学校毕业生到中小企业就业,帮助中小企业引进创新人才。

国家鼓励科研机构、高等学校和大型企业等创造条件向中小企业开放试验设施,开展技术研发与合作,帮助中小企业开发新产品,培养专业人才。

国家鼓励科研机构、高等学校支持本单位的科技人员以兼职、挂职、参与项目合作等形式到中小企业从事产学研合作和科技成果转化活动,并按照国家有关规定取得相应报酬。

第六章 市 场 开 拓

第三十八条 国家完善市场体系,实行统一的市场准入和市场监管制度,反对垄断和不正当竞争,营造中小企业公平参与竞争的市场环境。

第三十九条 国家支持大型企业与中小企业建立以市场配置资源为基础的、稳定的原材料供应、生产、销售、服务外包、技术开发和技术改造等方面的协作关系,带动和促进中小企业发展。

第四十条 国务院有关部门应当制定中小企业政府采购的相关优惠政策,通过制定采购需求标准、预留采购份额、价格评审优惠、优先采购等措施,提高中小企业在政府采购中的份额。

向中小企业预留的采购份额应当占本部门年度政府采购项目预算总额的百分之三十以上;其中,预留给小型微型企业的比例不低于百分之六十。中小企业无法提供的商品和服务除外。

政府采购不得在企业股权结构、经营年限、经营规模和财务指标等方面对中小企业实行差别待遇或者歧视待遇。

政府采购部门应当在政府采购监督管理部门指定的媒体上及时向社会公开发布采购信息,为中小企业获得政府采购合同提供指导和服务。

第四十一条 县级以上人民政府有关部门应当在法律咨询、知识产权保护、技术性贸易措施、产品认证等方面为中小企业产品和服务出口提供指导和帮助,推动对外经济技术合作与交流。

国家有关政策性金融机构应当通过开展进出口信贷、出口信用保险等业务,支持中小企业开拓境外市场。

第四十二条 县级以上人民政府有关部门应当为中小企业提供用汇、人员出入境等方面的便利,支持中小企业到境外投资,开拓国际市场。

第七章 服 务 措 施

第四十三条 国家建立健全社会化的中小企业公共服务体系,为中小企业提供服务。

第四十四条 县级以上地方各级人民政府应当根据实际需要建立和完善中小企业公共服务机构,为中小企业提供公益性服务。

第四十五条 县级以上人民政府负责中小企业促进工作综合管理的部门应当建立跨部门的政策信息互联网发布平台,及时汇集涉及中小企业的法律法规、创业、创新、金融、市场、权益保护等各类政府服务信息,为中小企业提供便捷无偿服务。

第四十六条 国家鼓励各类服务机构为中小企业提供创业培训与辅导、知识产权保护、管理咨询、信息咨询、信用服务、市场营销、项目开发、投资融资、财会税务、产权交易、技术支持、人才引进、对外合作、展览展销、法律咨询等服务。

第四十七条 县级以上人民政府负责中小企业促进工作综合管理的部门应当安排资金,有计划地组织实施中小企业经营管理人员培训。

第四十八条 国家支持有关机构、高等学校开展针对中小企业经营管理及生产技术等方面的人员培训,提高企业营销、管理和技术水平。

国家支持高等学校、职业教育院校和各类职业技能培训机构与中小企业合作共建实习实践基地,支持职业教育院校教师和中小企业技术人才双向交流,创新中小企业人才培养模式。

第四十九条 中小企业的有关行业组织应当依法维护会员的合法权益,反映会员诉求,加强自律管理,为中小企业创业创新、开拓市场等提供服务。

第八章 权益保护

第五十条 国家保护中小企业及其出资人的财产权和其他合法权益。任何单位和个人不得侵犯中小企业财产及其合法收益。

第五十一条 县级以上人民政府负责中小企业促进工作综合管理的部门应当建立专门渠道，听取中小企业对政府相关管理工作的意见和建议，并及时向有关部门反馈，督促改进。

县级以上地方各级人民政府有关部门和有关行业组织应当公布联系方式，受理中小企业的投诉、举报，并在规定的时间内予以调查、处理。

第五十二条 地方各级人民政府应当依法实施行政许可，依法开展管理工作，不得实施没有法律、法规依据的检查，不得强制或者变相强制中小企业参加考核、评比、表彰、培训等活动。

第五十三条 国家机关、事业单位和大型企业不得违约拖欠中小企业的货物、工程、服务款项。

中小企业有权要求拖欠方支付拖欠款并要求对拖欠造成的损失进行赔偿。

第五十四条 任何单位不得违反法律、法规向中小企业收取费用，不得实施没有法律、法规依据的罚款，不得向中小企业摊派财物。中小企业对违反上述规定的行为有权拒绝和举报、控告。

第五十五条 国家建立和实施涉企行政事业性收费目录清单制度，收费目录清单及其实施情况向社会公开，接受社会监督。

任何单位不得对中小企业执行目录清单之外的行政事业性收费，不得对中小企业擅自提高收费标准、扩大收费范围；严禁以各种方式强制中小企业赞助捐赠、订购报刊、加入社团、接受指定服务；严禁行业组织依靠代行政府职能或者利用行政资源擅自设立收费项目、提高收费标准。

第五十六条 县级以上地方各级人民政府有关部门对中小企业实施监督检查应当依法进行，建立随机抽查机制。同一部门对中小企业实施的多项监督检查能够合并进行的，应当合并进行；不同部门对中小企业实施的多项监督检查能够合并完成的，由本级人民政府组织有关部门实施合并或者联合检查。

第九章　监　督　检　查

第五十七条　县级以上人民政府定期组织对中小企业促进工作情况的监督检查；对违反本法的行为及时予以纠正，并对直接负责的主管人员和其他直接责任人员依法给予处分。

第五十八条　国务院负责中小企业促进工作综合管理的部门应当委托第三方机构定期开展中小企业发展环境评估，并向社会公布。

地方各级人民政府可以根据实际情况委托第三方机构开展中小企业发展环境评估。

第五十九条　县级以上人民政府应当定期组织开展对中小企业发展专项资金、中小企业发展基金使用效果的企业评价、社会评价和资金使用动态评估，并将评价和评估情况及时向社会公布，接受社会监督。

县级以上人民政府有关部门在各自职责范围内，对中小企业发展专项资金、中小企业发展基金的管理和使用情况进行监督，对截留、挤占、挪用、侵占、贪污中小企业发展专项资金、中小企业发展基金等行为依法进行查处，并对直接负责的主管人员和其他直接责任人员依法给予处分；构成犯罪的，依法追究刑事责任。

第六十条　县级以上地方各级人民政府有关部门在各自职责范围内，对强制或者变相强制中小企业参加考核、评比、表彰、培训等活动的行为，违法向中小企业收费、罚款、摊派财物的行为，以及其他侵犯中小企业合法权益的行为进行查处，并对直接负责的主管人员和其他直接责任人员依法给予处分。

第十章　附　　则

第六十一条　本法自2018年1月1日起施行。

促进个体工商户发展条例

（2022年9月26日国务院第190次常务会议通过　2022年10月1日国务院令第755号公布　自2022年11月1日起施行）

第一条　为了鼓励、支持和引导个体经济健康发展，维护个体工商户合法权益，稳定和扩大城乡就业，充分发挥个体工商户在国民经济和社会发展中的重要作用，制定本条例。

第二条　有经营能力的公民在中华人民共和国境内从事工商业经营，依法登记为个体工商户的，适用本条例。

第三条　促进个体工商户发展工作坚持中国共产党的领导，发挥党组织在个体工商户发展中的引领作用和党员先锋模范作用。

个体工商户中的党组织和党员按照中国共产党章程的规定开展党的活动。

第四条　个体经济是社会主义市场经济的重要组成部分，个体工商户是重要的市场主体，在繁荣经济、增加就业、推动创业创新、方便群众生活等方面发挥着重要作用。

国家持续深化简政放权、放管结合、优化服务改革，优化营商环境，积极扶持、加强引导、依法规范，为个体工商户健康发展创造有利条件。

第五条　国家对个体工商户实行市场平等准入、公平待遇的原则。

第六条　个体工商户可以个人经营，也可以家庭经营。个体工商户的财产权、经营自主权等合法权益受法律保护，任何单位和个人不得侵害或者非法干预。

第七条　国务院建立促进个体工商户发展部际联席会议制度，研究并推进实施促进个体工商户发展的重大政策措施，统筹协调促进个体工商户发展工作中的重大事项。

国务院市场监督管理部门会同有关部门加强对促进个体工商户发展工作的宏观指导、综合协调和监督检查。

第八条 国务院发展改革、财政、人力资源社会保障、住房城乡建设、商务、金融、税务、市场监督管理等有关部门在各自职责范围内研究制定税费支持、创业扶持、职业技能培训、社会保障、金融服务、登记注册、权益保护等方面的政策措施，做好促进个体工商户发展工作。

第九条 县级以上地方人民政府应当将促进个体工商户发展纳入本级国民经济和社会发展规划，结合本行政区域个体工商户发展情况制定具体措施并组织实施，为个体工商户发展提供支持。

第十条 国家加强个体工商户发展状况监测分析，定期开展抽样调查、监测统计和活跃度分析，强化个体工商户发展信息的归集、共享和运用。

第十一条 市场主体登记机关应当为个体工商户提供依法合规、规范统一、公开透明、便捷高效的登记服务。

第十二条 国务院市场监督管理部门应当根据个体工商户发展特点，改革完善个体工商户年度报告制度，简化内容、优化流程，提供简易便捷的年度报告服务。

第十三条 个体工商户可以自愿变更经营者或者转型为企业。变更经营者的，可以直接向市场主体登记机关申请办理变更登记。涉及有关行政许可的，行政许可部门应当简化手续，依法为个体工商户提供便利。

个体工商户变更经营者或者转型为企业的，应当结清依法应缴纳的税款等，对原有债权债务作出妥善处理，不得损害他人的合法权益。

第十四条 国家加强个体工商户公共服务平台体系建设，为个体工商户提供法律政策、市场供求、招聘用工、创业培训、金融支持等信息服务。

第十五条 依法成立的个体劳动者协会在市场监督管理部门指导下，充分发挥桥梁纽带作用，推动个体工商户党的建设，为个体工商户提供服务，维护个体工商户合法权益，引导个体工商户诚信自律。

个体工商户自愿加入个体劳动者协会。

第十六条 政府及其有关部门在制定相关政策措施时,应当充分听取个体工商户以及相关行业组织的意见,不得违反规定在资质许可、项目申报、政府采购、招标投标等方面对个体工商户制定或者实施歧视性政策措施。

第十七条 县级以上地方人民政府应当结合本行政区域实际情况,根据个体工商户的行业类型、经营规模、经营特点等,对个体工商户实施分型分类培育和精准帮扶。

第十八条 县级以上地方人民政府应当采取有效措施,为个体工商户增加经营场所供给,降低经营场所使用成本。

第十九条 国家鼓励和引导创业投资机构和社会资金支持个体工商户发展。

县级以上地方人民政府应当充分发挥各类资金作用,为个体工商户在创业创新、贷款融资、职业技能培训等方面提供资金支持。

第二十条 国家实行有利于个体工商户发展的财税政策。

县级以上地方人民政府及其有关部门应当严格落实相关财税支持政策,确保精准、及时惠及个体工商户。

第二十一条 国家推动建立和完善个体工商户信用评价体系,鼓励金融机构开发和提供适合个体工商户发展特点的金融产品和服务,扩大个体工商户贷款规模和覆盖面,提高贷款精准性和便利度。

第二十二条 县级以上地方人民政府应当支持个体工商户参加社会保险,对符合条件的个体工商户给予相应的支持。

第二十三条 县级以上地方人民政府应当完善创业扶持政策,支持个体工商户参加职业技能培训,鼓励各类公共就业服务机构为个体工商户提供招聘用工服务。

第二十四条 县级以上地方人民政府应当结合城乡社区服务体系建设,支持个体工商户在社区从事与居民日常生活密切相关的经营活动,满足居民日常生活消费需求。

第二十五条 国家引导和支持个体工商户加快数字化发展、实现线上线下一体化经营。

平台经营者应当在入驻条件、服务规则、收费标准等方面,为个体工商户线上经营提供支持,不得利用服务协议、平台规则、数据算法、技术等手段,对平台内个体工商户进行不合理限制、附加不合理条件或者收取不合理费用。

第二十六条 国家加大对个体工商户的字号、商标、专利、商业秘密等权利的保护力度。

国家鼓励和支持个体工商户提升知识产权的创造运用水平、增强市场竞争力。

第二十七条 县级以上地方人民政府制定实施城乡建设规划及城市和交通管理、市容环境治理、产业升级等相关政策措施,应当充分考虑个体工商户经营需要和实际困难,实施引导帮扶。

第二十八条 各级人民政府对因自然灾害、事故灾难、公共卫生事件、社会安全事件等原因造成经营困难的个体工商户,结合实际情况及时采取纾困帮扶措施。

第二十九条 政府及其有关部门按照国家有关规定,对个体工商户先进典型进行表彰奖励,不断提升个体工商户经营者的荣誉感。

第三十条 任何单位和个人不得违反法律法规和国家有关规定向个体工商户收费或者变相收费,不得擅自扩大收费范围或者提高收费标准,不得向个体工商户集资、摊派,不得强行要求个体工商户提供赞助或者接受有偿服务。

任何单位和个人不得诱导、强迫劳动者登记注册为个体工商户。

第三十一条 机关、企业事业单位不得要求个体工商户接受不合理的付款期限、方式、条件和违约责任等交易条件,不得违约拖欠个体工商户账款,不得通过强制个体工商户接受商业汇票等非现金支付方式变相拖欠账款。

第三十二条 县级以上地方人民政府应当提升个体工商户发展质量,不得将个体工商户数量增长率、年度报告率等作为绩效考核评价指标。

第三十三条 个体工商户对违反本条例规定、侵害自身合法权益的行为,有权向有关部门投诉、举报。

县级以上地方人民政府及其有关部门应当畅通投诉、举报途径,并依法及时处理。

第三十四条 个体工商户应当依法经营、诚实守信,自觉履行劳动用工、安全生产、食品安全、职业卫生、环境保护、公平竞争等方面的法定义务。

对涉及公共安全和人民群众生命健康等重点领域,有关行政部门应当加强监督管理,维护良好市场秩序。

第三十五条 个体工商户开展经营活动违反有关法律规定的,有关行政部门应当按照教育和惩戒相结合、过罚相当的原则,依法予以处理。

第三十六条 政府及其有关部门的工作人员在促进个体工商户发展工作中不履行或者不正确履行职责,损害个体工商户合法权益,造成严重后果的,依法依规给予处分;构成犯罪的,依法追究刑事责任。

第三十七条 香港特别行政区、澳门特别行政区永久性居民中的中国公民,台湾地区居民可以按照国家有关规定,申请登记为个体工商户。

第三十八条 省、自治区、直辖市可以结合本行政区域实际情况,制定促进个体工商户发展的具体办法。

第三十九条 本条例自2022年11月1日起施行。《个体工商户条例》同时废止。

中华人民共和国市场主体登记管理条例

(2021年7月27日国务院令第746号公布
自2022年3月1日起施行)

第一章 总 则

第一条 为了规范市场主体登记管理行为,推进法治化市场建设,维护良好市场秩序和市场主体合法权益,优化营商环境,制定本条例。

第二条 本条例所称市场主体,是指在中华人民共和国境内以营利为目的从事经营活动的下列自然人、法人及非法人组织：

（一）公司、非公司企业法人及其分支机构；

（二）个人独资企业、合伙企业及其分支机构；

（三）农民专业合作社（联合社）及其分支机构；

（四）个体工商户；

（五）外国公司分支机构；

（六）法律、行政法规规定的其他市场主体。

第三条 市场主体应当依照本条例办理登记。未经登记，不得以市场主体名义从事经营活动。法律、行政法规规定无需办理登记的除外。

市场主体登记包括设立登记、变更登记和注销登记。

第四条 市场主体登记管理应当遵循依法合规、规范统一、公开透明、便捷高效的原则。

第五条 国务院市场监督管理部门主管全国市场主体登记管理工作。

县级以上地方人民政府市场监督管理部门主管本辖区市场主体登记管理工作，加强统筹指导和监督管理。

第六条 国务院市场监督管理部门应当加强信息化建设，制定统一的市场主体登记数据和系统建设规范。

县级以上地方人民政府承担市场主体登记工作的部门（以下称登记机关）应当优化市场主体登记办理流程，提高市场主体登记效率，推行当场办结、一次办结、限时办结等制度，实现集中办理、就近办理、网上办理、异地可办，提升市场主体登记便利化程度。

第七条 国务院市场监督管理部门和国务院有关部门应当推动市场主体登记信息与其他政府信息的共享和运用，提升政府服务效能。

第二章 登 记 事 项

第八条 市场主体的一般登记事项包括：

（一）名称；

（二）主体类型；

（三）经营范围；

（四）住所或者主要经营场所；

（五）注册资本或者出资额；

（六）法定代表人、执行事务合伙人或者负责人姓名。

除前款规定外，还应当根据市场主体类型登记下列事项：

（一）有限责任公司股东、股份有限公司发起人、非公司企业法人出资人的姓名或者名称；

（二）个人独资企业的投资人姓名及居所；

（三）合伙企业的合伙人名称或者姓名、住所、承担责任方式；

（四）个体工商户的经营者姓名、住所、经营场所；

（五）法律、行政法规规定的其他事项。

第九条 市场主体的下列事项应当向登记机关办理备案：

（一）章程或者合伙协议；

（二）经营期限或者合伙期限；

（三）有限责任公司股东或者股份有限公司发起人认缴的出资数额，合伙企业合伙人认缴或者实际缴付的出资数额、缴付期限和出资方式；

（四）公司董事、监事、高级管理人员；

（五）农民专业合作社（联合社）成员；

（六）参加经营的个体工商户家庭成员姓名；

（七）市场主体登记联络员、外商投资企业法律文件送达接受人；

（八）公司、合伙企业等市场主体受益所有人相关信息；

（九）法律、行政法规规定的其他事项。

第十条 市场主体只能登记一个名称，经登记的市场主体名称受法律保护。

市场主体名称由申请人依法自主申报。

第十一条 市场主体只能登记一个住所或者主要经营场所。

电子商务平台内的自然人经营者可以根据国家有关规定，将电子商务平台提供的网络经营场所作为经营场所。

省、自治区、直辖市人民政府可以根据有关法律、行政法规的规定和本地区实际情况,自行或者授权下级人民政府对住所或者主要经营场所作出更加便利市场主体从事经营活动的具体规定。

第十二条　有下列情形之一的,不得担任公司、非公司企业法人的法定代表人:

(一)无民事行为能力或者限制民事行为能力;

(二)因贪污、贿赂、侵占财产、挪用财产或者破坏社会主义市场经济秩序被判处刑罚,执行期满未逾5年,或者因犯罪被剥夺政治权利,执行期满未逾5年;

(三)担任破产清算的公司、非公司企业法人的法定代表人、董事或者厂长、经理,对破产负有个人责任的,自破产清算完结之日起未逾3年;

(四)担任因违法被吊销营业执照、责令关闭的公司、非公司企业法人的法定代表人,并负有个人责任的,自被吊销营业执照之日起未逾3年;

(五)个人所负数额较大的债务到期未清偿;

(六)法律、行政法规规定的其他情形。

第十三条　除法律、行政法规或者国务院决定另有规定外,市场主体的注册资本或者出资额实行认缴登记制,以人民币表示。

出资方式应当符合法律、行政法规的规定。公司股东、非公司企业法人出资人、农民专业合作社(联合社)成员不得以劳务、信用、自然人姓名、商誉、特许经营权或者设定担保的财产等作价出资。

第十四条　市场主体的经营范围包括一般经营项目和许可经营项目。经营范围中属于在登记前依法须经批准的许可经营项目,市场主体应当在申请登记时提交有关批准文件。

市场主体应当按照登记机关公布的经营项目分类标准办理经营范围登记。

第三章　登　记　规　范

第十五条　市场主体实行实名登记。申请人应当配合登记机关核验身份信息。

第十六条　申请办理市场主体登记,应当提交下列材料:

(一)申请书;

(二)申请人资格文件、自然人身份证明;

(三)住所或者主要经营场所相关文件;

(四)公司、非公司企业法人、农民专业合作社(联合社)章程或者合伙企业合伙协议;

(五)法律、行政法规和国务院市场监督管理部门规定提交的其他材料。

国务院市场监督管理部门应当根据市场主体类型分别制定登记材料清单和文书格式样本,通过政府网站、登记机关服务窗口等向社会公开。

登记机关能够通过政务信息共享平台获取的市场主体登记相关信息,不得要求申请人重复提供。

第十七条 申请人应当对提交材料的真实性、合法性和有效性负责。

第十八条 申请人可以委托其他自然人或者中介机构代其办理市场主体登记。受委托的自然人或者中介机构代为办理登记事宜应当遵守有关规定,不得提供虚假信息和材料。

第十九条 登记机关应当对申请材料进行形式审查。对申请材料齐全、符合法定形式的予以确认并当场登记。不能当场登记的,应当在3个工作日内予以登记;情形复杂的,经登记机关负责人批准,可以再延长3个工作日。

申请材料不齐全或者不符合法定形式的,登记机关应当一次性告知申请人需要补正的材料。

第二十条 登记申请不符合法律、行政法规规定,或者可能危害国家安全、社会公共利益的,登记机关不予登记并说明理由。

第二十一条 申请人申请市场主体设立登记,登记机关依法予以登记的,签发营业执照。营业执照签发日期为市场主体的成立日期。

法律、行政法规或者国务院决定规定设立市场主体须经批准的,应当在批准文件有效期内向登记机关申请登记。

第二十二条 营业执照分为正本和副本,具有同等法律效力。

电子营业执照与纸质营业执照具有同等法律效力。

营业执照样式、电子营业执照标准由国务院市场监督管理部门统一制定。

第二十三条 市场主体设立分支机构,应当向分支机构所在地的登记机关申请登记。

第二十四条 市场主体变更登记事项,应当自作出变更决议、决定或者法定变更事项发生之日起 30 日内向登记机关申请变更登记。

市场主体变更登记事项属于依法须经批准的,申请人应当在批准文件有效期内向登记机关申请变更登记。

第二十五条 公司、非公司企业法人的法定代表人在任职期间发生本条例第十二条所列情形之一的,应当向登记机关申请变更登记。

第二十六条 市场主体变更经营范围,属于依法须经批准的项目的,应当自批准之日起 30 日内申请变更登记。许可证或者批准文件被吊销、撤销或者有效期届满的,应当自许可证或者批准文件被吊销、撤销或者有效期届满之日起 30 日内向登记机关申请变更登记或者办理注销登记。

第二十七条 市场主体变更住所或者主要经营场所跨登记机关辖区的,应当在迁入新的住所或者主要经营场所前,向迁入地登记机关申请变更登记。迁出地登记机关无正当理由不得拒绝移交市场主体档案等相关材料。

第二十八条 市场主体变更登记涉及营业执照记载事项的,登记机关应当及时为市场主体换发营业执照。

第二十九条 市场主体变更本条例第九条规定的备案事项的,应当自作出变更决议、决定或者法定变更事项发生之日起 30 日内向登记机关办理备案。农民专业合作社(联合社)成员发生变更的,应当自本会计年度终了之日起 90 日内向登记机关办理备案。

第三十条 因自然灾害、事故灾难、公共卫生事件、社会安全事件等原因造成经营困难的,市场主体可以自主决定在一定时期内歇业。法律、行政法规另有规定的除外。

市场主体应当在歇业前与职工依法协商劳动关系处理等有关事项。

市场主体应当在歇业前向登记机关办理备案。登记机关通过国家企业信用信息公示系统向社会公示歇业期限、法律文书送达地址等信息。

市场主体歇业的期限最长不得超过3年。市场主体在歇业期间开展经营活动的,视为恢复营业,市场主体应当通过国家企业信用信息公示系统向社会公示。

市场主体歇业期间,可以以法律文书送达地址代替住所或者主要经营场所。

第三十一条 市场主体因解散、被宣告破产或者其他法定事由需要终止的,应当依法向登记机关申请注销登记。经登记机关注销登记,市场主体终止。

市场主体注销依法须经批准的,应当经批准后向登记机关申请注销登记。

第三十二条 市场主体注销登记前依法应当清算的,清算组应当自成立之日起10日内将清算组成员、清算组负责人名单通过国家企业信用信息公示系统公告。清算组可以通过国家企业信用信息公示系统发布债权人公告。

清算组应当自清算结束之日起30日内向登记机关申请注销登记。市场主体申请注销登记前,应当依法办理分支机构注销登记。

第三十三条 市场主体未发生债权债务或者已将债权债务清偿完结,未发生或者已结清清偿费用、职工工资、社会保险费用、法定补偿金、应缴纳税款(滞纳金、罚款),并由全体投资人书面承诺对上述情况的真实性承担法律责任的,可以按照简易程序办理注销登记。

市场主体应当将承诺书及注销登记申请通过国家企业信用信息公示系统公示,公示期为20日。在公示期内无相关部门、债权人及其他利害关系人提出异议的,市场主体可以于公示期届满之日起20日内向登记机关申请注销登记。

个体工商户按照简易程序办理注销登记的,无需公示,由登记机关将个体工商户的注销登记申请推送至税务等有关部门,有关部门在10日内没有提出异议的,可以直接办理注销登记。

市场主体注销依法须经批准的,或者市场主体被吊销营业执照、责令关闭、撤销,或者被列入经营异常名录的,不适用简易注销程序。

第三十四条　人民法院裁定强制清算或者裁定宣告破产的,有关清算组、破产管理人可以持人民法院终结强制清算程序的裁定或者终结破产程序的裁定,直接向登记机关申请办理注销登记。

第四章　监督管理

第三十五条　市场主体应当按照国家有关规定公示年度报告和登记相关信息。

第三十六条　市场主体应当将营业执照置于住所或者主要经营场所的醒目位置。从事电子商务经营的市场主体应当在其首页显著位置持续公示营业执照信息或者相关链接标识。

第三十七条　任何单位和个人不得伪造、涂改、出租、出借、转让营业执照。

营业执照遗失或者毁坏的,市场主体应当通过国家企业信用信息公示系统声明作废,申请补领。

登记机关依法作出变更登记、注销登记和撤销登记决定的,市场主体应当缴回营业执照。拒不缴回或者无法缴回营业执照的,由登记机关通过国家企业信用信息公示系统公告营业执照作废。

第三十八条　登记机关应当根据市场主体的信用风险状况实施分级分类监管。

登记机关应当采取随机抽取检查对象、随机选派执法检查人员的方式,对市场主体登记事项进行监督检查,并及时向社会公开监督检查结果。

第三十九条　登记机关对市场主体涉嫌违反本条例规定的行为进行查处,可以行使下列职权:

(一)进入市场主体的经营场所实施现场检查;

(二)查阅、复制、收集与市场主体经营活动有关的合同、票据、账簿以及其他资料;

(三)向与市场主体经营活动有关的单位和个人调查了解情况;

(四)依法责令市场主体停止相关经营活动;

(五)依法查询涉嫌违法的市场主体的银行账户;

(六)法律、行政法规规定的其他职权。

登记机关行使前款第四项、第五项规定的职权的,应当经登记机关主要负责人批准。

第四十条 提交虚假材料或者采取其他欺诈手段隐瞒重要事实取得市场主体登记的,受虚假市场主体登记影响的自然人、法人和其他组织可以向登记机关提出撤销市场主体登记的申请。

登记机关受理申请后,应当及时开展调查。经调查认定存在虚假市场主体登记情形的,登记机关应当撤销市场主体登记。相关市场主体和人员无法联系或者拒不配合的,登记机关可以将相关市场主体的登记时间、登记事项等通过国家企业信用信息公示系统向社会公示,公示期为45日。相关市场主体及其利害关系人在公示期内没有提出异议的,登记机关可以撤销市场主体登记。

因虚假市场主体登记被撤销的市场主体,其直接责任人自市场主体登记被撤销之日起3年内不得再次申请市场主体登记。登记机关应当通过国家企业信用信息公示系统予以公示。

第四十一条 有下列情形之一的,登记机关可以不予撤销市场主体登记:

(一)撤销市场主体登记可能对社会公共利益造成重大损害;

(二)撤销市场主体登记后无法恢复到登记前的状态;

(三)法律、行政法规规定的其他情形。

第四十二条 登记机关或者其上级机关认定撤销市场主体登记决定错误的,可以撤销该决定,恢复原登记状态,并通过国家企业信用信息公示系统公示。

第五章 法 律 责 任

第四十三条 未经设立登记从事经营活动的,由登记机关责令改正,没收违法所得;拒不改正的,处1万元以上10万元以下的罚款;情节严重的,依法责令关闭停业,并处10万元以上50万元以下的罚款。

第四十四条 提交虚假材料或者采取其他欺诈手段隐瞒重要事实取得市场主体登记的,由登记机关责令改正,没收违法所得,并处5万元以上20万元以下的罚款;情节严重的,处20万元以上100万元以下的罚款,吊销营业执照。

第四十五条 实行注册资本实缴登记制的市场主体虚报注册资本取得市场主体登记的,由登记机关责令改正,处虚报注册资本金额5%以上15%以下的罚款;情节严重的,吊销营业执照。

实行注册资本实缴登记制的市场主体的发起人、股东虚假出资,未交付或者未按期交付作为出资的货币或者非货币财产的,或者在市场主体成立后抽逃出资的,由登记机关责令改正,处虚假出资金额5%以上15%以下的罚款。

第四十六条 市场主体未依照本条例办理变更登记的,由登记机关责令改正;拒不改正的,处1万元以上10万元以下的罚款;情节严重的,吊销营业执照。

第四十七条 市场主体未依照本条例办理备案的,由登记机关责令改正;拒不改正的,处5万元以下的罚款。

第四十八条 市场主体未依照本条例将营业执照置于住所或者主要经营场所醒目位置的,由登记机关责令改正;拒不改正的,处3万元以下的罚款。

从事电子商务经营的市场主体未在其首页显著位置持续公示营业执照信息或者相关链接标识的,由登记机关依照《中华人民共和国电子商务法》处罚。

市场主体伪造、涂改、出租、出借、转让营业执照的,由登记机关没收违法所得,处10万元以下的罚款;情节严重的,处10万元以上50万元以下的罚款,吊销营业执照。

第四十九条 违反本条例规定的,登记机关确定罚款金额时,应当综合考虑市场主体的类型、规模、违法情节等因素。

第五十条 登记机关及其工作人员违反本条例规定未履行职责或者履行职责不当的,对直接负责的主管人员和其他直接责任人员依法给予处分。

第五十一条 违反本条例规定,构成犯罪的,依法追究刑事责任。

第五十二条 法律、行政法规对市场主体登记管理违法行为处罚另有规定的,从其规定。

第六章 附　则

第五十三条　国务院市场监督管理部门可以依照本条例制定市场主体登记和监督管理的具体办法。

第五十四条　无固定经营场所摊贩的管理办法,由省、自治区、直辖市人民政府根据当地实际情况另行规定。

第五十五条　本条例自2022年3月1日起施行。《中华人民共和国公司登记管理条例》、《中华人民共和国企业法人登记管理条例》、《中华人民共和国合伙企业登记管理办法》、《农民专业合作社登记管理条例》、《企业法人法定代表人登记管理规定》同时废止。

中华人民共和国劳动法

（1994年7月5日第八届全国人民代表大会常务委员会第八次会议通过　根据2009年8月27日第十一届全国人民代表大会常务委员会第十次会议《关于修改部分法律的决定》第一次修正　根据2018年12月29日第十三届全国人民代表大会常务委员会第七次会议《关于修改〈中华人民共和国劳动法〉等七部法律的决定》第二次修正）

目　录

第一章　总　　则
第二章　促进就业
第三章　劳动合同和集体合同
第四章　工作时间和休息休假
第五章　工　资
第六章　劳动安全卫生
第七章　女职工和未成年工特殊保护
第八章　职业培训

第九章　社会保险和福利
第十章　劳动争议
第十一章　监督检查
第十二章　法律责任
第十三章　附　　则

第一章　总　　则

第一条　为了保护劳动者的合法权益,调整劳动关系,建立和维护适应社会主义市场经济的劳动制度,促进经济发展和社会进步,根据宪法,制定本法。

第二条　在中华人民共和国境内的企业、个体经济组织(以下统称用人单位)和与之形成劳动关系的劳动者,适用本法。

国家机关、事业组织、社会团体和与之建立劳动合同关系的劳动者,依照本法执行。

第三条　劳动者享有平等就业和选择职业的权利、取得劳动报酬的权利、休息休假的权利、获得劳动安全卫生保护的权利、接受职业技能培训的权利、享受社会保险和福利的权利、提请劳动争议处理的权利以及法律规定的其他劳动权利。

劳动者应当完成劳动任务,提高职业技能,执行劳动安全卫生规程,遵守劳动纪律和职业道德。

第四条　用人单位应当依法建立和完善规章制度,保障劳动者享有劳动权利和履行劳动义务。

第五条　国家采取各种措施,促进劳动就业,发展职业教育,制定劳动标准,调节社会收入,完善社会保险,协调劳动关系,逐步提高劳动者的生活水平。

第六条　国家提倡劳动者参加社会义务劳动,开展劳动竞赛和合理化建议活动,鼓励和保护劳动者进行科学研究、技术革新和发明创造,表彰和奖励劳动模范和先进工作者。

第七条　劳动者有权依法参加和组织工会。

工会代表和维护劳动者的合法权益,依法独立自主地开展活动。

第八条　劳动者依照法律规定,通过职工大会、职工代表大会或者其他形式,参与民主管理或者就保护劳动者合法权益与用人单位进行平等协商。

第九条 国务院劳动行政部门主管全国劳动工作。

县级以上地方人民政府劳动行政部门主管本行政区域内的劳动工作。

第二章 促进就业

第十条 国家通过促进经济和社会发展,创造就业条件,扩大就业机会。

国家鼓励企业、事业组织、社会团体在法律、行政法规规定的范围内兴办产业或者拓展经营,增加就业。

国家支持劳动者自愿组织起来就业和从事个体经营实现就业。

第十一条 地方各级人民政府应当采取措施,发展多种类型的职业介绍机构,提供就业服务。

第十二条 劳动者就业,不因民族、种族、性别、宗教信仰不同而受歧视。

第十三条 妇女享有与男子平等的就业权利。在录用职工时,除国家规定的不适合妇女的工种或者岗位外,不得以性别为由拒绝录用妇女或者提高对妇女的录用标准。

第十四条 残疾人、少数民族人员、退出现役的军人的就业,法律、法规有特别规定的,从其规定。

第十五条 禁止用人单位招用未满十六周岁的未成年人。

文艺、体育和特种工艺单位招用未满十六周岁的未成年人,必须遵守国家有关规定,并保障其接受义务教育的权利。

第三章 劳动合同和集体合同

第十六条 劳动合同是劳动者与用人单位确立劳动关系、明确双方权利和义务的协议。

建立劳动关系应当订立劳动合同。

第十七条 订立和变更劳动合同,应当遵循平等自愿、协商一致的原则,不得违反法律、行政法规的规定。

劳动合同依法订立即具有法律约束力,当事人必须履行劳动合同规定的义务。

第十八条 下列劳动合同无效:

(一)违反法律、行政法规的劳动合同;

(二)采取欺诈、威胁等手段订立的劳动合同。

无效的劳动合同,从订立的时候起,就没有法律约束力。确认劳动合同部分无效的,如果不影响其余部分的效力,其余部分仍然有效。

劳动合同的无效,由劳动争议仲裁委员会或者人民法院确认。

第十九条 劳动合同应当以书面形式订立,并具备以下条款:

(一)劳动合同期限;

(二)工作内容;

(三)劳动保护和劳动条件;

(四)劳动报酬;

(五)劳动纪律;

(六)劳动合同终止的条件;

(七)违反劳动合同的责任。

劳动合同除前款规定的必备条款外,当事人可以协商约定其他内容。

第二十条 劳动合同的期限分为有固定期限、无固定期限和以完成一定的工作为期限。

劳动者在同一用人单位连续工作满十年以上,当事人双方同意续延劳动合同的,如果劳动者提出订立无固定期限的劳动合同,应当订立无固定期限的劳动合同。

第二十一条 劳动合同可以约定试用期。试用期最长不得超过六个月。

第二十二条 劳动合同当事人可以在劳动合同中约定保守用人单位商业秘密的有关事项。

第二十三条 劳动合同期满或者当事人约定的劳动合同终止条件出现,劳动合同即行终止。

第二十四条 经劳动合同当事人协商一致,劳动合同可以解除。

第二十五条 劳动者有下列情形之一的,用人单位可以解除劳动合同：

（一）在试用期间被证明不符合录用条件的；

（二）严重违反劳动纪律或者用人单位规章制度的；

（三）严重失职，营私舞弊，对用人单位利益造成重大损害的；

（四）被依法追究刑事责任的。

第二十六条 有下列情形之一的，用人单位可以解除劳动合同，但是应当提前三十日以书面形式通知劳动者本人：

（一）劳动者患病或者非因工负伤，医疗期满后，不能从事原工作也不能从事由用人单位另行安排的工作的；

（二）劳动者不能胜任工作，经过培训或者调整工作岗位，仍不能胜任工作的；

（三）劳动合同订立时所依据的客观情况发生重大变化，致使原劳动合同无法履行，经当事人协商不能就变更劳动合同达成协议的。

第二十七条 用人单位濒临破产进行法定整顿期间或者生产经营状况发生严重困难，确需裁减人员的，应当提前三十日向工会或者全体职工说明情况，听取工会或者职工的意见，经向劳动行政部门报告后，可以裁减人员。

用人单位依据本条规定裁减人员，在六个月内录用人员的，应当优先录用被裁减的人员。

第二十八条 用人单位依据本法第二十四条、第二十六条、第二十七条的规定解除劳动合同的，应当依照国家有关规定给予经济补偿。

第二十九条 劳动者有下列情形之一的，用人单位不得依据本法第二十六条、第二十七条的规定解除劳动合同：

（一）患职业病或者因工负伤并被确认丧失或者部分丧失劳动能力的；

（二）患病或者负伤，在规定的医疗期内的；

（三）女职工在孕期、产期、哺乳期内的；

（四）法律、行政法规规定的其他情形。

第三十条 用人单位解除劳动合同，工会认为不适当的，有权提出意见。如果用人单位违反法律、法规或者劳动合同，工会有权要求重新处理;劳动者申请仲裁或者提起诉讼的,工会应当依法给予支持和帮助。

第三十一条 劳动者解除劳动合同,应当提前三十日以书面形式通知用人单位。

第三十二条 有下列情形之一的,劳动者可以随时通知用人单位解除劳动合同:

(一)在试用期内的;

(二)用人单位以暴力、威胁或者非法限制人身自由的手段强迫劳动的;

(三)用人单位未按照劳动合同约定支付劳动报酬或者提供劳动条件的。

第三十三条 企业职工一方与企业可以就劳动报酬、工作时间、休息休假、劳动安全卫生、保险福利等事项,签订集体合同。集体合同草案应当提交职工代表大会或者全体职工讨论通过。

集体合同由工会代表职工与企业签订;没有建立工会的企业,由职工推举的代表与企业签订。

第三十四条 集体合同签订后应当报送劳动行政部门;劳动行政部门自收到集体合同文本之日起十五日内未提出异议的,集体合同即行生效。

第三十五条 依法签订的集体合同对企业和企业全体职工具有约束力。职工个人与企业订立的劳动合同中劳动条件和劳动报酬等标准不得低于集体合同的规定。

第四章 工作时间和休息休假

第三十六条 国家实行劳动者每日工作时间不超过八小时、平均每周工作时间不超过四十四小时的工时制度。

第三十七条 对实行计件工作的劳动者,用人单位应当根据本法第三十六条规定的工时制度合理确定其劳动定额和计件报酬标准。

第三十八条 用人单位应当保证劳动者每周至少休息一日。

第三十九条 企业因生产特点不能实行本法第三十六条、第三十八条规定的,经劳动行政部门批准,可以实行其他工作和休息办法。

第四十条 用人单位在下列节日期间应当依法安排劳动者休假：

（一）元旦；

（二）春节；

（三）国际劳动节；

（四）国庆节；

（五）法律、法规规定的其他休假节日。

第四十一条 用人单位由于生产经营需要，经与工会和劳动者协商后可以延长工作时间，一般每日不得超过一小时；因特殊原因需要延长工作时间的，在保障劳动者身体健康的条件下延长工作时间每日不得超过三小时，但是每月不得超过三十六小时。

第四十二条 有下列情形之一的，延长工作时间不受本法第四十一条规定的限制：

（一）发生自然灾害、事故或者因其他原因，威胁劳动者生命健康和财产安全，需要紧急处理的；

（二）生产设备、交通运输线路、公共设施发生故障，影响生产和公众利益，必须及时抢修的；

（三）法律、行政法规规定的其他情形。

第四十三条 用人单位不得违反本法规定延长劳动者的工作时间。

第四十四条 有下列情形之一的，用人单位应当按照下列标准支付高于劳动者正常工作时间工资的工资报酬：

（一）安排劳动者延长工作时间的，支付不低于工资的百分之一百五十的工资报酬；

（二）休息日安排劳动者工作又不能安排补休的，支付不低于工资的百分之二百的工资报酬；

（三）法定休假日安排劳动者工作的，支付不低于工资的百分之三百的工资报酬。

第四十五条 国家实行带薪年休假制度。

劳动者连续工作一年以上的，享受带薪年休假。具体办法由国务院规定。

第五章 工　　资

第四十六条　工资分配应当遵循按劳分配原则,实行同工同酬。

工资水平在经济发展的基础上逐步提高。国家对工资总量实行宏观调控。

第四十七条　用人单位根据本单位的生产经营特点和经济效益,依法自主确定本单位的工资分配方式和工资水平。

第四十八条　国家实行最低工资保障制度。最低工资的具体标准由省、自治区、直辖市人民政府规定,报国务院备案。

用人单位支付劳动者的工资不得低于当地最低工资标准。

第四十九条　确定和调整最低工资标准应当综合参考下列因素:

(一)劳动者本人及平均赡养人口的最低生活费用;

(二)社会平均工资水平;

(三)劳动生产率;

(四)就业状况;

(五)地区之间经济发展水平的差异。

第五十条　工资应当以货币形式按月支付给劳动者本人。不得克扣或者无故拖欠劳动者的工资。

第五十一条　劳动者在法定休假日和婚丧假期间以及依法参加社会活动期间,用人单位应当依法支付工资。

第六章　劳动安全卫生

第五十二条　用人单位必须建立、健全劳动安全卫生制度,严格执行国家劳动安全卫生规程和标准,对劳动者进行劳动安全卫生教育,防止劳动过程中的事故,减少职业危害。

第五十三条　劳动安全卫生设施必须符合国家规定的标准。

新建、改建、扩建工程的劳动安全卫生设施必须与主体工程同时设计、同时施工、同时投入生产和使用。

第五十四条　用人单位必须为劳动者提供符合国家规定的劳动安全卫生条件和必要的劳动防护用品,对从事有职业危害作业的劳动者应当定期进行健康检查。

第五十五条 从事特种作业的劳动者必须经过专门培训并取得特种作业资格。

第五十六条 劳动者在劳动过程中必须严格遵守安全操作规程。

劳动者对用人单位管理人员违章指挥、强令冒险作业,有权拒绝执行;对危害生命安全和身体健康的行为,有权提出批评、检举和控告。

第五十七条 国家建立伤亡事故和职业病统计报告和处理制度。县级以上各级人民政府劳动行政部门、有关部门和用人单位应当依法对劳动者在劳动过程中发生的伤亡事故和劳动者的职业病状况,进行统计、报告和处理。

第七章 女职工和未成年工特殊保护

第五十八条 国家对女职工和未成年工实行特殊劳动保护。

未成年工是指年满十六周岁未满十八周岁的劳动者。

第五十九条 禁止安排女职工从事矿山井下、国家规定的第四级体力劳动强度的劳动和其他禁忌从事的劳动。

第六十条 不得安排女职工在经期从事高处、低温、冷水作业和国家规定的第三级体力劳动强度的劳动。

第六十一条 不得安排女职工在怀孕期间从事国家规定的第三级体力劳动强度的劳动和孕期禁忌从事的劳动。对怀孕七个月以上的女职工,不得安排其延长工作时间和夜班劳动。

第六十二条 女职工生育享受不少于九十天的产假。

第六十三条 不得安排女职工在哺乳未满一周岁的婴儿期间从事国家规定的第三级体力劳动强度的劳动和哺乳期禁忌从事的其他劳动,不得安排其延长工作时间和夜班劳动。

第六十四条 不得安排未成年工从事矿山井下、有毒有害、国家规定的第四级体力劳动强度的劳动和其他禁忌从事的劳动。

第六十五条 用人单位应当对未成年工定期进行健康检查。

第八章 职 业 培 训

第六十六条 国家通过各种途径,采取各种措施,发展职业培训事业,开发劳动者的职业技能,提高劳动者素质,增强劳动者的就业能力和工作能力。

第六十七条 各级人民政府应当把发展职业培训纳入社会经济发展的规划,鼓励和支持有条件的企业、事业组织、社会团体和个人进行各种形式的职业培训。

第六十八条 用人单位应当建立职业培训制度,按照国家规定提取和使用职业培训经费,根据本单位实际,有计划地对劳动者进行职业培训。

从事技术工种的劳动者,上岗前必须经过培训。

第六十九条 国家确定职业分类,对规定的职业制定职业技能标准,实行职业资格证书制度,由经备案的考核鉴定机构负责对劳动者实施职业技能考核鉴定。

第九章　社会保险和福利

第七十条 国家发展社会保险事业,建立社会保险制度,设立社会保险基金,使劳动者在年老、患病、工伤、失业、生育等情况下获得帮助和补偿。

第七十一条 社会保险水平应当与社会经济发展水平和社会承受能力相适应。

第七十二条 社会保险基金按照保险类型确定资金来源,逐步实行社会统筹。用人单位和劳动者必须依法参加社会保险,缴纳社会保险费。

第七十三条 劳动者在下列情形下,依法享受社会保险待遇:

(一)退休;

(二)患病、负伤;

(三)因工伤残或者患职业病;

(四)失业;

(五)生育。

劳动者死亡后,其遗属依法享受遗属津贴。

劳动者享受社会保险待遇的条件和标准由法律、法规规定。

劳动者享受的社会保险金必须按时足额支付。

第七十四条 社会保险基金经办机构依照法律规定收支、管理和运营社会保险基金,并负有使社会保险基金保值增值的责任。

社会保险基金监督机构依照法律规定,对社会保险基金的收支、管理和运营实施监督。

社会保险基金经办机构和社会保险基金监督机构的设立和职能由法律规定。

任何组织和个人不得挪用社会保险基金。

第七十五条 国家鼓励用人单位根据本单位实际情况为劳动者建立补充保险。

国家提倡劳动者个人进行储蓄性保险。

第七十六条 国家发展社会福利事业,兴建公共福利设施,为劳动者休息、休养和疗养提供条件。

用人单位应当创造条件,改善集体福利,提高劳动者的福利待遇。

第十章 劳动争议

第七十七条 用人单位与劳动者发生劳动争议,当事人可以依法申请调解、仲裁、提起诉讼,也可以协商解决。

调解原则适用于仲裁和诉讼程序。

第七十八条 解决劳动争议,应当根据合法、公正、及时处理的原则,依法维护劳动争议当事人的合法权益。

第七十九条 劳动争议发生后,当事人可以向本单位劳动争议调解委员会申请调解;调解不成,当事人一方要求仲裁的,可以向劳动争议仲裁委员会申请仲裁。当事人一方也可以直接向劳动争议仲裁委员会申请仲裁。对仲裁裁决不服的,可以向人民法院提起诉讼。

第八十条 在用人单位内,可以设立劳动争议调解委员会。劳动争议调解委员会由职工代表、用人单位代表和工会代表组成。劳动争议调解委员会主任由工会代表担任。

劳动争议经调解达成协议的,当事人应当履行。

第八十一条 劳动争议仲裁委员会由劳动行政部门代表、同级工会代表、用人单位方面的代表组成。劳动争议仲裁委员会主任由劳动行政部门代表担任。

第八十二条　提出仲裁要求的一方应当自劳动争议发生之日起六十日内向劳动争议仲裁委员会提出书面申请。仲裁裁决一般应在收到仲裁申请的六十日内作出。对仲裁裁决无异议的,当事人必须履行。

第八十三条　劳动争议当事人对仲裁裁决不服的,可以自收到仲裁裁决书之日起十五日内向人民法院提起诉讼。一方当事人在法定期限内不起诉又不履行仲裁裁决的,另一方当事人可以申请人民法院强制执行。

第八十四条　因签订集体合同发生争议,当事人协商解决不成的,当地人民政府劳动行政部门可以组织有关各方协调处理。

因履行集体合同发生争议,当事人协商解决不成的,可以向劳动争议仲裁委员会申请仲裁;对仲裁裁决不服的,可以自收到仲裁裁决书之日起十五日内向人民法院提起诉讼。

第十一章　监督检查

第八十五条　县级以上各级人民政府劳动行政部门依法对用人单位遵守劳动法律、法规的情况进行监督检查,对违反劳动法律、法规的行为有权制止,并责令改正。

第八十六条　县级以上各级人民政府劳动行政部门监督检查人员执行公务,有权进入用人单位了解执行劳动法律、法规的情况,查阅必要的资料,并对劳动场所进行检查。

县级以上各级人民政府劳动行政部门监督检查人员执行公务,必须出示证件,秉公执法并遵守有关规定。

第八十七条　县级以上各级人民政府有关部门在各自职责范围内,对用人单位遵守劳动法律、法规的情况进行监督。

第八十八条　各级工会依法维护劳动者的合法权益,对用人单位遵守劳动法律、法规的情况进行监督。

任何组织和个人对于违反劳动法律、法规的行为有权检举和控告。

第十二章　法　律　责　任

第八十九条　用人单位制定的劳动规章制度违反法律、法规规定的,由劳动行政部门给予警告,责令改正;对劳动者造成损害的,应当承担赔偿责任。

第九十条　用人单位违反本法规定,延长劳动者工作时间的,由劳动行政部门给予警告,责令改正,并可以处以罚款。

第九十一条　用人单位有下列侵害劳动者合法权益情形之一的,由劳动行政部门责令支付劳动者的工资报酬、经济补偿,并可以责令支付赔偿金:

(一)克扣或者无故拖欠劳动者工资的;

(二)拒不支付劳动者延长工作时间工资报酬的;

(三)低于当地最低工资标准支付劳动者工资的;

(四)解除劳动合同后,未依照本法规定给予劳动者经济补偿的。

第九十二条　用人单位的劳动安全设施和劳动卫生条件不符合国家规定或者未向劳动者提供必要的劳动防护用品和劳动保护设施的,由劳动行政部门或者有关部门责令改正,可以处以罚款;情节严重的,提请县级以上人民政府决定责令停产整顿;对事故隐患不采取措施,致使发生重大事故,造成劳动者生命和财产损失的,对责任人员依照刑法有关规定追究刑事责任。

第九十三条　用人单位强令劳动者违章冒险作业,发生重大伤亡事故,造成严重后果的,对责任人员依法追究刑事责任。

第九十四条　用人单位非法招用未满十六周岁的未成年人的,由劳动行政部门责令改正,处以罚款;情节严重的,由市场监督管理部门吊销营业执照。

第九十五条　用人单位违反本法对女职工和未成年工的保护规定,侵害其合法权益的,由劳动行政部门责令改正,处以罚款;对女职工或者未成年工造成损害的,应当承担赔偿责任。

第九十六条　用人单位有下列行为之一,由公安机关对责任人员处以十五日以下拘留、罚款或者警告;构成犯罪,对责任人员依法追究刑事责任:

(一)以暴力、威胁或者非法限制人身自由的手段强迫劳动的;
(二)侮辱、体罚、殴打、非法搜查和拘禁劳动者的。

第九十七条 由于用人单位的原因订立的无效合同,对劳动者造成损害的,应当承担赔偿责任。

第九十八条 用人单位违反本法规定的条件解除劳动合同或者故意拖延不订立劳动合同的,由劳动行政部门责令改正;对劳动者造成损害的,应当承担赔偿责任。

第九十九条 用人单位招用尚未解除劳动合同的劳动者,对原用人单位造成经济损失的,该用人单位应当依法承担连带赔偿责任。

第一百条 用人单位无故不缴纳社会保险费的,由劳动行政部门责令其限期缴纳;逾期不缴的,可以加收滞纳金。

第一百零一条 用人单位无理阻挠劳动行政部门、有关部门及其工作人员行使监督检查权,打击报复举报人员的,由劳动行政部门或者有关部门处以罚款;构成犯罪的,对责任人员依法追究刑事责任。

第一百零二条 劳动者违反本法规定的条件解除劳动合同或者违反劳动合同中约定的保密事项,对用人单位造成经济损失的,应当依法承担赔偿责任。

第一百零三条 劳动行政部门或者有关部门的工作人员滥用职权、玩忽职守、徇私舞弊,构成犯罪的,依法追究刑事责任;不构成犯罪的,给予行政处分。

第一百零四条 国家工作人员和社会保险基金经办机构的工作人员挪用社会保险基金,构成犯罪的,依法追究刑事责任。

第一百零五条 违反本法规定侵害劳动者合法权益,其他法律、行政法规已规定处罚的,依照该法律、行政法规的规定处罚。

第十三章 附 则

第一百零六条 省、自治区、直辖市人民政府根据本法和本地区的实际情况,规定劳动合同制度的实施步骤,报国务院备案。

第一百零七条 本法自1995年1月1日起施行。

中华人民共和国劳动合同法

(2007年6月29日第十届全国人民代表大会常务委员会第二十八次会议通过 根据2012年12月28日第十一届全国人民代表大会常务委员会第三十次会议《关于修改〈中华人民共和国劳动合同法〉的决定》修正)

目 录

第一章 总 则
第二章 劳动合同的订立
第三章 劳动合同的履行和变更
第四章 劳动合同的解除和终止
第五章 特别规定
 第一节 集体合同
 第二节 劳务派遣
 第三节 非全日制用工
第六章 监督检查
第七章 法律责任
第八章 附 则

第一章 总 则

第一条 为了完善劳动合同制度,明确劳动合同双方当事人的权利和义务,保护劳动者的合法权益,构建和发展和谐稳定的劳动关系,制定本法。

第二条 中华人民共和国境内的企业、个体经济组织、民办非企业单位等组织(以下称用人单位)与劳动者建立劳动关系,订立、履行、变更、解除或者终止劳动合同,适用本法。

国家机关、事业单位、社会团体和与其建立劳动关系的劳动者,订立、履行、变更、解除或者终止劳动合同,依照本法执行。

第三条 订立劳动合同,应当遵循合法、公平、平等自愿、协商一致、诚实信用的原则。

依法订立的劳动合同具有约束力,用人单位与劳动者应当履行劳动合同约定的义务。

第四条 用人单位应当依法建立和完善劳动规章制度,保障劳动者享有劳动权利、履行劳动义务。

用人单位在制定、修改或者决定有关劳动报酬、工作时间、休息休假、劳动安全卫生、保险福利、职工培训、劳动纪律以及劳动定额管理等直接涉及劳动者切身利益的规章制度或者重大事项时,应当经职工代表大会或者全体职工讨论,提出方案和意见,与工会或者职工代表平等协商确定。

在规章制度和重大事项决定实施过程中,工会或者职工认为不适当的,有权向用人单位提出,通过协商予以修改完善。

用人单位应当将直接涉及劳动者切身利益的规章制度和重大事项决定公示,或者告知劳动者。

第五条 县级以上人民政府劳动行政部门会同工会和企业方面代表,建立健全协调劳动关系三方机制,共同研究解决有关劳动关系的重大问题。

第六条 工会应当帮助、指导劳动者与用人单位依法订立和履行劳动合同,并与用人单位建立集体协商机制,维护劳动者的合法权益。

第二章 劳动合同的订立

第七条 用人单位自用工之日起即与劳动者建立劳动关系。用人单位应当建立职工名册备查。

第八条 用人单位招用劳动者时,应当如实告知劳动者工作内容、工作条件、工作地点、职业危害、安全生产状况、劳动报酬,以及劳动者要求了解的其他情况;用人单位有权了解劳动者与劳动合同直接相关的基本情况,劳动者应当如实说明。

第九条 用人单位招用劳动者,不得扣押劳动者的居民身份证和其他证件,不得要求劳动者提供担保或者以其他名义向劳动者收取财物。

第十条 建立劳动关系,应当订立书面劳动合同。

已建立劳动关系,未同时订立书面劳动合同的,应当自用工之日起一个月内订立书面劳动合同。

用人单位与劳动者在用工前订立劳动合同的,劳动关系自用工之日起建立。

第十一条 用人单位未在用工的同时订立书面劳动合同,与劳动者约定的劳动报酬不明确的,新招用的劳动者的劳动报酬按照集体合同规定的标准执行;没有集体合同或者集体合同未规定的,实行同工同酬。

第十二条 劳动合同分为固定期限劳动合同、无固定期限劳动合同和以完成一定工作任务为期限的劳动合同。

第十三条 固定期限劳动合同,是指用人单位与劳动者约定合同终止时间的劳动合同。

用人单位与劳动者协商一致,可以订立固定期限劳动合同。

第十四条 无固定期限劳动合同,是指用人单位与劳动者约定无确定终止时间的劳动合同。

用人单位与劳动者协商一致,可以订立无固定期限劳动合同。有下列情形之一,劳动者提出或者同意续订、订立劳动合同的,除劳动者提出订立固定期限劳动合同外,应当订立无固定期限劳动合同:

(一)劳动者在该用人单位连续工作满十年的;

(二)用人单位初次实行劳动合同制度或者国有企业改制重新订立劳动合同时,劳动者在该用人单位连续工作满十年且距法定退休年龄不足十年的;

(三)连续订立二次固定期限劳动合同,且劳动者没有本法第三十九条和第四十条第一项、第二项规定的情形,续订劳动合同的。

用人单位自用工之日起满一年不与劳动者订立书面劳动合同的,视为用人单位与劳动者已订立无固定期限劳动合同。

第十五条 以完成一定工作任务为期限的劳动合同,是指用人单位与劳动者约定以某项工作的完成为合同期限的劳动合同。

用人单位与劳动者协商一致,可以订立以完成一定工作任务为期限的劳动合同。

第十六条　劳动合同由用人单位与劳动者协商一致,并经用人单位与劳动者在劳动合同文本上签字或者盖章生效。

劳动合同文本由用人单位和劳动者各执一份。

第十七条　劳动合同应当具备以下条款:

(一)用人单位的名称、住所和法定代表人或者主要负责人;

(二)劳动者的姓名、住址和居民身份证或者其他有效身份证件号码;

(三)劳动合同期限;

(四)工作内容和工作地点;

(五)工作时间和休息休假;

(六)劳动报酬;

(七)社会保险;

(八)劳动保护、劳动条件和职业危害防护;

(九)法律、法规规定应当纳入劳动合同的其他事项。

劳动合同除前款规定的必备条款外,用人单位与劳动者可以约定试用期、培训、保守秘密、补充保险和福利待遇等其他事项。

第十八条　劳动合同对劳动报酬和劳动条件等标准约定不明确,引发争议的,用人单位与劳动者可以重新协商;协商不成的,适用集体合同规定;没有集体合同或者集体合同未规定劳动报酬的,实行同工同酬;没有集体合同或者集体合同未规定劳动条件等标准的,适用国家有关规定。

第十九条　劳动合同期限三个月以上不满一年的,试用期不得超过一个月;劳动合同期限一年以上不满三年的,试用期不得超过二个月;三年以上固定期限和无固定期限的劳动合同,试用期不得超过六个月。

同一用人单位与同一劳动者只能约定一次试用期。

以完成一定工作任务为期限的劳动合同或者劳动合同期限不满三个月的,不得约定试用期。

试用期包含在劳动合同期限内。劳动合同仅约定试用期的,试用期不成立,该期限为劳动合同期限。

第二十条　劳动者在试用期的工资不得低于本单位相同岗位最低档工资或者劳动合同约定工资的百分之八十,并不得低于用人单位所在地的最低工资标准。

第二十一条　在试用期中,除劳动者有本法第三十九条和第四十条第一项、第二项规定的情形外,用人单位不得解除劳动合同。用人单位在试用期解除劳动合同的,应当向劳动者说明理由。

第二十二条　用人单位为劳动者提供专项培训费用,对其进行专业技术培训的,可以与该劳动者订立协议,约定服务期。

劳动者违反服务期约定的,应当按照约定向用人单位支付违约金。违约金的数额不得超过用人单位提供的培训费用。用人单位要求劳动者支付的违约金不得超过服务期尚未履行部分所应分摊的培训费用。

用人单位与劳动者约定服务期的,不影响按照正常的工资调整机制提高劳动者在服务期期间的劳动报酬。

第二十三条　用人单位与劳动者可以在劳动合同中约定保守用人单位的商业秘密和与知识产权相关的保密事项。

对负有保密义务的劳动者,用人单位可以在劳动合同或者保密协议中与劳动者约定竞业限制条款,并约定在解除或者终止劳动合同后,在竞业限制期限内按月给予劳动者经济补偿。劳动者违反竞业限制约定的,应当按照约定向用人单位支付违约金。

第二十四条　竞业限制的人员限于用人单位的高级管理人员、高级技术人员和其他负有保密义务的人员。竞业限制的范围、地域、期限由用人单位与劳动者约定,竞业限制的约定不得违反法律、法规的规定。

在解除或者终止劳动合同后,前款规定的人员到与本单位生产或者经营同类产品、从事同类业务的有竞争关系的其他用人单位,或者自己开业生产或者经营同类产品、从事同类业务的竞业限制期限,不得超过二年。

第二十五条　除本法第二十二条和第二十三条规定的情形外,用人单位不得与劳动者约定由劳动者承担违约金。

第二十六条　下列劳动合同无效或者部分无效:

（一）以欺诈、胁迫的手段或者乘人之危，使对方在违背真实意思的情况下订立或者变更劳动合同的；

（二）用人单位免除自己的法定责任、排除劳动者权利的；

（三）违反法律、行政法规强制性规定的。

对劳动合同的无效或者部分无效有争议的，由劳动争议仲裁机构或者人民法院确认。

第二十七条 劳动合同部分无效，不影响其他部分效力的，其他部分仍然有效。

第二十八条 劳动合同被确认无效，劳动者已付出劳动的，用人单位应当向劳动者支付劳动报酬。劳动报酬的数额，参照本单位相同或者相近岗位劳动者的劳动报酬确定。

第三章　劳动合同的履行和变更

第二十九条 用人单位与劳动者应当按照劳动合同的约定，全面履行各自的义务。

第三十条 用人单位应当按照劳动合同约定和国家规定，向劳动者及时足额支付劳动报酬。

用人单位拖欠或者未足额支付劳动报酬的，劳动者可以依法向当地人民法院申请支付令，人民法院应当依法发出支付令。

第三十一条 用人单位应当严格执行劳动定额标准，不得强迫或者变相强迫劳动者加班。用人单位安排加班的，应当按照国家有关规定向劳动者支付加班费。

第三十二条 劳动者拒绝用人单位管理人员违章指挥、强令冒险作业的，不视为违反劳动合同。

劳动者对危害生命安全和身体健康的劳动条件，有权对用人单位提出批评、检举和控告。

第三十三条 用人单位变更名称、法定代表人、主要负责人或者投资人等事项，不影响劳动合同的履行。

第三十四条 用人单位发生合并或者分立等情况，原劳动合同继续有效，劳动合同由承继其权利和义务的用人单位继续履行。

第三十五条 用人单位与劳动者协商一致，可以变更劳动合同约定的内容。变更劳动合同,应当采用书面形式。

变更后的劳动合同文本由用人单位和劳动者各执一份。

第四章 劳动合同的解除和终止

第三十六条 用人单位与劳动者协商一致,可以解除劳动合同。

第三十七条 劳动者提前三十日以书面形式通知用人单位,可以解除劳动合同。劳动者在试用期内提前三日通知用人单位,可以解除劳动合同。

第三十八条 用人单位有下列情形之一的,劳动者可以解除劳动合同:

(一)未按照劳动合同约定提供劳动保护或者劳动条件的;

(二)未及时足额支付劳动报酬的;

(三)未依法为劳动者缴纳社会保险费的;

(四)用人单位的规章制度违反法律、法规的规定,损害劳动者权益的;

(五)因本法第二十六条第一款规定的情形致使劳动合同无效的;

(六)法律、行政法规规定劳动者可以解除劳动合同的其他情形。

用人单位以暴力、威胁或者非法限制人身自由的手段强迫劳动者劳动的,或者用人单位违章指挥、强令冒险作业危及劳动者人身安全的,劳动者可以立即解除劳动合同,不需事先告知用人单位。

第三十九条 劳动者有下列情形之一的,用人单位可以解除劳动合同:

(一)在试用期间被证明不符合录用条件的;

(二)严重违反用人单位的规章制度的;

(三)严重失职,营私舞弊,给用人单位造成重大损害的;

(四)劳动者同时与其他用人单位建立劳动关系,对完成本单位的工作任务造成严重影响,或者经用人单位提出,拒不改正的;

(五)因本法第二十六条第一款第一项规定的情形致使劳动合同无效的;

(六)被依法追究刑事责任的。

第四十条 有下列情形之一的,用人单位提前三十日以书面形式

通知劳动者本人或者额外支付劳动者一个月工资后,可以解除劳动合同:

(一)劳动者患病或者非因工负伤,在规定的医疗期满后不能从事原工作,也不能从事由用人单位另行安排的工作的;

(二)劳动者不能胜任工作,经过培训或者调整工作岗位,仍不能胜任工作的;

(三)劳动合同订立时所依据的客观情况发生重大变化,致使劳动合同无法履行,经用人单位与劳动者协商,未能就变更劳动合同内容达成协议的。

第四十一条 有下列情形之一,需要裁减人员二十人以上或者裁减不足二十人但占企业职工总数百分之十以上的,用人单位提前三十日向工会或者全体职工说明情况,听取工会或者职工的意见后,裁减人员方案经向劳动行政部门报告,可以裁减人员:

(一)依照企业破产法规定进行重整的;

(二)生产经营发生严重困难的;

(三)企业转产、重大技术革新或者经营方式调整,经变更劳动合同后,仍需裁减人员的;

(四)其他因劳动合同订立时所依据的客观经济情况发生重大变化,致使劳动合同无法履行的。

裁减人员时,应当优先留用下列人员:

(一)与本单位订立较长期限的固定期限劳动合同的;

(二)与本单位订立无固定期限劳动合同的;

(三)家庭无其他就业人员,有需要扶养的老人或者未成年人的。

用人单位依照本条第一款规定裁减人员,在六个月内重新招用人员的,应当通知被裁减的人员,并在同等条件下优先招用被裁减的人员。

第四十二条 劳动者有下列情形之一的,用人单位不得依照本法第四十条、第四十一条的规定解除劳动合同:

(一)从事接触职业病危害作业的劳动者未进行离岗前职业健康检查,或者疑似职业病病人在诊断或者医学观察期间的;

(二)在本单位患职业病或者因工负伤并被确认丧失或者部分丧

失劳动能力的；

（三）患病或者非因工负伤,在规定的医疗期内的；

（四）女职工在孕期、产期、哺乳期的；

（五）在本单位连续工作满十五年,且距法定退休年龄不足五年的；

（六）法律、行政法规规定的其他情形。

第四十三条 用人单位单方解除劳动合同,应当事先将理由通知工会。用人单位违反法律、行政法规规定或者劳动合同约定的,工会有权要求用人单位纠正。用人单位应当研究工会的意见,并将处理结果书面通知工会。

第四十四条 有下列情形之一的,劳动合同终止：

（一）劳动合同期满的；

（二）劳动者开始依法享受基本养老保险待遇的；

（三）劳动者死亡,或者被人民法院宣告死亡或者宣告失踪的；

（四）用人单位被依法宣告破产的；

（五）用人单位被吊销营业执照、责令关闭、撤销或者用人单位决定提前解散的；

（六）法律、行政法规规定的其他情形。

第四十五条 劳动合同期满,有本法第四十二条规定情形之一的,劳动合同应当续延至相应的情形消失时终止。但是,本法第四十二条第二项规定丧失或者部分丧失劳动能力劳动者的劳动合同的终止,按照国家有关工伤保险的规定执行。

第四十六条 有下列情形之一的,用人单位应当向劳动者支付经济补偿：

（一）劳动者依照本法第三十八条规定解除劳动合同的；

（二）用人单位依照本法第三十六条规定向劳动者提出解除劳动合同并与劳动者协商一致解除劳动合同的；

（三）用人单位依照本法第四十条规定解除劳动合同的；

（四）用人单位依照本法第四十一条第一款规定解除劳动合同的；

（五）除用人单位维持或者提高劳动合同约定条件续订劳动合同,劳动者不同意续订的情形外,依照本法第四十四条第一项规定终止固定期限劳动合同的；

（六）依照本法第四十四条第四项、第五项规定终止劳动合同的；

（七）法律、行政法规规定的其他情形。

第四十七条　经济补偿按劳动者在本单位工作的年限,每满一年支付一个月工资的标准向劳动者支付。六个月以上不满一年的,按一年计算；不满六个月的,向劳动者支付半个月工资的经济补偿。

劳动者月工资高于用人单位所在直辖市、设区的市级人民政府公布的本地区上年度职工月平均工资三倍的,向其支付经济补偿的标准按职工月平均工资三倍的数额支付,向其支付经济补偿的年限最高不超过十二年。

本条所称月工资是指劳动者在劳动合同解除或者终止前十二个月的平均工资。

第四十八条　用人单位违反本法规定解除或者终止劳动合同,劳动者要求继续履行劳动合同的,用人单位应当继续履行；劳动者不要求继续履行劳动合同或者劳动合同已经不能继续履行的,用人单位应当依照本法第八十七条规定支付赔偿金。

第四十九条　国家采取措施,建立健全劳动者社会保险关系跨地区转移接续制度。

第五十条　用人单位应当在解除或者终止劳动合同时出具解除或者终止劳动合同的证明,并在十五日内为劳动者办理档案和社会保险关系转移手续。

劳动者应当按照双方约定,办理工作交接。用人单位依照本法有关规定应当向劳动者支付经济补偿的,在办结工作交接时支付。

用人单位对已经解除或者终止的劳动合同的文本,至少保存二年备查。

第五章　特别规定

第一节　集体合同

第五十一条　企业职工一方与用人单位通过平等协商,可以就劳动报酬、工作时间、休息休假、劳动安全卫生、保险福利等事项订立集体合同。集体合同草案应当提交职工代表大会或者全体职工讨论通过。

集体合同由工会代表企业职工一方与用人单位订立；尚未建立工会的用人单位，由上级工会指导劳动者推举的代表与用人单位订立。

第五十二条　企业职工一方与用人单位可以订立劳动安全卫生、女职工权益保护、工资调整机制等专项集体合同。

第五十三条　在县级以下区域内，建筑业、采矿业、餐饮服务业等行业可以由工会与企业方面代表订立行业性集体合同，或者订立区域性集体合同。

第五十四条　集体合同订立后，应当报送劳动行政部门；劳动行政部门自收到集体合同文本之日起十五日内未提出异议的，集体合同即行生效。

依法订立的集体合同对用人单位和劳动者具有约束力。行业性、区域性集体合同对当地本行业、本区域的用人单位和劳动者具有约束力。

第五十五条　集体合同中劳动报酬和劳动条件等标准不得低于当地人民政府规定的最低标准；用人单位与劳动者订立的劳动合同中劳动报酬和劳动条件等标准不得低于集体合同规定的标准。

第五十六条　用人单位违反集体合同，侵犯职工劳动权益的，工会可以依法要求用人单位承担责任；因履行集体合同发生争议，经协商解决不成的，工会可以依法申请仲裁、提起诉讼。

第二节　劳务派遣

第五十七条　经营劳务派遣业务应当具备下列条件：

（一）注册资本不得少于人民币二百万元；

（二）有与开展业务相适应的固定的经营场所和设施；

（三）有符合法律、行政法规规定的劳务派遣管理制度；

（四）法律、行政法规规定的其他条件。

经营劳务派遣业务，应当向劳动行政部门依法申请行政许可；经许可的，依法办理相应的公司登记。未经许可，任何单位和个人不得经营劳务派遣业务。

第五十八条　劳务派遣单位是本法所称用人单位,应当履行用人单位对劳动者的义务。劳务派遣单位与被派遣劳动者订立的劳动合同,除应当载明本法第十七条规定的事项外,还应当载明被派遣劳动者的用工单位以及派遣期限、工作岗位等情况。

劳务派遣单位应当与被派遣劳动者订立二年以上的固定期限劳动合同,按月支付劳动报酬;被派遣劳动者在无工作期间,劳务派遣单位应当按照所在地人民政府规定的最低工资标准,向其按月支付报酬。

第五十九条　劳务派遣单位派遣劳动者应当与接受以劳务派遣形式用工的单位(以下称用工单位)订立劳务派遣协议。劳务派遣协议应当约定派遣岗位和人员数量、派遣期限、劳动报酬和社会保险费的数额与支付方式以及违反协议的责任。

用工单位应当根据工作岗位的实际需要与劳务派遣单位确定派遣期限,不得将连续用工期限分割订立数个短期劳务派遣协议。

第六十条　劳务派遣单位应当将劳务派遣协议的内容告知被派遣劳动者。

劳务派遣单位不得克扣用工单位按照劳务派遣协议支付给被派遣劳动者的劳动报酬。

劳务派遣单位和用工单位不得向被派遣劳动者收取费用。

第六十一条　劳务派遣单位跨地区派遣劳动者的,被派遣劳动者享有的劳动报酬和劳动条件,按照用工单位所在地的标准执行。

第六十二条　用工单位应当履行下列义务:

(一)执行国家劳动标准,提供相应的劳动条件和劳动保护;

(二)告知被派遣劳动者的工作要求和劳动报酬;

(三)支付加班费、绩效奖金,提供与工作岗位相关的福利待遇;

(四)对在岗被派遣劳动者进行工作岗位所必需的培训;

(五)连续用工的,实行正常的工资调整机制。

用工单位不得将被派遣劳动者再派遣到其他用人单位。

第六十三条　被派遣劳动者享有与用工单位的劳动者同工同酬的权利。用工单位应当按照同工同酬原则,对被派遣劳动者与本单位同类岗位的劳动者实行相同的劳动报酬分配办法。用工单位无同类岗位劳动者的,参照用工单位所在地相同或者相近岗位劳动者的劳动报酬确定。

劳务派遣单位与被派遣劳动者订立的劳动合同和与用工单位订立的劳务派遣协议,载明或者约定的向被派遣劳动者支付的劳动报酬应当符合前款规定。

第六十四条 被派遣劳动者有权在劳务派遣单位或者用工单位依法参加或者组织工会,维护自身的合法权益。

第六十五条 被派遣劳动者可以依照本法第三十六条、第三十八条的规定与劳务派遣单位解除劳动合同。

被派遣劳动者有本法第三十九条和第四十条第一项、第二项规定情形的,用工单位可以将劳动者退回劳务派遣单位,劳务派遣单位依照本法有关规定,可以与劳动者解除劳动合同。

第六十六条 劳动合同用工是我国的企业基本用工形式。劳务派遣用工是补充形式,只能在临时性、辅助性或者替代性的工作岗位上实施。

前款规定的临时性工作岗位是指存续时间不超过六个月的岗位;辅助性工作岗位是指为主营业务岗位提供服务的非主营业务岗位;替代性工作岗位是指用工单位的劳动者因脱产学习、休假等原因无法工作的一定期间内,可以由其他劳动者替代工作的岗位。

用工单位应当严格控制劳务派遣用工数量,不得超过其用工总量的一定比例,具体比例由国务院劳动行政部门规定。

第六十七条 用人单位不得设立劳务派遣单位向本单位或者所属单位派遣劳动者。

第三节 非全日制用工

第六十八条 非全日制用工,是指以小时计酬为主,劳动者在同一用人单位一般平均每日工作时间不超过四小时,每周工作时间累计不超过二十四小时的用工形式。

第六十九条 非全日制用工双方当事人可以订立口头协议。

从事非全日制用工的劳动者可以与一个或者一个以上用人单位订立劳动合同;但是,后订立的劳动合同不得影响先订立的劳动合同的履行。

第七十条 非全日制用工双方当事人不得约定试用期。

第七十一条 非全日制用工双方当事人任何一方都可以随时通知对方终止用工。终止用工,用人单位不向劳动者支付经济补偿。

第七十二条 非全日制用工小时计酬标准不得低于用人单位所在地人民政府规定的最低小时工资标准。

非全日制用工劳动报酬结算支付周期最长不得超过十五日。

第六章 监督检查

第七十三条 国务院劳动行政部门负责全国劳动合同制度实施的监督管理。

县级以上地方人民政府劳动行政部门负责本行政区域内劳动合同制度实施的监督管理。

县级以上各级人民政府劳动行政部门在劳动合同制度实施的监督管理工作中,应当听取工会、企业方面代表以及有关行业主管部门的意见。

第七十四条 县级以上地方人民政府劳动行政部门依法对下列实施劳动合同制度的情况进行监督检查:

(一)用人单位制定直接涉及劳动者切身利益的规章制度及其执行的情况;

(二)用人单位与劳动者订立和解除劳动合同的情况;

(三)劳务派遣单位和用工单位遵守劳务派遣有关规定的情况;

(四)用人单位遵守国家关于劳动者工作时间和休息休假规定的情况;

(五)用人单位支付劳动合同约定的劳动报酬和执行最低工资标准的情况;

(六)用人单位参加各项社会保险和缴纳社会保险费的情况;

(七)法律、法规规定的其他劳动监察事项。

第七十五条 县级以上地方人民政府劳动行政部门实施监督检查时,有权查阅与劳动合同、集体合同有关的材料,有权对劳动场所进行实地检查,用人单位和劳动者都应当如实提供有关情况和材料。

劳动行政部门的工作人员进行监督检查，应当出示证件，依法行使职权，文明执法。

第七十六条　县级以上人民政府建设、卫生、安全生产监督管理等有关主管部门在各自职责范围内，对用人单位执行劳动合同制度的情况进行监督管理。

第七十七条　劳动者合法权益受到侵害的，有权要求有关部门依法处理，或者依法申请仲裁、提起诉讼。

第七十八条　工会依法维护劳动者的合法权益，对用人单位履行劳动合同、集体合同的情况进行监督。用人单位违反劳动法律、法规和劳动合同、集体合同的，工会有权提出意见或者要求纠正；劳动者申请仲裁、提起诉讼的，工会依法给予支持和帮助。

第七十九条　任何组织或者个人对违反本法的行为都有权举报，县级以上人民政府劳动行政部门应当及时核实、处理，并对举报有功人员给予奖励。

第七章　法　律　责　任

第八十条　用人单位直接涉及劳动者切身利益的规章制度违反法律、法规规定的，由劳动行政部门责令改正，给予警告；给劳动者造成损害的，应当承担赔偿责任。

第八十一条　用人单位提供的劳动合同文本未载明本法规定的劳动合同必备条款或者用人单位未将劳动合同文本交付劳动者的，由劳动行政部门责令改正；给劳动者造成损害的，应当承担赔偿责任。

第八十二条　用人单位自用工之日起超过一个月不满一年未与劳动者订立书面劳动合同的，应当向劳动者每月支付二倍的工资。

用人单位违反本法规定不与劳动者订立无固定期限劳动合同的，自应当订立无固定期限劳动合同之日起向劳动者每月支付二倍的工资。

第八十三条　用人单位违反本法规定与劳动者约定试用期的，由劳动行政部门责令改正；违法约定的试用期已经履行的，由用人单位以劳动者试用期满月工资为标准，按已经履行的超过法定试用期的期间向劳动者支付赔偿金。

第八十四条　用人单位违反本法规定,扣押劳动者居民身份证等证件的,由劳动行政部门责令限期退还劳动者本人,并依照有关法律规定给予处罚。

用人单位违反本法规定,以担保或者其他名义向劳动者收取财物的,由劳动行政部门责令限期退还劳动者本人,并以每人五百元以上二千元以下的标准处以罚款;给劳动者造成损害的,应当承担赔偿责任。

劳动者依法解除或者终止劳动合同,用人单位扣押劳动者档案或者其他物品的,依照前款规定处罚。

第八十五条　用人单位有下列情形之一的,由劳动行政部门责令限期支付劳动报酬、加班费或者经济补偿;劳动报酬低于当地最低工资标准的,应当支付其差额部分;逾期不支付的,责令用人单位按应付金额百分之五十以上百分之一百以下的标准向劳动者加付赔偿金:

(一)未按照劳动合同的约定或者国家规定及时足额支付劳动者劳动报酬的;

(二)低于当地最低工资标准支付劳动者工资的;

(三)安排加班不支付加班费的;

(四)解除或者终止劳动合同,未依照本法规定向劳动者支付经济补偿的。

第八十六条　劳动合同依照本法第二十六条规定被确认无效,给对方造成损害的,有过错的一方应当承担赔偿责任。

第八十七条　用人单位违反本法规定解除或者终止劳动合同的,应当依照本法第四十七条规定的经济补偿标准的二倍向劳动者支付赔偿金。

第八十八条　用人单位有下列情形之一的,依法给予行政处罚;构成犯罪的,依法追究刑事责任;给劳动者造成损害的,应当承担赔偿责任:

(一)以暴力、威胁或者非法限制人身自由的手段强迫劳动的;

(二)违章指挥或者强令冒险作业危及劳动者人身安全的;

(三)侮辱、体罚、殴打、非法搜查或者拘禁劳动者的;

(四)劳动条件恶劣、环境污染严重,给劳动者身心健康造成严重损害的。

第八十九条　用人单位违反本法规定未向劳动者出具解除或者终止劳动合同的书面证明，由劳动行政部门责令改正；给劳动者造成损害的，应当承担赔偿责任。

第九十条　劳动者违反本法规定解除劳动合同，或者违反劳动合同中约定的保密义务或者竞业限制，给用人单位造成损失的，应当承担赔偿责任。

第九十一条　用人单位招用与其他用人单位尚未解除或者终止劳动合同的劳动者，给其他用人单位造成损失的，应当承担连带赔偿责任。

第九十二条　违反本法规定，未经许可，擅自经营劳务派遣业务的，由劳动行政部门责令停止违法行为，没收违法所得，并处违法所得一倍以上五倍以下的罚款；没有违法所得的，可以处五万元以下的罚款。

劳务派遣单位、用工单位违反本法有关劳务派遣规定的，由劳动行政部门责令限期改正；逾期不改正的，以每人五千元以上一万元以下的标准处以罚款，对劳务派遣单位，吊销其劳务派遣业务经营许可证。用工单位给被派遣劳动者造成损害的，劳务派遣单位与用工单位承担连带赔偿责任。

第九十三条　对不具备合法经营资格的用人单位的违法犯罪行为，依法追究法律责任；劳动者已经付出劳动的，该单位或者其出资人应当依照本法有关规定向劳动者支付劳动报酬、经济补偿、赔偿金；给劳动者造成损害的，应当承担赔偿责任。

第九十四条　个人承包经营违反本法规定招用劳动者，给劳动者造成损害的，发包的组织与个人承包经营者承担连带赔偿责任。

第九十五条　劳动行政部门和其他有关主管部门及其工作人员玩忽职守、不履行法定职责，或者违法行使职权，给劳动者或者用人单位造成损害的，应当承担赔偿责任；对直接负责的主管人员和其他直接责任人员，依法给予行政处分；构成犯罪的，依法追究刑事责任。

第八章　附　　则

第九十六条　事业单位与实行聘用制的工作人员订立、履行、变更、解除或者终止劳动合同,法律、行政法规或者国务院另有规定的,依照其规定;未作规定的,依照本法有关规定执行。

第九十七条 本法施行前已依法订立且在本法施行之日存续的劳动合同,继续履行;本法第十四条第二款第三项规定连续订立固定期限劳动合同的次数,自本法施行后续订固定期限劳动合同时开始计算。

本法施行前已建立劳动关系,尚未订立书面劳动合同的,应当自本法施行之日起一个月内订立。

本法施行之日存续的劳动合同在本法施行后解除或者终止,依照本法第四十六条规定应当支付经济补偿的,经济补偿年限自本法施行之日起计算;本法施行前按照当时有关规定,用人单位应当向劳动者支付经济补偿的,按照当时有关规定执行。

第九十八条 本法自 2008 年 1 月 1 日起施行。

中华人民共和国安全生产法

(2002 年 6 月 29 日第九届全国人民代表大会常务委员会第二十八次会议通过 根据 2009 年 8 月 27 日第十一届全国人民代表大会常务委员会第十次会议《关于修改部分法律的决定》第一次修正 根据 2014 年 8 月 31 日第十二届全国人民代表大会常务委员会第十次会议《关于修改〈中华人民共和国安全生产法〉的决定》第二次修正 根据 2021 年 6 月 10 日第十三届全国人民代表大会常务委员会第二十九次会议《关于修改〈中华人民共和国安全生产法〉的决定》第三次修正)

目 录

第一章 总 则
第二章 生产经营单位的安全生产保障

第三章　从业人员的安全生产权利义务
第四章　安全生产的监督管理
第五章　生产安全事故的应急救援与调查处理
第六章　法律责任
第七章　附　　则

第一章　总　　则

第一条　为了加强安全生产工作,防止和减少生产安全事故,保障人民群众生命和财产安全,促进经济社会持续健康发展,制定本法。

第二条　在中华人民共和国领域内从事生产经营活动的单位(以下统称生产经营单位)的安全生产,适用本法;有关法律、行政法规对消防安全和道路交通安全、铁路交通安全、水上交通安全、民用航空安全以及核与辐射安全、特种设备安全另有规定的,适用其规定。

第三条　安全生产工作坚持中国共产党的领导。

安全生产工作应当以人为本,坚持人民至上、生命至上,把保护人民生命安全摆在首位,树牢安全发展理念,坚持安全第一、预防为主、综合治理的方针,从源头上防范化解重大安全风险。

安全生产工作实行管行业必须管安全、管业务必须管安全、管生产经营必须管安全,强化和落实生产经营单位主体责任与政府监管责任,建立生产经营单位负责、职工参与、政府监管、行业自律和社会监督的机制。

第四条　生产经营单位必须遵守本法和其他有关安全生产的法律、法规,加强安全生产管理,建立健全全员安全生产责任制和安全生产规章制度,加大对安全生产资金、物资、技术、人员的投入保障力度,改善安全生产条件,加强安全生产标准化、信息化建设,构建安全风险分级管控和隐患排查治理双重预防机制,健全风险防范化解机制,提高安全生产水平,确保安全生产。

平台经济等新兴行业、领域的生产经营单位应当根据本行业、领域的特点,建立健全并落实全员安全生产责任制,加强从业人员安全生产教育和培训,履行本法和其他法律、法规规定的有关安全生产义务。

第五条 生产经营单位的主要负责人是本单位安全生产第一责任人,对本单位的安全生产工作全面负责。其他负责人对职责范围内的安全生产工作负责。

第六条 生产经营单位的从业人员有依法获得安全生产保障的权利,并应当依法履行安全生产方面的义务。

第七条 工会依法对安全生产工作进行监督。

生产经营单位的工会依法组织职工参加本单位安全生产工作的民主管理和民主监督,维护职工在安全生产方面的合法权益。生产经营单位制定或者修改有关安全生产的规章制度,应当听取工会的意见。

第八条 国务院和县级以上地方各级人民政府应当根据国民经济和社会发展规划制定安全生产规划,并组织实施。安全生产规划应当与国土空间规划等相关规划相衔接。

各级人民政府应当加强安全生产基础设施建设和安全生产监管能力建设,所需经费列入本级预算。

县级以上地方各级人民政府应当组织有关部门建立完善安全风险评估与论证机制,按照安全风险管控要求,进行产业规划和空间布局,并对位置相邻、行业相近、业态相似的生产经营单位实施重大安全风险联防联控。

第九条 国务院和县级以上地方各级人民政府应当加强对安全生产工作的领导,建立健全安全生产工作协调机制,支持、督促各有关部门依法履行安全生产监督管理职责,及时协调、解决安全生产监督管理中存在的重大问题。

乡镇人民政府和街道办事处,以及开发区、工业园区、港区、风景区等应当明确负责安全生产监督管理的有关工作机构及其职责,加强安全生产监管力量建设,按照职责对本行政区域或者管理区域内生产经营单位安全生产状况进行监督检查,协助人民政府有关部门或者按照授权依法履行安全生产监督管理职责。

第十条 国务院应急管理部门依照本法,对全国安全生产工作实施综合监督管理;县级以上地方各级人民政府应急管理部门依照本法,对本行政区域内安全生产工作实施综合监督管理。

国务院交通运输、住房和城乡建设、水利、民航等有关部门依照本法和其他有关法律、行政法规的规定，在各自的职责范围内对有关行业、领域的安全生产工作实施监督管理；县级以上地方各级人民政府有关部门依照本法和其他有关法律、法规的规定，在各自的职责范围内对有关行业、领域的安全生产工作实施监督管理。对新兴行业、领域的安全生产监督管理职责不明确的，由县级以上地方各级人民政府按照业务相近的原则确定监督管理部门。

应急管理部门和对有关行业、领域的安全生产工作实施监督管理的部门，统称负有安全生产监督管理职责的部门。负有安全生产监督管理职责的部门应当相互配合、齐抓共管、信息共享、资源共用，依法加强安全生产监督管理工作。

第十一条 国务院有关部门应当按照保障安全生产的要求，依法及时制定有关的国家标准或者行业标准，并根据科技进步和经济发展适时修订。

生产经营单位必须执行依法制定的保障安全生产的国家标准或者行业标准。

第十二条 国务院有关部门按照职责分工负责安全生产强制性国家标准的项目提出、组织起草、征求意见、技术审查。国务院应急管理部门统筹提出安全生产强制性国家标准的立项计划。国务院标准化行政主管部门负责安全生产强制性国家标准的立项、编号、对外通报和授权批准发布工作。国务院标准化行政主管部门、有关部门依据法定职责对安全生产强制性国家标准的实施进行监督检查。

第十三条 各级人民政府及其有关部门应当采取多种形式，加强对有关安全生产的法律、法规和安全生产知识的宣传，增强全社会的安全生产意识。

第十四条 有关协会组织依照法律、行政法规和章程，为生产经营单位提供安全生产方面的信息、培训等服务，发挥自律作用，促进生产经营单位加强安全生产管理。

第十五条 依法设立的为安全生产提供技术、管理服务的机构，依照法律、行政法规和执业准则，接受生产经营单位的委托为其安全生产工作提供技术、管理服务。

生产经营单位委托前款规定的机构提供安全生产技术、管理服务的,保证安全生产的责任仍由本单位负责。

第十六条　国家实行生产安全事故责任追究制度,依照本法和有关法律、法规的规定,追究生产安全事故责任单位和责任人员的法律责任。

第十七条　县级以上各级人民政府应当组织负有安全生产监督管理职责的部门依法编制安全生产权力和责任清单,公开并接受社会监督。

第十八条　国家鼓励和支持安全生产科学技术研究和安全生产先进技术的推广应用,提高安全生产水平。

第十九条　国家对在改善安全生产条件、防止生产安全事故、参加抢险救护等方面取得显著成绩的单位和个人,给予奖励。

第二章　生产经营单位的安全生产保障

第二十条　生产经营单位应当具备本法和有关法律、行政法规和国家标准或者行业标准规定的安全生产条件;不具备安全生产条件的,不得从事生产经营活动。

第二十一条　生产经营单位的主要负责人对本单位安全生产工作负有下列职责:

(一)建立健全并落实本单位全员安全生产责任制,加强安全生产标准化建设;

(二)组织制定并实施本单位安全生产规章制度和操作规程;

(三)组织制定并实施本单位安全生产教育和培训计划;

(四)保证本单位安全生产投入的有效实施;

(五)组织建立并落实安全风险分级管控和隐患排查治理双重预防工作机制,督促、检查本单位的安全生产工作,及时消除生产安全事故隐患;

(六)组织制定并实施本单位的生产安全事故应急救援预案;

(七)及时、如实报告生产安全事故。

第二十二条　生产经营单位的全员安全生产责任制应当明确各岗位的责任人员、责任范围和考核标准等内容。

生产经营单位应当建立相应的机制,加强对全员安全生产责任制落实情况的监督考核,保证全员安全生产责任制的落实。

第二十三条 生产经营单位应当具备的安全生产条件所必需的资金投入,由生产经营单位的决策机构、主要负责人或者个人经营的投资人予以保证,并对由于安全生产所必需的资金投入不足导致的后果承担责任。

有关生产经营单位应当按照规定提取和使用安全生产费用,专门用于改善安全生产条件。安全生产费用在成本中据实列支。安全生产费用提取、使用和监督管理的具体办法由国务院财政部门会同国务院应急管理部门征求国务院有关部门意见后制定。

第二十四条 矿山、金属冶炼、建筑施工、运输单位和危险物品的生产、经营、储存、装卸单位,应当设置安全生产管理机构或者配备专职安全生产管理人员。

前款规定以外的其他生产经营单位,从业人员超过一百人的,应当设置安全生产管理机构或者配备专职安全生产管理人员;从业人员在一百人以下的,应当配备专职或者兼职的安全生产管理人员。

第二十五条 生产经营单位的安全生产管理机构以及安全生产管理人员履行下列职责:

(一)组织或者参与拟订本单位安全生产规章制度、操作规程和生产安全事故应急救援预案;

(二)组织或者参与本单位安全生产教育和培训,如实记录安全生产教育和培训情况;

(三)组织开展危险源辨识和评估,督促落实本单位重大危险源的安全管理措施;

(四)组织或者参与本单位应急救援演练;

(五)检查本单位的安全生产状况,及时排查生产安全事故隐患,提出改进安全生产管理的建议;

(六)制止和纠正违章指挥、强令冒险作业、违反操作规程的行为;

(七)督促落实本单位安全生产整改措施。

生产经营单位可以设置专职安全生产分管负责人,协助本单位主要负责人履行安全生产管理职责。

第二十六条 生产经营单位的安全生产管理机构以及安全生产管理人员应当恪尽职守，依法履行职责。

生产经营单位作出涉及安全生产的经营决策，应当听取安全生产管理机构以及安全生产管理人员的意见。

生产经营单位不得因安全生产管理人员依法履行职责而降低其工资、福利等待遇或者解除与其订立的劳动合同。

危险物品的生产、储存单位以及矿山、金属冶炼单位的安全生产管理人员的任免，应当告知主管的负有安全生产监督管理职责的部门。

第二十七条 生产经营单位的主要负责人和安全生产管理人员必须具备与本单位所从事的生产经营活动相应的安全生产知识和管理能力。

危险物品的生产、经营、储存、装卸单位以及矿山、金属冶炼、建筑施工、运输单位的主要负责人和安全生产管理人员，应当由主管的负有安全生产监督管理职责的部门对其安全生产知识和管理能力考核合格。考核不得收费。

危险物品的生产、储存、装卸单位以及矿山、金属冶炼单位应当有注册安全工程师从事安全生产管理工作。鼓励其他生产经营单位聘用注册安全工程师从事安全生产管理工作。注册安全工程师按专业分类管理，具体办法由国务院人力资源和社会保障部门、国务院应急管理部门会同国务院有关部门制定。

第二十八条 生产经营单位应当对从业人员进行安全生产教育和培训，保证从业人员具备必要的安全生产知识，熟悉有关的安全生产规章制度和安全操作规程，掌握本岗位的安全操作技能，了解事故应急处理措施，知悉自身在安全生产方面的权利和义务。未经安全生产教育和培训合格的从业人员，不得上岗作业。

生产经营单位使用被派遣劳动者的，应当将被派遣劳动者纳入本单位从业人员统一管理，对被派遣劳动者进行岗位安全操作规程和安全操作技能的教育和培训。劳务派遣单位应当对被派遣劳动者进行必要的安全生产教育和培训。

生产经营单位接收中等职业学校、高等学校学生实习的，应当对实习学生进行相应的安全生产教育和培训,提供必要的劳动防护用品。学校应当协助生产经营单位对实习学生进行安全生产教育和培训。

生产经营单位应当建立安全生产教育和培训档案,如实记录安全生产教育和培训的时间、内容、参加人员以及考核结果等情况。

第二十九条 生产经营单位采用新工艺、新技术、新材料或者使用新设备,必须了解、掌握其安全技术特性,采取有效的安全防护措施,并对从业人员进行专门的安全生产教育和培训。

第三十条 生产经营单位的特种作业人员必须按照国家有关规定经专门的安全作业培训,取得相应资格,方可上岗作业。

特种作业人员的范围由国务院应急管理部门会同国务院有关部门确定。

第三十一条 生产经营单位新建、改建、扩建工程项目(以下统称建设项目)的安全设施,必须与主体工程同时设计、同时施工、同时投入生产和使用。安全设施投资应当纳入建设项目概算。

第三十二条 矿山、金属冶炼建设项目和用于生产、储存、装卸危险物品的建设项目,应当按照国家有关规定进行安全评价。

第三十三条 建设项目安全设施的设计人、设计单位应当对安全设施设计负责。

矿山、金属冶炼建设项目和用于生产、储存、装卸危险物品的建设项目的安全设施设计应当按照国家有关规定报经有关部门审查,审查部门及其负责审查的人员对审查结果负责。

第三十四条 矿山、金属冶炼建设项目和用于生产、储存、装卸危险物品的建设项目的施工单位必须按照批准的安全设施设计施工,并对安全设施的工程质量负责。

矿山、金属冶炼建设项目和用于生产、储存、装卸危险物品的建设项目竣工投入生产或者使用前,应当由建设单位负责组织对安全设施进行验收;验收合格后,方可投入生产和使用。负有安全生产监督管理职责的部门应当加强对建设单位验收活动和验收结果的监督核查。

第三十五条 生产经营单位应当在有较大危险因素的生产经营场所和有关设施、设备上,设置明显的安全警示标志。

第三十六条 安全设备的设计、制造、安装、使用、检测、维修、改造和报废,应当符合国家标准或者行业标准。

生产经营单位必须对安全设备进行经常性维护、保养,并定期检测,保证正常运转。维护、保养、检测应当作好记录,并由有关人员签字。

生产经营单位不得关闭、破坏直接关系生产安全的监控、报警、防护、救生设备、设施,或者篡改、隐瞒、销毁其相关数据、信息。

餐饮等行业的生产经营单位使用燃气的,应当安装可燃气体报警装置,并保障其正常使用。

第三十七条 生产经营单位使用的危险物品的容器、运输工具,以及涉及人身安全、危险性较大的海洋石油开采特种设备和矿山井下特种设备,必须按照国家有关规定,由专业生产单位生产,并经具有专业资质的检测、检验机构检测、检验合格,取得安全使用证或者安全标志,方可投入使用。检测、检验机构对检测、检验结果负责。

第三十八条 国家对严重危及生产安全的工艺、设备实行淘汰制度,具体目录由国务院应急管理部门会同国务院有关部门制定并公布。法律、行政法规对目录的制定另有规定的,适用其规定。

省、自治区、直辖市人民政府可以根据本地区实际情况制定并公布具体目录,对前款规定以外的危及生产安全的工艺、设备予以淘汰。

生产经营单位不得使用应当淘汰的危及生产安全的工艺、设备。

第三十九条 生产、经营、运输、储存、使用危险物品或者处置废弃危险物品的,由有关主管部门依照有关法律、法规的规定和国家标准或者行业标准审批并实施监督管理。

生产经营单位生产、经营、运输、储存、使用危险物品或者处置废弃危险物品,必须执行有关法律、法规和国家标准或者行业标准,建立专门的安全管理制度,采取可靠的安全措施,接受有关主管部门依法实施的监督管理。

第四十条 生产经营单位对重大危险源应当登记建档,进行定期检测、评估、监控,并制定应急预案,告知从业人员和相关人员在紧急情况下应当采取的应急措施。

生产经营单位应当按照国家有关规定将本单位重大危险源及有

关安全措施、应急措施报有关地方人民政府应急管理部门和有关部门备案。有关地方人民政府应急管理部门和有关部门应当通过相关信息系统实现信息共享。

第四十一条 生产经营单位应当建立安全风险分级管控制度,按照安全风险分级采取相应的管控措施。

生产经营单位应当建立健全并落实生产安全事故隐患排查治理制度,采取技术、管理措施,及时发现并消除事故隐患。事故隐患排查治理情况应当如实记录,并通过职工大会或者职工代表大会、信息公示栏等方式向从业人员通报。其中,重大事故隐患排查治理情况应当及时向负有安全生产监督管理职责的部门和职工大会或者职工代表大会报告。

县级以上地方各级人民政府负有安全生产监督管理职责的部门应当将重大事故隐患纳入相关信息系统,建立健全重大事故隐患治理督办制度,督促生产经营单位消除重大事故隐患。

第四十二条 生产、经营、储存、使用危险物品的车间、商店、仓库不得与员工宿舍在同一座建筑物内,并应当与员工宿舍保持安全距离。

生产经营场所和员工宿舍应当设有符合紧急疏散要求、标志明显、保持畅通的出口、疏散通道。禁止占用、锁闭、封堵生产经营场所或者员工宿舍的出口、疏散通道。

第四十三条 生产经营单位进行爆破、吊装、动火、临时用电以及国务院应急管理部门会同国务院有关部门规定的其他危险作业,应当安排专门人员进行现场安全管理,确保操作规程的遵守和安全措施的落实。

第四十四条 生产经营单位应当教育和督促从业人员严格执行本单位的安全生产规章制度和安全操作规程;并向从业人员如实告知作业场所和工作岗位存在的危险因素、防范措施以及事故应急措施。

生产经营单位应当关注从业人员的身体、心理状况和行为习惯,加强对从业人员的心理疏导、精神慰藉,严格落实岗位安全生产责任,防范从业人员行为异常导致事故发生。

第四十五条 生产经营单位必须为从业人员提供符合国家标准

或者行业标准的劳动防护用品,并监督、教育从业人员按照使用规则佩戴、使用。

第四十六条 生产经营单位的安全生产管理人员应当根据本单位的生产经营特点,对安全生产状况进行经常性检查;对检查中发现的安全问题,应当立即处理;不能处理的,应当及时报告本单位有关负责人,有关负责人应当及时处理。检查及处理情况应当如实记录在案。

生产经营单位的安全生产管理人员在检查中发现重大事故隐患,依照前款规定向本单位有关负责人报告,有关负责人不及时处理的,安全生产管理人员可以向主管的负有安全生产监督管理职责的部门报告,接到报告的部门应当依法及时处理。

第四十七条 生产经营单位应当安排用于配备劳动防护用品、进行安全生产培训的经费。

第四十八条 两个以上生产经营单位在同一作业区域内进行生产经营活动,可能危及对方生产安全的,应当签订安全生产管理协议,明确各自的安全生产管理职责和应当采取的安全措施,并指定专职安全生产管理人员进行安全检查与协调。

第四十九条 生产经营单位不得将生产经营项目、场所、设备发包或者出租给不具备安全生产条件或者相应资质的单位或者个人。

生产经营项目、场所发包或者出租给其他单位的,生产经营单位应当与承包单位、承租单位签订专门的安全生产管理协议,或者在承包合同、租赁合同中约定各自的安全生产管理职责;生产经营单位对承包单位、承租单位的安全生产工作统一协调、管理,定期进行安全检查,发现安全问题的,应当及时督促整改。

矿山、金属冶炼建设项目和用于生产、储存、装卸危险物品的建设项目的施工单位应当加强对施工项目的安全管理,不得倒卖、出租、出借、挂靠或者以其他形式非法转让施工资质,不得将其承包的全部建设工程转包给第三人或者将其承包的全部建设工程支解以后以分包的名义分别转包给第三人,不得将工程分包给不具备相应资质条件的单位。

第五十条 生产经营单位发生生产安全事故时,单位的主要负责人应当立即组织抢救,并不得在事故调查处理期间擅离职守。

第五十一条 生产经营单位必须依法参加工伤保险,为从业人员缴纳保险费。

国家鼓励生产经营单位投保安全生产责任保险;属于国家规定的高危行业、领域的生产经营单位,应当投保安全生产责任保险。具体范围和实施办法由国务院应急管理部门会同国务院财政部门、国务院保险监督管理机构和相关行业主管部门制定。

第三章 从业人员的安全生产权利义务

第五十二条 生产经营单位与从业人员订立的劳动合同,应当载明有关保障从业人员劳动安全、防止职业危害的事项,以及依法为从业人员办理工伤保险的事项。

生产经营单位不得以任何形式与从业人员订立协议,免除或者减轻其对从业人员因生产安全事故伤亡依法应承担的责任。

第五十三条 生产经营单位的从业人员有权了解其作业场所和工作岗位存在的危险因素、防范措施及事故应急措施,有权对本单位的安全生产工作提出建议。

第五十四条 从业人员有权对本单位安全生产工作中存在的问题提出批评、检举、控告;有权拒绝违章指挥和强令冒险作业。

生产经营单位不得因从业人员对本单位安全生产工作提出批评、检举、控告或者拒绝违章指挥、强令冒险作业而降低其工资、福利等待遇或者解除与其订立的劳动合同。

第五十五条 从业人员发现直接危及人身安全的紧急情况时,有权停止作业或者在采取可能的应急措施后撤离作业场所。

生产经营单位不得因从业人员在前款紧急情况下停止作业或者采取紧急撤离措施而降低其工资、福利等待遇或者解除与其订立的劳动合同。

第五十六条 生产经营单位发生生产安全事故后,应当及时采取措施救治有关人员。

因生产安全事故受到损害的从业人员,除依法享有工伤保险外,依照有关民事法律尚有获得赔偿的权利的,有权提出赔偿要求。

第五十七条　从业人员在作业过程中,应当严格落实岗位安全责任,遵守本单位的安全生产规章制度和操作规程,服从管理,正确佩戴和使用劳动防护用品。

第五十八条　从业人员应当接受安全生产教育和培训,掌握本职工作所需的安全生产知识,提高安全生产技能,增强事故预防和应急处理能力。

第五十九条　从业人员发现事故隐患或者其他不安全因素,应当立即向现场安全生产管理人员或者本单位负责人报告;接到报告的人员应当及时予以处理。

第六十条　工会有权对建设项目的安全设施与主体工程同时设计、同时施工、同时投入生产和使用进行监督,提出意见。

工会对生产经营单位违反安全生产法律、法规,侵犯从业人员合法权益的行为,有权要求纠正;发现生产经营单位违章指挥、强令冒险作业或者发现事故隐患时,有权提出解决的建议,生产经营单位应当及时研究答复;发现危及从业人员生命安全的情况时,有权向生产经营单位建议组织从业人员撤离危险场所,生产经营单位必须立即作出处理。

工会有权依法参加事故调查,向有关部门提出处理意见,并要求追究有关人员的责任。

第六十一条　生产经营单位使用被派遣劳动者的,被派遣劳动者享有本法规定的从业人员的权利,并应当履行本法规定的从业人员的义务。

第四章　安全生产的监督管理

第六十二条　县级以上地方各级人民政府应当根据本行政区域内的安全生产状况,组织有关部门按照职责分工,对本行政区域内容易发生重大生产安全事故的生产经营单位进行严格检查。

应急管理部门应当按照分类分级监督管理的要求,制定安全生产年度监督检查计划,并按照年度监督检查计划进行监督检查,发现事故隐患,应当及时处理。

第六十三条　负有安全生产监督管理职责的部门依照有关法律、

法规的规定,对涉及安全生产的事项需要审查批准(包括批准、核准、许可、注册、认证、颁发证照等,下同)或者验收的,必须严格依照有关法律、法规和国家标准或者行业标准规定的安全生产条件和程序进行审查;不符合有关法律、法规和国家标准或者行业标准规定的安全生产条件的,不得批准或者验收通过。对未依法取得批准或者验收合格的单位擅自从事有关活动的,负责行政审批的部门发现或者接到举报后应当立即予以取缔,并依法予以处理。对已经依法取得批准的单位,负责行政审批的部门发现其不再具备安全生产条件的,应当撤销原批准。

第六十四条 负有安全生产监督管理职责的部门对涉及安全生产的事项进行审查、验收,不得收取费用;不得要求接受审查、验收的单位购买其指定品牌或者指定生产、销售单位的安全设备、器材或者其他产品。

第六十五条 应急管理部门和其他负有安全生产监督管理职责的部门依法开展安全生产行政执法工作,对生产经营单位执行有关安全生产的法律、法规和国家标准或者行业标准的情况进行监督检查,行使以下职权:

(一)进入生产经营单位进行检查,调阅有关资料,向有关单位和人员了解情况;

(二)对检查中发现的安全生产违法行为,当场予以纠正或者要求限期改正;对依法应当给予行政处罚的行为,依照本法和其他有关法律、行政法规的规定作出行政处罚决定;

(三)对检查中发现的事故隐患,应当责令立即排除;重大事故隐患排除前或者排除过程中无法保证安全的,应当责令从危险区域内撤出作业人员,责令暂时停产停业或者停止使用相关设施、设备;重大事故隐患排除后,经审查同意,方可恢复生产经营和使用;

(四)对有根据认为不符合保障安全生产的国家标准或者行业标准的设施、设备、器材以及违法生产、储存、使用、经营、运输的危险物品予以查封或者扣押,对违法生产、储存、使用、经营危险物品的作业场所予以查封,并依法作出处理决定。

监督检查不得影响被检查单位的正常生产经营活动。

三、规范经营　　341

第六十六条　生产经营单位对负有安全生产监督管理职责的部门的监督检查人员(以下统称安全生产监督检查人员)依法履行监督检查职责,应当予以配合,不得拒绝、阻挠。

第六十七条　安全生产监督检查人员应当忠于职守,坚持原则,秉公执法。

安全生产监督检查人员执行监督检查任务时,必须出示有效的行政执法证件;对涉及被检查单位的技术秘密和业务秘密,应当为其保密。

第六十八条　安全生产监督检查人员应当将检查的时间、地点、内容、发现的问题及其处理情况,作出书面记录,并由检查人员和被检查单位的负责人签字;被检查单位的负责人拒绝签字的,检查人员应当将情况记录在案,并向负有安全生产监督管理职责的部门报告。

第六十九条　负有安全生产监督管理职责的部门在监督检查中,应当互相配合,实行联合检查;确需分别进行检查的,应当互通情况,发现存在的安全问题应当由其他有关部门进行处理的,应当及时移送其他有关部门并形成记录备查,接受移送的部门应当及时进行处理。

第七十条　负有安全生产监督管理职责的部门依法对存在重大事故隐患的生产经营单位作出停产停业、停止施工、停止使用相关设施或者设备的决定,生产经营单位应当依法执行,及时消除事故隐患。生产经营单位拒不执行,有发生生产安全事故的现实危险的,在保证安全的前提下,经本部门主要负责人批准,负有安全生产监督管理职责的部门可以采取通知有关单位停止供电、停止供应民用爆炸物品等措施,强制生产经营单位履行决定。通知应当采用书面形式,有关单位应当予以配合。

负有安全生产监督管理职责的部门依照前款规定采取停止供电措施,除有危及生产安全的紧急情形外,应当提前二十四小时通知生产经营单位。生产经营单位依法履行行政决定、采取相应措施消除事故隐患的,负有安全生产监督管理职责的部门应当及时解除前款规定的措施。

第七十一条　监察机关依照监察法的规定,对负有安全生产监督管理职责的部门及其工作人员履行安全生产监督管理职责实施监察。

第七十二条 承担安全评价、认证、检测、检验职责的机构应当具备国家规定的资质条件,并对其作出的安全评价、认证、检测、检验结果的合法性、真实性负责。资质条件由国务院应急管理部门会同国务院有关部门制定。

承担安全评价、认证、检测、检验职责的机构应当建立并实施服务公开和报告公开制度,不得租借资质、挂靠、出具虚假报告。

第七十三条 负有安全生产监督管理职责的部门应当建立举报制度,公开举报电话、信箱或者电子邮件地址等网络举报平台,受理有关安全生产的举报;受理的举报事项经调查核实后,应当形成书面材料;需要落实整改措施的,报经有关负责人签字并督促落实。对不属于本部门职责,需要由其他有关部门进行调查处理的,转交其他有关部门处理。

涉及人员死亡的举报事项,应当由县级以上人民政府组织核查处理。

第七十四条 任何单位或者个人对事故隐患或者安全生产违法行为,均有权向负有安全生产监督管理职责的部门报告或者举报。

因安全生产违法行为造成重大事故隐患或者导致重大事故,致使国家利益或者社会公共利益受到侵害的,人民检察院可以根据民事诉讼法、行政诉讼法的相关规定提起公益诉讼。

第七十五条 居民委员会、村民委员会发现其所在区域内的生产经营单位存在事故隐患或者安全生产违法行为时,应当向当地人民政府或者有关部门报告。

第七十六条 县级以上各级人民政府及其有关部门对报告重大事故隐患或者举报安全生产违法行为的有功人员,给予奖励。具体奖励办法由国务院应急管理部门会同国务院财政部门制定。

第七十七条 新闻、出版、广播、电影、电视等单位有进行安全生产公益宣传教育的义务,有对违反安全生产法律、法规的行为进行舆论监督的权利。

第七十八条 负有安全生产监督管理职责的部门应当建立安全生产违法行为信息库,如实记录生产经营单位及其有关从业人员的安全生产违法行为信息;对违法行为情节严重的生产经营单位及其有关从业人员,应当及时向社会公告,并通报行业主管部门、投资主管部门、自然资源主管部门、生态环境主管部门、证券监督管理机构以及有关金融机构。有关部门和机构应当对存在失信行为的生产经营单位及其有关从业人员采取加大执法检查频次、暂停项目审批、上调有关保险费率、行业或者职业禁入等联合惩戒措施,并向社会公示。

负有安全生产监督管理职责的部门应当加强对生产经营单位行政处罚信息的及时归集、共享、应用和公开,对生产经营单位作出处罚决定后七个工作日内在监督管理部门公示系统予以公开曝光,强化对违法失信生产经营单位及其有关从业人员的社会监督,提高全社会安全生产诚信水平。

第五章 生产安全事故的应急救援与调查处理

第七十九条 国家加强生产安全事故应急能力建设,在重点行业、领域建立应急救援基地和应急救援队伍,并由国家安全生产应急救援机构统一协调指挥;鼓励生产经营单位和其他社会力量建立应急救援队伍,配备相应的应急救援装备和物资,提高应急救援的专业化水平。

国务院应急管理部门牵头建立全国统一的生产安全事故应急救援信息系统,国务院交通运输、住房和城乡建设、水利、民航等有关部门和县级以上地方人民政府建立健全相关行业、领域、地区的生产安全事故应急救援信息系统,实现互联互通、信息共享,通过推行网上安全信息采集、安全监管和监测预警,提升监管的精准化、智能化水平。

第八十条 县级以上地方各级人民政府应当组织有关部门制定本行政区域内生产安全事故应急救援预案,建立应急救援体系。

乡镇人民政府和街道办事处,以及开发区、工业园区、港区、风景区等应当制定相应的生产安全事故应急救援预案,协助人民政府有关部门或者按照授权依法履行生产安全事故应急救援工作职责。

第八十一条 生产经营单位应当制定本单位生产安全事故应急救援预案,与所在地县级以上地方人民政府组织制定的生产安全事故应急救援预案相衔接,并定期组织演练。

第八十二条 危险物品的生产、经营、储存单位以及矿山、金属冶炼、城市轨道交通运营、建筑施工单位应当建立应急救援组织；生产经营规模较小的，可以不建立应急救援组织，但应当指定兼职的应急救援人员。

危险物品的生产、经营、储存、运输单位以及矿山、金属冶炼、城市轨道交通运营、建筑施工单位应当配备必要的应急救援器材、设备和物资，并进行经常性维护、保养，保证正常运转。

第八十三条　生产经营单位发生生产安全事故后，事故现场有关人员应当立即报告本单位负责人。

单位负责人接到事故报告后，应当迅速采取有效措施，组织抢救，防止事故扩大，减少人员伤亡和财产损失，并按照国家有关规定立即如实报告当地负有安全生产监督管理职责的部门，不得隐瞒不报、谎报或者迟报，不得故意破坏事故现场、毁灭有关证据。

第八十四条　负有安全生产监督管理职责的部门接到事故报告后，应当立即按照国家有关规定上报事故情况。负有安全生产监督管理职责的部门和有关地方人民政府对事故情况不得隐瞒不报、谎报或者迟报。

第八十五条　有关地方人民政府和负有安全生产监督管理职责的部门的负责人接到生产安全事故报告后，应当按照生产安全事故应急救援预案的要求立即赶到事故现场，组织事故抢救。

参与事故抢救的部门和单位应当服从统一指挥，加强协同联动，采取有效的应急救援措施，并根据事故救援的需要采取警戒、疏散等措施，防止事故扩大和次生灾害的发生，减少人员伤亡和财产损失。

事故抢救过程中应当采取必要措施，避免或者减少对环境造成的危害。

任何单位和个人都应当支持、配合事故抢救，并提供一切便利条件。

第八十六条　事故调查处理应当按照科学严谨、依法依规、实事求是、注重实效的原则，及时、准确地查清事故原因，查明事故性质和责任，评估应急处置工作，总结事故教训，提出整改措施，并对事故责任单位和人员提出处理建议。事故调查报告应当依法及时向社会公布。事故调查和处理的具体办法由国务院制定。

事故发生单位应当及时全面落实整改措施,负有安全生产监督管理职责的部门应当加强监督检查。

负责事故调查处理的国务院有关部门和地方人民政府应当在批复事故调查报告后一年内,组织有关部门对事故整改和防范措施落实情况进行评估,并及时向社会公开评估结果;对不履行职责导致事故整改和防范措施没有落实的有关单位和人员,应当按照有关规定追究责任。

第八十七条 生产经营单位发生生产安全事故,经调查确定为责任事故的,除了应当查明事故单位的责任并依法予以追究外,还应当查明对安全生产的有关事项负有审查批准和监督职责的行政部门的责任,对有失职、渎职行为的,依照本法第九十条的规定追究法律责任。

第八十八条 任何单位和个人不得阻挠和干涉对事故的依法调查处理。

第八十九条 县级以上地方各级人民政府应急管理部门应当定期统计分析本行政区域内发生生产安全事故的情况,并定期向社会公布。

第六章 法 律 责 任

第九十条 负有安全生产监督管理职责的部门的工作人员,有下列行为之一的,给予降级或者撤职的处分;构成犯罪的,依照刑法有关规定追究刑事责任:

(一)对不符合法定安全生产条件的涉及安全生产的事项予以批准或者验收通过的;

(二)发现未依法取得批准、验收的单位擅自从事有关活动或者接到举报后不予取缔或者不依法予以处理的;

(三)对已经依法取得批准的单位不履行监督管理职责,发现其不再具备安全生产条件而不撤销原批准或者发现安全生产违法行为不予查处的;

(四)在监督检查中发现重大事故隐患,不依法及时处理的。

负有安全生产监督管理职责的部门的工作人员有前款规定以外

的滥用职权、玩忽职守、徇私舞弊行为的,依法给予处分;构成犯罪的,依照刑法有关规定追究刑事责任。

第九十一条 负有安全生产监督管理职责的部门,要求被审查、验收的单位购买其指定的安全设备、器材或者其他产品的,在对安全生产事项的审查、验收中收取费用的,由其上级机关或者监察机关责令改正,责令退还收取的费用;情节严重的,对直接负责的主管人员和其他直接责任人员依法给予处分。

第九十二条 承担安全评价、认证、检测、检验职责的机构出具失实报告的,责令停业整顿,并处三万元以上十万元以下的罚款;给他人造成损害的,依法承担赔偿责任。

承担安全评价、认证、检测、检验职责的机构租借资质、挂靠、出具虚假报告的,没收违法所得;违法所得在十万元以上的,并处违法所得二倍以上五倍以下的罚款,没有违法所得或者违法所得不足十万元的,单处或者并处十万元以上二十万元以下的罚款;对其直接负责的主管人员和其他直接责任人员处五万元以上十万元以下的罚款;给他人造成损害的,与生产经营单位承担连带赔偿责任;构成犯罪的,依照刑法有关规定追究刑事责任。

对有前款违法行为的机构及其直接责任人员,吊销其相应资质和资格,五年内不得从事安全评价、认证、检测、检验等工作;情节严重的,实行终身行业和职业禁入。

第九十三条 生产经营单位的决策机构、主要负责人或者个人经营的投资人不依照本法规定保证安全生产所必需的资金投入,致使生产经营单位不具备安全生产条件的,责令限期改正,提供必需的资金;逾期未改正的,责令生产经营单位停产停业整顿。

有前款违法行为,导致发生生产安全事故的,对生产经营单位的主要负责人给予撤职处分,对个人经营的投资人处二万元以上二十万元以下的罚款;构成犯罪的,依照刑法有关规定追究刑事责任。

第九十四条 生产经营单位的主要负责人未履行本法规定的安全生产管理职责的,责令限期改正,处二万元以上五万元以下的罚款;逾期未改正的,处五万元以上十万元以下的罚款,责令生产经营单位停产停业整顿。

生产经营单位的主要负责人有前款违法行为,导致发生生产安全事故的,给予撤职处分;构成犯罪的,依照刑法有关规定追究刑事责任。

生产经营单位的主要负责人依照前款规定受刑事处罚或者撤职处分的,自刑罚执行完毕或者受处分之日起,五年内不得担任任何生产经营单位的主要负责人;对重大、特别重大生产安全事故负有责任的,终身不得担任本行业生产经营单位的主要负责人。

第九十五条 生产经营单位的主要负责人未履行本法规定的安全生产管理职责,导致发生生产安全事故的,由应急管理部门依照下列规定处以罚款:

(一)发生一般事故的,处上一年年收入百分之四十的罚款;

(二)发生较大事故的,处上一年年收入百分之六十的罚款;

(三)发生重大事故的,处上一年年收入百分之八十的罚款;

(四)发生特别重大事故的,处上一年年收入百分之一百的罚款。

第九十六条 生产经营单位的其他负责人和安全生产管理人员未履行本法规定的安全生产管理职责的,责令限期改正,处一万元以上三万元以下的罚款;导致发生生产安全事故的,暂停或者吊销其与安全生产有关的资格,并处上一年年收入百分之二十以上百分之五十以下的罚款;构成犯罪的,依照刑法有关规定追究刑事责任。

第九十七条 生产经营单位有下列行为之一的,责令限期改正,处十万元以下的罚款;逾期未改正的,责令停产停业整顿,并处十万元以上二十万元以下的罚款,对其直接负责的主管人员和其他直接责任人员处二万元以上五万元以下的罚款:

(一)未按照规定设置安全生产管理机构或者配备安全生产管理人员、注册安全工程师的;

(二)危险物品的生产、经营、储存、装卸单位以及矿山、金属冶炼、建筑施工、运输单位的主要负责人和安全生产管理人员未按照规定经考核合格的;

(三)未按照规定对从业人员、被派遣劳动者、实习学生进行安全生产教育和培训,或者未按照规定如实告知有关的安全生产事项的;

(四)未如实记录安全生产教育和培训情况的;

（五）未将事故隐患排查治理情况如实记录或者未向从业人员通报的；

（六）未按照规定制定生产安全事故应急救援预案或者未定期组织演练的；

（七）特种作业人员未按照规定经专门的安全作业培训并取得相应资格，上岗作业的。

第九十八条 生产经营单位有下列行为之一的，责令停止建设或者停产停业整顿，限期改正，并处十万元以上五十万元以下的罚款，对其直接负责的主管人员和其他直接责任人员处二万元以上五万元以下的罚款；逾期未改正的，处五十万元以上一百万元以下的罚款，对其直接负责的主管人员和其他直接责任人员处五万元以上十万元以下的罚款；构成犯罪的，依照刑法有关规定追究刑事责任：

（一）未按照规定对矿山、金属冶炼建设项目或者用于生产、储存、装卸危险物品的建设项目进行安全评价的；

（二）矿山、金属冶炼建设项目或者用于生产、储存、装卸危险物品的建设项目没有安全设施设计或者安全设施设计未按照规定报经有关部门审查同意的；

（三）矿山、金属冶炼建设项目或者用于生产、储存、装卸危险物品的建设项目的施工单位未按照批准的安全设施设计施工的；

（四）矿山、金属冶炼建设项目或者用于生产、储存、装卸危险物品的建设项目竣工投入生产或者使用前，安全设施未经验收合格的。

第九十九条 生产经营单位有下列行为之一的，责令限期改正，处五万元以下的罚款；逾期未改正的，处五万元以上二十万元以下的罚款，对其直接负责的主管人员和其他直接责任人员处一万元以上二万元以下的罚款；情节严重的，责令停产停业整顿；构成犯罪的，依照刑法有关规定追究刑事责任：

（一）未在有较大危险因素的生产经营场所和有关设施、设备上设置明显的安全警示标志的；

（二）安全设备的安装、使用、检测、改造和报废不符合国家标准或者行业标准的；

（三）未对安全设备进行经常性维护、保养和定期检测的；

（四）关闭、破坏直接关系生产安全的监控、报警、防护、救生设备、设施，或者篡改、隐瞒、销毁其相关数据、信息的；

（五）未为从业人员提供符合国家标准或者行业标准的劳动防护用品的；

（六）危险物品的容器、运输工具，以及涉及人身安全、危险性较大的海洋石油开采特种设备和矿山井下特种设备未经具有专业资质的机构检测、检验合格，取得安全使用证或者安全标志，投入使用的；

（七）使用应当淘汰的危及生产安全的工艺、设备的；

（八）餐饮等行业的生产经营单位使用燃气未安装可燃气体报警装置的。

第一百条 未经依法批准，擅自生产、经营、运输、储存、使用危险物品或者处置废弃危险物品的，依照有关危险物品安全管理的法律、行政法规的规定予以处罚；构成犯罪的，依照刑法有关规定追究刑事责任。

第一百零一条 生产经营单位有下列行为之一的，责令限期改正，处十万元以下的罚款；逾期未改正的，责令停产停业整顿，并处十万元以上二十万元以下的罚款，对其直接负责的主管人员和其他直接责任人员处二万元以上五万元以下的罚款；构成犯罪的，依照刑法有关规定追究刑事责任：

（一）生产、经营、运输、储存、使用危险物品或者处置废弃危险物品，未建立专门安全管理制度、未采取可靠的安全措施的；

（二）对重大危险源未登记建档，未进行定期检测、评估、监控，未制定应急预案，或者未告知应急措施的；

（三）进行爆破、吊装、动火、临时用电以及国务院应急管理部门会同国务院有关部门规定的其他危险作业，未安排专门人员进行现场安全管理的；

（四）未建立安全风险分级管控制度或者未按照安全风险分级采取相应管控措施的；

（五）未建立事故隐患排查治理制度，或者重大事故隐患排查治理情况未按照规定报告的。

第一百零二条 生产经营单位未采取措施消除事故隐患的，责令立即消除或者限期消除,处五万元以下的罚款;生产经营单位拒不执行的,责令停产停业整顿,对其直接负责的主管人员和其他直接责任人员处五万元以上十万元以下的罚款;构成犯罪的,依照刑法有关规定追究刑事责任。

第一百零三条 生产经营单位将生产经营项目、场所、设备发包或者出租给不具备安全生产条件或者相应资质的单位或者个人的,责令限期改正,没收违法所得;违法所得十万元以上的,并处违法所得二倍以上五倍以下的罚款;没有违法所得或者违法所得不足十万元的,单处或者并处十万元以上二十万元以下的罚款;对其直接负责的主管人员和其他直接责任人员处一万元以上二万元以下的罚款;导致发生生产安全事故给他人造成损害的,与承包方、承租方承担连带赔偿责任。

生产经营单位未与承包单位、承租单位签订专门的安全生产管理协议或者未在承包合同、租赁合同中明确各自的安全生产管理职责,或者未对承包单位、承租单位的安全生产统一协调、管理的,责令限期改正,处五万元以下的罚款,对其直接负责的主管人员和其他直接责任人员处一万元以下的罚款;逾期未改正的,责令停产停业整顿。

矿山、金属冶炼建设项目和用于生产、储存、装卸危险物品的建设项目的施工单位未按照规定对施工项目进行安全管理的,责令限期改正,处十万元以下的罚款,对其直接负责的主管人员和其他直接责任人员处二万元以下的罚款;逾期未改正的,责令停产停业整顿。以上施工单位倒卖、出租、出借、挂靠或者以其他形式非法转让施工资质的,责令停产停业整顿,吊销资质证书,没收违法所得;违法所得十万元以上的,并处违法所得二倍以上五倍以下的罚款,没有违法所得或者违法所得不足十万元的,单处或者并处十万元以上二十万元以下的罚款;对其直接负责的主管人员和其他直接责任人员处五万元以上十万元以下的罚款;构成犯罪的,依照刑法有关规定追究刑事责任。

第一百零四条 两个以上生产经营单位在同一作业区域内进行可能危及对方安全生产的生产经营活动,未签订安全生产管理协议或者未指定专职安全生产管理人员进行安全检查与协调的,责令限期改正,处五万元以下的罚款,对其直接负责的主管人员和其他直接责任人员处一万元以下的罚款;逾期未改正的,责令停产停业。

第一百零五条 生产经营单位有下列行为之一的,责令限期改正,处五万元以下的罚款,对其直接负责的主管人员和其他直接责任人员处一万元以下的罚款;逾期未改正的,责令停产停业整顿;构成犯罪的,依照刑法有关规定追究刑事责任:

(一)生产、经营、储存、使用危险物品的车间、商店、仓库与员工宿舍在同一座建筑内,或者与员工宿舍的距离不符合安全要求的;

(二)生产经营场所和员工宿舍未设有符合紧急疏散需要、标志明显、保持畅通的出口、疏散通道,或者占用、锁闭、封堵生产经营场所或者员工宿舍出口、疏散通道的。

第一百零六条 生产经营单位与从业人员订立协议,免除或者减轻其对从业人员因生产安全事故伤亡依法应承担的责任的,该协议无效;对生产经营单位的主要负责人、个人经营的投资人处二万元以上十万元以下的罚款。

第一百零七条 生产经营单位的从业人员不落实岗位安全责任,不服从管理,违反安全生产规章制度或者操作规程的,由生产经营单位给予批评教育,依照有关规章制度给予处分;构成犯罪的,依照刑法有关规定追究刑事责任。

第一百零八条 违反本法规定,生产经营单位拒绝、阻碍负有安全生产监督管理职责的部门依法实施监督检查的,责令改正;拒不改正的,处二万元以上二十万元以下的罚款;对其直接负责的主管人员和其他直接责任人员处一万元以上二万元以下的罚款;构成犯罪的,依照刑法有关规定追究刑事责任。

第一百零九条 高危行业、领域的生产经营单位未按照国家规定投保安全生产责任保险的,责令限期改正,处五万元以上十万元以下的罚款;逾期未改正的,处十万元以上二十万元以下的罚款。

第一百一十条 生产经营单位的主要负责人在本单位发生生产安全事故时,不立即组织抢救或者在事故调查处理期间擅离职守或者逃匿的,给予降级、撤职的处分,并由应急管理部门处上一年年收入百分之六十至百分之一百的罚款;对逃匿的处十五日以下拘留;构成犯罪的,依照刑法有关规定追究刑事责任。

生产经营单位的主要负责人对生产安全事故隐瞒不报、谎报或者迟报的，依照前款规定处罚。

第一百一十一条 有关地方人民政府、负有安全生产监督管理职责的部门，对生产安全事故隐瞒不报、谎报或者迟报的，对直接负责的主管人员和其他直接责任人员依法给予处分；构成犯罪的，依照刑法有关规定追究刑事责任。

第一百一十二条 生产经营单位违反本法规定，被责令改正且受到罚款处罚，拒不改正的，负有安全生产监督管理职责的部门可以自作出责令改正之日的次日起，按照原处罚数额按日连续处罚。

第一百一十三条 生产经营单位存在下列情形之一的，负有安全生产监督管理职责的部门应当提请地方人民政府予以关闭，有关部门应当依法吊销其有关证照。生产经营单位主要负责人五年内不得担任任何生产经营单位的主要负责人；情节严重的，终身不得担任本行业生产经营单位的主要负责人：

（一）存在重大事故隐患，一百八十日内三次或者一年内四次受到本法规定的行政处罚的；

（二）经停产停业整顿，仍不具备法律、行政法规和国家标准或者行业标准规定的安全生产条件的；

（三）不具备法律、行政法规和国家标准或者行业标准规定的安全生产条件，导致发生重大、特别重大生产安全事故的；

（四）拒不执行负有安全生产监督管理职责的部门作出的停产停业整顿决定的。

第一百一十四条 发生生产安全事故，对负有责任的生产经营单位除要求其依法承担相应的赔偿等责任外，由应急管理部门依照下列规定处以罚款：

（一）发生一般事故的，处三十万元以上一百万元以下的罚款；

（二）发生较大事故的，处一百万元以上二百万元以下的罚款；

（三）发生重大事故的，处二百万元以上一千万元以下的罚款；

（四）发生特别重大事故的，处一千万元以上二千万元以下的罚款。

发生生产安全事故，情节特别严重、影响特别恶劣的，应急管理部门可以按照前款罚款数额的二倍以上五倍以下对负有责任的生产经营单位处以罚款。

第一百一十五条　本法规定的行政处罚,由应急管理部门和其他负有安全生产监督管理职责的部门按照职责分工决定;其中,根据本法第九十五条、第一百一十条、第一百一十四条的规定应当给予民航、铁路、电力行业的生产经营单位及其主要负责人行政处罚的,也可以由主管的负有安全生产监督管理职责的部门进行处罚。予以关闭的行政处罚,由负有安全生产监督管理职责的部门报请县级以上人民政府按照国务院规定的权限决定;给予拘留的行政处罚,由公安机关依照治安管理处罚的规定决定。

第一百一十六条　生产经营单位发生生产安全事故造成人员伤亡、他人财产损失的,应当依法承担赔偿责任;拒不承担或者其负责人逃匿的,由人民法院依法强制执行。

生产安全事故的责任人未依法承担赔偿责任,经人民法院依法采取执行措施后,仍不能对受害人给予足额赔偿的,应当继续履行赔偿义务;受害人发现责任人有其他财产的,可以随时请求人民法院执行。

第七章　附　　则

第一百一十七条　本法下列用语的含义:

危险物品,是指易燃易爆物品、危险化学品、放射性物品等能够危及人身安全和财产安全的物品。

重大危险源,是指长期地或者临时地生产、搬运、使用或者储存危险物品,且危险物品的数量等于或者超过临界量的单元(包括场所和设施)。

第一百一十八条　本法规定的生产安全一般事故、较大事故、重大事故、特别重大事故的划分标准由国务院规定。

国务院应急管理部门和其他负有安全生产监督管理职责的部门应当根据各自的职责分工,制定相关行业、领域重大危险源的辨识标准和重大事故隐患的判定标准。

第一百一十九条　本法自 2002 年 11 月 1 日起施行。

四、服务保障

优化营商环境条例

(2019年10月8日国务院第66次常务会议通过 2019年10月22日国务院令第722号公布 自2020年1月1日起施行)

第一章 总 则

第一条 为了持续优化营商环境,不断解放和发展社会生产力,加快建设现代化经济体系,推动高质量发展,制定本条例。

第二条 本条例所称营商环境,是指企业等市场主体在市场经济活动中所涉及的体制机制性因素和条件。

第三条 国家持续深化简政放权、放管结合、优化服务改革,最大限度减少政府对市场资源的直接配置,最大限度减少政府对市场活动的直接干预,加强和规范事中事后监管,着力提升政务服务能力和水平,切实降低制度性交易成本,更大激发市场活力和社会创造力,增强发展动力。

各级人民政府及其部门应当坚持政务公开透明,以公开为常态、不公开为例外,全面推进决策、执行、管理、服务、结果公开。

第四条 优化营商环境应当坚持市场化、法治化、国际化原则,以市场主体需求为导向,以深刻转变政府职能为核心,创新体制机制、强化协同联动、完善法治保障,对标国际先进水平,为各类市场主体投资兴业营造稳定、公平、透明、可预期的良好环境。

第五条 国家加快建立统一开放、竞争有序的现代市场体系,依法促进各类生产要素自由流动,保障各类市场主体公平参与市场竞争。

第六条 国家鼓励、支持、引导非公有制经济发展，激发非公有制经济活力和创造力。

国家进一步扩大对外开放，积极促进外商投资，平等对待内资企业、外商投资企业等各类市场主体。

第七条 各级人民政府应当加强对优化营商环境工作的组织领导，完善优化营商环境的政策措施，建立健全统筹推进、督促落实优化营商环境工作的相关机制，及时协调、解决优化营商环境工作中的重大问题。

县级以上人民政府有关部门应当按照职责分工，做好优化营商环境的相关工作。县级以上地方人民政府根据实际情况，可以明确优化营商环境工作的主管部门。

国家鼓励和支持各地区、各部门结合实际情况，在法治框架内积极探索原创性、差异化的优化营商环境具体措施；对探索中出现失误或者偏差，符合规定条件的，可以予以免责或者减轻责任。

第八条 国家建立和完善以市场主体和社会公众满意度为导向的营商环境评价体系，发挥营商环境评价对优化营商环境的引领和督促作用。

开展营商环境评价，不得影响各地区、各部门正常工作，不得影响市场主体正常生产经营活动或者增加市场主体负担。

任何单位不得利用营商环境评价谋取利益。

第九条 市场主体应当遵守法律法规，恪守社会公德和商业道德，诚实守信、公平竞争，履行安全、质量、劳动者权益保护、消费者权益保护等方面的法定义务，在国际经贸活动中遵循国际通行规则。

第二章　市场主体保护

第十条 国家坚持权利平等、机会平等、规则平等，保障各种所有制经济平等受到法律保护。

第十一条 市场主体依法享有经营自主权。对依法应当由市场主体自主决策的各类事项，任何单位和个人不得干预。

第十二条 国家保障各类市场主体依法平等使用资金、技术、人力资源、土地使用权及其他自然资源等各类生产要素和公共服务资源。

各类市场主体依法平等适用国家支持发展的政策。政府及其有关部门在政府资金安排、土地供应、税费减免、资质许可、标准制定、项目申报、职称评定、人力资源政策等方面,应当依法平等对待各类市场主体,不得制定或者实施歧视性政策措施。

第十三条 招标投标和政府采购应当公开透明、公平公正,依法平等对待各类所有制和不同地区的市场主体,不得以不合理条件或者产品产地来源等进行限制或者排斥。

政府有关部门应当加强招标投标和政府采购监管,依法纠正和查处违法违规行为。

第十四条 国家依法保护市场主体的财产权和其他合法权益,保护企业经营者人身和财产安全。

严禁违反法定权限、条件、程序对市场主体的财产和企业经营者个人财产实施查封、冻结和扣押等行政强制措施;依法确需实施前述行政强制措施的,应当限定在所必需的范围内。

禁止在法律、法规规定之外要求市场主体提供财力、物力或者人力的摊派行为。市场主体有权拒绝任何形式的摊派。

第十五条 国家建立知识产权侵权惩罚性赔偿制度,推动建立知识产权快速协同保护机制,健全知识产权纠纷多元化解决机制和知识产权维权援助机制,加大对知识产权的保护力度。

国家持续深化商标注册、专利申请便利化改革,提高商标注册、专利申请审查效率。

第十六条 国家加大中小投资者权益保护力度,完善中小投资者权益保护机制,保障中小投资者的知情权、参与权,提升中小投资者维护合法权益的便利度。

第十七条 除法律、法规另有规定外,市场主体有权自主决定加入或者退出行业协会商会等社会组织,任何单位和个人不得干预。

除法律、法规另有规定外,任何单位和个人不得强制或者变相强制市场主体参加评比、达标、表彰、培训、考核、考试以及类似活动,不得借前述活动向市场主体收费或者变相收费。

第十八条　国家推动建立全国统一的市场主体维权服务平台,为市场主体提供高效、便捷的维权服务。

第三章　市　场　环　境

第十九条　国家持续深化商事制度改革,统一企业登记业务规范,统一数据标准和平台服务接口,采用统一社会信用代码进行登记管理。

国家推进"证照分离"改革,持续精简涉企经营许可事项,依法采取直接取消审批、审批改为备案、实行告知承诺、优化审批服务等方式,对所有涉企经营许可事项进行分类管理,为企业取得营业执照后开展相关经营活动提供便利。除法律、行政法规规定的特定领域外,涉企经营许可事项不得作为企业登记的前置条件。

政府有关部门应当按照国家有关规定,简化企业从申请设立到具备一般性经营条件所需办理的手续。在国家规定的企业开办时限内,各地区应当确定并公开具体办理时间。

企业申请办理住所等相关变更登记的,有关部门应当依法及时办理,不得限制。除法律、法规、规章另有规定外,企业迁移后其持有的有效许可证件不再重复办理。

第二十条　国家持续放宽市场准入,并实行全国统一的市场准入负面清单制度。市场准入负面清单以外的领域,各类市场主体均可以依法平等进入。

各地区、各部门不得另行制定市场准入性质的负面清单。

第二十一条　政府有关部门应当加大反垄断和反不正当竞争执法力度,有效预防和制止市场经济活动中的垄断行为、不正当竞争行为以及滥用行政权力排除、限制竞争的行为,营造公平竞争的市场环境。

第二十二条　国家建立健全统一开放、竞争有序的人力资源市场体系,打破城乡、地区、行业分割和身份、性别等歧视,促进人力资源有序社会性流动和合理配置。

第二十三条　政府及其有关部门应当完善政策措施、强化创新服务,鼓励和支持市场主体拓展创新空间,持续推进产品、技术、商业模式、管理等创新,充分发挥市场主体在推动科技成果转化中的作用。

第二十四条 政府及其有关部门应当严格落实国家各项减税降费政策,及时研究解决政策落实中的具体问题,确保减税降费政策全面、及时惠及市场主体。

第二十五条 设立政府性基金、涉企行政事业性收费、涉企保证金,应当有法律、行政法规依据或者经国务院批准。对政府性基金、涉企行政事业性收费、涉企保证金以及实行政府定价的经营服务性收费,实行目录清单管理并向社会公开,目录清单之外的前述收费和保证金一律不得执行。推广以金融机构保函替代现金缴纳涉企保证金。

第二十六条 国家鼓励和支持金融机构加大对民营企业、中小企业的支持力度,降低民营企业、中小企业综合融资成本。

金融监督管理部门应当完善对商业银行等金融机构的监管考核和激励机制,鼓励、引导其增加对民营企业、中小企业的信贷投放,并合理增加中长期贷款和信用贷款支持,提高贷款审批效率。

商业银行等金融机构在授信中不得设置不合理条件,不得对民营企业、中小企业设置歧视性要求。商业银行等金融机构应当按照国家有关规定规范收费行为,不得违规向服务对象收取不合理费用。商业银行应当向社会公开开设企业账户的服务标准、资费标准和办理时限。

第二十七条 国家促进多层次资本市场规范健康发展,拓宽市场主体融资渠道,支持符合条件的民营企业、中小企业依法发行股票、债券以及其他融资工具,扩大直接融资规模。

第二十八条 供水、供电、供气、供热等公用企事业单位应当向社会公开服务标准、资费标准等信息,为市场主体提供安全、便捷、稳定和价格合理的服务,不得强迫市场主体接受不合理的服务条件,不得以任何名义收取不合理费用。各地区应当优化报装流程,在国家规定的报装办理时限内确定并公开具体办理时间。

政府有关部门应当加强对公用企事业单位运营的监督管理。

第二十九条 行业协会商会应当依照法律、法规和章程,加强行业自律,及时反映行业诉求,为市场主体提供信息咨询、宣传培训、市场拓展、权益保护、纠纷处理等方面的服务。

国家依法严格规范行业协会商会的收费、评比、认证等行为。

第三十条 国家加强社会信用体系建设,持续推进政务诚信、商务诚信、社会诚信和司法公信建设,提高全社会诚信意识和信用水平,维护信用信息安全,严格保护商业秘密和个人隐私。

第三十一条 地方各级人民政府及其有关部门应当履行向市场主体依法作出的政策承诺以及依法订立的各类合同,不得以行政区划调整、政府换届、机构或者职能调整以及相关责任人更替等为由违约毁约。因国家利益、社会公共利益需要改变政策承诺、合同约定的,应当依照法定权限和程序进行,并依法对市场主体因此受到的损失予以补偿。

第三十二条 国家机关、事业单位不得违约拖欠市场主体的货物、工程、服务等账款,大型企业不得利用优势地位拖欠中小企业账款。

县级以上人民政府及其有关部门应当加大对国家机关、事业单位拖欠市场主体账款的清理力度,并通过加强预算管理、严格责任追究等措施,建立防范和治理国家机关、事业单位拖欠市场主体账款的长效机制。

第三十三条 政府有关部门应当优化市场主体注销办理流程,精简申请材料、压缩办理时间、降低注销成本。对设立后未开展生产经营活动或者无债权债务的市场主体,可以按照简易程序办理注销。对有债权债务的市场主体,在债权债务依法解决后及时办理注销。

县级以上地方人民政府应当根据需要建立企业破产工作协调机制,协调解决企业破产过程中涉及的有关问题。

第四章 政 务 服 务

第三十四条 政府及其有关部门应当进一步增强服务意识,切实转变工作作风,为市场主体提供规范、便利、高效的政务服务。

第三十五条 政府及其有关部门应当推进政务服务标准化,按照减环节、减材料、减时限的要求,编制并向社会公开政务服务事项(包括行政权力事项和公共服务事项,下同)标准化工作流程和办事指南,细化量化政务服务标准,压缩自由裁量权,推进同一事项实行无差别受理、同标准办理。没有法律、法规、规章依据,不得增设政务服务事项的办理条件和环节。

第三十六条 政府及其有关部门办理政务服务事项,应当根据实际情况,推行当场办结、一次办结、限时办结等制度,实现集中办理、就近办理、网上办理、异地可办。需要市场主体补正有关材料、手续的,应当一次性告知需要补正的内容;需要进行现场踏勘、现场核查、技术审查、听证论证的,应当及时安排、限时办结。

法律、法规、规章以及国家有关规定对政务服务事项办理时限有规定的,应当在规定的时限内尽快办结;没有规定的,应当按照合理、高效的原则确定办理时限并按时办结。各地区可以在国家规定的政务服务事项办理时限内进一步压减时间,并应当向社会公开;超过办理时间的,办理单位应当公开说明理由。

地方各级人民政府已设立政务服务大厅的,本行政区域内各类政务服务事项一般应当进驻政务服务大厅统一办理。对政务服务大厅中部门分设的服务窗口,应当创造条件整合为综合窗口,提供一站式服务。

第三十七条 国家加快建设全国一体化在线政务服务平台(以下称一体化在线平台),推动政务服务事项在全国范围内实现"一网通办"。除法律、法规另有规定或者涉及国家秘密等情形外,政务服务事项应当按照国务院确定的步骤,纳入一体化在线平台办理。

国家依托一体化在线平台,推动政务信息系统整合,优化政务流程,促进政务服务跨地区、跨部门、跨层级数据共享和业务协同。政府及其有关部门应当按照国家有关规定,提供数据共享服务,及时将有关政务服务数据上传至一体化在线平台,加强共享数据使用全过程管理,确保共享数据安全。

国家建立电子证照共享服务系统,实现电子证照跨地区、跨部门共享和全国范围内互信互认。各地区、各部门应当加强电子证照的推广应用。

各地区、各部门应当推动政务服务大厅与政务服务平台全面对接融合。市场主体有权自主选择政务服务办理渠道,行政机关不得限定办理渠道。

第三十八条 政府及其有关部门应当通过政府网站、一体化在线平台,集中公布涉及市场主体的法律、法规、规章、行政规范性文件和各类政策措施,并通过多种途径和方式加强宣传解读。

第三十九条 国家严格控制新设行政许可。新设行政许可应当按照行政许可法和国务院的规定严格设定标准,并进行合法性、必要性和合理性审查论证。对通过事中事后监管或者市场机制能够解决以及行政许可法和国务院规定不得设立行政许可的事项,一律不得设立行政许可,严禁以备案、登记、注册、目录、规划、年检、年报、监制、认定、认证、审定以及其他任何形式变相设定或者实施行政许可。

法律、行政法规和国务院决定对相关管理事项已作出规定,但未采取行政许可管理方式的,地方不得就该事项设定行政许可。对相关管理事项尚未制定法律、行政法规的,地方可以依法就该事项设定行政许可。

第四十条 国家实行行政许可清单管理制度,适时调整行政许可清单并向社会公布,清单之外不得违法实施行政许可。

国家大力精简已有行政许可。对已取消的行政许可,行政机关不得继续实施或者变相实施,不得转由行业协会商会或者其他组织实施。

对实行行政许可管理的事项,行政机关应当通过整合实施、下放审批层级等多种方式,优化审批服务,提高审批效率,减轻市场主体负担。符合相关条件和要求的,可以按照有关规定采取告知承诺的方式办理。

第四十一条 县级以上地方人民政府应当深化投资审批制度改革,根据项目性质、投资规模等分类规范投资审批程序,精简审批要件,简化技术审查事项,强化项目决策与用地、规划等建设条件落实的协同,实行与相关审批在线并联办理。

第四十二条 设区的市级以上地方人民政府应当按照国家有关规定,优化工程建设项目(不包括特殊工程和交通、水利、能源等领域的重大工程)审批流程,推行并联审批、多图联审、联合竣工验收等方式,简化审批手续,提高审批效能。

在依法设立的开发区、新区和其他有条件的区域,按照国家有关规定推行区域评估,由设区的市级以上地方人民政府组织对一定区域内压覆重要矿产资源、地质灾害危险性等事项进行统一评估,不再对区域内的市场主体单独提出评估要求。区域评估的费用不得由市场主体承担。

第四十三条 作为办理行政审批条件的中介服务事项(以下称法定行政审批中介服务)应当有法律、法规或者国务院决定依据;没有依据的,不得作为办理行政审批的条件。中介服务机构应当明确办理法定行政审批中介服务的条件、流程、时限、收费标准,并向社会公开。

国家加快推进中介服务机构与行政机关脱钩。行政机关不得为市场主体指定或者变相指定中介服务机构;除法定行政审批中介服务外,不得强制或者变相强制市场主体接受中介服务。行政机关所属事业单位、主管的社会组织及其举办的企业不得开展与本机关所负责行政审批相关的中介服务,法律、行政法规另有规定的除外。

行政机关在行政审批过程中需要委托中介服务机构开展技术性服务的,应当通过竞争性方式选择中介服务机构,并自行承担服务费用,不得转嫁给市场主体承担。

第四十四条 证明事项应当有法律、法规或者国务院决定依据。

设定证明事项,应当坚持确有必要、从严控制的原则。对通过法定证照、法定文书、书面告知承诺、政府部门内部核查和部门间核查、网络核验、合同凭证等能够办理,能够被其他材料涵盖或者替代,以及开具单位无法调查核实的,不得设定证明事项。

政府有关部门应当公布证明事项清单,逐项列明设定依据、索要单位、开具单位、办理指南等。清单之外,政府部门、公用企事业单位和服务机构不得索要证明。各地区、各部门之间应当加强证明的互认共享,避免重复索要证明。

第四十五条 政府及其有关部门应当按照国家促进跨境贸易便利化的有关要求,依法削减进出口环节审批事项,取消不必要的监管要求,优化简化通关流程,提高通关效率,清理规范口岸收费,降低通关成本,推动口岸和国际贸易领域相关业务统一通过国际贸易"单一窗口"办理。

第四十六条 税务机关应当精简办税资料和流程,简并申报缴税次数,公开涉税事项办理时限,压减办税时间,加大推广使用电子发票的力度,逐步实现全程网上办税,持续优化纳税服务。

第四十七条 不动产登记机构应当按照国家有关规定,加强部门协作,实行不动产登记、交易和缴税一窗受理、并行办理,压缩办理时间,降低办理成本。在国家规定的不动产登记时限内,各地区应当确定并公开具体办理时间。

国家推动建立统一的动产和权利担保登记公示系统,逐步实现市场主体在一个平台上办理动产和权利担保登记。纳入统一登记公示系统的动产和权利范围另行规定。

第四十八条 政府及其有关部门应当按照构建亲清新型政商关系的要求,建立畅通有效的政企沟通机制,采取多种方式及时听取市场主体的反映和诉求,了解市场主体生产经营中遇到的困难和问题,并依法帮助其解决。

建立政企沟通机制,应当充分尊重市场主体意愿,增强针对性和有效性,不得干扰市场主体正常生产经营活动,不得增加市场主体负担。

第四十九条 政府及其有关部门应当建立便利、畅通的渠道,受理有关营商环境的投诉和举报。

第五十条 新闻媒体应当及时、准确宣传优化营商环境的措施和成效,为优化营商环境创造良好舆论氛围。

国家鼓励对营商环境进行舆论监督,但禁止捏造虚假信息或者歪曲事实进行不实报道。

第五章 监管执法

第五十一条 政府有关部门应当严格按照法律法规和职责,落实监管责任,明确监管对象和范围、厘清监管事权,依法对市场主体进行监管,实现监管全覆盖。

第五十二条 国家健全公开透明的监管规则和标准体系。国务院有关部门应当分领域制定全国统一、简明易行的监管规则和标准,并向社会公开。

第五十三条 政府及其有关部门应当按照国家关于加快构建以

信用为基础的新型监管机制的要求，创新和完善信用监管，强化信用监管的支撑保障，加强信用监管的组织实施，不断提升信用监管效能。

第五十四条 国家推行"双随机、一公开"监管，除直接涉及公共安全和人民群众生命健康等特殊行业、重点领域外，市场监管领域的行政检查应当通过随机抽取检查对象、随机选派执法检查人员、抽查事项及查处结果及时向社会公开的方式进行。针对同一检查对象的多个检查事项，应当尽可能合并或者纳入跨部门联合抽查范围。

对直接涉及公共安全和人民群众生命健康等特殊行业、重点领域，依法依规实行全覆盖的重点监管，并严格规范重点监管的程序；对通过投诉举报、转办交办、数据监测等发现的问题，应当有针对性地进行检查并依法依规处理。

第五十五条 政府及其有关部门应当按照鼓励创新的原则，对新技术、新产业、新业态、新模式等实行包容审慎监管，针对其性质、特点分类制定和实行相应的监管规则和标准，留足发展空间，同时确保质量和安全，不得简单化予以禁止或者不予监管。

第五十六条 政府及其有关部门应当充分运用互联网、大数据等技术手段，依托国家统一建立的在线监管系统，加强监管信息归集共享和关联整合，推行以远程监管、移动监管、预警防控为特征的非现场监管，提升监管的精准化、智能化水平。

第五十七条 国家建立健全跨部门、跨区域行政执法联动响应和协作机制，实现违法线索互联、监管标准互通、处理结果互认。

国家统筹配置行政执法职能和执法资源，在相关领域推行综合行政执法，整合精简执法队伍，减少执法主体和执法层级，提高基层执法能力。

第五十八条 行政执法机关应当按照国家有关规定，全面落实行政执法公示、行政执法全过程记录和重大行政执法决定法制审核制度，实现行政执法信息及时准确公示、行政执法全过程留痕和可回溯管理、重大行政执法决定法制审核全覆盖。

第五十九条 行政执法中应当推广运用说服教育、劝导示范、行政指导等非强制性手段，依法慎重实施行政强制。采用非强制性手段能够达到行政管理目的的，不得实施行政强制；违法行为情节轻微或者社会危害较小的,可以不实施行政强制;确需实施行政强制的,应当尽可能减少对市场主体正常生产经营活动的影响。

开展清理整顿、专项整治等活动,应当严格依法进行,除涉及人民群众生命安全、发生重特大事故或者举办国家重大活动,并报经有权机关批准外,不得在相关区域采取要求相关行业、领域的市场主体普遍停产、停业的措施。

禁止将罚没收入与行政执法机关利益挂钩。

第六十条 国家健全行政执法自由裁量基准制度,合理确定裁量范围、种类和幅度,规范行政执法自由裁量权的行使。

第六章　法治保障

第六十一条 国家根据优化营商环境需要,依照法定权限和程序及时制定或者修改、废止有关法律、法规、规章、行政规范性文件。

优化营商环境的改革措施涉及调整实施现行法律、行政法规等有关规定的,依照法定程序经有权机关授权后,可以先行先试。

第六十二条 制定与市场主体生产经营活动密切相关的行政法规、规章、行政规范性文件,应当按照国务院的规定,充分听取市场主体、行业协会商会的意见。

除依法需要保密外,制定与市场主体生产经营活动密切相关的行政法规、规章、行政规范性文件,应当通过报纸、网络等向社会公开征求意见,并建立健全意见采纳情况反馈机制。向社会公开征求意见的期限一般不少于30日。

第六十三条 制定与市场主体生产经营活动密切相关的行政法规、规章、行政规范性文件,应当按照国务院的规定进行公平竞争审查。

制定涉及市场主体权利义务的行政规范性文件,应当按照国务院的规定进行合法性审核。

市场主体认为地方性法规同行政法规相抵触,或者认为规章同法律、行政法规相抵触的,可以向国务院书面提出审查建议,由有关机关按照规定程序处理。

第六十四条 没有法律、法规或者国务院决定和命令依据的,行政规范性文件不得减损市场主体合法权益或者增加其义务,不得设置市场准入和退出条件,不得干预市场主体正常生产经营活动。

涉及市场主体权利义务的行政规范性文件应当按照法定要求和程序予以公布,未经公布的不得作为行政管理依据。

第六十五条 制定与市场主体生产经营活动密切相关的行政法规、规章、行政规范性文件,应当结合实际,确定是否为市场主体留出必要的适应调整期。

政府及其有关部门应当统筹协调、合理把握规章、行政规范性文件等的出台节奏,全面评估政策效果,避免因政策叠加或者相互不协调对市场主体正常生产经营活动造成不利影响。

第六十六条 国家完善调解、仲裁、行政裁决、行政复议、诉讼等有机衔接、相互协调的多元化纠纷解决机制,为市场主体提供高效、便捷的纠纷解决途径。

第六十七条 国家加强法治宣传教育,落实国家机关普法责任制,提高国家工作人员依法履职能力,引导市场主体合法经营、依法维护自身合法权益,不断增强全社会的法治意识,为营造法治化营商环境提供基础性支撑。

第六十八条 政府及其有关部门应当整合律师、公证、司法鉴定、调解、仲裁等公共法律服务资源,加快推进公共法律服务体系建设,全面提升公共法律服务能力和水平,为优化营商环境提供全方位法律服务。

第六十九条 政府和有关部门及其工作人员有下列情形之一的,依法依规追究责任:

(一)违法干预应当由市场主体自主决策的事项;

(二)制定或者实施政策措施不依法平等对待各类市场主体;

(三)违反法定权限、条件、程序对市场主体的财产和企业经营者个人财产实施查封、冻结和扣押等行政强制措施;

(四)在法律、法规规定之外要求市场主体提供财力、物力或者人力;

(五)没有法律、法规依据,强制或者变相强制市场主体参加评比、达标、表彰、培训、考核、考试以及类似活动,或者借前述活动向市场主体收费或者变相收费；

（六）违法设立或者在目录清单之外执行政府性基金、涉企行政事业性收费、涉企保证金；

（七）不履行向市场主体依法作出的政策承诺以及依法订立的各类合同，或者违约拖欠市场主体的货物、工程、服务等账款；

（八）变相设定或者实施行政许可，继续实施或者变相实施已取消的行政许可，或者转由行业协会商会或者其他组织实施已取消的行政许可；

（九）为市场主体指定或者变相指定中介服务机构，或者违法强制市场主体接受中介服务；

（十）制定与市场主体生产经营活动密切相关的行政法规、规章、行政规范性文件时，不按照规定听取市场主体、行业协会商会的意见；

（十一）其他不履行优化营商环境职责或者损害营商环境的情形。

第七十条 公用企事业单位有下列情形之一的，由有关部门责令改正，依法追究法律责任：

（一）不向社会公开服务标准、资费标准、办理时限等信息；

（二）强迫市场主体接受不合理的服务条件；

（三）向市场主体收取不合理费用。

第七十一条 行业协会商会、中介服务机构有下列情形之一的，由有关部门责令改正，依法追究法律责任：

（一）违法开展收费、评比、认证等行为；

（二）违法干预市场主体加入或者退出行业协会商会等社会组织；

（三）没有法律、法规依据，强制或者变相强制市场主体参加评比、达标、表彰、培训、考核、考试以及类似活动，或者借前述活动向市场主体收费或者变相收费；

（四）不向社会公开办理法定行政审批中介服务的条件、流程、时限、收费标准；

（五）违法强制或者变相强制市场主体接受中介服务。

第七章 附 则

第七十二条 本条例自 2020 年 1 月 1 日起施行。

中共中央、国务院关于营造更好发展环境支持民营企业改革发展的意见

(2019年12月4日)

改革开放40多年来,民营企业在推动发展、促进创新、增加就业、改善民生和扩大开放等方面发挥了不可替代的作用。民营经济已经成为我国公有制为主体多种所有制经济共同发展的重要组成部分。为进一步激发民营企业活力和创造力,充分发挥民营经济在推进供给侧结构性改革、推动高质量发展、建设现代化经济体系中的重要作用,现就营造更好发展环境支持民营企业改革发展提出如下意见。

一、总体要求

(一)指导思想。以习近平新时代中国特色社会主义思想为指导,全面贯彻党的十九大和十九届二中、三中、四中全会精神,深入落实习近平总书记在民营企业座谈会上的重要讲话精神,坚持和完善社会主义基本经济制度,坚持"两个毫不动摇",坚持新发展理念,坚持以供给侧结构性改革为主线,营造市场化、法治化、国际化营商环境,保障民营企业依法平等使用资源要素、公开公平公正参与竞争、同等受到法律保护,推动民营企业改革创新、转型升级、健康发展,让民营经济创新源泉充分涌流,让民营企业创造活力充分迸发,为实现"两个一百年"奋斗目标和中华民族伟大复兴的中国梦作出更大贡献。

(二)基本原则。坚持公平竞争,对各类市场主体一视同仁,营造公平竞争的市场环境、政策环境、法治环境,确保权利平等、机会平等、规则平等;遵循市场规律,处理好政府与市场的关系,强化竞争政策的基础性地位,注重采用市场化手段,通过市场竞争实现企业优胜劣汰和资源优化配置,促进市场秩序规范;支持改革创新,鼓励和引导民营企业加快转型升级,深化供给侧结构性改革,不断提升技术创新能力和核心竞争力;加强法治保障,依法保护民营企业和企业家的合法权

益,推动民营企业筑牢守法合规经营底线。

二、优化公平竞争的市场环境

(三)进一步放开民营企业市场准入。深化"放管服"改革,进一步精简市场准入行政审批事项,不得额外对民营企业设置准入条件。全面落实放宽民营企业市场准入的政策措施,持续跟踪、定期评估市场准入有关政策落实情况,全面排查、系统清理各类显性和隐性壁垒。在电力、电信、铁路、石油、天然气等重点行业和领域,放开竞争性业务,进一步引入市场竞争机制。支持民营企业以参股形式开展基础电信运营业务,以控股或参股形式开展发电配电售电业务。支持民营企业进入油气勘探开发、炼化和销售领域,建设原油、天然气、成品油储运和管道输送等基础设施。支持符合条件的企业参与原油进口、成品油出口。在基础设施、社会事业、金融服务业等领域大幅放宽市场准入。上述行业、领域相关职能部门要研究制定民营企业分行业、分领域、分业务市场准入具体路径和办法,明确路线图和时间表。

(四)实施公平统一的市场监管制度。进一步规范失信联合惩戒对象纳入标准和程序,建立完善信用修复机制和异议制度,规范信用核查和联合惩戒。加强优化营商环境涉及的法规规章备案审查。深入推进部门联合"双随机、一公开"监管,推行信用监管和"互联网+监管"改革。细化明确行政执法程序,规范执法自由裁量权,严格规范公正文明执法。完善垄断性中介管理制度,清理强制性重复鉴定评估。深化要素市场化配置体制机制改革,健全市场化要素价格形成和传导机制,保障民营企业平等获得资源要素。

(五)强化公平竞争审查制度刚性约束。坚持存量清理和增量审查并重,持续清理和废除妨碍统一市场和公平竞争的各种规定和做法,加快清理与企业性质挂钩的行业准入、资质标准、产业补贴等规定和做法。推进产业政策由差异化、选择性向普惠化、功能性转变。严格审查新出台的政策措施,建立规范流程,引入第三方开展评估审查。建立面向各类市场主体的有违公平竞争问题的投诉举报和处理回应机制并及时向社会公布处理情况。

(六)破除招投标隐性壁垒。对具备相应资质条件的企业,不得设置与业务能力无关的企业规模门槛和明显超过招标项目要求的业绩门槛等。完善招投标程序监督与信息公示制度,对依法依规完成的招标,不得以中标企业性质为由对招标责任人进行追责。

三、完善精准有效的政策环境

(七)进一步减轻企业税费负担。切实落实更大规模减税降费,实施好降低增值税税率、扩大享受税收优惠小微企业范围、加大研发费用加计扣除力度、降低社保费率等政策,实质性降低企业负担。建立完善监督检查清单制度,落实涉企收费清单制度,清理违规涉企收费、摊派事项和各类评比达标活动,加大力度清理整治第三方截留减税降费红利等行为,进一步畅通减税降费政策传导机制,切实降低民营企业成本费用。既要以最严格的标准防范逃避税,又要避免因为不当征税影响企业正常运行。

(八)健全银行业金融机构服务民营企业体系。进一步提高金融结构与经济结构匹配度,支持发展以中小微民营企业为主要服务对象的中小金融机构。深化联合授信试点,鼓励银行与民营企业构建中长期银企关系。健全授信尽职免责机制,在内部绩效考核制度中落实对小微企业贷款不良容忍的监管政策。强化考核激励,合理增加信用贷款,鼓励银行提前主动对接企业续贷需求,进一步降低民营和小微企业综合融资成本。

(九)完善民营企业直接融资支持制度。完善股票发行和再融资制度,提高民营企业首发上市和再融资审核效率。积极鼓励符合条件的民营企业在科创板上市。深化创业板、新三板改革,服务民营企业持续发展。支持服务民营企业的区域性股权市场建设。支持民营企业发行债券,降低可转债发行门槛。在依法合规的前提下,支持资管产品和保险资金通过投资私募股权基金等方式积极参与民营企业纾困。鼓励通过债务重组等方式合力化解股票质押风险。积极吸引社会力量参与民营企业债转股。

(十)健全民营企业融资增信支持体系。推进依托供应链的票据、订单等动产质押融资,鼓励第三方建立供应链综合服务平台。民营企业、中小企业以应收账款申请担保融资的,国家机关、事业单位和大型企业等应付款方应当及时确认债权债务关系。推动抵质押登记流程简便化、标准化、规范化,建立统一的动产和权利担保登记公示系统。

积极探索建立为优质民营企业增信的新机制,鼓励有条件的地方设立中小民营企业风险补偿基金,研究推出民营企业增信示范项目。发展民营企业债券融资支持工具,以市场化方式增信支持民营企业融资。

(十一)建立清理和防止拖欠账款长效机制。各级政府、大型国有企业要依法履行与民营企业、中小企业签订的协议和合同,不得违背民营企业、中小企业真实意愿或在约定的付款方式之外以承兑汇票等形式延长付款期限。加快及时支付款项有关立法,建立拖欠账款问题约束惩戒机制,通过审计监察和信用体系建设,提高政府部门和国有企业的拖欠失信成本,对拖欠民营企业、中小企业款项的责任人严肃问责。

四、健全平等保护的法治环境

(十二)健全执法司法对民营企业的平等保护机制。加大对民营企业的刑事保护力度,依法惩治侵犯民营企业投资者、管理者和从业人员合法权益的违法犯罪行为。提高司法审判和执行效率,防止因诉讼拖延影响企业生产经营。保障民营企业家在协助纪检监察机关审查调查时的人身和财产合法权益。健全知识产权侵权惩罚性赔偿制度,完善诉讼证据规则、证据披露以及证据妨碍排除规则。

(十三)保护民营企业和企业家合法财产。严格按照法定程序采取查封、扣押、冻结等措施,依法严格区分违法所得、其他涉案财产与合法财产,严格区分企业法人财产与股东个人财产,严格区分涉案人员个人财产与家庭成员财产。持续甄别纠正侵犯民营企业和企业家人身财产权的冤错案件。建立涉政府产权纠纷治理长效机制。

五、鼓励引导民营企业改革创新

(十四)引导民营企业深化改革。鼓励有条件的民营企业加快建立治理结构合理、股东行为规范、内部约束有效、运行高效灵活的现代企业制度,重视发挥公司律师和法律顾问作用。鼓励民营企业制定规范的公司章程,完善公司股东会、董事会、监事会等制度,明确各自职权及议事规则。鼓励民营企业完善内部激励约束机制,规范优化业务流程和组织结构,建立科学规范的劳动用工、收入分配制度,推动质量、品牌、财务、营销等精细化管理。

（十五）支持民营企业加强创新。鼓励民营企业独立或与有关方面联合承担国家各类科研项目，参与国家重大科学技术项目攻关，通过实施技术改造转化创新成果。各级政府组织实施科技创新、技术转化等项目时，要平等对待不同所有制企业。加快向民营企业开放国家重大科研基础设施和大型科研仪器。在标准制定、复审过程中保障民营企业平等参与。系统清理与企业性质挂钩的职称评定、奖项申报、福利保障等规定，畅通科技创新人才向民营企业流动渠道。在人才引进支持政策方面对民营企业一视同仁，支持民营企业引进海外高层次人才。

（十六）鼓励民营企业转型升级优化重组。鼓励民营企业因地制宜聚焦主业加快转型升级。优化企业兼并重组市场环境，支持民营企业做优做强，培育更多具有全球竞争力的世界一流企业。支持民营企业参与国有企业改革。引导中小民营企业走"专精特新"发展之路。畅通市场化退出渠道，完善企业破产清算和重整等法律制度，提高注销登记便利度，进一步做好"僵尸企业"处置工作。

（十七）完善民营企业参与国家重大战略实施机制。鼓励民营企业积极参与共建"一带一路"、京津冀协同发展、长江经济带发展、长江三角洲区域一体化发展、粤港澳大湾区建设、黄河流域生态保护和高质量发展、推进海南全面深化改革开放等重大国家战略，积极参与乡村振兴战略。在重大规划、重大项目、重大工程、重大活动中积极吸引民营企业参与。

六、促进民营企业规范健康发展

（十八）引导民营企业聚精会神办实业。营造实干兴邦、实业报国的良好社会氛围，鼓励支持民营企业心无旁骛做实业。引导民营企业提高战略规划和执行能力，弘扬工匠精神，通过聚焦实业、做精主业不断提升企业发展质量。大力弘扬爱国敬业、遵纪守法、艰苦奋斗、创新发展、专注品质、追求卓越、诚信守约、履行责任、勇于担当、服务社会的优秀企业家精神，认真总结梳理宣传一批典型案例，发挥示范带动作用。

（十九）推动民营企业守法合规经营。民营企业要筑牢守法合规经营底线，依法经营、依法治企、依法维权，认真履行环境保护、安全生产、职工权益保障等责任。民营企业走出去要遵法守法、合规经营,塑造良好形象。

(二十)推动民营企业积极履行社会责任。引导民营企业重信誉、守信用、讲信义,自觉强化信用管理,及时进行信息披露。支持民营企业赴革命老区、民族地区、边疆地区、贫困地区和中西部、东北地区投资兴业,引导民营企业参与对口支援和帮扶工作。鼓励民营企业积极参与社会公益、慈善事业。

(二十一)引导民营企业家健康成长。民营企业家要加强自我学习、自我教育、自我提升,珍视自身社会形象,热爱祖国、热爱人民、热爱中国共产党,把守法诚信作为安身立命之本,积极践行社会主义核心价值观。要加强对民营企业家特别是年轻一代民营企业家的理想信念教育,实施年轻一代民营企业家健康成长促进计划,支持帮助民营企业家实现事业新老交接和有序传承。

七、构建亲清政商关系

(二十二)建立规范化机制化政企沟通渠道。地方各级党政主要负责同志要采取多种方式经常听取民营企业意见和诉求,畅通企业家提出意见诉求通道。鼓励行业协会商会、人民团体在畅通民营企业与政府沟通等方面发挥建设性作用,支持优秀民营企业家在群团组织中兼职。

(二十三)完善涉企政策制定和执行机制。制定实施涉企政策时,要充分听取相关企业意见建议。保持政策连续性稳定性,健全涉企政策全流程评估制度,完善涉企政策调整程序,根据实际设置合理过渡期,给企业留出必要的适应调整时间。政策执行要坚持实事求是,不搞"一刀切"。

(二十四)创新民营企业服务模式。进一步提升政府服务意识和能力,鼓励各级政府编制政务服务事项清单并向社会公布。维护市场公平竞争秩序,完善陷入困境优质企业的救助机制。建立政务服务"好差评"制度。完善对民营企业全生命周期的服务模式和服务链条。

(二十五)建立政府诚信履约机制。各级政府要认真履行在招商引资、政府与社会资本合作等活动中与民营企业依法签订的各类合同。建立政府失信责任追溯和承担机制,对民营企业因国家利益、公共利益或其他法定事由需要改变政府承诺和合同约定而受到的损失,要依法予以补偿。

八、组织保障

(二十六)建立健全民营企业党建工作机制。坚持党对支持民营企业改革发展工作的领导,增强"四个意识",坚定"四个自信",做到"两个维护",教育引导民营企业和企业家拥护党的领导,支持企业党建工作。指导民营企业设立党组织,积极探索创新党建工作方式,围绕宣传贯彻党的路线方针政策、团结凝聚职工群众、维护各方合法权益、建设先进企业文化、促进企业健康发展等开展工作,充分发挥党组织的战斗堡垒作用和党员的先锋模范作用,努力提升民营企业党的组织和工作覆盖质量。

(二十七)完善支持民营企业改革发展工作机制。建立支持民营企业改革发展的领导协调机制。将支持民营企业发展相关指标纳入高质量发展绩效评价体系。加强民营经济统计监测和分析工作。开展面向民营企业家的政策培训。

(二十八)健全舆论引导和示范引领工作机制。加强舆论引导,主动讲好民营企业和企业家故事,坚决抵制、及时批驳澄清质疑社会主义基本经济制度、否定民营经济的错误言论。在各类评选表彰活动中,平等对待优秀民营企业和企业家。研究支持改革发展标杆民营企业和民营经济示范城市,充分发挥示范带动作用。

各地区各部门要充分认识营造更好发展环境支持民营企业改革发展的重要性,切实把思想和行动统一到党中央、国务院的决策部署上来,加强组织领导,完善工作机制,制定具体措施,认真抓好本意见的贯彻落实。国家发展改革委要会同有关部门适时对支持民营企业改革发展的政策落实情况进行评估,重大情况及时向党中央、国务院报告。

中共中央、国务院关于营造企业家健康成长环境弘扬优秀企业家精神更好发挥企业家作用的意见

（2017年9月8日）

企业家是经济活动的重要主体。改革开放以来，一大批优秀企业家在市场竞争中迅速成长，一大批具有核心竞争力的企业不断涌现，为积累社会财富、创造就业岗位、促进经济社会发展、增强综合国力作出了重要贡献。营造企业家健康成长环境，弘扬优秀企业家精神，更好发挥企业家作用，对深化供给侧结构性改革、激发市场活力、实现经济社会持续健康发展具有重要意义。为此，提出以下意见。

一、总体要求

1. 指导思想

全面贯彻党的十八大和十八届三中、四中、五中、六中全会精神，深入贯彻习近平总书记系列重要讲话精神和治国理政新理念新思想新战略，着力营造依法保护企业家合法权益的法治环境、促进企业家公平竞争诚信经营的市场环境、尊重和激励企业家干事创业的社会氛围，引导企业家爱国敬业、遵纪守法、创业创新、服务社会，调动广大企业家积极性、主动性、创造性，发挥企业家作用，为促进经济持续健康发展和社会和谐稳定、实现全面建成小康社会奋斗目标和中华民族伟大复兴的中国梦作出更大贡献。

2. 基本原则

——模范遵纪守法、强化责任担当。依法保护企业家合法权益，更好发挥企业家遵纪守法、恪尽责任的示范作用，推动企业家带头依法经营，自觉履行社会责任，为建立良好的政治生态、净化社会风气、营造风清气正环境多作贡献。

——创新体制机制、激发生机活力。营造"亲""清"新型政商关

系,创新政企互动机制,完善企业家正向激励机制,完善产权保护制度,增强企业家创新活力、创业动力。

——遵循发展规律、优化发展环境。坚持党管人才,遵循市场规律和企业家成长规律,完善精准支持政策,推动政策落地实施,坚定企业家信心,稳定企业家预期,营造法治、透明、公平的政策环境和舆论环境。

——注重示范带动、着力弘扬传承。树立和宣传企业家先进典型,弘扬优秀企业家精神,造就优秀企业家队伍,强化年轻一代企业家的培育,让优秀企业家精神代代传承。

二、营造依法保护企业家合法权益的法治环境

3. 依法保护企业家财产权。全面落实党中央、国务院关于完善产权保护制度依法保护产权的意见,认真解决产权保护方面的突出问题,及时甄别纠正社会反映强烈的产权纠纷申诉案件,剖析侵害产权案例,总结宣传依法有效保护产权的好做法、好经验、好案例。在立法、执法、司法、守法等各方面各环节,加快建立依法平等保护各种所有制经济产权的长效机制。研究建立因政府规划调整、政策变化造成企业合法权益受损的依法依规补偿救济机制。

4. 依法保护企业家创新权益。探索在现有法律法规框架下以知识产权的市场价值为参照确定损害赔偿额度,完善诉讼证据规则、证据披露以及证据妨碍排除规则。探索建立非诉行政强制执行绿色通道。研究制定商业模式、文化创意等创新成果的知识产权保护办法。

5. 依法保护企业家自主经营权。企业家依法进行自主经营活动,各级政府、部门及其工作人员不得干预。建立完善涉企收费、监督检查等清单制度,清理涉企收费、摊派事项和各类达标评比活动,细化、规范行政执法条件,最大程度减轻企业负担、减少自由裁量权。依法保障企业自主加入和退出行业协会商会的权利。研究设立全国统一的企业维权服务平台。

三、营造促进企业家公平竞争诚信经营的市场环境

6. 强化企业家公平竞争权益保障。落实公平竞争审查制度,确立竞争政策基础性地位。全面实施市场准入负面清单制度,保障各类市场主体依法平等进入负面清单以外的行业、领域和业务。反对垄断和不正当竞争,反对地方保护,依法清理废除妨碍统一市场公平竞争的各种规定和做法,完善权利平等、机会平等、规则平等的市场环境,促进各种所有制经济依法依规平等使用生产要素、公开公平公正参与市场竞争、同等受到法律保护。

7. 健全企业家诚信经营激励约束机制。坚守契约精神,强化企业家信用宣传,实施企业诚信承诺制度,督促企业家自觉诚信守法、以信立业,依法依规生产经营。利用全国信用信息共享平台和国家企业信用信息公示系统,整合在工商、财税、金融、司法、环保、安监、行业协会商会等部门和领域的企业及企业家信息,建立企业家个人信用记录和诚信档案,实行守信联合激励和失信联合惩戒。

8. 持续提高监管的公平性规范性简约性。推行监管清单制度,明确和规范监管事项、依据、主体、权限、内容、方法、程序和处罚措施。全面实施"双随机、一公开"监管,有效避免选择性执法。推进综合监管,加强跨部门跨地区的市场协同监管。重点在食品药品安全、工商质检、公共卫生、安全生产、文化旅游、资源环境、农林水利、交通运输、城乡建设、海洋渔业等领域推行综合执法,有条件的领域积极探索跨部门综合执法。探索建立鼓励创新的审慎监管方式。清除多重多头执法,提高综合执法效率,减轻企业负担。

四、营造尊重和激励企业家干事创业的社会氛围

9. 构建"亲""清"新型政商关系。畅通政企沟通渠道,规范政商交往行为。各级党政机关干部要坦荡真诚同企业家交往,树立服务意识,了解企业经营情况,帮助解决企业实际困难,同企业家建立真诚互信、清白纯洁、良性互动的工作关系。鼓励企业家积极主动同各级党委和政府相关部门沟通交流,通过正常渠道反映情况、解决问题,依法维护自身合法权益,讲真话、谈实情、建净言。引导更多民营企业家成为"亲""清"新型政商关系的模范,更多国有企业家成为奉公守法守纪、清正廉洁自律的模范。

10. 树立对企业家的正向激励导向。营造鼓励创新、宽容失败的文化和社会氛围,对企业家合法经营中出现的失误失败给予更多理解、宽容、帮助。对国有企业家以增强国有经济活力和竞争力等为目标、在企业发展中大胆探索、锐意改革所出现的失误,只要不属于有令不行、有禁不止、不当谋利、主观故意、独断专行等情形者,要予以容错,为担当者担当、为负责者负责、为干事者撑腰。

11. 营造积极向上的舆论氛围。坚持实事求是、客观公正的原则,把握好正确舆论导向,加强对优秀企业家先进事迹和突出贡献的宣传报道,展示优秀企业家精神,凝聚崇尚创新创业正能量,营造尊重企业家价值、鼓励企业家创新、发挥企业家作用的舆论氛围。

五、弘扬企业家爱国敬业遵纪守法艰苦奋斗的精神

12. 引导企业家树立崇高理想信念。加强对企业家特别是年轻一代民营企业家的理想信念教育和社会主义核心价值观教育,开展优良革命传统、形势政策、守法诚信教育培训,培养企业家国家使命感和民族自豪感,引导企业家正确处理国家利益、企业利益、员工利益和个人利益的关系,把个人理想融入民族复兴的伟大实践。

13. 强化企业家自觉遵纪守法意识。企业家要自觉依法合规经营,依法治企、依法维权,强化诚信意识,主动抵制逃税漏税、走私贩私、制假贩假、污染环境、侵犯知识产权等违法行为,不做偷工减料、缺斤短两、以次充好等亏心事,在遵纪守法方面争做社会表率。党员企业家要自觉做遵守党的政治纪律、组织纪律、廉洁纪律、群众纪律、工作纪律、生活纪律的模范。

14. 鼓励企业家保持艰苦奋斗精神风貌。激励企业家自强不息、勤俭节约,反对享乐主义,力戒奢靡之风,保持健康向上的生活情趣。企业发展遇到困难,要坚定信心、迎接挑战、奋发图强。企业经营成功,要居安思危、不忘初心、谦虚谨慎。树立不进则退、慢进亦退的竞争意识。

六、弘扬企业家创新发展专注品质追求卓越的精神

15. 支持企业家创新发展。激发企业家创新活力和创造潜能,依法保护企业家拓展创新空间,持续推进产品创新、技术创新、商业模式创新、管理创新、制度创新,将创新创业作为终身追求,增强创新自信。提升企业家科学素养,发挥企业家在推动科技成果转化中的重要作用。吸收更多企业家参与科技创新政策、规划、计划、标准制定和立项评估等工作,向企业开放专利信息资源和科研基地。引导金融机构为企业家创新创业提供资金支持,探索建立创业保险、担保和风险分担制度。

16. 引导企业家弘扬工匠精神。建立健全质量激励制度,强化企业家"以质取胜"的战略意识,鼓励企业家专注专长领域,加强企业质量管理,立志于"百年老店"持久经营与传承,把产品和服务做精做细,以工匠精神保证质量、效用和信誉。深入开展质量提升行动。着力培养技术精湛技艺高超的高技术人才,推广具有核心竞争力的企业品牌,扶持具有优秀品牌的骨干企业做强做优,树立具有一流质量标准和品牌价值的样板企业。激发和保护老字号企业企业家改革创新发展意识,发挥老字号的榜样作用。

17. 支持企业家追求卓越。弘扬敢闯敢试、敢为天下先、敢于承担风险的精神,支持企业家敏锐捕捉市场机遇,不断开拓进取、拼搏奋进,争创一流企业、一流管理、一流产品、一流服务和一流企业文化,提供人无我有、人有我优、人优我特、人特我新的具有竞争力的产品和服务,在市场竞争中勇立潮头、脱颖而出,培育发展壮大更多具有国际影响力的领军企业。

七、弘扬企业家履行责任敢于担当服务社会的精神

18. 引导企业家主动履行社会责任。增强企业家履行社会责任的荣誉感和使命感,引导和支持企业家奉献爱心,参与光彩事业、公益慈善事业、"万企帮万村"精准扶贫行动、应急救灾等,支持国防建设,在构建和谐劳动关系、促进就业、关爱员工、依法纳税、节约资源、保护生态等方面发挥更加重要的作用。国有企业家要自觉做履行政治责任、经济责任、社会责任的模范。

19. 鼓励企业家干事担当。激发企业家致富思源的情怀,引导企业家认识改革开放为企业和个人施展才华提供的广阔空间、良好机遇、美好前景,先富带动后富,创造更多经济效益和社会效益。引导企业家认识把握引领经济发展新常态,积极投身供给侧结构性改革,在振兴和发展实体经济等方面作更大贡献。激发国有企业家服务党服务国家服务人民的担当精神。国有企业家要更好肩负起经营管理国有资产、实现保值增值的重要责任,做强做优做大国有企业,不断提高企业核心竞争力。

20. 引导企业家积极投身国家重大战略。完善企业家参与国家重大战略实施机制,鼓励企业家积极投身"一带一路"建设、京津冀协同发展、长江经济带发展等国家重大战略实施,参与引进来和走出去战略,参与军民融合发展,参与中西部和东北地区投资兴业,为经济发展拓展新空间。

八、加强对企业家优质高效务实服务

21. 以市场主体需求为导向深化"放管服"改革。围绕使市场在资源配置中起决定性作用和更好发挥政府作用,在更大范围、更深层次上深化简政放权、放管结合、优化服务。做好"放管服"改革涉及的规章、规范性文件清理工作。建立健全企业投资项目高效审核机制,支持符合条件的地区和领域开展企业投资项目承诺制改革探索。优化面向企业和企业家服务项目的办事流程,推进窗口单位精准服务。

22. 健全企业家参与涉企政策制定机制。建立政府重大经济决策主动向企业家问计求策的程序性规范,政府部门研究制定涉企政策、规划、法规,要听取企业家的意见建议。保持涉企政策稳定性和连续性,基于公共利益确需调整的,严格调整程序,合理设立过渡期。

23. 完善涉企政策和信息公开机制。利用实体政务大厅、网上政务平台、移动客户端、自助终端、服务热线等线上线下载体,建立涉企政策信息集中公开制度和推送制度。加大政府信息数据开放力度。强化涉企政策落实责任考核,充分吸收行业协会商会等第三方机构参与政策后评估。

24. 加大对企业家的帮扶力度。发挥统战部门、国资监管机构和工商联、行业协会商会等作用,建立健全帮扶企业家的工作联动机制,定期组织企业家座谈和走访,帮助解决企业实际困难。对经营困难的企业,有关部门、工商联、行业协会商会等要主动及时了解困难所在、发展所需,在维护市场公平竞争的前提下积极予以帮助。支持再次创业,完善再创业政策,根据企业家以往经营企业的纳税信用级别,在办理相关涉税事项时给予更多便捷支持。加强对创业成功和失败案例研究,为企业家创新创业提供借鉴。

九、加强优秀企业家培育

25. 加强企业家队伍建设规划引领。遵循企业家成长规律,加强部门协作,创新工作方法,加强对企业家队伍建设的统筹规划,将培养企业家队伍与实施国家重大战略同步谋划、同步推进,鼓励支持更多具有创新创业能力的人才脱颖而出,在实践中培养一批具有全球战略眼光、市场开拓精神、管理创新能力和社会责任感的优秀企业家。

26. 发挥优秀企业家示范带动作用。总结优秀企业家典型案例,对爱国敬业、遵纪守法、艰苦奋斗、创新发展、专注品质、追求卓越、诚信守约、履行责任、勇于担当、服务社会等有突出贡献的优秀企业家,以适当方式予以表彰和宣传,发挥示范带动作用。强化优秀企业家精神研究,支持高等学校、科研院所与行业协会商会、知名企业合作,总结富有中国特色、顺应时代潮流的企业家成长规律。

27. 加强企业家教育培训。以强化忠诚意识、拓展世界眼光、提高战略思维、增强创新精神、锻造优秀品行为重点,加快建立健全企业家培训体系。支持高等学校、科研院所、行业协会商会等开展精准化的理论培训、政策培训、科技培训、管理培训、法规培训,全面增强企业家发现机会、整合资源、创造价值、回馈社会的能力。建立健全创业辅导制度,支持发展创客学院,发挥企业家组织的积极作用,培养年轻一代企业家。加大党校、行政学院等机构对企业家的培训力度。搭建各类企业家互相学习交流平台,促进优势互补、共同提高。组织开展好企业家活动日等形式多样的交流培训。

十、加强党对企业家队伍建设的领导

28. 加强党对企业家队伍的领导。坚持党对国有企业的领导,全面加强国有企业党的建设,发挥国有企业党组织领导作用。增强国有企业家坚持党的领导、主动抓企业党建意识,建好、用好、管好一支对党忠诚、勇于创新、治企有方、兴企有为、清正廉洁的国有企业家队伍。教育引导民营企业家拥护党的领导,支持企业党建工作。建立健全非公有制企业党建工作机制,积极探索党建工作多种方式,努力扩大非公有制企业党的组织和工作覆盖。充分发挥党组织在职工群众中的政治核心作用、在企业发展中的政治引领作用。

29. 发挥党员企业家先锋模范作用。强化对党员企业家日常教育管理基础性工作,加强党性教育、宗旨教育、警示教育,教育党员企业家牢固树立政治意识、大局意识、核心意识、看齐意识,严明政治纪律和政治规矩,坚定理想信念,坚决执行党的基本路线和各项方针政策,

把爱党、忧党、兴党、护党落实到经营管理各项工作中,率先垂范,用实际行动彰显党员先锋模范作用。

各地区各部门要充分认识营造企业家健康成长环境、弘扬优秀企业家精神、更好发挥企业家作用的重要性,统一思想,形成共识和合力,制定和细化具体政策措施,加大面向企业家的政策宣传和培训力度,狠抓贯彻落实。国家发展改革委要会同有关方面分解工作任务,对落实情况定期督察和总结评估,确保各项举措落到实处、见到实效。

中共中央办公厅、国务院办公厅关于促进中小企业健康发展的指导意见

(2019年4月7日)

中小企业是国民经济和社会发展的生力军,是扩大就业、改善民生、促进创业创新的重要力量,在稳增长、促改革、调结构、惠民生、防风险中发挥着重要作用。党中央、国务院高度重视中小企业发展,在财税金融、营商环境、公共服务等方面出台一系列政策措施,取得积极成效。同时,随着国际国内市场环境变化,中小企业面临的生产成本上升、融资难融资贵、创新发展能力不足等问题日益突出,必须引起高度重视。为促进中小企业健康发展,现提出如下意见。

一、指导思想

以习近平新时代中国特色社会主义思想为指导,全面贯彻党的十九大和十九届二中、三中全会精神,坚持和完善我国社会主义基本经济制度,坚持"两个毫不动摇",坚持稳中求进工作总基调,坚持新发展理念,以供给侧结构性改革为主线,以提高发展质量和效益为中心,按照竞争中性原则,打造公平便捷营商环境,进一步激发中小企业活力和发展动力。认真实施中小企业促进法,纾解中小企业困难,稳定和增强企业信心及预期,加大创新支持力度,提升中小企业专业化发展能力和大中小企业融通发展水平,促进中小企业健康发展。

二、营造良好发展环境

（一）进一步放宽市场准入。坚决破除各种不合理门槛和限制,在市场准入、审批许可、招标投标、军民融合发展等方面打造公平竞争环境,提供充足市场空间。不断缩减市场准入负面清单事项,推进"非禁即入"普遍落实,最大程度实现准入便利化。

（二）主动服务中小企业。进一步深化对中小企业的"放管服"改革。继续推进商事制度改革,推动企业注册登记、注销更加便利化。推进环评制度改革,落实环境影响登记表备案制,将项目环评审批时限压缩至法定时限的一半。落实好公平竞争审查制度,营造公平、开放、透明的市场环境,清理废除妨碍统一市场和公平竞争的各种规定和做法。主动服务企业,对企业发展中遇到的困难,要"一企一策"给予帮助。

（三）实行公平统一的市场监管制度。创新监管方式,寓监管于服务之中。避免在安监、环保等领域微观执法和金融机构去杠杆中对中小企业采取简单粗暴的处置措施。深入推进反垄断、反不正当竞争执法,保障中小企业公平参与市场竞争。坚决保护企业及其出资人的财产权和其他合法权益,任何单位和个人不得侵犯中小企业财产及其合法收益。严格禁止各种刁难限制中小企业发展的行为,对违反规定的问责追责。

三、破解融资难融资贵问题

（一）完善中小企业融资政策。进一步落实普惠金融定向降准政策。加大再贴现对小微企业支持力度,重点支持小微企业500万元及以下小额票据贴现。将支小再贷款政策适用范围扩大到符合条件的中小银行(含新型互联网银行)。将单户授信1000万元及以下的小微企业贷款纳入中期借贷便利的合格担保品范围。

（二）积极拓宽融资渠道。进一步完善债券发行机制,实施民营企业债券融资支持工具,采取出售信用风险缓释凭证、提供信用增进服务等多种方式,支持经营正常、面临暂时流动性紧张的民营企业合理债券融资需求。探索实施民营企业股权融资支持工具,鼓励设立市场化运作的专项基金开展民营企业兼并收购或财务投资。大力发展高收益债券、私募债、双创专项债务融资工具、创业投资基金类债券、创新创业企业专项债券等产品。研究促进中小企业依托应收账款、供应链金融、特许经营权等进行融资。完善知识产权质押融资风险分担补偿机制,发挥知识产权增信增贷作用。引导金融机构对小微企业发放中长期贷款,开发续贷产品。

(三)支持利用资本市场直接融资。加快中小企业首发上市进度,为主业突出、规范运作的中小企业上市提供便利。深化发行、交易、信息披露等改革,支持中小企业在新三板挂牌融资。推进创新创业公司债券试点,完善创新创业可转债转股机制。研究允许挂牌企业发行可转换公司债。落实创业投资基金股份减持比例与投资期限的反向挂钩制度,鼓励支持早期创新创业。鼓励地方知识产权运营基金等专业化基金服务中小企业创新发展。对存在股票质押风险的企业,要按照市场化、法治化原则研究制定相关过渡性机制,根据企业具体情况采取防范化解风险措施。

(四)减轻企业融资负担。鼓励金融机构扩大出口信用保险保单融资和出口退税账户质押融资,满足进出口企业金融服务需求。加快发挥国家融资担保基金作用,引导担保机构逐步取消反担保,降低担保费率。清理规范中小企业融资时强制要求办理的担保、保险、评估、公证等事项,减少融资过程中的附加费用,降低融资成本;相关费用无法减免的,由地方财政根据实际制定鼓励降低取费标准的奖补措施。

(五)建立分类监管考核机制。研究放宽小微企业贷款享受风险资本优惠权重的单户额度限制,进一步释放商业银行投放小微企业贷款的经济资本。修订金融企业绩效评价办法,适当放宽考核指标要求,激励金融机构加大对小微企业的信贷投入。指导银行业金融机构夯实对小微业务的内部激励传导机制,优化信贷资源配置、完善绩效考核方案、适当降低利润考核指标权重,安排专项激励费用;鼓励对小微业务推行内部资金转移价格优惠措施;细化小微企业贷款不良容忍度管理,完善授信尽职免责规定,加大对基层机构发放民营企业、小微企业贷款的激励力度,提高民营企业、小微企业信贷占比;提高信贷风险管控能力、落实规范服务收费政策。

四、完善财税支持政策

(一)改进财税对小微企业融资的支持。落实对小微企业融资担保降费奖补政策,中央财政安排奖补资金,引导地方支持扩大实体经济领域小微企业融资担保业务规模,降低融资担保成本。进一步降低创业担保贷款贴息的政策门槛,中央财政安排资金支持地方给予小微企业创业担保贷款贴息及奖补,同时推进相关统计监测和分析工作。落实金融机构单户授信1000万元及以下小微企业和个体工商户贷款利息收入免征增值税政策、贷款损失准备金所得税税前扣除政策。

(二)减轻中小企业税费负担。清理规范涉企收费,加快推进地方涉企行政事业性收费零收费。推进增值税等实质性减税,对小微企业、科技型初创企业实施普惠性税收减免。根据实际情况,降低社会保险费率,支持中小企业吸纳就业。

(三)完善政府采购支持中小企业的政策。各级政府要为中小企业开展政府采购项下融资业务提供便利,依法及时公开政府采购合同等信息。研究修订政府采购促进中小企业发展暂行办法,采取预算预留、消除门槛、评审优惠等手段,落实政府采购促进中小企业发展政策。在政府采购活动中,向专精特新中小企业倾斜。

(四)充分发挥各类基金的引导带动作用。推动国家中小企业发展基金走市场化、公司化和职业经理人的制度建设道路,使其支持种子期、初创期成长型中小企业发展,在促进中小企业转型升级、实现高质量发展中发挥更大作用。大力推进国家级新兴产业发展基金、军民融合产业投资基金的实施和运营,支持战略性新兴产业、军民融合产业领域优质企业融资。

五、提升创新发展能力

(一)完善创新创业环境。加强中央财政对中小企业技术创新的支持。通过国家科技计划加大对中小企业科技创新的支持力度,调整完善科技计划立项、任务部署和组织管理方式,大幅度提高中小企业承担研发任务的比例。鼓励大型企业向中小企业开放共享资源,围绕创新链、产业链打造大中小企业协同发展的创新网络。推动专业化众创空间提升服务能力,实现对创新创业的精准支持。健全科技资源开放共享机制,鼓励科研机构、高等学校搭建网络管理平台,建立高效对接机制,推动大型科研仪器和实验设施向中小企业开放。鼓励中小企业参与共建国家重大科研基础设施。中央财政安排资金支持一批国家级和省级开发区打造大中小企业融通型、专业资本集聚型、科技资源支撑型、高端人才引领型等特色载体。

（二）切实保护知识产权。运用互联网、大数据等手段,通过源头追溯、实时监测、在线识别等强化知识产权保护,加快建立侵权惩罚性赔偿制度,提高违法成本,保护中小企业创新研发成果。组织实施中小企业知识产权战略推进工程,开展专利导航,助推中小企业技术研发布局,推广知识产权辅导、预警、代理、托管等服务。

（三）引导中小企业专精特新发展。支持推动中小企业转型升级,聚焦主业,增强核心竞争力,不断提高发展质量和水平,走专精特新发展道路。研究制定专精特新评价体系,建立动态企业库。以专精特新中小企业为基础,在核心基础零部件（元器件）、关键基础材料、先进基础工艺和产业技术基础等领域,培育一批主营业务突出、竞争力强、成长性好的专精特新"小巨人"企业。实施大中小企业融通发展专项工程,打造一批融通发展典型示范和新模式。围绕要素汇集、能力开放、模式创新、区域合作等领域分别培育一批制造业双创平台试点示范项目,引领制造业融通发展迈上新台阶。

（四）为中小企业提供信息化服务。推进发展"互联网＋中小企业",鼓励大型企业及专业服务机构建设面向中小企业的云制造平台和云服务平台,发展适合中小企业智能制造需求的产品、解决方案和工具包,完善中小企业智能制造支撑服务体系。推动中小企业业务系统云化部署,引导有基础、有条件的中小企业推进生产线智能化改造,推动低成本、模块化的智能制造设备和系统在中小企业部署应用。大力推动降低中西部地区中小企业宽带专线接入资费水平。

六、改进服务保障工作

（一）完善公共服务体系。规范中介机构行为,提升会计、律师、资产评估、信息等各方面中介服务质量水平,优先为中小企业提供优质高效的信息咨询、创业辅导、技术支持、投资融资、知识产权、财会税务、法律咨询等服务。加强中小企业公共服务示范平台建设和培育。搭建跨部门的中小企业政策信息互联网发布平台,及时汇集涉及中小企业的法律法规、创新创业、财税金融、权益保护等各类政策和政府服务信息,实现中小企业政策信息一站式服务。建立完善对中小企业的统计调查、监测分析和定期发布制度。

（二）推动信用信息共享。进一步完善小微企业名录，积极推进银商合作。依托国家企业信用信息公示系统和小微企业名录，建立完善小微企业数据库。依托全国公共信用信息共享平台建设全国中小企业融资综合信用服务平台，开发"信易贷"，与商业银行共享注册登记、行政许可、行政处罚、"黑名单"以及纳税、社保、水电煤气、仓储物流等信息，改善银企信息不对称，提高信用状况良好中小企业的信用评分和贷款可得性。

（三）重视培育企业家队伍。继续做好中小企业经营管理领军人才培训，提升中小企业经营管理水平。健全宽容失败的有效保护机制，为企业家成长创造良好环境。完善人才待遇政策保障和分类评价制度。构建亲清政商关系，推动企业家参与制定涉企政策，充分听取企业家意见建议。树立优秀企业家典型，大力弘扬企业家精神。

（四）支持对外合作与交流。优化海关流程、简化办事手续，降低企业通关成本。深化双多边合作，加强在促进政策、贸易投资、科技创新等领域的中小企业交流与合作。支持有条件的地方建设中外中小企业合作区。鼓励中小企业服务机构、协会等探索在条件成熟的国家和地区设立"中小企业中心"。继续办好中国国际中小企业博览会，支持中小企业参加境内外展览展销活动。

七、强化组织领导和统筹协调

（一）加强支持和统筹指导。各级党委和政府要认真贯彻党中央、国务院关于支持中小企业发展的决策部署，积极采取有针对性的措施，在政策、融资、营商环境等方面主动帮助企业解决实际困难。各有关部门要加强对中小企业存在问题的调研，并按照分工要求抓紧出台解决办法，同时对好的经验予以积极推广。加强促进中小企业发展工作组织机构和工作机制建设，充分发挥组织领导、政策协调、指导督促作用，明确部门责任和分工，加强监督检查，推动政策落实。

（二）加强工作督导评估。国务院促进中小企业发展工作领导小组办公室要加强对促进中小企业健康发展工作的督导，委托第三方机构定期开展中小企业发展环境评估并向社会公布。各地方政府根据实际情况组织开展中小企业发展环境评估。

（三）营造良好舆论氛围。大力宣传促进中小企业发展的方针政策与法律法规，强调中小企业在国民经济和社会发展中的重要地位和作用，表彰中小企业发展和服务中小企业工作中涌现出的先进典型，让企业有更多获得感和荣誉感，形成有利于中小企业健康发展的良好社会舆论环境。

中共中央办公厅、国务院办公厅关于加强金融服务民营企业的若干意见

（2019年2月14日）

民营经济是社会主义市场经济的重要组成部分，在稳定增长、促进创新、增加就业、改善民生等方面发挥着不可替代的作用。党中央、国务院始终高度重视金融服务民营企业工作。各地区各部门及各金融机构认真落实，出台措施，积极支持民营企业融资，取得一定成效，但部分民营企业融资难融资贵问题仍然比较突出。为深入贯彻落实党中央、国务院决策部署，切实加强对民营企业的金融服务，现提出如下意见。

一、总体要求

（一）指导思想。以习近平新时代中国特色社会主义思想为指导，全面贯彻党的十九大和十九届二中、三中全会精神，落实中央经济工作会议和全国金融工作会议要求，坚持基本经济制度，坚持稳中求进工作总基调，围绕全面建成小康社会目标和高质量发展要求，毫不动摇地巩固和发展公有制经济，毫不动摇地鼓励、支持、引导非公有制经济发展，平等对待各类所有制企业，有效缓解民营企业融资难融资贵问题，增强微观主体活力，充分发挥民营企业对经济增长和创造就业的重要支撑作用，促进经济社会平稳健康发展。

（二）基本原则

——公平公正。坚持对各类所有制经济一视同仁，消除对民营经

济的各种隐性壁垒,不断深化金融改革,完善金融服务体系,按照市场化、法治化原则,推动金融资源配置与民营经济在国民经济中发挥的作用更加匹配,保证各类所有制经济依法公平参与市场竞争。

——聚焦难点。坚持问题导向,着力疏通货币政策传导机制,重点解决金融机构对民营企业"不敢贷、不愿贷、不能贷"问题,增强金融机构服务民营企业特别是小微企业的意识和能力,扩大对民营企业的有效金融供给,完善对民营企业的纾困政策措施,支持民营企业持续健康发展,促进实现"六稳"目标。

——压实责任。金融管理部门要切实承担监督、指导责任,财政部门要充分发挥财税政策作用并履行好国有金融资本出资人职责,各相关部门要加强政策支持,督促和引导金融机构不断加强和改进对民营企业的金融服务。各省(自治区、直辖市)政府要认真落实属地管理责任,因地制宜采取措施,促进本地区金融服务民营企业水平进一步提升。金融机构要切实履行服务民营企业第一责任人的职责,让民营企业有实实在在的获得感。

——标本兼治。在有效缓解当前融资痛点、堵点的同时,精准分析民营企业融资难融资贵背后的制度性、结构性原因,注重优化结构性制度安排,建立健全长效机制,持续提升金融服务民营企业质效。

(三)主要目标。通过综合施策,实现各类所有制企业在融资方面得到平等待遇,确保对民营企业的金融服务得到切实改善,融资规模稳步扩大,融资效率明显提升,融资成本逐步下降并稳定在合理水平,民营企业特别是小微企业融资难融资贵问题得到有效缓解,充分激发民营经济的活力和创造力。

二、加大金融政策支持力度,着力提升对民营企业金融服务的针对性和有效性

(四)实施差别化货币信贷支持政策。合理调整商业银行宏观审慎评估参数,鼓励金融机构增加民营企业、小微企业信贷投放。完善普惠金融定向降准政策。增加再贷款和再贴现额度,把支农支小再贷款和再贴现政策覆盖到包括民营银行在内的符合条件的各类金融机构。加大对民营企业票据融资支持力度,简化贴现业务流程,提高贴现融资效率,及时办理再贴现。加快出台非存款类放贷组织条例。支持民营银行和其他地方法人银行等中小银行发展,加快建设与民营中小微企业需求相匹配的金融服务体系。深化联合授信试点,鼓励银行与民营企业构建中长期银企关系。

(五)加大直接融资支持力度。积极支持符合条件的民营企业扩大直接融资。完善股票发行和再融资制度,加快民营企业首发上市和再融资审核进度。深化上市公司并购重组体制机制改革。结合民营企业合理诉求,研究扩大定向可转债适用范围和发行规模。扩大创新创业债试点,支持非上市、非挂牌民营企业发行私募可转债。抓紧推进在上海证券交易所设立科创板并试点注册制。稳步推进新三板发行与交易制度改革,促进新三板成为创新型民营中小微企业融资的重要平台。支持民营企业债券发行,鼓励金融机构加大民营企业债券投资力度。

(六)提高金融机构服务实体经济能力。支持金融机构通过资本市场补充资本。加快商业银行资本补充债券工具创新,支持通过发行无固定期限资本债券、转股型二级资本债券等创新工具补充资本。从宏观审慎角度对商业银行储备资本等进行逆周期调节。把民营企业、小微企业融资服务质量和规模作为中小商业银行发行股票的重要考量因素。研究取消保险资金开展财务性股权投资行业范围限制,规范实施战略性股权投资。聚焦民营企业融资增信环节,提高信用保险和债券信用增进机构覆盖范围。引导和支持银行加快处置不良资产,将盘活资金重点投向民营企业。

三、强化融资服务基础设施建设,着力破解民营企业信息不对称、信用不充分等问题

(七)从战略高度抓紧抓好信息服务平台建设。依法开放相关信息资源,在确保信息安全前提下,推动数据共享。地方政府依托国家数据共享交换平台体系,抓紧构建完善金融、税务、市场监管、社保、海关、司法等大数据服务平台,实现跨层级跨部门跨地域互联互通。健全优化金融机构与民营企业信息对接机制,实现资金供需双方线上高效对接,让信息"多跑路",让企业"少跑腿"。发展各类信用服务机构,鼓励信用服务产品开发和创新。支持征信机构、信用评级机构利用公共信息为民营企业提供信用产品及服务。加大守信激励和失信惩戒力度。

（八）采取多种方式健全地方增信体系。发挥国家融资担保基金引领作用，推动各地政府性融资担保体系建设和业务合作。政府出资的融资担保机构应坚持准公共定位，不以营利为目的，逐步减少反担保等要求，对符合条件的可取消反担保。对民营企业和小微企业贷款规模增长快、户数占比高的商业银行，可提高风险分担比例和贷款合作额度。鼓励有条件的地方设立民营企业和小微企业贷款风险补偿专项资金、引导基金或信用保证基金，重点为首贷、转贷、续贷等提供增信服务。研究探索融资担保公司接入人民银行征信系统。

（九）积极推动地方各类股权融资规范发展。积极培育投资于民营科创企业的天使投资、风险投资等早期投资力量，抓紧完善进一步支持创投基金发展的税收政策。规范发展区域性股权市场，构建多元融资、多层细分的股权融资市场。鼓励地方政府大力开展民营企业股权融资辅导培训。

四、完善绩效考核和激励机制，着力疏通民营企业融资堵点

（十）抓紧建立"敢贷、愿贷、能贷"长效机制。商业银行要推动基层分支机构下沉工作重心，提升服务民营企业的内生动力。尽快完善内部绩效考核机制，制定民营企业服务年度目标，加大正向激励力度。对服务民营企业的分支机构和相关人员，重点对其服务企业数量、信贷质量进行综合考核。建立健全尽职免责机制，提高不良贷款考核容忍度。设立内部问责申诉通道，为尽职免责提供机制保障。授信中不得附加以贷转存等任何不合理条件，对相关违规行为一经查实，严肃处理。严厉打击金融信贷领域强行返点等行为，对涉嫌违法犯罪的机构和个人，及时移送司法机关等有关机关依法查处。

（十一）有效提高民营企业融资可获得性。新发放公司类贷款中，民营企业贷款比重应进一步提高。贷款审批中不得对民营企业设置歧视性要求，同等条件下民营企业与国有企业贷款利率和贷款条件保持一致。金融监管部门按法人机构实施差异化考核，形成贷款户数和金额并重的考核机制。发现数据造假的，依法严肃处理相关机构和责任人员。国有控股大型商业银行要主动作为，加强普惠金融事业部建设，落实普惠金融领域专门信贷政策，完善普惠金融业务专项评价机制和绩效考核制度,在提高民营企业融资可获得性和金融服务水平等方面积极发挥"头雁"作用。

(十二)减轻对抵押担保的过度依赖。商业银行要坚持审核第一还款来源,把主业突出、财务稳健、大股东及实际控制人信用良好作为授信主要依据,合理提高信用贷款比重。商业银行要依托产业链核心企业信用、真实交易背景和物流、信息流、资金流闭环,为上下游企业提供无需抵押担保的订单融资、应收应付账款融资。

(十三)提高贷款需求响应速度和审批时效。商业银行要积极运用金融科技支持风险评估与信贷决策,提高授信审批效率。对于贷款到期有续贷需求的,商业银行要提前主动对接。鼓励商业银行开展线上审批操作,各商业银行应结合自身实际,将一定额度信贷业务审批权下放至分支机构;确需集中审批的,要明确内部时限,提高时效。

(十四)增强金融服务民营企业的可持续性。商业银行要遵循经济金融规律,依法合规审慎经营,科学设定信贷计划,不得组织运动式信贷投放。健全信用风险管控机制,不断提升数据治理、客户评级和贷款风险定价能力,强化贷款全生命周期的穿透式风险管理,在有效防范风险前提下加大对民营企业支持力度。加强享受优惠政策低成本资金使用管理,严格监控资金流向,防止被个别机构或个人截留、挪用甚至转手套利,有效防范道德风险。加强金融监管与指导,处理好支持民营企业发展与防范金融风险之间关系。

五、积极支持民营企业融资纾困,着力化解流动性风险并切实维护企业合法权益

(十五)从实际出发帮助遭遇风险事件的企业摆脱困境。加快实施民营企业债券融资支持工具和证券行业支持民营企业发展集合资产管理计划。研究支持民营企业股权融资,鼓励符合条件的私募基金管理人发起设立民营企业发展支持基金。支持资管产品、保险资金依法合规通过监管部门认可的私募股权基金等机构,参与化解处置民营上市公司股票质押风险。对暂时遇到困难的民营企业,金融机构要按照市场化、法治化原则,区别对待,分类采取支持处置措施。

(十六)加快清理拖欠民营企业账款。坚持边界清晰、突出重点、源头治理、循序渐进,运用市场化、法治化手段,抓紧清理政府部门及其所属机构(包括所属事业单位)、大型国有企业(包括政府平台公司)因业务往来与民营企业形成的逾期欠款,确保民营企业有明显获得感。政府部门、大型国有企业特别是中央企业要做重合同、守信用的表率,认真组织清欠,依法依规及时支付各类应付未付账款。要加强政策支持,完善长效机制,严防新增拖欠,切实维护民营企业合法权益。

(十七)企业要主动创造有利于融资的条件。民营企业要依法合规经营,珍惜商业信誉和信用记录。严格区分个人家庭收支与企业生产经营收支,规范会计核算制度,主动做好信息披露。加强自身财务约束,科学安排融资结构,规范关联交易管理。不逃废金融债务,为金融支持提供必要基础条件。

(十八)加强对落地实施的监督检查。各地区各部门及各金融机构要树牢"四个意识",坚定"四个自信",坚决做到"两个维护",坚持问题导向,明确责任,确定时限,狠抓落实。推动第三方机构开展金融服务民营企业政策落实情况评估,提高政策落实透明度。及时总结并向各地提供可复制易推广的成功案例和有效做法。对贯彻执行不力的,要依法依规予以严肃问责,确保各项政策落地落细落实。

中共中央办公厅关于加强新时代民营经济统战工作的意见

(2020年9月15日)

改革开放以来,我国民营经济持续快速发展,党的民营经济统战工作不断开拓创新。党的十八大以来,以习近平同志为核心的党中央提出一系列新理念新思想新战略,采取一系列重大举措,指导和推动民营经济统战工作取得显著成绩。同时也要看到,中国特色社会主义进入新时代,民营经济规模不断扩大、风险挑战明显增多,民营经济人士的价值观念和利益诉求日趋多样,民营经济统战工作面临新形势新任务。为深入贯彻落实党中央重大决策部署,进一步加强党对民营经济统战工作的领导,更好把民营经济人士的智慧和力量凝聚到实现中华民族伟大复兴的目标任务上来,现提出如下意见。

一、重要意义

(一)加强民营经济统战工作是实现党对民营经济领导的重要方式。民营经济作为我国经济制度的内在要素,始终是坚持和发展中国特色社会主义的重要经济基础;民营经济人士作为我们自己人,始终是我们党长期执政必须团结和依靠的重要力量。充分认识民营经济对我国经济社会发展的重要性,充分认识民营经济存在和发展的长期性、必然性,推动新时代民营经济统战工作创新发展,有利于不断增强党对民营经济的领导力,把广大民营经济人士更加紧密地团结在党的周围,凝聚起同心共筑中国梦的磅礴力量。

(二)加强民营经济统战工作是发展完善中国特色社会主义制度的重要内容。坚持和完善中国特色社会主义制度、推进国家治理体系和治理能力现代化,必须始终坚持和完善我国基本经济制度,毫不动摇巩固和发展公有制经济,毫不动摇鼓励、支持、引导非公有制经济发展。做好民营经济统战工作,有利于激发民营经济人士在深化改革扩大开放、参与国家治理中的积极性、主动性,发挥市场在资源配置中的决定性作用,更好发挥政府作用,充分彰显中国特色社会主义的制度优势。

(三)加强民营经济统战工作是促进民营经济高质量发展的重要保障。深化供给侧结构性改革,实现经济高质量发展,迫切需要民营企业加快转型升级,提高民营企业家队伍整体素质。加强民营经济统战工作,有利于引导民营经济人士坚定发展信心、提高创新能力,鼓励支持民营企业转变发展方式、调整产业结构、转换增长动力,推动民营经济更好发展。

二、总体要求

(四)指导思想。以习近平新时代中国特色社会主义思想为指导,全面贯彻党的十九大和十九届二中、三中、四中全会精神,紧紧围绕统筹推进"五位一体"总体布局、协调推进"四个全面"战略布局,全面提高党领导民营经济统战工作的能力水平,切实加强民营经济统战工作,教育引导民营经济人士增强"四个意识"、坚定"四个自信"、做到"两个维护",坚定不移听党话、跟党走,为实现"两个一百年"奋斗目标、实现中华民族伟大复兴的中国梦作出更大贡献。

(五)基本原则。坚持党对民营经济统战工作的领导,始终从政治和全局高度谋划推进工作;坚持"两个毫不动摇",进一步增强党对民营经济人士的领导力和凝聚力;坚持构建亲清政商关系,优化营商环境,促进形成良好政治生态;坚持信任、团结、服务、引导、教育方针,正确处理一致性和多样性关系,一手抓鼓励支持,一手抓教育引导,不断增进民营经济人士在党的领导下走中国特色社会主义道路的政治共识。

三、加强民营经济人士思想政治建设

高举爱国主义、社会主义旗帜,加大政治引领和思想引导力度,不断筑牢民营经济人士思想政治工作基础。

(六)巩固扩大政治共识。教育引导民营经济人士用习近平新时代中国特色社会主义思想武装头脑、指导实践,在政治立场、政治方向、政治原则、政治道路上同党中央保持高度一致,始终做政治上的明白人。进一步加强民营企业党建工作,切实发挥党组织的战斗堡垒作用和党员的先锋模范作用。大力宣传党中央关于民营经济发展的大政方针,进一步推动思想理论创新,及时回应广大民营经济人士思想关切。各级党委统战部门要落实民营经济领域意识形态工作责任制,做到守土有责、守土负责、守土尽责。

(七)深化理想信念教育。持续深入开展理想信念教育实践活动,创新教育形式和话语体系,不断扩大覆盖面,提升实效性。依托革命老区、贫困地区、改革开放前沿地区等主题教育示范基地,加强世情国情党情教育,引导民营经济人士不断增进对中国共产党和中国特色社会主义的政治认同、思想认同、情感认同。发挥党员民营企业家、民营经济代表人士在理想信念教育中的示范作用,充分调动广大民营经济人士的主观能动性,加强自我学习、自我教育、自我提升。

(八)加大思想引导力度。引导民营经济人士增强自律意识,筑牢思想道德防线,严格规范自身言行,培养健康生活情趣,塑造良好公众形象。完善联谊交友、谈心交流制度,广交深交挚友诤友,打造一支关键时刻靠得住、用得上的民营经济人士骨干队伍。按照"团结－批评－团结"原则,扩大团结面、体现包容性。

（九）倡导争做"四个典范"。强化价值观引领,引导民营经济人士树立正确的国家观、法治观、事业观、财富观,做爱国敬业、守法经营、创业创新、回报社会的典范。深化中国梦宣传教育,引导民营经济人士树立家国情怀,以产业报国、实业强国为己任,脚踏实地干事,谦虚低调做人。注重发挥典型案例的警示作用,开展常态化法治宣传和警示教育,筑牢依法合规经营底线,倡导重信誉、守信用、讲信义,不断提升民营经济人士法治修养和道德水准。大力弘扬优秀企业家精神和工匠精神,充分激发创新活力和创造潜能。倡导义利兼顾、以义为先理念,坚持致富思源、富而思进,认真履行社会责任,大力构建和谐劳动关系,积极参与光彩事业、精准扶贫和公益慈善事业,克服享乐主义和奢靡之风,做到富而有德、富而有爱、富而有责。

四、建设高素质民营经济代表人士队伍

坚持党管人才原则,遵循民营经济人士成长规律,以提高素质、优化结构、发挥作用为目标,建设一支高素质、有担当的民营经济代表人士队伍。

（十）明确工作范围。统战工作要面向所有民营企业和民营经济人士,工作对象主要包括民营企业主要出资人、实际控制人,民营企业中持有股份的主要经营者,民营投资机构自然人大股东,以民营企业和民营经济人士为主体的工商领域社会团体主要负责人,相关社会服务机构主要负责人,民营中介机构主要合伙人,在内地投资的港澳工商界人士,有代表性的个体工商户。

（十一）健全选人机制。扩大选人视野,兼顾不同地区和行业、大中型企业和小微企业,建立民营经济代表人士数据库和人才库。拓宽人才发现渠道,发挥人才主管部门、统战部门、行业主管部门的作用,构建与民营经济人士健康成长相适应的人才工作体系。优化代表人士队伍结构,适当向战略性新兴产业、高技术产业、先进制造业、现代服务业、现代农业等领域倾斜,培养壮大坚定不移跟党走、一心一意谋发展的民营经济人士队伍。

（十二）加强教育培养。做好民营经济代表人士队伍建设规划,形成规范化常态化教育培养体系。充分发挥非公有制经济人士优秀中国特色社会主义事业建设者表彰的激励作用,进一步扩大其社会影响。以弘扬优秀传统文化、优秀企业家精神为主要内容,加强对民营企业家的教育培训。地方各级党校(行政学院)注意加强对党员民营经济人士的教育培训。坚持政治标准,积极稳妥做好在民营经济代表人士优秀分子中发展党员工作,把政治素质好、群众认可度高、符合党员条件的民营经济代表人士及时吸收到党内来。所在单位没有党组织的,县级以上党委(党组)组织人事部门可直接做好联系培养工作。

(十三)规范政治安排。坚持思想政治强、行业代表性强、参政议政能力强、社会信誉好的选人用人标准,严把人选政治关和遵纪守法关,并按规定事先征求企业党组织和各有关方面的意见。完善民营经济代表人士综合评价体系,确保选人用人质量。做好民营企业家担任省级工商联主席试点工作。稳妥做好推荐优秀民营企业家作为各级人大、政协常委会组成人员人选工作,把好入口关。开展聘请民营企业家担任特约检察员、特约监察员工作。引导民营经济代表人士强化履职尽责意识,建立健全履职考核制度和退出机制。

(十四)加大年轻一代培养力度。制定实施年轻一代民营经济人士健康成长促进计划,加大教育培养力度。发挥老一代民营企业家的传帮带作用,大力弘扬中华民族传统美德,注重家庭、家教和家风建设,引导年轻一代继承发扬听党话、跟党走的光荣传统,努力实现事业新老交接和有序传承。

五、支持服务民营经济高质量发展

坚持围绕中心、服务大局,促进民营经济高质量发展,是民营经济统战工作的题中应有之义,是衡量工作成效的重要标准。

(十五)推动践行新发展理念。加强形势政策教育,大力选树先进典型,引导民营经济人士按照新发展理念谋划推进企业改革发展,充分利用政府搭建的各类产学研用对接平台,发挥民营企业在科技创新和成果转化中的积极作用。深入开展调查研究,及时反映和推动解决民营企业转型升级面临的体制机制性障碍。引导民营经济人士坚持稳中求进,坚守实业、做强主业,强化底线思维,增强风险意识,有效防范化解经营风险特别是金融风险。

（十六）鼓励参与国家重大战略。依托统一战线组织动员民营经济人士投身创新驱动发展战略等国家重大战略，在服务国家经济建设大局中实现企业发展，提升思想境界和事业格局。加强与重点国家和地区工商领域社会团体及其驻华机构的交流合作，在相关国际合作机制中充分发挥工商联作用。引导民营企业积极参与"一带一路"建设，自觉维护国家利益，树立中国民营企业良好形象。

（十七）支持投身全面深化改革。引导民营经济人士正确对待改革带来的利益调整，理解改革、支持改革、参与改革，为全面深化改革建睿智之言、献务实之策。鼓励民营企业参与混合所有制改革。引导民营企业完善法人治理结构，探索建立中国特色现代企业制度。推动民营企业主动加强与世界一流企业和优秀国有企业交流合作，不断提升经营能力和管理水平。

（十八）不断优化营商环境。以促进市场公平竞争、平等保护产权为关键，推动构建市场化、法治化、国际化的营商环境。教育引导民营经济人士树立法律意识，坚持守法经营，自觉维护公平开放透明的市场规则。加强民营经济统计和监测分析，大力推进服务管理创新。充分发挥工商联和商会的优势作用，积极参与营商环境评价，主动配合有关部门开展依法甄别纠正侵害民营企业产权错案冤案、防范和处置拖欠民营企业账款等工作。

六、建立健全政企沟通协商制度

推动构建亲清政商关系，是民营经济统战工作的重要任务。依托统一战线开展政企沟通协商，是构建亲清政商关系的关键之举。

（十九）规范沟通协商内容。包括经济形势和民营经济发展状况分析研判，经济社会发展和产业发展规划、年度经济工作部署、重要改革举措和涉企政策，重要涉企法律法规制定和修改，优化营商环境、构建亲清政商关系情况，民营企业发展面临的普遍性问题，重点骨干民营企业风险防范和危机处置等。

（二十）创新沟通协商形式。各级党委和政府及有关部门就协商事项事先听取民营企业和行业协会商会代表意见建议。各级党委和政府主要负责同志通过与民营企业和行业协会商会代表座谈恳谈等方式，沟通有关情况，聚焦发展难题，共商解决办法，并建立健全沟通成果督办和反馈机制。建立民营经济代表人士专题调研制度,每年开展重点考察调研,党政领导和有关部门要认真听取调研提出的意见建议。民营经济占比较大的地方,党委和政府召开经济工作会议和涉及民营经济发展的会议,人大制定修改相关地方性法规,可邀请民营企业和行业协会商会代表参加。有关部门制定行业标准和规范,一般应委托行业协会商会提出意见。

(二十一)加强对商会和民营企业的联系服务。建立党政领导干部联系商会制度,以行业类、专业类商会和乡镇、街道商会为重点,畅通商会向党委和政府反映情况、提出建议的渠道。规范党政领导干部与民营经济人士联系交往,制定正面和负面清单,激励干部主动作为、靠前服务,督促干部守住交往底线、防范廉政风险,做到"亲"而有度、"清"而有为。统战部门、工商联要积极主动深入民营企业,及时反映并帮助解决困难和问题。

(二十二)完善民营企业诉求反映和权益维护机制。引导民营经济人士依法理性反映诉求、维护权益。依法维护企业正常经营秩序,尊重和保护企业家合法人身和财产权益。健全调解、仲裁、诉讼等多元化纠纷解决机制,及时有效化解民营企业民商事纠纷。

七、切实发挥工商联和商会作用

工商联及所属商会是民营经济统战工作的重要组织依托。要深入推进工商联改革和建设,培育和发展中国特色商会组织,推动统战工作向商会组织有效覆盖。

(二十三)推进工商联改革发展。围绕促进"两个健康"工作主题,坚持政治建会、团结立会、服务兴会、改革强会,积极探索彰显统战性、经济性、民间性有机统一优势的组织体制、运行机制和活动方式,不断增强工商联的凝聚力、执行力、影响力。充分发挥工商联在民营经济人士思想政治建设中的引导作用,在民营经济人士有序政治参与中的主渠道作用,在民营企业改革发展中的服务作用,在保障和改善民生、创新社会治理中的协同作用,在依法平等保护产权方面的民主监督作用,努力把工商联建成"民营经济人士之家"。积极探索更好发挥工商联作为民间商会(总商会)功能的有效形式。创新服务、培训和维权平台载体,加快推进"网上工商联"建设,进一步提升工作整体效能。

（二十四）推动统战工作向商会组织有效覆盖。加强工商联所属商会党建工作，探索完善工商联党组织领导和管理所属商会党建工作的有效机制。探索在工商联所属商会党组织中建立统战工作联络员制度。积极培育和发展工商联所属商会，使商会组织覆盖民营经济发展各个行业和领域。鼓励引导民营企业加入商会，商会发展会员不得设立资产规模等门槛。对以民营企业和民营经济人士为主体的行业协会商会，工商联要加强联系、指导和服务。将适宜由商会提供的公共服务职能转移或委托给商会承担。通过政府购买服务等方式，支持帮助商会更好承接公共服务、参与社会服务。鼓励有条件的地方出台地方性法规或政府规章，规范和促进行业协会商会发展。加快推进工商联所属商会依法登记注册。

（二十五）引导民营企业家相关组织规范有序发展。按照摸清情况、主动联系、依法监管、积极引导的工作方针，做好民营企业家相关组织工作。未经社团登记注册的企业家相关组织不得从事社团活动，对经市场监管部门登记但主要开展社团活动的企业家相关组织进行清理整顿，对其中符合条件的依法进行社会组织登记管理。加强对企业家相关组织举办论坛、研讨、讲堂、沙龙等活动的引导和管理。

八、加强党对民营经济统战工作的领导

民营经济统战工作是全党的重要工作。要把加强民营经济统战工作摆上重要议事日程，在党委统一领导下，形成各方面既明确分工又高效协同的民营经济统战工作格局。

（二十六）完善领导体制机制。各级党委要依托统一战线工作领导小组，建立完善民营经济统战工作协调机制，定期研究部署、统筹推进民营经济统战工作。要充分发挥党委统战部门在民营经济统战工作中的牵头协调作用，发挥工商联的桥梁纽带和助手作用。

（二十七）强化组织保障。充实民营经济统战工作力量，按照既精通统战工作又熟悉经济工作的要求，选好配强统战部相关业务部门和工商联机关干部。工作任务重的市、县党委统战部门要统筹现有资源，充实工作力量，保障工作开展。

（二十八）加强能力建设。加强教育培训，注重实践锻炼，全面提升民营经济统战干部队伍整体素质，进一步增强从全局把握问题能力、应对风险挑战能力、沟通协调能力、开拓创新能力，为做好新时代民营经济统战工作提供有力支撑。

国务院促进中小企业发展工作领导小组办公室关于印发助力中小微企业稳增长调结构强能力若干措施的通知

（2023年1月11日　工信部企业函〔2023〕4号）

各省、自治区、直辖市及计划单列市、新疆生产建设兵团促进中小企业发展工作领导小组，国务院促进中小企业发展工作领导小组各成员单位，教育部：

《助力中小微企业稳增长调结构强能力若干措施》已经国务院促进中小企业发展工作领导小组同意，现印发给你们，请结合实际，认真抓好贯彻落实。

助力中小微企业稳增长调结构强能力若干措施

为深入贯彻党的二十大精神，落实中央经济工作会议决策部署，帮助中小微企业应对当前面临的困难，进一步推动稳增长稳预期，着力促进中小微企业调结构强能力，制定以下措施。

一、进一步推动稳增长稳预期

（一）强化政策落实和支持力度。深入落实减税降费、稳岗返还等政策，切实推动已出台政策措施落地见效。结合实际优化调整2022年底到期的阶段性政策。加强中小微企业运行监测，及时掌握中小微企业面临的困难问题，进一步研究提出有针对性的政策措施。（财政部、税务总局、人力资源社会保障部、工业和信息化部等部门会同各地

方按职责分工负责）

（二）加大对中小微企业的金融支持力度。用好支小再贷款、普惠小微贷款支持工具、科技创新再贷款等货币政策工具，持续引导金融机构增加对中小微企业信贷投放。推动金融机构增加小微企业首贷、信用贷、无还本续贷和中长期贷款，推广随借随还贷款模式，推动普惠型小微企业贷款增量扩面。（人民银行、银保监会按职责分工负责）

（三）促进产业链上中小微企业融资。选择部分具备条件的重点产业链、特色产业集群主导产业链，开展"一链一策一批"中小微企业融资促进行动，深化产融对接和信息共享，鼓励银行业金融机构在风险可控前提下，制定专门授信方案，高效服务链上中小微企业，促进产业与金融良性循环。（工业和信息化部、人民银行、银保监会按职责分工负责）

（四）有效扩大市场需求。支持中小企业设备更新和技术改造，参与国家科技创新项目建设，承担国家重大科技战略任务。将政府采购工程面向中小企业的预留份额阶段性提高至40%以上政策延续到2023年底。落实扩大汽车、绿色智能家电消费以及绿色建材、新能源汽车下乡等促消费政策措施。持续开展消费品"三品"（新品、名品、精品）全国行系列活动，举办第三届中国国际消费品博览会，开展国际消费季、消费促进月等活动。鼓励大型企业和平台机构发布面向中小微企业的采购清单，开展跨境撮合活动，为中小微企业开拓更多市场，创造更多商机。（发展改革委、财政部、工业和信息化部、科技部、商务部、国资委等部门按职责分工负责）

（五）做好大宗原材料保供稳价。推动建立原材料重点产业链上下游长协机制，实现产业链上下游衔接联动，保障链上中小微企业原材料需求。强化大宗原材料"红黄蓝"供需季度预警，密切监测市场供需和价格变化，灵活运用国家储备开展市场调节。强化大宗商品期现货市场监管，打击囤积居奇、哄抬价格等违法违规行为，坚决遏制过度投机炒作。（发展改革委、工业和信息化部、市场监管总局、证监会按职责分工负责）

（六）加大公共服务供给和舆论宣传引导。健全国家、省、市、县四级中小企业服务体系，发挥社会化公共服务机构作用。深入推进"一起益企"中小企业服务行动和中小企业服务月活动,为中小微企业提供更加优质、精准的政策宣传解读、咨询、培训和技术等服务。充分发挥"中小企助查 APP"等数字化平台作用,提供个性化政策匹配服务,提高惠企政策的知晓率、惠及率和满意率。加强先进典型宣传,讲好中小企业发展故事,深入开展中小企业发展环境第三方评估,形成有利于中小微企业健康发展的良好氛围。(工业和信息化部、中央宣传部、商务部按职责分工负责)

(七)强化合法权益保护。强化落实支持中小微企业发展的有关法律制度,依法保护产权和知识产权。严格执行《保障中小企业款项支付条例》,落实机关、事业单位、大型企业逾期未支付中小微企业账款信息披露制度,强化监管,加强投诉处理。深入开展涉企违规收费整治,建立协同治理和联合惩戒机制,坚决查处乱收费、乱罚款、乱摊派。(工业和信息化部、市场监管总局、发展改革委、财政部、国资委、商务部等部门会同各地方按职责分工负责)

二、着力促进中小微企业调结构强能力

(八)加大专精特新中小企业培育力度。健全优质中小企业梯度培育体系,建立优质中小企业梯度培育平台,完善企业画像,加强动态管理。整合各类服务资源,完善服务专员工作机制,支持创新专属服务产品,开展个性化、订单式服务,"一企一策"精准培育,着力提升培育质效。中央财政通过中小企业发展专项资金继续支持专精特新中小企业高质量发展和小微企业融资担保业务降费奖补。到 2023 年底,累计培育创新型中小企业 15 万家以上、省级专精特新中小企业 8 万家以上、专精特新"小巨人"企业 1 万家以上。(工业和信息化部、财政部按职责分工负责)

(九)促进大中小企业融通创新。深入实施大中小企业融通创新"携手行动",围绕重点产业链举办"百场万企"大中小企业融通创新对接活动,引导大企业向中小企业开放创新资源和应用场景。分行业分地区开展大中小企业供需对接活动,着力提升产业链供应链韧性和安全水平。推动中小微商贸企业创特色、创品质、创品牌,促进商贸企业以大带小、协同发展。(工业和信息化部、国资委、科技部、商务部、全国工商联按职责分工负责)

（十）促进科技成果转化和中小企业数字化转型。实施科技成果赋智中小企业专项行动，搭建创新成果转化平台，解决中小企业技术创新需求，建立完善中小企业科技成果评价机制，促进科技成果转化，提升中小微企业核心竞争力。深入实施数字化赋能中小企业专项行动，中央财政继续支持数字化转型试点工作，带动广大中小企业"看样学样"加快数字化转型步伐。推动工业互联网平台进园区、进集群、进企业。（工业和信息化部、财政部、科技部、商务部按职责分工负责）

（十一）提升中小企业质量标准品牌水平。实施质量标准品牌赋值中小企业专项行动，开展可靠性"筑基"和"倍增"工程，持续推进"计量服务中小企业行""小微企业质量管理体系认证提升行动"等活动，提高中小企业质量工程技术能力和质量管理能力。支持中小企业牵头或参与国内外标准编制，推广运用先进标准，提升中小企业标准化能力。为中小企业提供品牌创建与培育、咨询评估、品牌保护等服务，实施"千企百城"商标品牌价值提升行动，提高中小企业品牌建设能力。（工业和信息化部、市场监管总局、知识产权局、商务部按职责分工负责）

（十二）加强知识产权运用和保护。组织开展知识产权创新管理相关国际标准实施试点，推广企业知识产权合规管理相关国家标准，发布中小企业知识产权运用工作指引，指导中小企业加强知识产权管理。深入推进专利开放许可试点工作，做好许可使用费估算指引、许可后产业化配套服务。加大中小企业知识产权保护力度，完善知识产权纠纷多元化解决机制，加强知识产权纠纷行政裁决、调解和仲裁工作，开展维权援助公益服务。（知识产权局、工业和信息化部按职责分工负责）

（十三）加大人才兴企支持力度。深入实施中小企业经营管理领军人才培训，优化中小企业职称评审工作，支持符合条件的专精特新"小巨人"企业备案设立博士后科研工作站。深入实施"千校万企"协同创新伙伴行动，择优派驻一批博士生为企业提供技术服务，实施"校企双聘"制度，遴选一批专家教授担任专精特新中小企业技术、管理导师，为企业提供"一对一"咨询指导等服务，吸引更多高校毕业生到中小微企业创新创业。（工业和信息化部、教育部、人力资源社会保障部

按职责分工负责)

(十四)加大对优质中小企业直接融资支持。支持专精特新中小企业上市融资,北京证券交易所实行"专人对接、即报即审"机制,加快专精特新中小企业上市进程。发挥国家中小企业发展基金、国家科技成果转化引导基金的政策引导作用,带动更多社会资本投早投小投创新。(证监会、工业和信息化部、科技部、财政部按职责分工负责)

(十五)促进中小企业特色产业集群高质量发展。加强政策引导和资源统筹,构建中小企业特色产业集群梯度培育体系,壮大集群主导产业,促进集群内中小微企业专精特新发展。组织服务机构、行业专家进集群开展咨询诊断服务活动,打通产业链上下游生产资源与优质服务资源渠道,提升集群服务能力。2023年培育100家左右国家级中小企业特色产业集群。(工业和信息化部负责)

各有关部门、各地方要按照党中央、国务院决策部署,充分发挥各级促进中小企业发展工作协调机制作用,建立横向协同、纵向联动的工作机制,强化组织领导,凝聚工作合力,进一步帮助中小微企业稳定发展预期、增强发展信心,共同助力中小微企业稳增长调结构强能力,实现高质量发展。

生态环境部门进一步促进民营经济发展的若干措施

(2024年9月13日 环综合〔2024〕62号)

为深入贯彻党中央、国务院关于促进民营经济发展壮大的决策部署,落实"两个毫不动摇",发挥民营企业在高质量发展中的重要作用,以生态环境高水平保护增创民营经济发展新动能新优势,指导生态环境部门更好支持服务民营经济发展,现提出如下措施。

一、支持绿色发展

1.促进绿色低碳转型。加快制修订污染物排放标准,完善重点行业企业碳排放核算、项目碳减排量核算标准和技术规范,建立产品碳足迹管理体系,引导企业绿色低碳发展。支持企业发展绿色低碳产业和绿色供应链,开展减污降碳协同创新。推动石化化工、钢铁、建材等传统产业绿色改造,提升清洁生产水平。支持企业实施清洁能源替代,鼓励有条件的企业提升大宗货物清洁化运输水平,推进内部作业车辆和机械新能源更新改造。

2. 推动大规模设备更新。坚持鼓励先进、淘汰落后,帮扶企业排查落后生产工艺设备、低效失效污染治理设施,积极支持企业对各类生产设备、大气污染治理设施、污水垃圾处理设备等设备更新和技术改造,促进产业高端化、智能化、绿色化。推动对环境保护专用设备更新给予财税、金融等政策支持。

3. 增加环境治理服务供给。推动大规模回收循环利用,支持企业提升废旧资源循环利用水平。完善产业园区环境基础设施,推动企业集聚发展和集中治污。鼓励中小型传统制造企业集中的地区,结合产业集群特点,因地制宜建设集中污染处理设施。进一步完善小微企业和社会源危险废物收集处理体系,支持企业提供第三方专业服务。

4. 加强生态环境科技支撑。深入开展科技帮扶行动,为中小微企业治理环境污染提供技术咨询。完善实用技术管理机制,基于生态环境治理需求,面向社会征集先进污染防治技术,鼓励民营企业积极申报,加快企业先进技术推广应用。依托国家生态环境科技成果转化综合服务平台,为各类市场主体提供技术咨询和推广服务。鼓励具备条件的民营企业参与生态环境重大科技计划和创新平台建设。

5. 支持发展环保产业。结合"十五五"规划编制研究实施一批生态环境保护治理重大工程,制定污染防治可行技术指南和环境工程技术规范,增强环保产业发展预期。引导环保企业延伸拓展服务范围和服务领域,促进生态环保产业、节能产业、资源循环利用产业、低碳产业一体化融合发展。配合有关部门依法依规督促机关、事业单位和大型企业履行生态环境领域项目合同。

二、优化环境准入

6. 提高行政审批服务水平。对照中央和地方层面设定的生态环境领域涉企经营许可事项,以告知书、引导单等形式告知企业生态环境保护政策、责任和要求,以及许可事项办理流程、时限、联系方式等。对企业投资建设项目中遇到的问题落实首问负责制、一次告知服务制。

7. 持续深化环评改革。落实登记表免予办理备案手续、报告表"打捆"审批、简化报告书(表)内容等"四个一批"环评改革试点政策。有序推进环评分类管理,环评文件标准化编制、智能化辅助审批试点,优化环评审批分级管理。继续实施环评审批"三本台账"和绿色通道机制,对符合生态环境保护要求的民营重大投资项目,开辟绿色通道,实施即报即受理即转评估,提高环评审批效率。

8. 优化总量指标管理。健全总量指标配置机制,优化新改扩建建设项目总量指标监督管理。在严格实施各项污染防治措施基础上,对氮氧化物、化学需氧量、挥发性有机污染物的单项新增年排放量小于0.1吨,氨氮小于0.01吨的建设项目,免予提交总量指标来源说明,由地方生态环境部门统筹总量指标替代来源,并纳入台账管理。

9. 推动环评与排污许可协同衔接。对工艺相对单一、环境影响较小、建设周期短的建设项目,在按规定办理环评审批手续后,新增产品品种但生产工艺、主要原辅材料、主要燃料未发生变化、污染物种类和排放量不增加的,不涉及重大变动的,无需重新办理环评,直接纳入排污许可管理;建设单位无法确定是否涉及重大变动的,可以报请行政审批部门核实。对符合要求的建设项目,在企业自愿的原则下,探索实施环评与排污许可"审批合一"。统筹优化环评和排污许可分类管理,部分排放量很小的污染影响类建设项目不再纳入环评管理,直接纳入排污许可管理。

10. 加强建设项目投资政策指导。对企业投资的同一建设项目,涉及生态环境领域多个行政许可事项的,要加强行政许可事项衔接;对有区域布局、规模控制等要求的,要加强统筹、提前考虑项目建成之后的经营准入许可,为项目建设、运行提供一揽子指导服务。

三、优化环境执法

11. 实行生态环境监督执法正面清单管理。对正面清单内的企业减少现场执法检查次数,综合运用新技术、新手段,按照排污许可证规定,以非现场方式为主开展执法检查,对守法企业无事不扰。规范生态环境管理第三方服务，切实提高服务质效。

12. 持续规范涉企收费和罚款。定期清理规范生态环境领域涉企收费事项，做好规范经营服务性收费、中介服务收费相关工作，推动治理变相收费、低质高价，切实减轻企业经营负担。严禁以生态环境保护名义向企业摊派。全面落实规范和监督罚款设定与实施要求，优化营商环境。

13. 减少企业填表。充分利用环境统计、排污许可、环评审批、固废管理、污染源监测等系统平台已有数据，建立数据共享机制，实现数据互联互通，推动"多表合一"，探索"最多报一次"。鼓励省级生态环境部门开展涉企报表填报减负改革试点。

14. 严禁生态环境领域"一刀切"。统筹民生保障和应急减排，实施绩效分级差异化管控，科学合理制定重污染天气应急减排清单，明确不同预警级别的应急响应措施，严格按照应急预案启动和解除重污染天气预警。不得为突击完成年度环境质量改善目标搞限产停产。严禁为应付督察等采取紧急停工停业停产等简单粗暴行为，以及"一律关停""先停再说"等敷衍应对做法。

四、加大政策支持

15. 规范环保信用评价。合理界定评价对象，坚持过惩相当，明确评价结果适用边界条件。推进依法不予处罚信息、一定期限之前的生态环境行政处罚决定，不纳入环保信用信息范围。推广环保信用承诺制度。健全企业环保信用修复制度，完善信用修复机制，引导企业"纠错复活"，帮助企业"应修尽修"。

16. 强化财政金融支持。将符合条件的民营企业污染治理等项目纳入各级生态环境资金项目储备库，一视同仁给予财政资金支持。发展绿色金融，推动生态环境导向的开发（EOD）等模式创新，加快推进气候投融资试点，适时开展盈余碳排放权（配额）抵押机制建设，解决民营企业环境治理融资难、融资贵问题。

17. 落实税收优惠政策。配合税务部门落实《环境保护、节能节水项目企业所得税优惠目录（2021年版）》《资源综合利用企业所得税优惠目录（2021年版）》和《资源综合利用产品和劳务增值税优惠目录（2022年版）》以及延长从事污染防治的第三方企业减按15%的企业所得税优惠政策。对不能准确判定企业从事的项目是否属于优惠目录范围的,要及时研究、推动解决。

18. 支持参与环境权益交易。完善全国温室气体自愿减排交易市场,推动更多方法学出台,鼓励企业自主自愿开发温室气体减排项目,并通过参与全国碳排放权、全国温室气体自愿减排交易市场交易,实现减排有收益、发展可持续。鼓励各类企业通过淘汰落后和过剩产能、清洁生产、污染治理、技术改造升级等减少污染物排放,形成"富余排污权",积极参与排污权市场交易。

19. 支持创优和试点示范。鼓励民营企业创建环保绩效 A 级企业,并落实好相关激励政策。支持企业发挥自身优势,参与危险废物"点对点"利用豁免、跨区域转移管理、"无废集团"建设等改革试点示范。支持民营企业在区域重大战略生态环境保护中发挥示范引领作用,生态环境部建立绿色发展典型案例展示平台,引导各类市场主体为打造美丽中国先行区作贡献。

五、健全保障措施

20. 完善工作机制。健全本地区生态环境部门促进民营经济发展的工作机制,明确抓落实的牵头部门、责任分工和责任人。加强与发展改革部门、工商联等沟通联系,经常走访和听取民营企业意见建议,畅通民营企业投诉举报、反映问题、表达诉求的渠道。对民营企业反映突出的共性生态环境问题,要快速反应、紧抓快办。建立"问题收集—问题解决—结果反馈—跟踪问效"工作闭环,努力让更多民营企业有感有得。

21. 加强政策指导。生态环境保护法规标准政策制修订过程中,要充分征求社会各界意见,依照国家有关规定做好合法性审查和宏观政策取向一致性评估。加强排放标准等强制性标准的制修订质量管理,标准发布前制定实施方案,为企业预留足够时间。加强生态环境法规、标准、政策等宣传解读和培训,激发企业绿色发展内生动力。

22. 强化宣传推广。加强对民营企业保护生态环境先进典型的挖掘总结,及时梳理生态环境部门特别是基层一线服务民营经济发展的好做法好经验,综合运用新闻发布会、官网、报纸、"双微"等形式,加大宣传推广力度。积极回应中小微企业的关切,多措并举为企业纾困解难。持续强化舆论引导，营造支持民营企业绿色发展、健康发展的浓厚氛围。

市场监管部门
促进民营经济发展的若干举措

（2023年9月15日　国市监信发〔2023〕77号）

为深入贯彻党中央、国务院关于促进民营经济发展壮大的决策部署，全面落实《中共中央国务院关于促进民营经济发展壮大的意见》（以下简称《意见》），持续优化稳定公平透明可预期的发展环境，充分激发民营经济生机活力，确保《意见》提出的各项工作落到实处，现提出如下措施。

一、持续优化民营经济发展环境

1. 修订出台新版市场准入负面清单，推动各类经营主体依法平等进入清单之外的行业、领域、业务，持续破除市场准入壁垒。优化行政许可服务，大力推进许可审批工作的标准化、规范化和便利化。支持各地区探索电子营业执照在招投标平台登录、签名、在线签订合同等业务中的应用。

2. 清理规范行政审批、许可、备案等政务服务事项的前置条件和审批标准，不得将政务服务事项转为中介服务事项，没有法律法规依据不得在政务服务前要求企业自行检测、检验、认证、鉴定、公正或提供证明等。

3. 推动认证结果跨行业跨区域互通互认。深化强制性产品认证制度改革，进一步简化CCC认证程序。全面推进认证机构资质审批制度改革，推进认证机构批准书电子化。

4. 加强公平竞争政策供给，加快出台《公平竞争审查条例》等制度文件，健全公平竞争制度框架和政策实施机制，坚持对各类所有制企业一视同仁、平等对待。及时清理废除含有地方保护、市场分割、指定交易等妨碍统一市场和公平竞争的政策,定期推出不当干预全国统一大市场建设问题清单。未经公平竞争,不得授予经营者特许经营权,不得限定经营、购买、使用特定经营者提供的商品和服务。

5. 强化反垄断执法,严格依法开展经营者集中审查。依法制止滥用行政权力排除限制竞争行为。着力加强公平竞争倡导,凝聚全社会公平竞争共识,促进公平竞争更大合力。优化经营者集中申报标准。指导企业落实合规主体责任,提高合规意识和能力。加大对企业境外反垄断诉讼和调查应对指导,提升企业合规意识和维权能力。做好企业海外投资并购风险研究和预警,制定合规指引。

6. 深入推进企业信用风险分类管理。优化完善企业信用风险分类指标体系,推动分类结果在"双随机、一公开"监管中常态化运用,对信用风险低的 A 类企业,合理降低抽查比例和频次,不断提高分类的科学性和精准性。鼓励有条件的地区探索对个体工商户、农民专业合作社等经营主体实施信用风险分类管理。加强企业信用监管大数据分析应用,继续编制中国企业信用指数,优化企业信用指数编制方案,打造企业信用趋势"晴雨表",提升防范化解各类潜在性、苗头性、趋势性信用风险能力。

7. 强化信用约束激励。研究制定关于强化失信惩戒和守信激励的政策文件。深入开展严重违法失信行为治理专项行动。加快修订总局有关信用修复管理规范性文件,扩大信用修复范围,完善信用修复机制。发挥公示对企业的信用激励作用,对获得荣誉的企业在公示系统上予以标注公示,提升信用良好企业获得感。

8. 深入开展信用提升行动,全面推广信用承诺制度,围绕构建信用承诺、守诺核查、失信惩戒、信用修复闭环管理体系,便利经营主体以承诺方式取得许可或者修复信用。

9. 推动企业信用同盟常态化运行,遵循政府引导、企业主导、自愿加入、协同共治的原则,进一步发挥诚信企业的标杆示范作用,激励更多企业守信重信,提升市场整体信用水平。

10. 促进经营主体注册、注销便利化,全面落实简易注销、普通注销制度,完善企业注销"一网服务"平台。推动出台跨部门的歇业政策指引。进一步优化企业开办服务。促进个体工商户持续健康发展,实施个体工商户分型分类精准帮扶。优化个体工商户转企业相关政策，降低转换成本。

二、加大对民营经济政策支持力度

11. 完善信用信息归集共享公示体系，将承诺和履约信息纳入信用记录。开展经营主体信用监管标准体系建设，推动各地各部门在企业信用监管数据归集共享应用中执行使用。深入开展经营主体信用监管数据质量提升行动，以高质量的数据支撑"三个监管"。健全中小微企业和个体工商户信用评级和评价体系。

12. 为个体工商户提供更加方便便捷的年报服务。不断扩大"多报合一"范围，切实减轻企业负担。按照《保障中小企业款项支付条例》规定，做好大型企业逾期尚未支付中小企业款项的合同数量、金额的年报公示工作。

13. 针对民营中小微企业和个体工商户建立支持政策"免审即享"机制，推广告知承诺制，能够通过公共数据平台获取的材料，不再要求重复提供。加强直接面向个体工商户的政策发布和解读引导。配合相关部门搭建民营企业、个体工商户用工和劳动者求职信息对接平台。

三、强化民营经济发展法治保障

14. 开展反不正当竞争"守护"专项执法行动，严厉打击侵犯商业秘密、仿冒混淆等不正当竞争行为和恶意抢注商标等违法行为。

15. 持续深化"双随机、一公开"监管，推动建设统一工作平台，深入推进跨部门综合监管，推行"一业一查"，避免多头执法、重复检查，减轻企业负担，提高监管效能。

16. 深入推动公正文明执法行风建设。构建"预防为主、轻微免罚、重违严惩、过罚相当、事后回访"的闭环式管理模式，以行政执法服务公平竞争、保障高质量发展。鼓励开展跨行政区域联动执法。

17. 持续开展涉企违规收费整治工作，减轻企业费用负担。开展涉企违规收费督检考工作，对违规收费治理情况开展"回头看"。畅通涉企违规收费投诉举报渠道，建立规范的问题线索部门共享和转办机制，综合采取市场监管、行业监管、信用监管等手段实施联合惩戒，集中曝光违规收费典型案例。

四、着力推动民营经济实现高质量发展

18. 支持引导民营企业完善法人治理结构、规范股东行为、强化内部监督,实现治理规范、有效制衡、合规经营,鼓励有条件的民营企业建立完善中国特色现代企业制度。

19. 支持民营企业提升标准化能力,参与国家标准制修订工作,在国家标准立项、起草、技术审查以及标准实施信息反馈、评估等过程中提出意见和建议。支持民营企业牵头设立国际性专业标准组织,积极推进标准化建设。联合全国工商联共同举办 2023 年民营经济标准创新大会,开展民营经济标准创新周活动,组织开展小微民营企业"标准体检"试点,推动各级工商联及所属商会积极开展民营企业标准"领跑者"和商会团体标准"领先者"活动。

20. 开展民营企业质量管理体系认证提升行动,提升民营企业质量技术创新能力。持续开展"计量服务中小企业行"活动,梳理企业测量需求,为企业实施计量咨询和技术服务。支持民营企业参与产业计量测试中心建设,提升民营企业先进测量能力。

21. 促进平台规则透明和行为规范,推动平台经济健康发展。持续开展网络市场监管与服务示范区创建,不断释放平台经济发展新动能。加强互联网平台常态化监管,建立健全平台企业合规推进机制,降低平台企业合规经营成本。持续推出平台企业"绿灯"投资案例,规范平台收费行为,引导平台和中小商户共赢合作,促进平台经济良性发展。

五、持续营造关心促进民营经济发展壮大社会氛围

22. 加强新闻宣传。综合运用新闻发布会、集体采访等多种形式,加大政策解读力度,提高政策传播声量,推动政策效能释放;加大成效宣传力度,结合民营经济准入准营亮点数据、各地典型经验做法,强化选题策划和正面阐释引导,积极营造民营经济健康发展的舆论氛围。

国家发展改革委关于完善政府诚信履约机制优化民营经济发展环境的通知

(2023年8月5日　发改财金〔2023〕1103号)

各省、自治区、直辖市、新疆生产建设兵团社会信用体系建设牵头部门：

为深入贯彻《中共中央、国务院关于促进民营经济发展壮大的意见》关于"完善政府诚信履约机制，建立健全政务失信记录和惩戒制度"的有关要求，深入推进政府诚信建设，为民营经济发展创造良好环境，现将有关工作通知如下。

一、充分认识完善政府诚信履约机制的重要意义

政务诚信是社会信用体系重要组成部分，政府在信用建设中具有表率作用，直接影响政府形象和公信力。要以习近平新时代中国特色社会主义思想为指导，全面贯彻落实党的二十大精神，加强政府诚信履约机制建设，着力解决朝令夕改、新官不理旧账、损害市场公平交易、危害企业利益等政务失信行为，促进营商环境优化，增强民营企业投资信心，推动民营经济发展壮大。

二、建立违约失信信息源头获取和认定机制

(一)畅通违约失信投诉渠道。各省级社会信用体系建设牵头部门(以下简称"信用牵头部门")要依托本级信用网站、国务院"互联网+督查"平台、工信部门"违约拖欠中小企业款项登记(投诉)平台"、本地12345政务服务热线、营商环境投诉举报平台、信访部门等渠道建立或完善违约失信投诉专栏，受理、归集本辖区涉及政府部门(含机关和事业单位)的违约失信投诉。违约失信范围包括政府部门在政府采购、招标投标、招商引资、政府与社会资本合作、产业扶持、政府投资等领域与民营企业签订的各类协议、合同中的违约毁约行为。我委将在"信用中国"网站公示地方投诉专栏，及时调度各地受理投诉情况。支

持各地探索依托本级信用信息共享平台和信用网站建立合同履约信用监管专栏,归集辖区内政府部门与民营企业签订的相关协议与合同,定期跟踪履约情况。

(二)加强违约失信行为的认定。各省级信用牵头部门要将接收归集到的违约失信投诉线索第一时间转交至被投诉主体的上级部门或主管部门开展核实认定。经核实,情况不属实的,要督促认定部门及时反馈投诉人并做好解释说明;情况属实的,要督促认定部门立即推动整改,拒不整改的,由认定部门确认为违约失信。以机构调整、人员变动等理由不履约的,均属于违约失信情形。

三、健全失信惩戒和信用修复机制

(三)全面健全政务信用记录。国家公共信用信息中心要抓紧制定相关信息归集标准。各省级信用牵头部门要加大政府信用信息归集力度,按照统一标准将经认定的违约失信信息实时共享至全国信用信息共享平台。我委将违约失信信息、各地按要求梳理的拖欠账款信息、被列入失信被执行人信息统一计入相关主体名下形成政务信用记录。各级信用牵头部门要推动将失信记录纳入相关政府部门绩效考核评价指标。我委适时将政务失信记录纳入营商环境评价和高质量发展综合绩效考核评价。

(四)充分用好发展改革系统失信惩戒措施"工具箱"。对于存在失信记录的相关主体,我委将按规定限制中央预算内资金支持、限制地方政府专项债券申请、限制各类融资项目推荐;对于存在政府失信记录的地级以上城市,我委将取消发展改革系统的评优评先和试点示范资格、加大城市信用监测扣分权重、取消社会信用体系建设示范区称号或参评资格。

(五)督促地方建立失信惩戒制度。各级信用牵头部门要参照建立政府失信惩戒机制,推动同级政府部门积极调动职能范围内各类失信惩戒措施,包括但不限于限制政府资金支持、限制申请扶持政策、取消评优评先、限制参加政府采购等,实现失信必惩。

(六)完善信用修复机制。各级信用牵头部门要协调指导辖区内失信主体信用修复工作,经认定部门确认已纠正失信行为、完成履约的,要及时修复相关失信记录,终止对其实施失信惩戒措施。

四、强化工作落实的政策保障

（七）定期开展评估通报。我委将针对违约失信投诉处置和认定效率、信用信息归集质量、失信惩戒措施落实等重点工作，通过抽查、委托第三方调查、交叉检查等多种方式开展评估，定期向省级信用牵头部门通报情况并抄送省级人民政府。各级信用牵头部门要参照建立评估通报机制。

（八）建立失信线索监测发现督办机制。我委将通过民营企业沟通交流机制、大数据监测、选取有代表性的民营企业建立监测点等方式，加大政府失信线索监测发现力度，按所属地"即发现即转交"并挂牌督办，持续跟踪办理情况。各级信用牵头部门要参照建立相应机制，通过多种渠道及时发现和处置失信行为。

（九）曝光一批典型案例。选取一批失信情形严重、多次反复失信、人民群众反映强烈的失信案例，在"信用中国"网站予以公示并通过新闻媒体向社会曝光，形成强大舆论震慑。

国家发展改革委、工业和信息化部、财政部、科技部、中国人民银行、税务总局、市场监管总局、金融监管总局关于实施促进民营经济发展近期若干举措的通知

（2023年7月28日　发改体改〔2023〕1054号）

司法部、人力资源社会保障部、自然资源部、生态环境部、住房城乡建设部、交通运输部、水利部、商务部、应急管理部、审计署、国务院国资委、中国证监会、国家知识产权局、国家能源局、全国工商联：

为深入贯彻党中央、国务院关于促进民营经济发展壮大的决策部署，全面落实《中共中央、国务院关于促进民营经济发展壮大的意见》，推动破解民营经济发展中面临的突出问题，激发民营经济发展活力，

提振民营经济发展信心,现提出以下措施。

一、促进公平准入

1. 在国家重大工程和补短板项目中,选取具有一定收益水平、条件相对成熟的项目,形成鼓励民间资本参与的重大项目清单。通过举办重大项目推介会、在全国投资项目在线审批监管平台上开辟专栏等方式,向民营企业集中发布项目信息,积极引导项目落地实施。各地区对照上述举措,形成鼓励民间资本参与的项目清单并加强推介。(责任单位:国家发展改革委、工业和信息化部、全国工商联)

2. 扩大基础设施领域不动产投资信托基金(REITs)发行规模,推动符合条件的民间投资项目发行基础设施 REITs,进一步扩大民间投资。(责任单位:国家发展改革委、中国证监会)

3. 支持民营企业参与重大科技攻关,牵头承担工业软件、云计算、人工智能、工业互联网、基因和细胞医疗、新型储能等领域的攻关任务。(责任单位:科技部、国家发展改革委、工业和信息化部)

4. 提升民营企业在产业链供应链关键环节的供应能力,在全国县域范围内培育一批中小企业特色产业集群。(责任单位:工业和信息化部)

5. 推动平台经济健康发展,持续推出平台企业"绿灯"投资案例。(责任单位:国家发展改革委、工业和信息化部、商务部、市场监管总局、中国人民银行)

6. 支持专精特新"小巨人"企业、高新技术企业在当地的国家级知识产权保护中心进行备案,开展快速预审、快速确权、快速维权。(责任单位:国家知识产权局、工业和信息化部、科技部)

7. 开展民营企业质量管理体系认证升级行动,提升民营企业质量技术创新能力。支持民营企业牵头设立国际性产业与标准组织。持续开展"计量服务中小企业行"活动,支持民营企业参与产业计量测试中心建设,提升民营企业先进测量能力。(责任单位:市场监管总局、工业和信息化部、民政部)

8. 按照《助力中小微企业稳增长调结构强能力若干措施》(工信部企业函〔2023〕4号)要求,延长政府采购工程面向中小企业的预留份额提高至40%以上的政策期限至2023年底。加快合同款支付进度、

运用信用担保,为中小企业参与采购活动提供便利。(责任单位:财政部、工业和信息化部)

9. 开展工程建设招标投标突出问题专项治理,分类采取行政处罚、督促整改、通报案例等措施,集中解决一批民营企业反映比较强烈的地方保护、所有制歧视等问题。支持各地区探索电子营业执照在招投标平台登录、签名、在线签订合同等业务中的应用。(责任单位:国家发展改革委、市场监管总局、住房城乡建设部、交通运输部、水利部、国务院国资委)

10. 修订出台新版市场准入负面清单,推动各类经营主体依法平等进入清单之外的行业、领域、业务。(责任单位:国家发展改革委、商务部、市场监管总局)

二、强化要素支持

11. 在当年10月企业所得税预缴申报期和次年1-5月汇算清缴期两个时点基础上,增加当年7月预缴申报期作为可享受政策的时点,符合条件的行业企业可按规定申报享受研发费用加计扣除政策。(责任单位:税务总局、财政部)

12. 持续确保出口企业正常出口退税平均办理时间在6个工作日内,将办理一类、二类出口企业正常出口退(免)税的平均时间压缩在3个工作日内政策延续实施至2024年底。更新发布国别(地区)投资税收指南,帮助民营企业更好防范跨境投资税收风险。(责任单位:税务总局)

13. 延长普惠小微贷款支持工具期限至2024年底,持续加大普惠金融支持力度。引导商业银行接入"信易贷"、地方征信平台等融资信用服务平台,强化跨部门信用信息联通。扩大民营企业信用贷款规模。有效落实金融企业呆账核销管理制度。(责任单位:中国人民银行、国家发展改革委、金融监管总局)

14. 将民营企业债券央地合作增信新模式扩大至全部符合发行条件的各类民营企业,尽快形成更多示范案例。(责任单位:中国证监会、国家发展改革委、财政部)

15. 适应民营中小微企业用地需求,探索实行产业链供地,对产业链关联项目涉及的多宗土地实行整体供应。(责任单位:自然资源部、

工业和信息化部）

16. 除法律法规和相关政策规定外，在城镇规划建设用地范围内，供水供气供电企业的投资界面免费延伸至企业建筑区划红线。（责任单位：住房城乡建设部）

17. 赋予民营企业职称评审权，允许技术实力较强的规模以上民营企业单独或联合组建职称评审委员会，开展自主评审。（责任单位：人力资源社会保障部）

三、加强法治保障

18. 清理废除有违平等保护各类所有制经济原则的规章、规范性文件，加强对民营经济发展的保护和支持。（责任单位：司法部）

19. 根据《中华人民共和国行政处罚法》第三十三条，在城市管理、生态环保、市场监管等重点领域分别明确不予处罚具体情形。出台《关于进一步规范监督行政罚款设定和实施的指导意见》。开展行政法规和部门规章中罚款事项专项清理，清理结果对社会公布。（责任单位：司法部、生态环境部、市场监管总局、应急管理部）

四、优化涉企服务

20. 全面构建亲清政商关系，支持各地区探索以不同方式服务民营企业，充分利用全国一体化政务服务平台等数字化手段提升惠企政策和服务效能，多措并举帮助民营企业解决问题困难。（责任单位：全国工商联、国家发展改革委）

21. 建立涉企行政许可相关中介服务事项清单管理制度，未纳入清单的事项，一律不再作为行政审批的受理条件，今后确需新设的，依照法定程序设定并纳入清单管理。将中介服务事项纳入各级一体化政务服务平台，实现机构选择、费用支付、报告上传、服务评价等全流程线上办理，公开接受社会监督。（责任单位：工业和信息化部、市场监管总局、国家发展改革委）

22. 加大对拖欠民营企业账款的清理力度，重点清理机关、事业单位、国有企业拖欠中小微企业账款。审计部门接受民营企业反映的欠款线索，加强审计监督。（责任单位：工业和信息化部、国家发展改革委、财政部、审计署、国务院国资委、市场监管总局）

23. 全面落实简易注销、普通注销制度，完善企业注销"一网服务"

平台。完善歇业制度配套政策措施。(责任单位:市场监管总局、人力资源社会保障部、税务总局)

24.除依法需要保密外,涉企政策制定和修订应充分听取企业家意见建议。涉企政策调整应设置合理过渡期。(责任单位:国家发展改革委)

五、营造良好氛围

25.分级畅通涉企投诉渠道,在国务院"互联网+督查"平台开设涉企问题征集专题公告,在国家政务服务平台投诉建议系统上开设涉企问题征集专栏,各地区结合自身实际,将涉企投诉事项纳入"12345"热线等政务服务平台,建立转办整改跟踪机制。持续开展万家民营企业评营商环境工作。(责任单位:国务院办公厅、市场监管总局、国家发展改革委、全国工商联)

26.开展"打假治敲"等专项行动,依法打击蓄意炒作、造谣抹黑民营企业和民营企业家的"网络黑嘴"和"黑色产业链"。(责任单位:公安部、中国证监会、全国工商联)

27.将各地区落实支持民营经济发展情况纳入国务院年度综合督查,对发现的问题予以督促整改,对好的经验做法予以宣传推广。设立中央预算内投资促进民间投资奖励支持专项,每年向一批民间投资增速快、占比高、活力强、措施实的市县提供奖励支持。(责任单位:国务院办公厅、国家发展改革委)

28.按照国家有关规定对在民营经济发展工作中作出突出贡献的集体和个人予以表彰奖励,弘扬企业家精神,发挥先进标杆的示范引领作用。(责任单位:全国工商联、国家发展改革委、工业和信息化部)

工业和信息化部、发展改革委、科技部、财政部、人力资源社会保障部、生态环境部、农业农村部、商务部、文化和旅游部、人民银行、海关总署、税务总局、市场监管总局、统计局、银保监会、证监会、知识产权局关于健全支持中小企业发展制度的若干意见

(2020年7月3日 工信部联企业〔2020〕108号)

各省、自治区、直辖市及计划单列市人民政府,新疆生产建设兵团:

中小企业是国民经济和社会发展的主力军,是建设现代化经济体系、推动经济高质量发展的重要基础,是扩大就业、改善民生的重要支撑,是企业家精神的重要发源地。党中央、国务院高度重视中小企业发展,近年来出台了一系列政策措施,有关工作取得积极成效,但仍存在一些突出问题,特别是一些基础性制度性问题亟待解决。为深入贯彻党的十九届四中全会精神,坚持和完善社会主义基本经济制度,坚持"两个毫不动摇",形成支持中小企业发展的常态化、长效化机制,促进中小企业高质量发展,经国务院同意,现就健全支持中小企业发展制度,提出如下意见。

一、完善支持中小企业发展的基础性制度

(一)健全中小企业法律法规体系。以《中小企业促进法》为基础,加快构建具有中国特色、支持中小企业发展、保护中小企业合法权益的法律法规体系。鼓励地方依法制定本地促进中小企业发展的地方法规。探索建立中小企业法律法规评估制度和执行情况检查制度,督促法律法规落实到位。

(二)坚持公平竞争制度。全面实施市场准入负面清单制度,公正公平对待中小企业,破除不合理门槛和限制,实现大中小企业和各种

所有制经济权利平等、机会平等、规则平等。全面落实公平竞争审查制度,完善审查流程和标准,建立健全公平竞争审查投诉、公示、抽查制度。加强和改进反垄断和反不正当竞争执法,维护市场竞争秩序。

(三)完善中小企业统计监测和发布制度。健全中小企业统计监测制度,定期发布中小企业统计数据。建立中小企业融资状况调查统计制度,编制中小微企业金融条件指数。加强中小企业结构化分析,提高统计监测分析水平。探索利用大数据等手段开展中小企业运行监测分析。完善《中小企业主要统计数据》手册,研究编制中小企业发展指数。适时修订中小企业划型标准。

(四)健全中小企业信用制度。坚持"政府+市场"的模式,建立健全中小企业信用信息归集、共享、查询机制,依托全国信用信息共享平台,及时整合共享各类涉企公共服务数据。建立健全中小企业信用评价体系,完善金融信用信息基础数据库,创新小微企业征信产品,高效对接金融服务。研究出台有关法律法规,规范中小企业信用信息采集、公示查询和信用监管等。发挥国家企业信用信息公示系统的基础作用,将涉企信息记于企业名下并依法公示。

(五)完善公正监管制度。减少监管事项,简化办事流程,推广全程网上办、引导帮办,全面推行信用监管和"互联网+监管"改革。推进分级分类、跨部门联合监管,加强和规范事中事后监管,落实和完善包容审慎监管,避免对中小企业采取简单粗暴处理措施,对"一刀切"行为严肃查处。

二、坚持和完善中小企业财税支持制度

(六)健全精准有效的财政支持制度。中央财政设立中小企业科目,县级以上财政根据实际情况安排中小企业发展专项资金。建立国家中小企业发展基金公司制母基金,健全基金管理制度,完善基金市场化运作机制,引导有条件的地方政府设立中小企业发展基金。完善专项资金管理办法,加强资金绩效评价。

(七)建立减轻小微企业税费负担长效机制。实行有利于小微企业发展的税收政策,依法对符合条件的小微企业按照规定实行缓征、减征、免征企业所得税、增值税等措施,简化税收征管程序;对小微企业行政事业性收费实行减免等优惠政策,减轻小微企业税费负担。落实好涉企收费目录清单制度,加强涉企收费监督检查,清理规范涉企收费。

(八)强化政府采购支持中小企业政策机制。修订《政府采购促进中小企业发展暂行办法》,完善预留采购份额、价格评审优惠等措施,提高中小企业在政府采购中的份额。向中小企业预留采购份额应占本部门年度政府采购项目预算总额的30%以上;其中,预留给小微企业的比例不低于60%。

三、坚持和完善中小企业融资促进制度

(九)优化货币信贷传导机制。综合运用支小再贷款、再贴现、差别存款准备金率等货币政策工具,引导商业银行增加小微企业信贷投放。进一步疏通利率传导渠道,确保贷款市场报价利率(LPR)有效传导至贷款利率。建立差异化小微企业利率定价机制,促进信贷利率和费用公开透明,保持小微企业贷款利率定价合理水平。

(十)健全多层次小微企业金融服务体系。推进普惠金融体系建设,深化大中型银行普惠金融事业部改革,推动中小银行、非存款类金融机构和互联网金融有序健康发展。鼓励金融机构创新产品和服务,发展便利续贷业务和信用贷款,增加小微企业首贷、中长期贷款、知识产权质押贷款等,开展供应链金融、应收账款融资,加强银税互动。推动金融科技赋能金融机构服务中小企业。研究出台《非存款类放贷组织条例》。加快推进小额金融纠纷快速解决等机制建设。完善规范银行业涉企服务收费监管法规制度,降低小微企业综合性融资成本。

(十一)强化小微企业金融差异化监管激励机制。健全商业银行小微企业金融服务监管长效机制,出台《商业银行小微企业金融服务监管评价办法》。修订《金融企业绩效评价办法》。将商业银行小微企业服务情况与资本补充、金融债发行、宏观审慎评估(MPA)考核、金融机构总部相关负责人考核及提任挂钩。引导银行业金融机构探索建立授信尽职免责负面清单制度。督促商业银行优化内部信贷资源配置和考核激励机制,单列小微企业信贷计划,改进贷款服务方式。

(十二)完善中小企业直接融资支持制度。大力培育创业投资市场,完善创业投资激励和退出机制,引导天使投资人群体、私募股权、创业投资等扩大中小企业股权融资,更多地投长、投早、投小、投创新。

稳步推进以信息披露为核心的注册制改革,支持更多优质中小企业登陆资本市场。鼓励中小企业通过并购重组对接资本市场。稳步推进新三板改革,健全挂牌公司转板上市机制。完善中小企业上市培育机制,鼓励地方加大对小升规、规改股、股上市企业的支持。加大优质中小企业债券融资,通过市场化机制开发更多适合中小企业的债券品种,完善中小企业债券融资增信机制,扩大债券融资规模。

(十三)完善中小企业融资担保体系。健全政府性融资担保体系,发挥国家融资担保基金作用,实施小微企业融资担保降费奖补政策,完善风险补偿机制和绩效考核激励机制,引导各级政府性融资担保机构扩大小微企业融资担保业务规模、降低担保费率水平。鼓励银行业金融机构加大与政府性融资担保机构合作,合理确定风险分担比例和担保贷款风险权重,落实金融机构和融资担保机构尽职免责制度,提高小微企业融资可获得性。推动建立统一的动产和权利担保登记公示系统。

四、建立和健全中小企业创新发展制度

(十四)完善创业扶持制度。改善创业环境,广泛培育创业主体。完善创业载体建设,健全扶持与评价机制,为小微企业创业提供低成本、便利化、高质量服务。鼓励大企业发挥技术优势、人才优势和市场优势,为创业活动提供支撑。鼓励服务机构提供创业相关规范化、专业化服务。

(十五)完善中小企业创新支持制度。创新中小企业产学研深度融合机制,促进大中小企业联合参与重大科技项目,推动高校、科研院所和大企业科研仪器、实验设施、中试小试基地等创新资源向中小企业开放。调整完善科技计划立项、任务部署和组织管理方式,大幅提高中小企业承担研发任务比例,加大对中小企业研发活动的直接支持。完善专业化市场化创新服务体系,完善国家技术创新中心、制造业创新中心等支持中小企业创新的机制,提升小微企业创业创新示范基地、科技企业孵化器、专业化众创空间、大学科技园等扶持中小企业创新的能力与水平。完善中小企业创新人才引进和培育制度,优化人才激励和权益保障机制。以包容审慎的态度,鼓励中小企业技术创新、产品创新、模式创新。

(十六)完善支持中小企业"专精特新"发展机制。健全"专精特新"中小企业、专精特新"小巨人"企业和制造业单项冠军企业梯度培育体系、标准体系和评价机制,引导中小企业走"专精特新"之路。完善大中小企业和各类主体协同创新和融通发展制度,发挥大企业引领支撑作用,提高中小企业专业化能力和水平。

(十七)构建以信息技术为主的新技术应用机制。支持中小企业发展应用5G、工业互联网、大数据、云计算、人工智能、区块链等新一代信息技术以及新材料技术、智能绿色服务制造技术、先进高效生物技术等,完善支持中小企业应用新技术的工作机制,提升中小企业数字化、网络化、智能化、绿色化水平。支持产业园区、产业集群提高基础设施支撑能力,建立中小企业新技术公共服务平台,完善新技术推广机制,提高新技术在园区和产业链上的整体应用水平。

五、完善和优化中小企业服务体系

(十八)完善中小企业服务体系。健全政府公共服务、市场化服务、社会化公益服务相结合的中小企业服务体系,完善服务机构良性发展机制和公共服务平台梯度培育、协同服务和评价激励机制。探索建立全国中小企业公共服务一体化平台。发展中小企业服务产业,引导服务机构提供规范化、精细化、个性化服务,引导大企业结合产业链、供应链、价值链、创新链为中小企业提供配套服务。鼓励各类社会组织为企业提供公益性服务,探索建立志愿服务机制。

(十九)健全促进中小企业管理提升机制。完善中小企业培训制度,构建具有时代特点的课程、教材、师资和组织体系,建设慕课平台,构建多领域、多层次、线上线下相结合的中小企业培训体系。健全技能人才培养、使用、评价、激励制度,加快培养高素质技能人才,弘扬"工匠精神"。健全中小企业品牌培育机制。实施小微企业质量管理提升行动。完善中小企业管理咨询服务机制。

(二十)夯实中小企业国际交流合作机制。深化双多边中小企业合作机制,促进中小企业国际交流合作。探索建设中小企业海外服务体系,夯实中小企业国际化发展服务机制,在国际商务法务咨询、知识产权保护、技术性贸易措施、质量认证等方面为中小企业提供帮助。支持有条件的地方建设中外中小企业合作区,完善评价激励机制。推进关税保证保险改革。鼓励跨境电商等新业态发展,探索建立 B2B 出口监管制度,支持跨境电商优进优出。

六、建立和健全中小企业合法权益保护制度

(二十一)构建保护中小企业及企业家合法财产权制度。坚决保护中小企业及企业家合法财产权,依法惩治侵犯中小企业投资者、管理者和从业人员合法权益的违法犯罪行为。严格按照法定程序采取查封、扣押、冻结等措施,依法严格区分违法所得、其他涉案财产与合法财产,严格区分企业法人财产与股东个人财产,严格区分涉案人员个人财产与家庭成员财产。建立涉政府产权纠纷治理长效机制。出台并落实《保障中小企业款项支付条例》,从源头遏制拖欠问题。

(二十二)健全中小企业知识产权保护制度。完善知识产权保护法律法规和政策,建立健全惩罚性赔偿制度,提高法定赔偿额。实施中小企业知识产权战略推进工程,加强知识产权服务业集聚发展区建设,强化专利导航工作机制,完善支持中小企业开发自主知识产权技术和产品的政策,提升中小企业创造、运用、保护和管理知识产权能力。优化中小企业知识产权维权机制,建设一批知识产权保护中心。构建知识产权纠纷多元化解决机制,强化中小企业知识产权信息公共服务,推进知识产权纠纷仲裁调解工作。提高知识产权审查效率,减轻中小企业申请和维持知识产权的费用负担。

(二十三)完善中小企业维权救济制度。构建统一的政务咨询投诉举报平台,畅通中小企业表达诉求渠道,完善咨询投诉举报处理程序和督办考核机制。探索建立中小企业公益诉讼制度、国际维权服务机制。鼓励法律服务机构开展小微企业法律咨询公益服务。建立健全中小企业应急救援救济机制,帮助中小企业应对自然灾害、事故灾难、公共卫生事件和社会安全事件等不可抗力事件。

七、强化促进中小企业发展组织领导制度

(二十四)强化各级促进中小企业发展工作机制。县级以上地方人民政府必须建立健全促进中小企业发展领导小组,由政府领导担任领导小组组长,办公室设在负责中小企业促进工作的综合管理部门,强化促进中小企业发展工作队伍建设。领导小组要定期召开会议研究落实党中央、国务院促进中小企业发展的重大决策部署,及时向上一级领导小组办公室报告有关工作情况。领导小组各成员单位要认真执行领导小组议定事项,建立内部责任制,加强工作落实。

(二十五)完善中小企业决策保障工作机制。完善中小企业政策咨询制度,培育一批聚焦中小企业研究的中国特色新型智库,建立政策出台前征求中小企业与专家意见制度和政策实施效果评估制度。完善中小企业政策发布、解读和舆情引导机制,提高政策知晓率、获得感和满意度。定期开展中小企业发展环境第三方评估,并向社会公布结果。

国家税务总局关于实施进一步支持和服务民营经济发展若干措施的通知

(2018年11月16日 税总发〔2018〕174号)

国家税务总局各省、自治区、直辖市和计划单列市税务局,国家税务总局驻各地特派员办事处,局内各单位:

党中央、国务院高度重视民营经济发展。习近平总书记在最近召开的民营企业座谈会上发表了十分重要的讲话,对支持民营企业发展并走向更加广阔舞台作出重要指示,为税收工作更好地服务民营经济发展提出了明确要求、提供了根本遵循。近年来,税务部门认真落实党中央、国务院决策部署,在积极推动民营经济发展壮大方面发挥了应有作用。为深入贯彻落实习近平总书记重要讲话精神,切实履行好税务部门职责,现就进一步支持和服务民营经济发展提出如下措施:

一、认真落实和完善政策,促进民营企业减税降负

(一)不折不扣落实税收优惠政策。各级税务机关要坚决贯彻依法征税的组织收入原则,坚决不收"过头税",坚决落实减免税政策。对符合享受税收优惠政策条件的民营企业与其他纳税人一律平等对待,确保优惠政策落实到位。要依法依规执行好小微企业免征增值税、小型微利企业减半征收企业所得税、金融机构向小微企业提供贷款的利息收入及担保机构向中小企业提供信用担保收入免征增值税等主要惠及民营企业的优惠政策，持续加大政策落实力度，确保民营企业应享尽享。

（二）稳定社会保险费缴费方式。税务总局要积极配合有关部门研究提出降低社保费率等建议，确保总体上不增加企业负担，确保企业社保缴费实际负担有实质性下降。各级税务机关在社保费征管机制改革过程中，要确保缴费方式稳定，积极配合有关部门合理编制体现减费要求的社保费收入预算，严格按照人大审议通过的预算负责征收。对包括民营企业在内的缴费人以前年度欠费，一律不得自行组织开展集中清缴。

（三）积极研究提出减税政策建议。税务总局要配合有关部门抓紧研究提出推进增值税等实质性减税、对小微企业和科技型初创企业实施普惠性税收免除的建议，统筹提出解决税制改革和推进过程中发现问题的建议；要根据公开征求意见情况，配合有关部门抓紧对个人所得税6项专项附加扣除的政策进行完善。各省税务局要围绕进一步加大减税力度，深入组织开展调查研究，积极提出有针对性、切实可行的意见建议。

（四）加强税收政策宣传辅导。各级税务机关要充分运用纳税人学堂等载体，专门组织开展面向民营企业的政策辅导。对面上普遍适用的政策要进行系统辅导，对重要专项政策要进行专题辅导，对持续经营的民营企业要及时开展政策更新辅导，对新开办的民营企业要及时送政策上门，帮助企业及时了解、充分适用。税务总局要持续做好税收政策文件清理和税收政策视频解读，动态编写、修订和发布《税收优惠政策汇编》及分类别的税收优惠指引，并在12366纳税服务平台开辟税收优惠政策专题栏目，帮助包括民营企业在内的广大纳税人熟悉掌握、用足用好相关优惠政策。

（五）强化税收政策执行情况反馈。税务总局和各省税务局要进一步健全和落实税收政策执行情况反馈机制。各基层税务机关要充分发挥直接面对纳税人的优势，深入民营企业征询意见并及时反馈，特别是对操作性不强、获益面受限等政策，要积极研究提出简明易行好操作的改进完善建议。

二、持续优化营商环境,增进民营企业办税便利

(六)开展新一轮大调研大走访活动。结合国税地税征管体制改革,深入开展"新机构　新服务　新形象"活动。在前期工作基础上,税务总局再组织开展新一轮针对民营企业的大调研、大走访活动,深入民营企业广泛收集涉税诉求,听取意见建议并认真梳理分析,对反映较多的问题,统一出台措施进行解决,推动税收管理和服务朝着更贴近民营企业需求、更顺应民营企业关切的方向不断优化升级。

(七)精简压缩办税资料。进一步清理税务证明事项和精简涉税资料报送。2018年底前,税务总局再取消20项涉税证明事项。2019年,对民营企业等纳税人向税务机关报送的资料再精简25%以上;简并优化增值税、消费税等纳税申报表,并推进实施增值税申报"一表集成"、消费税"一键申报"。

(八)拓宽一次办结事项。各级税务机关要持续更新办税事项"最多跑一次"清单。2018年底前,实现50%以上涉税事项一次办结;2019年底前,实现70%以上涉税事项一次办结。

(九)大幅简化办税程序。探索推行纳税申报"提醒纠错制"。在税务注销等环节推行"承诺制"容缺办理,凡符合条件的民营企业等纳税人,如相关资料不全,可在其作出承诺后,即时办理相关业务。简化税务注销办理流程,税务总局配合有关部门编制和公布统一的企业注销操作指南。

(十)继续压缩办税时间。按照世界银行《营商环境报告》的纳税时间标准,在上年度已较大幅度压缩的基础上,2018年再压缩10%以上,并持续推进为民营企业等纳税人办理涉税事项的提速工作。2018年底前,实现无纸化出口退税申报覆盖所有地域和所有信用评级高、纳税记录良好的一类、二类出口企业,将审核办理出口退税的平均时间从目前13个工作日压缩至10个工作日。

(十一)积极推进电子办税和多元化缴退库。整合各地面向纳税人的网上办税服务厅,2018年底前,推出实施全国范围规范统一的优化版电子税务局,实现界面标准统一、业务标准统一、数据标准统一、财务报表转换等关键创新事项统一的优化版电子税务局,进一步拓展"一网通办"的范围。丰富多元化缴退库方式,税务总局积极研究推动通过第三方非银行支付机构缴纳税费,为从事个体经营的民营纳税人办理缴款提供便利;尽快推进税收电子退库全联网、全覆盖,实现申报、证明办理、核准、退库等业务网上办理,提高资金退付和使用效率,增强民营企业等纳税人的资金流动性。加强税收信息系统整合优化工作,进一步提高信息系统的稳定性和办税服务质效。

(十二)大力支持民营企业"走出去"。进一步落实好与110个国家和地区签署的税收协定,积极与主要投资地国家和地区开展税收协定谈签,通过税收协定帮助"走出去"民营企业降低在投资目的地国家和地区的税收负担,提高税收争议解决质效,避免重复征税。充分运用好国际税收合作机制和平台,深入推进"一带一路"税收合作长效机制建设,为民营企业扩大在沿线国家和地区投资提供有力支持。税务总局适时更新完善《"走出去"企业税收指引》,在目前已发布81份国别税收投资指南的基础上,2018年底前,再更新和发布20份左右,基本覆盖"一带一路"重点国家和地区。各地税务机关要积极帮助"走出去"民营企业利用税收协定、国际税收合作机制维护自身合法权益,用好委托境外研发费用企业所得税加计扣除、企业境外所得税综合抵免等政策,切实减轻税收负担。

三、积极开展精准帮扶,助力民营企业纾困解难

(十三)健全与民营企业常态化沟通机制。各级税务机关要会同工商联和协会商会等部门,进一步扩展税企双方沟通渠道和平台。要经常性通过召开座谈会等方式,面对面征询民营企业意见,及时回应关切。税务总局通过12366纳税服务热线、12366纳税服务平台等渠道在全国范围组织开展民营企业需求专项调查。

(十四)建立中小企业跨区域涉税诉求受理和解决机制。在税务总局和省税务局明确专门部门,组织专门力量,集中受理和协调解决中小企业在生产经营过程中遇到的跨区域税收执法标准不统一、政策执行口径不一致等问题。

(十五)依法为经营困难的民营企业办理延期缴纳税款。各级税务机关对生产经营困难、纳税信用良好的民营企业,要进一步研究针对性、操作性强的税收帮扶措施,并积极推动纳入地方政府的统筹安排中,帮助其实现更好发展。对确有特殊困难而不能按期缴纳税款的民营企业,税务机关要通过依法办理税款延期缴纳等方式,积极帮助企业缓解资金压力。

(十六)切实保障纳税人正常经营的发票需求。根据纳税人实际经营情况,合理确定增值税发票领用数量和最高开票限额,切实保障民营企业正常生产经营所需发票,严禁在发票领用中对民营企业设置不合理限制。进一步推行电子发票。持续扩大小规模纳税人自行开具增值税专用发票范围。对民营企业增值税异常扣税凭证要依法依规进行认定和处理,除税收征管法规定的情形外,不得停供发票。

(十七)深化"银税互动"助力民营企业便利融资。各级税务机关要联合银保监部门和银行业金融机构,进一步深入开展"银税互动"活动,并由"线下"向"线上"拓展,鼓励和推动银行依托纳税信用创新信贷产品,深化税务、银行信息互通,缓解小微民营企业融资难题。

(十八)积极支持新经济、新业态、新模式发展。各级税务机关要坚持包容审慎监管的原则,积极培育民营企业新兴经济增长点,大力支持企业做大做优做强。切实执行好跨境电商零售出口"无票免税"政策,落实鼓励外贸综合服务企业发展的措施,积极支持市场采购贸易方式发展,不断研究完善适应新经济、新业态、新模式发展要求的税收政策、管理和服务措施,助力民营企业增强创新能力和核心竞争力。

四、严格规范税收执法,保障民营企业合法权益

(十九)加强税收规范性文件的公平竞争审查。制定税收规范性文件要充分评估可能产生的经济、社会等各方面综合影响,对违反公平竞争审查要求、可能不利于民营企业发展的,应调整完善或不予出台。各级税务机关在税收规范性文件清理中,对有违市场公平竞争的内容,要一律修改或废止。

(二十)进一步规范税务检查。各级税务机关在实施税务检查中,必须做到民营企业与其他企业一视同仁,坚持"无风险不检查、无审批不进户、无违法不停票"。对正常生产经营的企业要少打扰乃至不打扰,避免因为不当征税导致正常运行的企业停摆。除举报等违法线索明显的案件外,一律运用税收大数据开展评估分析发现税收风险后,采取税务检查措施。对涉税事项需要到企业实地了解核查的,必须严格履行审批程序。

(二十一)妥善处理依法征管和支持企业发展的关系。以最严格的标准防范逃避税,为守法经营的民营企业等纳税人营造公平竞争的环境。不断健全以税收风险为导向、以"双随机一公开"为基本方式的新型稽查监管机制。坚决依法打击恶意偷逃税特别是没有实际经营业务只为虚开发票的"假企业"和没有实际出口只为骗取出口退税的"假出口"。严格落实行政处罚法有关规定,对民营企业等纳税人有主动消除或者减轻违法行为危害后果等情形的,依法从轻或者减轻行政处罚;对违法行为轻微并及时纠正,没有造成危害后果的,依法不予行政处罚。

(二十二)充分保障民营企业法律救济权利。抓紧研究建立纳税人诉求和意见受理快速反应机制。税务总局在12366纳税服务热线设立专线,受理民营企业纳税人的税收法律咨询、投诉举报等。各级税务机关对民营企业反映的执法问题、提出的行政复议申请要积极依法受理、及时办理。对民营企业因经营困难一时无力缴清税款、滞纳金或无法提供担保等原因,不符合行政复议受理条件的,复议机关在依法处理的同时,要甄别情况,发现主管税务机关税收执法行为确有错误的,应及时督促其依法纠正。

(二十三)加强税收执法监督。全面推行税务行政执法公示制度、税收执法全过程记录制度、重大税收执法决定法制审核制度。统筹加大税收执法督察力度,强化执法责任追究,坚决查处税务人员简单粗暴执法、任性任意执法、选择执法、情绪执法等行为,坚决查处税务人员吃拿卡要等损害民营企业等纳税人利益的不正之风。

五、切实加强组织实施,确保各项措施落实见效

(二十四)加强党的领导。各级税务机关党委要高度重视支持和服务民营经济发展工作。党委书记是第一责任人,要亲自组织、亲自部署、亲自过问,统筹研究工作安排并认真抓好督导落实。各级税务机关党委在年度工作报告中,要专门就支持和服务民营经济发展工作情况进行报告,认真总结经验和不足,自觉接受评议和监督,促进工作不断改进、不断提高。

(二十五)细化工作落实。税务总局办公厅要加强对各项措施落实情况的督办,并纳入绩效考核;各司局要结合分管工作,明确责任分工,一项一项组织实施,对标对表加以推进,确保按时保质落实到位。各省税务局要结合自身实际,进一步细化实化支持和服务民营经济发展的具体办法,层层压实责任,一级一级抓好贯彻落实。特别是在地方党委、政府制定出台支持民营经济发展的措施时,要积极承担应尽职责,根据当地民营经济发展状况和需求,主动依法提出税收支持措施,不断创新工作方法,拓展服务手段,增强工作的针对性。

(二十六)务求实效长效。支持和服务民营经济发展是一项长期任务。各级税务机关务必常抓不懈,融入日常工作常抓常新、常抓常进。在落实已有措施的基础上,要不断谋划和推出新的举措;在取得积极效果的基础上,要不断深化和拓展新的成效;在积累有益经验的基础上,要不断完善和丰富新的制度安排,确保支持和服务民营经济发展有实招、显实效、见长效。

各级税务机关要以习近平新时代中国特色社会主义思想为指导,从讲政治的高度,坚定不移强化责任担当,不折不扣抓好工作落实,以助力民营企业发展壮大的积极成效,促进经济活力不断增强和现代化经济体系建设深入推进,为服务高质量发展作出新的贡献。工作中的经验做法和意见建议,要及时向税务总局(政策法规司)报告。

国家发展改革委、人力资源社会保障部、中华全国总工会、中华全国工商业联合会关于共享公共实训基地开展民营企业员工职业技能提升行动的通知

(2024年3月21日　发改就业〔2024〕349号)

各省、自治区、直辖市、新疆生产建设兵团发展改革委、人力资源社会保障厅(局)、总工会、工商联:

为提高公共实训基地的共享开放水平,完善民营企业利用公共实

训基地开展职业技能培训的合作机制,强化技能人才培养和用工保障,更好服务民营企业,促进民营经济发展壮大,国家发展改革委会同有关部门决定,从 2024 年至 2027 年,加力提效用好公共实训基地,开展百万民企员工职业技能提升行动,现就做好有关工作通知如下。

一、共享场地设备。研究制定公共实训基地建设扩容提质方案,加大中央预算内投资支持力度,推动公共培训资源向市场急需、企业生产必需领域集中。指导公共实训基地与民营企业签订合作协议,共建"联合体"和"分基地",共享培训所需的场地和设备,打造"生产 + 培训"真实场景,提高培训资源使用效益。支持公共实训基地采取"送培上门"等形式为民营企业提供服务。探索以公共实训基地为桥梁纽带,统筹整合行业领域内多家民营企业培训资源,构建"一个基地、多点布局"技能培训体系,增强对全行业职业技能培训的辐射带动作用。

二、建强师傅队伍。创新公共实训基地教师评聘制度,将民营企业具备丰富实践经验和技术专长的"老工匠""老师傅"纳入师资库,推动企业、公共实训基地、行业协会、商会、产业园区、职业院校(含技工院校)、工匠学院的师资互通共用,不断培育壮大"双师型"师资队伍。对承担公共实训基地培训任务的民营企业导师,在高技能人才评价、使用、激励等方面予以适当支持。指导公共实训基地与民营企业联合组织开展师资培训、研修交流、教学能力竞赛等活动,健全完善师傅队伍培养制度和"老带新"分享机制。

三、开发优质课程。引导民营企业深度参与公共实训基地培训课程设计和开发,及时将新技术、新工艺、新规范、典型生产案例等纳入培训课程,构建符合企业需求和技能人才成长的课程体系,完善培训课程与产业发展需求联动调整机制。鼓励公共实训基地与龙头民营企业、链主民营企业以及行业协会、商会等社会组织共同研究制定新的职业标准和培训大纲,加大生产岗位技能、数字技能、绿色技能、安全生产技能等领域课程开发力度,形成具有自主知识产权的教材。推进培训课程数字化建设,实现课堂面授与远程学习相结合,线上线下培训无缝对接,提升民营企业员工参与技能培训的便利性和可及性。

四、扩大岗前培训。支持公共实训基地面向高校毕业生、农村转移劳动力等重点群体大规模开展实用性、操作性技能培训。指导劳务输出地公共实训基地结合当地劳动力资源禀赋和转移就业特点,积极打造劳务品牌,提高劳务输出组织化程度,有效满足输入地民营企业用工需求。鼓励公共实训基地积极承接民营企业新入职员工、转岗员工新型学徒培训,提高岗前培训的覆盖率和质量,推动员工"上岗即能适岗、转岗即能顶岗"。推动公共实训基地与行业协会共同建立为中小微民营企业提供岗前培训的服务机制,对单个企业培训人数无法独立开班的,由行业协会、商会等社会组织协调多个企业开展培训,有效降低中小微民营企业培训用工成本。

五、加强在岗培训。坚持产训结合,推行公共实训基地与民营企业"双师带徒"、工学一体化技能人才培养模式,促进实训过程与工作过程对接、培训链与产业链衔接。指导民营企业科学合理制定培训计划,以增强核心竞争力为导向,联合公共实训基地对关键岗位员工开展技能提升培训,突出实例操作为主、典型任务驱动,促进员工在岗成才。着力帮助民营企业培养适应新质生产力发展的战略型人才和应用型人才,在新产业、新业态、新赛道上形成竞争新优势。针对高危行业领域民营企业员工开展安全技能实操实训。引导民营企业按规定提取职工教育经费,与公共实训基地联合开展员工在岗培训和评价激励,构建聚才留人的良好生态。

六、深化以赛促训。支持公共实训基地承办、协办各类职业技能竞赛活动,完善参赛人员培养、赛事服务保障等方面工作机制,培育选拔优秀民营企业员工参加各类职业技能竞赛。引导民营企业以参加职业技能竞赛为契机,引入行业标准和高端技艺,开展技术革新、技术攻关、技能比武、岗位练兵等多种活动,形成比学赶超的良好氛围,激发人才创新活力和创造潜能。依托公共实训基地建立职业技能竞赛交流平台,开展企业间横向交流和学习互鉴,协同推进人才发掘、技术升级、科研创新和成果转化。

七、完善就业帮扶。推进"技能培训+就业服务"深度融合,加强民营企业用工需求和劳动者技能培训对接,培训前做好就业意愿调查,根据劳动者意愿开设课程项目;对培训后的人员多形式开展就业推荐,促进培训后尽快实现就业。加大技能人才有关政策宣传力度,帮助民营企业充分享受已出台政策红利。持续开展民营企业服务月等活动，重点面向低保家庭、零就业家庭、脱贫家庭、残疾人等困难群体，推送合适就业岗位。

八、凝聚工作合力。地方要强化公共实训基地服务企业的目标导向，切实加强组织领导、统筹实施。公共实训基地运营管理机构要做好培训台账管理和数据报送。发展改革部门要牵头建立绩效评估体系，根据地方实际确定公共实训基地为民营企业开展的岗前培训和在岗培训规模，力争2024—2027年，每年培训民营企业员工100万人次以上，持续增强对民营经济发展的支撑带动作用。各级总工会、工商联要强化劳动者培训与企业需求对接，推动共建共享，形成工作合力。参训人员、相关企业和公共实训基地可按规定享受有关资金政策支持。

九、推广典型经验。支持公共实训基地设立专门区域，展示民营企业员工技能提升质效，广泛解读合作共享公共实训基地的政策举措。组织召开公共实训基地建设运营工作现场会，加强区域间经验交流。总结公共实训基地与民营企业共同开展技能人才培养的有效举措，及时将成熟经验上升为政策制度。遴选一批优秀案例，由发展改革部门会同相关部门进行通报推广、奖励表彰，营造有利于劳动者成长成才、民营企业健康发展的良好环境。

人力资源社会保障部关于强化人社支持举措助力民营经济发展壮大的通知

（2023年11月30日 人社部发〔2023〕61号）

各省、自治区、直辖市及新疆生产建设兵团人力资源社会保障厅（局）：

民营经济是推进中国式现代化的生力军，是高质量发展的重要基础，是推动我国全面建成社会主义现代化强国、实现第二个百年奋斗目标的重要力量。为深入贯彻党中央、国务院关于促进民营经济发展壮大的决策部署，全面落实《中共中央 国务院关于促进民营经济发展壮大的意见》，始终坚持"两个毫不动摇"，促进民营经济做大做优做

强,着力推动高质量发展,现将有关事项通知如下:

一、扩大民营企业技术技能人才供给

(一)加强民营企业技能人才培养。围绕制造强国、数字中国、健康中国建设,梳理急需紧缺职业(工种)信息,引导民营企业积极发挥职工培训主体作用,自行组织开展或依托技工院校等职业院校、职业技能培训机构等开展技术技能人才培训。深化产教融合、校企合作,支持民营企业与技工院校以多种方式开展合作,开设冠名班、订单班、学徒班,强化技能人才培养。鼓励具备条件的民营企业建设高技能人才培养基地,设立技能大师工作室,开展技术攻关、技能传承等工作。

(二)畅通民营企业人才评价渠道。加大"新八级工"职业技能等级制度落实力度,支持符合条件的民营企业自主开展职业技能等级认定,打破学历、资历、年龄、比例等限制,对技艺高超、业绩突出的民营企业一线职工,按照规定直接认定其相应技能等级。支持民营企业专业技术人才在劳动合同履行地、所在企业注册地设立的职称申报受理服务点,或通过人力资源服务机构等社会组织进行职称申报。建立职称评审"绿色通道"或"直通车",民营企业高层次专业技术人才、急需紧缺人才、优秀青年人才可直接申报相应级别职称。支持民营企业参与制定职称评审标准,与企业相关的职称评审委员会、专家库要吸纳一定比例的民营企业专家。推进民营企业高技能人才与专业技术人才贯通发展,畅通技能人才成长通道。支持符合条件的民营企业备案新设博士后科研工作站。

(三)健全民营企业人才激励机制。推动民营企业建立健全体现技能价值激励导向的薪酬分配制度,突出技能人才实际贡献,合理确定技能人才工资水平。鼓励民营企业参加各级各类职业技能竞赛,对于获奖选手可按照有关规定晋升相应职业技能等级。推荐民营企业高技能人才参评中华技能大奖、全国技术能手,支持将符合条件的民营企业高层次专业技术人才、高技能人才纳入享受政府特殊津贴人员推荐选拔范围。

二、优化民营企业就业创业服务

(四)支持民营企业稳岗扩岗。综合运用财政补贴、税收优惠、就业创业等各项涉企扶持政策,持续强化倾斜支持中小微企业政策导向,健全惠企政策精准直达机制,支持民营企业稳岗扩岗,引导高校毕业生等青年群体到民营企业就业。倾斜支持就业示范效应好的民营企业,优先推荐参评全国就业与社会保障先进民营企业暨关爱员工实现双赢表彰活动。

(五)强化民营企业就业服务。各级公共就业服务机构要面向各类民营企业,提供劳动用工咨询、招聘信息发布、用工指导等均等化服务。组织开展民营企业线上线下专场招聘活动,推动招聘服务进园区、进企业。加快建设全省集中的就业信息资源库和就业信息平台,搭建供需对接平台,为民营企业提供招聘求职等一站式服务。实施重点企业用工保障,及时将专精特新、涉及重点外资项目等民营企业纳入重点企业清单,提供"一对一"和"点对点"用工服务。鼓励人力资源服务机构面向民营企业提供高级人才寻访、人力资源管理咨询等专业化服务。

(六)加大民营企业创业扶持。集聚优质创业服务资源,构建创业信息发布、业务咨询、能力培养、指导帮扶、孵化服务、融资支持、活动组织等一体化服务机制,支持高校毕业生、农民工、就业困难人员等重点群体创业。充分发挥各类创业载体作用,搭建中小企业创新创业服务平台,提供低成本、全要素、便利化的中小微企业孵化服务。组织开展创业大赛、展示交流等推进活动,发掘一批创新型企业和项目,培育一批创业主体。

三、推动民营企业构建和谐劳动关系

(七)提升协调劳动关系能力。健全政府、工会、企业代表组织共同参与的协调劳动关系三方机制,深入推进民营企业开展和谐劳动关系创建。发挥龙头企业作用,带动中小微企业聚集的产业链供应链构建和谐劳动关系。加强对民营企业的用工指导服务,依法保障职工劳动报酬、休息休假、社会保险等基本权益。建立职工工资集体协商和正常增长机制,推动企业与职工协商共事、机制共建、效益共创、利益共享,促进劳动关系和谐稳定。

(八)强化民营企业劳动争议协商调解。建立劳动争议预防预警机制,推动企业完善劳动争议内部协商解决机制,及时发现影响劳动关系和谐稳定的苗头性、倾向性问题,强化劳动争议协商和解。推动规模以上民营企业广泛设立劳动争议调解委员会,建立健全小微型企业劳动争议协商调解机制,及时化解涉民营企业劳动争议。持续推进青年仲裁员志愿者联系企业活动,将预防调解工作纳入"中小企业服务月"活动,为民营企业提供法律政策宣传咨询、劳动用工指导等服务,依法规范企业劳动用工行为。加强新就业形态劳动纠纷一站式调解,推动相关劳动争议和民事纠纷一站式化解。强化涉民营企业劳动争议仲裁办案指导,加大终局裁决和仲裁调解力度,提升仲裁终结率。

(九)优化劳动保障监察服务。主动为民营企业提供劳动保障法律服务,并融入日常执法和专项检查全过程,引导民营企业自觉守法用工。全面推进严格规范公正文明执法,全面推行"双随机、一公开"监管,减少对企业正常生产经营活动影响,做到对守法者"无事不扰"。推行告知、提醒、劝导等执法方式,落实行政处罚法"轻微违法不处罚"和"首违不罚"规定,为民营企业发展壮大营造良好稳定预期和公平市场环境。

四、加大社会保险惠企支持力度

(十)降低民营企业用工成本。继续实施阶段性降低失业、工伤保险费率政策至2025年底,对不裁员、少裁员的民营企业实施失业保险稳岗返还政策,以单位形式参保的个体工商户参照实施。

(十一)发挥工伤保险降风险作用。以出行、外卖、即时配送、同城货运等行业的平台企业为重点,组织开展新就业形态就业人员职业伤害保障试点。积极开展面向民营企业特别是小微企业的工伤预防工作,化解民营企业工伤事故风险。

五、工作要求

(十二)加强组织领导。各地要进一步提高政治站位,始终坚持把支持和促进民营经济发展壮大作为重要政治任务,立足人社部门职能职责,完善各项政策措施,细化实化工作任务。建立常态化服务民营企业沟通交流机制,定期听取民营企业意见诉求,积极作为、靠前服务,推动促进民营经济发展壮大的各项政策举措落地见效。

(十三)便利涉企服务。各地要不断优化经办服务流程,全面推行证明事项告知承诺制,进一步清理办理事项、精简办事材料、压缩办理时限,及时制定更新服务清单、办事指南,提升民营企业享受人社政策便利度。深化涉企"一件事"集成改革,推广"直补快办""政策找企",

对民营企业政策享受、员工招聘、参保缴费、档案转递等事项打包办、提速办、智慧办。

（十四）衔接公共服务。各地要进一步打破户籍、身份、档案、所有制等制约，做好人事管理、档案管理、社会保障工作衔接，促进各类人才资源向民营企业合理流动、有效配置。强化公共服务有序衔接，配合相关部门将民营企业高技能人才纳入人才引进范畴，在积分落户、购（租）房、医疗保障、子女教育等方面给予倾斜。

（十五）营造良好氛围。各地要加强政策宣传解读，面向社会公开政策清单、申办流程、补贴标准、服务机构名单，集中开展人社厅局长进企业宣讲活动。加大宣传引导力度，及时总结经验，推广创新举措，挖掘先进典型，大力弘扬企业家精神，引导广大民营经济人士争做爱国敬业、守法经营、创业创新、回报社会的典范。

人力资源社会保障部办公厅关于进一步做好民营企业职称工作的通知

（2020年2月20日　人社厅发〔2020〕13号）

各省、自治区、直辖市及新疆生产建设兵团人力资源社会保障厅（局）：

为深入落实习近平总书记在民营企业座谈会上的重要讲话精神，贯彻落实《中共中央　国务院关于营造更好发展环境支持民营企业改革发展的意见》《中共中央办公厅　国务院办公厅关于深化职称制度改革的意见》，更好地发挥职称评价"指挥棒"作用，充分激发和释放民营企业专业技术人才创新创造活力，大力支持民营企业改革创新，根据《职称评审管理暂行规定》，现就进一步做好民营企业职称工作有关事项通知如下：

一、拓宽民营企业职称申报渠道

民营企业专业技术人才一般在劳动关系所在地自愿参加职称评审，合法权益受到同等保护，履行同等义务。各地人力资源社会保障部门(或职称综合管理部门,下同)要进一步打破户籍、身份、档案、所有制等制约,积极拓宽民营企业专业技术人才职称申报渠道。积极创造条件,在专业技术人才密集的创业孵化基地、高新技术开发区、科技园区等地设立职称申报受理服务点,或通过人才中介服务机构、工商联、行业协会商会、学会等社会组织受理民营企业专业技术人才职称申报。非面向单位、系统内部组建的职称评审委员会,要向民营企业平等开放。经批准离岗创业或到民营企业兼职的高校、科研院所、医疗机构等企事业单位专业技术人才,3年内可在原单位按规定申报职称,其创业和兼职期间工作业绩作为职称评审的依据。民营企业专业技术人才被派驻外地连续工作一年以上的,可按有关规定在派驻地申报职称评审。各地人力资源社会保障部门要不断完善职称社会化申报渠道,建立职称申报兜底机制,确保民营企业专业技术人才公平公正参与职称评审。

二、健全民营企业职称评审机构

各地要按照党中央、国务院要求系统清理与企业性质挂钩的职称评定政策,确保科技、教育、医疗、文化等领域民营企业专业技术人才与公立机构专业技术人才在职称评审方面享有平等待遇。坚持属地化、专业化和规范化,按照规定的条件和程序,遴选具有专业优势、服务能力强、行业自律水平高的社会组织组建社会化评审机构,开展民营企业专业技术人才职称评审。从严控制面向全国的职称评审委员会,建立公开透明、竞争择优的遴选和退出机制,确保社会组织评审工作规范有序,稳妥推进。进一步下放职称评审权限,支持专业技术人才密集、技术实力较强、内部管理规范的规模以上民营企业组建职称评审委员会,或由民营企业联合组建职称评审委员会,按程序报相应人力资源社会保障部门核准备案后开展自主评审。

三、完善以市场评价为导向的职称评审标准

民营企业职称评审标准要充分体现民营企业专业技术人才特点和工作实际,贴近民营企业用人需求。进一步克服唯学历、唯资历、唯论文、唯奖项倾向,突出工作能力和业绩考核,注重市场认可和对企业的实际贡献。对论文、职称外语等不做限制性要求,专利成果、技术突破、工艺流程、标准开发、成果转化等均可作为职称评审的重要内容。

支持民营企业参与制定职称评审标准,与企业相关的职称评审委员会、专家库要吸纳一定比例的民营企业专家。积极借鉴龙头企业人才评价标准,充分考虑新兴行业、职业的特点,制定职称评审的通用标准。各地制定的职称评审标准应广泛征求本地区民营企业、行业协会商会、学会的意见。

四、创新民营企业职称评价方式

各地要综合采用考试、评审、答辩、考核认定、实践操作、业绩展示等方式,提高民营企业专业技术人才职称评审的针对性和科学性。各地人力资源社会保障部门要会同行业主管部门及时组织民营企业专业技术人才职称评价,做好职业资格与相应职称的衔接确认。对于当地具备评审能力的职称系列或专业,积极协调落实民营企业专业技术人才参加职称评审;对于当地不具备评审能力的职称系列或专业,按照规定做好委托评审工作。建立职称评审"绿色通道"或"直通车",民营企业高层次专业技术人才、急需紧缺人才、优秀青年人才可直接申报相应级别职称。鼓励有条件的地区对民营企业专业技术人才实行单独分组、单独评审,或组织开展民营企业专项评审。专业技术人才因驻外或其他原因确实不能参加现场评审的,有条件的地方和单位要积极通过技术手段远程评审,切实减轻专业技术人才职称评审负担。

五、调动民营企业职称工作积极性

各地要加大职称政策宣传力度,创新宣传方式方法,搞好职称政策解读,做到及时公开、化繁为简、通俗易懂。加强对民营企业人力资源(人事)管理部门的职称业务培训,及时为民营企业专业技术人才提供职称评审服务,保障民营企业专业技术人才职称申报权利。加快职称评审信息化建设,推广在线评审,逐步实现网上受理、集中评审。进一步简化申报评审程序,精简职称申报材料,减少证明事项。探索实行职称评审电子证书,提供职称信息查询验证服务。要坚持评以适用、以用促评,促进职称评审结果与民营企业人才培养、使用相衔接,引导民营企业将职称评审结果作为确定岗位、考核、晋升、绩效、薪酬等的依据。企业博士后获得中国博士后科学基金资助或主持省部级以上科研项目,出站后继续留在企业的可直接认定副高级职称。对专业化人才服务机构、行业协会商会、学会和民营企业的自主职称评审结果实行事后备案管理,做好统计和查询验证工作。

六、加强民营企业职称评审事中事后监管

民营企业职称评审工作要坚持质量第一,通过科学制定评价标准,建设高水平专家和管理人员队伍,制定规范评审制度和程序,合理确定通过率等措施,把好评审质量关。各地要加强对民营企业职称评审工作的监督检查和抽查巡查,规范评审程序,严肃评审纪律,确保评审质量,建立倒查追责机制,完善诚信承诺和失信惩戒机制,从严查处材料造假、暗箱操作等行为。有关社会组织要严格按照人力资源社会保障部门核准备案的专业领域和区域范围,开展职称评审工作,不得多头重复交叉评价和强制评价。要突出职称评审公益性,严禁社会组织以营利为目的开展职称评审。对制度缺失、管理混乱、评审质量不高、社会反映较大的,各地人力资源社会保障部门要会同行业主管部门及时对其进行整改,必要时可暂停自主评审工作直至收回职称评审权,并依法追究相关人员责任。

各地要充分认识做好民营企业职称工作的重要性,切实提高政治站位,加强组织领导,完善工作机制,制定具体措施,切实抓好通知的贯彻落实。人力资源社会保障部将适时对各地民营企业职称工作情况进行评估,各地要认真总结经验,及时解决出现的新情况、新问题,妥善处理改革、发展和稳定的关系,重大情况及时向人力资源社会保障部专业技术人员管理司报告。

本通知自印发之日起实施。自由职业者和其他非公有制经济组织专业技术人才职称评审工作参照本通知精神执行。

五、权益保护

保障中小企业款项支付条例

(2020年7月5日国务院令第728号公布 2025年3月17日国务院令第802号修订 自2025年6月1日起施行)

第一章 总 则

第一条 为了促进机关、事业单位和大型企业及时支付中小企业款项,维护中小企业合法权益,优化营商环境,根据《中华人民共和国中小企业促进法》等法律,制定本条例。

第二条 机关、事业单位和大型企业采购货物、工程、服务支付中小企业款项,应当遵守本条例。

第三条 本条例所称中小企业,是指在中华人民共和国境内依法设立,依据国务院批准的中小企业划分标准确定的中型企业、小型企业和微型企业;所称大型企业,是指中小企业以外的企业。

中小企业、大型企业依合同订立时的企业规模类型确定。中小企业与机关、事业单位、大型企业订立合同时,应当主动告知其属于中小企业。

第四条 保障中小企业款项支付工作,应当贯彻落实党和国家的路线方针政策、决策部署,坚持支付主体负责、行业规范自律、政府依法监管、社会协同监督的原则,依法防范和治理拖欠中小企业款项问题。

第五条 国务院负责中小企业促进工作综合管理的部门对保障中小企业款项支付工作进行综合协调、监督检查。国务院发展改革、财政、住房城乡建设、交通运输、水利、金融管理、国有资产监管、市场监督管理等有关部门应当按照职责分工,负责保障中小企业款项支付相关工作。

省、自治区、直辖市人民政府对本行政区域内保障中小企业款项支付工作负总责,加强组织领导、统筹协调,健全制度机制。县级以上地方人民政府负责本行政区域内保障中小企业款项支付的管理工作。

县级以上地方人民政府负责中小企业促进工作综合管理的部门和发展改革、财政、住房城乡建设、交通运输、水利、金融管理、国有资产监管、市场监督管理等有关部门应当按照职责分工,负责保障中小企业款项支付相关工作。

第六条 有关行业协会商会应当按照法律法规和组织章程,加强行业自律管理,规范引导本行业大型企业履行及时支付中小企业款项义务、不得利用优势地位拖欠中小企业款项,为中小企业提供信息咨询、权益保护、纠纷处理等方面的服务,保护中小企业合法权益。

鼓励大型企业公开承诺向中小企业采购货物、工程、服务的付款期限与方式。

第七条 机关、事业单位和大型企业不得要求中小企业接受不合理的付款期限、方式、条件和违约责任等交易条件,不得拖欠中小企业的货物、工程、服务款项。

中小企业应当依法经营,诚实守信,按照合同约定提供合格的货物、工程和服务。

第二章 款项支付规定

第八条 机关、事业单位使用财政资金从中小企业采购货物、工程、服务,应当严格按照批准的预算执行,不得无预算、超预算开展采购。

政府投资项目所需资金应当按照国家有关规定确保落实到位,不得由施工单位垫资建设。

第九条 机关、事业单位从中小企业采购货物、工程、服务,应当自货物、工程、服务交付之日起 30 日内支付款项;合同另有约定的,从其约定,但付款期限最长不得超过 60 日。

大型企业从中小企业采购货物、工程、服务,应当自货物、工程、服务交付之日起 60 日内支付款项;合同另有约定的,从其约定,但应当按照行业规范、交易习惯合理约定付款期限并及时支付款项,不得约定以收到第三方付款作为向中小企业支付款项的条件或者按照第三方付款进度比例支付中小企业款项。

法律、行政法规或者国家有关规定对本条第一款、第二款付款期限另有规定的,从其规定。

合同约定采取履行进度结算、定期结算等结算方式的,付款期限应当自双方确认结算金额之日起算。

第十条 机关、事业单位和大型企业与中小企业约定以货物、工程、服务交付后经检验或者验收合格作为支付中小企业款项条件的,付款期限应当自检验或者验收合格之日起算。

合同双方应当在合同中约定明确、合理的检验或者验收期限,并在该期限内完成检验或者验收,法律、行政法规或者国家有关规定对检验或者验收期限另有规定的,从其规定。机关、事业单位和大型企业拖延检验或者验收的,付款期限自约定的检验或者验收期限届满之日起算。

第十一条 机关、事业单位和大型企业使用商业汇票、应收账款电子凭证等非现金支付方式支付中小企业款项的,应当在合同中作出明确、合理约定,不得强制中小企业接受商业汇票、应收账款电子凭证等非现金支付方式,不得利用商业汇票、应收账款电子凭证等非现金支付方式变相延长付款期限。

第十二条 机关、事业单位和国有大型企业不得强制要求以审计机关的审计结果作为结算依据,法律、行政法规另有规定的除外。

第十三条 除依法设立的投标保证金、履约保证金、工程质量保证金、农民工工资保证金外,工程建设中不得以任何形式收取其他保证金。保证金的收取比例、方式应当符合法律、行政法规和国家有关规定。

机关、事业单位和大型企业不得将保证金限定为现金。中小企业以金融机构出具的保函等提供保证的,机关、事业单位和大型企业应当接受。

机关、事业单位和大型企业应当依法或者按照合同约定,在保证期限届满后及时与中小企业对收取的保证金进行核算并退还。

第十四条　机关、事业单位和大型企业不得以法定代表人或者主要负责人变更、履行内部付款流程，或者在合同未作约定的情况下以等待竣工验收备案、决算审计等为由，拒绝或者迟延支付中小企业款项。

第十五条　机关、事业单位和大型企业与中小企业的交易，部分存在争议但不影响其他部分履行的，对于无争议部分应当履行及时付款义务。

第十六条　鼓励、引导、支持商业银行等金融机构增加对中小企业的信贷投放，降低中小企业综合融资成本，为中小企业以应收账款、知识产权、政府采购合同、存货、机器设备等为担保品的融资提供便利。

中小企业以应收账款融资的，机关、事业单位和大型企业应当自中小企业提出确权请求之日起 30 日内确认债权债务关系，支持中小企业融资。

第十七条　机关、事业单位和大型企业迟延支付中小企业款项的，应当支付逾期利息。双方对逾期利息的利率有约定的，约定利率不得低于合同订立时 1 年期贷款市场报价利率；未作约定的，按照每日利率万分之五支付逾期利息。

第十八条　机关、事业单位应当于每年 3 月 31 日前将上一年度逾期尚未支付中小企业款项的合同数量、金额等信息通过网站、报刊等便于公众知晓的方式公开。

大型企业应当将逾期尚未支付中小企业款项的合同数量、金额等信息纳入企业年度报告，依法通过国家企业信用信息公示系统向社会公示。

第十九条　大型企业应当将保障中小企业款项支付工作情况，纳入企业风险控制与合规管理体系，并督促其全资或者控股子公司及时支付中小企业款项。

第二十条　机关、事业单位和大型企业及其工作人员不得以任何形式对提出付款请求或者投诉的中小企业及其工作人员进行恐吓、打击报复。

第三章　监 督 管 理

第二十一条　县级以上人民政府及其有关部门通过监督检查、函询约谈、督办通报、投诉处理等措施,加大对机关、事业单位和大型企业拖欠中小企业款项的清理力度。

第二十二条　县级以上地方人民政府部门应当每年定期将上一年度逾期尚未支付中小企业款项情况按程序报告本级人民政府。事业单位、国有大型企业应当每年定期将上一年度逾期尚未支付中小企业款项情况按程序报其主管部门或者监管部门。

县级以上地方人民政府应当每年定期听取本行政区域内保障中小企业款项支付工作汇报,加强督促指导,研究解决突出问题。

第二十三条　省级以上人民政府建立督查制度,对保障中小企业款项支付工作进行监督检查,对政策落实不到位、工作推进不力的部门和地方人民政府主要负责人进行约谈。

县级以上人民政府负责中小企业促进工作综合管理的部门对拖欠中小企业款项的机关、事业单位和大型企业,可以进行函询约谈,对情节严重的,予以督办通报,必要时可以会同拖欠单位上级机关、行业主管部门、监管部门联合进行。

第二十四条　省级以上人民政府负责中小企业促进工作综合管理的部门(以下统称受理投诉部门)应当建立便利畅通的渠道,受理对机关、事业单位和大型企业拖欠中小企业款项的投诉。

国务院负责中小企业促进工作综合管理的部门建立国家统一的拖欠中小企业款项投诉平台,加强投诉处理机制建设,与相关部门、地方人民政府信息共享、协同配合。

第二十五条　受理投诉部门应当按照"属地管理、分级负责,谁主管谁负责、谁监管谁负责"的原则,自正式受理之日起10个工作日内,按程序将投诉转交有关部门或者地方人民政府指定的部门(以下统称处理投诉部门)处理。

处理投诉部门应当自收到投诉材料之日起30日内形成处理结果,以书面形式反馈投诉人,并反馈受理投诉部门。情况复杂或者有其他特殊原因的,经部门负责人批准,可适当延长,但处理期限最长不得超过90日。

被投诉人应当配合处理投诉部门工作。处理投诉部门应当督促被投诉人及时反馈情况。被投诉人未及时反馈或者未按规定反馈的，处理投诉部门应当向其发出督办书；收到督办书仍拒不配合的，处理投诉部门可以约谈、通报被投诉人，并责令整改。

投诉人应当与被投诉人存在合同关系，不得虚假、恶意投诉。

受理投诉部门和处理投诉部门的工作人员，对在履行职责中获悉的国家秘密、商业秘密和个人信息负有保密义务。

第二十六条 机关、事业单位和大型企业拖欠中小企业款项依法依规被认定为失信的，受理投诉部门和有关部门按程序将有关失信情况记入相关主体信用记录。情节严重或者造成严重不良社会影响的，将相关信息纳入全国信用信息共享平台和国家企业信用信息公示系统，向社会公示；对机关、事业单位在公务消费、办公用房、经费安排等方面采取必要的限制措施，对大型企业在财政资金支持、投资项目审批、融资获取、市场准入、资质评定、评优评先等方面依法依规予以限制。

第二十七条 审计机关依法对机关、事业单位和国有大型企业支付中小企业款项情况实施审计监督。

第二十八条 国家依法开展中小企业发展环境评估和营商环境评价时，应当将保障中小企业款项支付工作情况纳入评估和评价内容。

第二十九条 国务院负责中小企业促进工作综合管理的部门依据国务院批准的中小企业划分标准，建立企业规模类型测试平台，提供中小企业规模类型自测服务。

对中小企业规模类型有争议的，可以向主张为中小企业一方所在地的县级以上地方人民政府负责中小企业促进工作综合管理的部门申请认定。人力资源社会保障、市场监督管理、统计等相关部门应当应认定部门的请求，提供必要的协助。

第三十条 国家鼓励法律服务机构为与机关、事业单位和大型企业存在支付纠纷的中小企业提供公益法律服务。

新闻媒体应当开展对保障中小企业款项支付相关法律法规政策

的公益宣传,依法加强对机关、事业单位和大型企业拖欠中小企业款项行为的舆论监督。

第四章 法 律 责 任

第三十一条 机关、事业单位违反本条例,有下列情形之一的,由其上级机关、主管部门责令改正;拒不改正的,对负有责任的领导人员和直接责任人员依法给予处分:

(一)未在规定的期限内支付中小企业货物、工程、服务款项;

(二)拖延检验、验收;

(三)强制中小企业接受商业汇票、应收账款电子凭证等非现金支付方式,或者利用商业汇票、应收账款电子凭证等非现金支付方式变相延长付款期限;

(四)没有法律、行政法规依据,要求以审计机关的审计结果作为结算依据;

(五)违法收取保证金,拒绝接受中小企业以金融机构出具的保函等提供保证,或者不及时与中小企业对保证金进行核算并退还;

(六)以法定代表人或者主要负责人变更,履行内部付款流程,或者在合同未作约定的情况下以等待竣工验收备案、决算审计等为由,拒绝或者迟延支付中小企业款项;

(七)未按照规定公开逾期尚未支付中小企业款项信息。

第三十二条 机关、事业单位有下列情形之一的,依法追究责任:

(一)使用财政资金从中小企业采购货物、工程、服务,未按照批准的预算执行;

(二)要求施工单位对政府投资项目垫资建设。

第三十三条 国有大型企业拖欠中小企业款项,造成不良后果或者影响的,对负有责任的国有企业管理人员依法给予处分。

国有大型企业没有法律、行政法规依据,要求以审计机关的审计结果作为结算依据的,由其监管部门责令改正;拒不改正的,对负有责任的国有企业管理人员依法给予处分。

第三十四条 大型企业违反本条例,未按照规定在企业年度报告中公示逾期尚未支付中小企业款项信息或者隐瞒真实情况、弄虚作假的,由市场监督管理部门依法处理。

第三十五条　机关、事业单位和大型企业及其工作人员对提出付款请求或者投诉的中小企业及其工作人员进行恐吓、打击报复,或者有其他滥用职权、玩忽职守、徇私舞弊行为的,对负有责任的领导人员和直接责任人员依法给予处分或者处罚;构成犯罪的,依法追究刑事责任。

第五章　附　　则

第三十六条　部分或者全部使用财政资金的团体组织采购货物、工程、服务支付中小企业款项,参照本条例对机关、事业单位的有关规定执行。

军队采购货物、工程、服务支付中小企业款项,按照军队的有关规定执行。

第三十七条　本条例自2025年6月1日起施行。

最高人民法院关于优化法治环境促进民营经济发展壮大的指导意见

(2023年9月25日　法发〔2023〕15号)

为深入贯彻落实《中共中央、国务院关于促进民营经济发展壮大的意见》,充分发挥人民法院职能作用,全面强化民营经济发展法治保障,持续优化民营经济发展法治环境,结合人民法院审判执行工作实际,提出如下意见。

一、总体要求

坚持以习近平新时代中国特色社会主义思想为指导,深入学习贯彻习近平法治思想,坚决贯彻落实党中央决策部署,坚持"两个毫不动摇",围绕加快营造市场化、法治化、国际化一流营商环境,找准把握法治保障民营经济发展壮大的结合点和着力点,以高质量审判服务高质量发展。坚持全面贯彻依法平等保护原则,加强对各种所有制经济的平等保护,将确保各类市场主体享有平等的诉讼地位、诉讼权利贯彻到立案、审判、执行全过程各方面,运用法治方式促进民营经济做大做优做强。坚持能动司法理念,围绕"公正与效率"工作主题,依法稳慎审理涉民营企业案件,强化促进民营经济发展壮大的司法政策措施供给,在持续优化民营经济发展法治环境中做实为大局服务、为人民司法。

二、依法保护民营企业产权和企业家合法权益

1. 加强对民营企业产权和企业家合法财产权的保护。依法认定财产权属,加强对民营经济主体的物权、债权、股权、知识产权等合法财产权益的保护。研究制订司法解释,依法加大对民营企业工作人员职务侵占、挪用资金、行贿受贿、背信等腐败行为的惩处力度,加大追赃挽损力度。强化涉企产权案件申诉、再审工作,健全冤错案件有效防范和依法甄别纠正机制。民营企业和企业家因国家机关及其工作人员行使职权侵害其合法权益,依据国家赔偿法申请国家赔偿的,人民法院依法予以支持。

2. 依法保障民营企业和企业家人格权。加强对民营企业名誉权和企业家人身自由、人格尊严以及个人信息、隐私权等人格权益的司法保护,充分发挥人格权侵害禁令制度功能,及时制止侵害人格权的违法行为。依法惩治故意误导公众、刻意吸引眼球的极端言论行为,推动营造有利于民营经济发展的舆论环境、法治环境。对利用互联网、自媒体、出版物等传播渠道,以侮辱、诽谤或者其他方式对民营企业和企业家进行诋毁、贬损和丑化等侵犯名誉权行为,应当依法判令侵权行为人承担相应的民事责任;因名誉权受到侵害致使企业生产、经营、销售等遭受实际损失的,应当依法判令行为人承担赔偿责任;因编造、传播虚假信息或者误导性信息扰乱企业发行的股票、债券市场交易秩序,给投资者造成损失的,应当依法判令行为人承担赔偿责任。构成犯罪的,依法追究刑事责任。

3. 严格区分经济纠纷与违法犯罪。严格落实罪刑法定、疑罪从无等刑法原则,全面贯彻宽严相济刑事政策,该严则严,当宽则宽。依法认定民营企业正当融资与非法集资、合同纠纷与合同诈骗、参与兼并重组与恶意侵占国有资产等罪与非罪的界限,严格区分经济纠纷、行政违法与刑事犯罪,坚决防止和纠正利用行政或者刑事手段干预经济纠纷,坚决防止和纠正地方保护主义,坚决防止和纠正把经济纠纷认定为刑事犯罪、把民事责任认定为刑事责任。

严格规范采取刑事强制措施的法律程序,切实保障民营企业家的诉讼权利。对被告人采取限制或剥夺人身自由的强制措施时,应当综合考虑被诉犯罪事实、被告人主观恶性、悔罪表现等情况、可能判处的刑罚和有无再危害社会的危险等因素;措施不当的,人民法院应当依法及时撤销或者变更。对涉案财产采取强制措施时,应当加强财产甄别,严格区分违法所得与合法财产、涉案人员个人财产与家庭成员财产等,对与案件无关的财物,应当依法及时解除;对于经营性涉案财物,在保证案件审理的情况下,一般应当允许有关当事人继续合理使用,最大限度减少因案件办理对企业正常办公和生产经营的影响;对于依法不应交由涉案企业保管使用的财物,查封扣押部门要采取合理的保管保值措施,防止财产价值贬损。

4. 深入推进涉案企业合规改革。坚持治罪与治理并重,对于依法可判处缓刑、免于刑事处罚的民营企业,与检察机关共同做好涉案企业刑事合规改革,充分利用第三方合规监管机制,确保合规整改落到实处,从源头预防和减少企业重新违法犯罪。积极延伸司法职能,在民商事、行政、执行过程中引导企业守法合规经营,强化防范法律风险、商业风险意识,推进民营企业在法治轨道上健康发展。

5. 健全涉案财物追缴处置机制。对于被告人的合法财产以及与犯罪活动无关的财产及其孳息,符合返还条件的,应当及时返还。涉案财物已被用于清偿合法债务、转让或者设置其他权利负担,善意案外人通过正常的市场交易、支付了合理对价,并实际取得相应权利的,不得追缴或者没收。对于通过违法犯罪活动聚敛、获取的财产形成的投资权益,应当对该投资权益依法进行处置,不得直接追缴投入的财产。

进一步畅通权益救济渠道,被告人或案外人对查封、扣押、冻结的财物及其孳息提出权属异议的,人民法院应当听取意见,必要时可以通知案外人出庭。被告人或案外人以生效裁判侵害其合法财产权益或对是否属于赃款赃物认定错误为由提出申诉的,人民法院应当及时受理审查,确有错误的,应予纠正。

三、维护统一公平诚信的市场竞争环境

6. 依法保障市场准入的统一。依法审理涉及要素配置和市场准入的各类纠纷案件,按照"非禁即入"原则依法认定合同效力,加强市场准入负面清单、涉企优惠政策目录清单等行政规范性文件的附带审查,破除区域壁垒和地方保护,遏制滥用行政权力排除、限制竞争行为,促进市场主体、要素资源、规则秩序的平等统一。

7. 依法打击垄断和不正当竞争行为。完善竞争案件裁判规则,研究出台反垄断民事诉讼司法解释。依法严惩强制"二选一"、大数据杀熟、低价倾销、强制搭售等破坏公平竞争、扰乱市场秩序行为,引导平台经济向开放、创新、赋能方向发展。依法审理虚假宣传、商业诋毁等不正当竞争纠纷案件,保障和促进民营企业品牌建设。强化商业秘密司法保护,处理好保护商业秘密与自由择业、竞业限制和人才合理流动的关系,在依法保护商业秘密的同时,维护就业创业合法权益。

8. 保护民营企业创新创造。完善算法、商业方法、文化创意等知识产权司法保护规则,促进新经济新业态健康发展。加强民营企业科研人员和科创成果司法保护,依法保护民营企业及其科研人员合法权益,激发原始创新活力和创造潜能。依法运用行为保全等临时措施,积极适用举证妨碍排除规则,保障民营企业和企业家依法维权。依法严惩侵犯知识产权犯罪,正确把握民事纠纷和刑事犯罪界限,对于当事人存有一定合作基础、主观恶性不大的案件,依法稳慎确定案件性质。

9. 加大知识产权保护力度。持续严厉打击商标攀附、仿冒搭车等恶意囤积和恶意抢注行为,依法保护民营企业的品牌利益和市场形象。当事人违反诚信原则,恶意取得、行使权利并主张他人侵权的,依法判决驳回其诉讼请求。被告举证证明原告滥用权利起诉损害其合法权益,请求原告赔偿合理诉讼开支的,依法予以支持。严格落实知识产权侵权惩罚性赔偿制度,坚持侵权代价与其主观恶性和行为危害性相适应,对以侵权为业、获利巨大、危害国家安全、公共利益或者人身健康等情节严重的故意侵权,依法加大赔偿力度。推动知识产权法院审理知识产权刑事案件。推动优化调整知识产权法院管辖案件类型,完善知识产权案件繁简分流机制。

10. 依法遏制恶意"维权"行为。既要依法保护消费者维权行为,发挥公众和舆论监督作用,助力提升食品药品安全治理水平,又要完善对恶意中伤生产经营者、扰乱正常市场秩序行为的认定和惩处制度。对当事人一方通过私藏食品、私放过期食品、伪造或者抹去标签内容等方式恶意制造企业违法生产经营食品、药品虚假事实,恶意举报、恶意索赔,敲诈勒索等构成违法犯罪的,依法予以严惩。

11. 依法严厉惩治虚假诉讼。充分利用信息技术手段,加强对虚假诉讼的甄别、审查和惩治,依法打击通过虚假诉讼逃废债、侵害民营企业和企业家合法权益的行为。当事人一方恶意利用诉讼打击竞争企业,破坏企业和企业家商誉信誉,谋取不正当利益的,依法驳回其诉讼请求;对方反诉请求损害赔偿的,依法予以支持。依法加大虚假诉讼的违法犯罪成本,对虚假诉讼的参与人,依法采取罚款、拘留等民事强制措施,构成犯罪的,依法追究刑事责任。

12. 弘扬诚实守信经营的法治文化。依法审理因"新官不理旧账"等违法失信行为引发的合同纠纷,政府机关、国有企业、事业单位因负责人、承办人变动拒绝履行生效合同义务的,应当依法判令其承担相应的违约责任,依法维护民营企业经营发展的诚信环境。综合运用债的保全制度、股东出资责任、法人人格否认以及破产撤销权等相关制度,依法惩治逃废债务行为。充分发挥司法裁判评价、指引、示范、教育功能作用,加大法治宣传力度,通过发布典型案例等方式促进提高企业家依法维权意识和能力,积极引导企业家在经营活动中遵纪守法、诚实守信、公平竞争,积极履行社会责任,大力培育和弘扬企业家精神。

13. 支持民营企业市场化重整。坚持市场化、法治化原则,完善企业重整识别机制,依托"府院联动",依法拯救陷入财务困境但有挽救价值的民营企业。引导民营企业充分利用破产重整、和解程序中的中止执行、停止计息、集中管辖等制度功能,及时保全企业财产、阻止债务膨胀,通过公平清理债务获得重生。推进破产配套制度完善,提升市场化重整效益。

14. 营造鼓励创业、宽容失败的创业氛围。不断完善保护和鼓励返乡创业的司法政策,为民营企业在全面推进乡村振兴中大显身手创造良好法治环境。采取发布典型案例、以案说法等方式引导社会公众对破产现象的正确认知,积极营造鼓励创业、宽容失败的创业氛围。完善民营企业市场退出机制,便利产能落后、经营困难、资不抵债的民营企业依法有序退出市场,助力市场要素资源的重新配置。积极推动建立专门的小微企业破产程序和个人债务集中清理制度,探索在破产程序中一体解决企业家为企业债务提供担保问题,有效化解民营企业债务链条,助力"诚实而不幸"的民营企业家东山再起,重新创业。

15. 推动健全监管执法体系。监督支持行政机关强化统一市场监管执法,依法审理市场监管领域政府信息公开案件,修改完善办理政府信息公开案件司法解释,促进行政机关严格依照法定权限和程序公开市场监管规则。依法审理涉市场监管自由裁量、授权委托监管执法、跨行政区域联合执法等行政纠纷案件,监督行政机关遵守妥当性、适当性和比例原则合理行政,以过罚相当的监管措施落实教育与处罚相结合原则。加强与检察机关协作,通过审理行政公益诉讼案件、提出司法建议等方式,共同推动市场监管部门健全权责清晰、分工明确、运行顺畅的监管体系。

四、运用法治方式促进民营企业发展和治理

16. 助力拓宽民营企业融资渠道降低融资成本。依法推动供应链金融健康发展,有效拓宽中小微民营企业融资渠道。对中小微民营企业结合自身财产特点设定的融资担保措施持更加包容的司法态度,依法认定生产设备等动产担保以及所有权保留、融资租赁、保理等非典型担保合同效力和物权效力;对符合法律规定的仓单、提单、汇票、应收账款、知识产权、新类型生态资源权益等权利质押以及保兑仓交易,依法认定其有效。严格落实民法典关于禁止高利放贷的规定,降低民营企业的融资成本,依法规制民间借贷市场"砍头息"、"高息转本"等乱象,金融机构和地方金融组织向企业收取的利息和费用违反监管政策的,诉讼中依法不予支持。

17. 依法保障民营企业人才和用工需求。妥善审理民营企业劳动争议案件,既要鼓励人才的合理流动,也要维护民营企业的正常科研和生产秩序,依法确认民营企业为吸引人才在劳动合同中约定股权激励、年薪制等条款的法律效力。依法规范劳动者解除劳动合同的行为,加大调解力度,引导民营企业与劳动者协商共事、机制共建、效益共创、利益共享,构建和谐劳动关系。

依法保障灵活就业和新就业形态劳动者权益,依法支持劳动者依托互联网平台就业,支持用人单位依法依规灵活用工,实现平台经济良性发展与劳动者权益保护互促共进。畅通仲裁诉讼衔接程序,完善多元解纷机制,依法为新就业形态劳动者提供更加便捷、优质高效的解纷服务。

18. 推动完善民营企业治理结构。严守法人财产独立原则,规范股东行为,依法追究控股股东、实际控制人实施关联交易"掏空"企业、非经营性占用企业资金、违规担保向企业转嫁风险等滥用支配地位行为的法律责任,依法维护股东与公司之间财产相互独立、责任相互分离、产权结构明晰的现代企业产权结构。对股东之间的纠纷,在尊重公司自治的同时,积极以司法手段矫正公司治理僵局,防止内部治理失序拖垮企业生产经营,损害股东和社会利益。

以法治手段破解"代理成本"问题,依法追究民营企业董事、监事、高管违规关联交易、谋取公司商业机会、开展同业竞争等违背忠实义务行为的法律责任,细化勤勉义务的司法认定标准,推动构建企业内部处分、民事赔偿和刑事惩治等多重责任并举的立体追责体系,提高"内部人控制"的违法犯罪成本,维护股东所有权与企业经营权分离的现代企业管理制度。

19. 促进民营企业绿色低碳发展。依法保护合同能源管理节能服务企业、温室气体排放报告技术服务机构等市场主体的合法权益,保障民营企业积极参与推进碳达峰碳中和目标任务。创新惠企纾困司法举措,兼顾当事人意思自治、产业政策和碳排放强度、碳排放总量双控要求,依法明晰交易主体权责,有效化解涉产能置换纠纷案件,助力民营企业有序开展节能降碳技术改造。

20. 助力民营企业积极参与共建"一带一路"。健全"一带一路"国际商事纠纷多元化解决机制,推动最高人民法院国际商事法庭高质量发展,充分发挥国际商事专家委员会作用,进一步深化诉讼、仲裁、调解相互衔接的"一站式"国际商事争端解决机制建设,打造国际商事争端解决优选地,为民营企业"走出去"提供强有力的司法保障。

五、持续提升司法审判保障质效

21. 强化能动司法履职。落实落细抓前端治未病、双赢多赢共赢、案结事了政通人和等司法理念,努力实现涉民营企业案件办理政治效果、社会效果、法律效果有机统一,同时坚持办理与治理并重,积极融入社会治理、市场治理、企业治理,切实增强司法保障民营经济发展壮大的主动性实效性。充分发挥司法定分止争作用,增强实质性化解涉民营企业矛盾纠纷的成效,坚决防止因"程序空转"而加重民营企业诉累。及时总结涉民营企业案件暴露出来的政策落实、行业监管、公司治理等问题,推动建立健全民营企业风险评估和预警机制,积极运用府院联动等机制,充分发挥司法建议作用,促进从源头上预防和解决问题,形成促进民营经济发展壮大的工作合力。充分运用审判质量管理指标体系及配套机制,强化对涉民营企业案件审理的管理调度,持续提升司法审判保障质效。

22. 公正高效办理民刑行交叉案件。不断完善人民法院内部工作机制,统一法律适用,妥善办理涉民营企业的民商事纠纷、行政违法和刑事犯罪交叉案件。积极推动建立和完善人民法院与公安机关、检察机关之间沟通协调机制,解决多头查封、重复查封、相互掣肘等问题,促进案件公正高效办理。

依法受理刑民交叉案件,健全刑事案件线索移送工作机制。如刑事案件与民事案件非"同一事实",民事案件与刑事案件应分别审理;民事案件无需以刑事案件裁判结果为依据的,不得以刑事案件正在侦查或者尚未审结为由拖延民事诉讼;如果民事案件必须以刑事案件的审理结果为依据,在中止诉讼期间,应当加强工作交流,共同推进案件审理进展,及时有效保护民营经济主体合法权益。

23. 完善拖欠账款常态化预防和清理机制。完善党委领导、多方协作、法院主办的执行工作协调联动机制,依法督促政府机关、事业单位、国有企业及时支付民营企业款项,大型企业及时支付中小微企业款项,及时化解民营企业之间相互拖欠账款问题。严厉打击失信被执行人通过多头开户、关联交易、变更法定代表人等方式规避执行的行为,确保企业及时收回账款。

将拖欠中小微企业账款案件纳入办理拖欠农民工工资案件的快立快审快执"绿色通道",确保农民工就业比较集中的中小微企业及时回笼账款,及时发放农民工工资。与相关部门协同治理,加大对机关、事业单位拖欠民营企业账款的清理力度,符合纳入失信被执行人名单情形的,依法予以纳入,并将失信信息纳入全国信用信息共享平台。加大平安建设中相关执行工作考评力度,促推执行工作更加有力、有效,及时兑现中小微企业胜诉权益。

24.严禁超权限、超范围、超数额、超时限查封扣押冻结财产。严格规范财产保全、行为保全程序,依法审查保全申请的合法性和必要性,防止当事人恶意利用保全手段侵害企业正常生产经营。因错误实施保全措施致使当事人或者利害关系人、案外人等财产权利受到侵害的,应当依法及时解除或变更,依法支持当事人因保全措施不当提起的损害赔偿请求。

25.强化善意文明执行。依法灵活采取查封措施,有效释放被查封财产使用价值和融资功能。在能够实现保全目的的情况下,人民法院应当选择对生产经营活动影响较小的方式。对不宜查封扣押冻结的经营性涉案财物,采取强制措施可能会延误企业生产经营、甚至造成企业停工的,应严格审查执行措施的合法性和必要性。被申请人提供担保请求解除保全措施,经审查认为担保充分有效的,应当裁定准许。

在依法保障胜诉债权人权益实现的同时,最大限度减少对被执行企业权益的影响,严格区分失信与丧失履行能力,对丧失履行能力的,只能采取限制消费措施,不得纳入失信名单。决定纳入失信名单或者采取限制消费措施的,可以给予其一至三个月宽限期,对于信用良好的,应当给予其宽限期,宽限期内暂不发布其失信或者限制消费信息。加快修订相关司法解释,建立健全失信被执行人分类分级惩戒制度及信用修复机制。

26.高效率低成本实现企业合法权益。充分考虑中小微民营企业抗风险能力弱的特点,建立小额债权纠纷快速审理机制,切实提升案件审判效率。通过合理确定保全担保数额、引入保全责任险担保等方式,降低中小微民营企业诉讼保全成本。进一步规范审限管理,全面排查梳理违规延长审限、不当扣除审限的行为,切实防止因诉讼拖延影响民营企业生产经营。加强诉讼引导和释明,对当事人依法提出的调查收集、保全证据的申请,应当及时采取措施;对审理案件需要的证据,应当在充分发挥举证责任功能的基础上,依职权调查收集,切实查清案件事实,防止一些中小微民营企业在市场交易中的弱势地位转化为诉讼中的不利地位,实现实体公正与程序公正相统一。

27. 深化涉民营企业解纷机制建设。持续优化诉讼服务质效,为民营企业提供优质的网上立案、跨域立案、在线鉴定、在线保全等诉讼服务,切实为涉诉企业提供便利。尊重当事人的仲裁约定,依法认定仲裁协议效力,支持民营企业选择仲裁机制解决纠纷。完善仲裁司法审查制度,在统一、严格司法审查标准基础上,营造仲裁友好型的司法环境。坚持和发展新时代"枫桥经验",坚持把非诉讼纠纷解决机制挺在前面,充分发挥多元解纷效能,加强与相关单位协作配合,依法支持引导相关主体构建协会内和平台内的纠纷解决机制,为民营企业提供低成本、多样化、集约式纠纷解决方式。深化与工商联的沟通联系机制,畅通工商联依法反映民营企业维权诉求渠道。保障商会调解培育培优行动,优化拓展民营企业维权渠道,不断提升民营经济矛盾纠纷多元化解能力水平。

六、加强组织实施

各级人民法院要把强化民营经济法治保障作为重大政治任务,加强组织领导和推进实施,及时研究解决工作落实中的新情况新问题。最高人民法院各审判业务部门要加强条线指导,各地法院要结合本地区经济社会发展实际,细化完善保障措施,确保务实管用见效。要强化对已出台司法政策措施的督促落实,及时听取社会各方面特别是工商联、民营企业家等意见建议,以问题为导向做好整改完善工作。要认真总结人民法院保障民营经济发展的好经验好做法,做好总结、宣传、推广,为民营经济发展壮大营造更加良好的舆论和法治氛围。

最高人民法院关于充分发挥司法职能作用助力中小微企业发展的指导意见

(2022年1月13日 法发〔2022〕2号)

中小微企业是国民经济和社会发展的生力军,是扩大就业、改善民生、促进创业创新的重要力量。进一步加大对中小微企业支持力度,激发企业活力和发展动力,对于继续做好"六稳""六保"工作,稳定宏观经济大盘,加快构建新发展格局,推动高质量发展具有重要意义。为完整、准确、全面贯彻新发展理念,进一步发挥人民法院司法职能作用,助力中小微企业发展,提出如下意见。

一、积极营造公平竞争、诚信经营的市场环境

1. 依法保护中小微企业生存发展空间。依法公正高效审理反垄断、反不正当竞争案件,严惩强制"二选一"、低价倾销、强制搭售、屏蔽封锁、刷单炒信等违法行为。依法认定经营者滥用数据、算法、技术、资本优势以及平台规则等排除、限制竞争行为,防止资本无序扩张,保护中小微企业生存发展空间。健全司法与执法衔接机制,支持反垄断行政执法机关依法履职,加强沟通协作,推动形成工作合力。

2. 服务深化"放管服"改革。加强行政审判,支持行政机关整顿违法经营,规范市场秩序。依法监督、促进行政机关严格依照法定权限和程序进行监管,保护中小微企业经营自主权。推动破除区域分割和地方保护,促进落实全国统一的市场准入负面清单制度。加强市场主体涉诉信息与相关部门信息共享整合,为构建以信用为基础的新型监管机制提供有力司法支持。

3. 支持保护市场主体自主交易。在审理合同纠纷案件中,坚持自愿原则和鼓励交易原则,准确把握认定合同无效的法定事由,合理判断各类交易模式和交易结构创新的合同效力,充分发挥中小微企业的能动性,促进提升市场经济活力。弘扬契约精神,具有优势地位的市场主体利用中小微企业处于危困状态或者对内容复杂的合同缺乏判断能力，致使合同成立时显失公平，中小微企业请求撤销该合同的，应予支持；具有优势地位的市场主体采用格式条款与中小微企业订立合同，未按照民法典第四百九十六条第二款的规定就与中小微企业有重大利害关系的条款履行提示或者说明义务，致使中小微企业没有注意或者理解该条款，中小微企业主张该条款不成为合同内容的，应予支持；对于受疫情等因素影响直接导致中小微企业合同履行不能或者继续履行合同对其明显不公的，依照民法典第五百九十条或者第五百三十三条的规定适用不可抗力或者情势变更规则妥善处理。

4.支持引导市场主体依法诚信经营。在审理合同纠纷案件中，对当事人违反预约合同约定的义务，或者假借订立合同恶意进行磋商等违背诚信原则的行为，强化预约合同违约责任、缔约过失责任等制度运用，提升市场主体的诚信意识、规则意识和责任意识。在依法认定合同不成立、无效或者予以撤销后，应当根据具体情况合理确定双方当事人的法律责任，防止不诚信当事人因合同不成立、无效或者被撤销而获益。推动诉讼诚信建设，严厉惩处通过虚假诉讼、恶意诉讼阻碍中小微企业正常经营发展的违法行为。加大执行力度，严厉打击失信企业通过多头开户、关联交易、变更法定代表人等方式规避执行的逃废债行为。

二、切实加强中小微企业产权司法保护

5.公平公正保护中小微企业合法权益。坚持各类市场主体权利平等、机会平等、规则平等，在诉讼过程中，对大型企业和中小微企业一视同仁。充分考虑中小微企业的实际情况，依法对其进行诉讼引导和释明，加大依职权调取证据的力度，切实查清案件事实，防止一些中小微企业在市场交易中的弱势地位转化为诉讼中的不利地位，努力实现程序公正与实体公正相统一。继续完善一站式多元解纷机制，推进在线诉讼模式，强化简易、小额诉讼程序适用，提升诉讼便捷性，切实降低中小微企业诉讼成本。通过合理确定保全担保数额、引入保责任险担保等方式，降低中小微企业保全成本，保障实现胜诉债权。对生产经营存在严重困难的中小微企业，依法提供减交、缓交诉讼费等司法救助。

6. 加大中小微企业知识产权保护力度。落实知识产权侵权惩罚性赔偿制度，加大对"专精特新"中小微企业关键核心技术和原始创新成果的保护力度，支持引导企业通过技术进步和科技创新提升核心竞争力。中小微企业在订立技术转让合同、技术许可合同获取特定技术过程中，合同相对方利用优势地位附加不合理限制技术竞争和技术改进的条件，或者不合理要求无偿、低价回购中小微企业所开发的新技术、新产品，经审查认为违反反垄断法等法律强制性规定的，原则上应当认定相关条款或者合同无效。妥善处理保护商业秘密与人才合理流动的关系，在维护劳动者正当就业创业合法权益的同时，依法保护中小微企业商业秘密。依法制裁不诚信诉讼和恶意诉讼行为，规制滥用知识产权阻碍中小微企业创新的不法行为。

7. 坚决防止利用刑事手段干预中小微企业经济纠纷。严格落实罪刑法定、疑罪从无等法律原则，严格区分中小微企业正当融资与非法集资、合同纠纷与合同诈骗、参与兼并重组与恶意侵占国有资产等的界限，坚决防止把经济纠纷认定为刑事犯罪、把民事责任认定为刑事责任。落实刑法及有关司法解释的规定，对于中小微企业非法吸收或者变相吸收公众存款，主要用于正常的生产经营活动，能够及时清退所吸收资金的，可以免予刑事处罚；情节显著轻微、危害不大的，不作为犯罪处理。

8. 依法保护中小微企业等市场主体在民事、行政、刑事交叉案件中的合法权益。切实贯彻民法典第一百八十七条的规定，债务人因同一行为应当承担民事责任、行政责任和刑事责任，其财产不足以支付的，依法保障中小微企业等市场主体的民事债权优先于罚款、罚金、没收财产等行政、刑事处罚受偿。在刑事裁判涉财产部分执行过程中，中小微企业等市场主体作为案外人对执行标的提出异议的，严格依照相关规定妥善处理，依法保护其合法财产权益。除法律、司法解释另有规定外，对中小微企业等市场主体与刑事案件犯罪嫌疑人或者被告人产生的民事纠纷，如果民事案件不是必须以刑事案件的审理结果为依据，则不得以刑事案件正在侦查或者尚未审结为由对民事案件不予受理或者中止审理，切实避免因刑事案件影响中小微企业等市场主体通过民事诉讼及时维护其合法权益。在中小微企业等市场主体为被告人的刑事案件审理过程中,应当严格区分违法所得和合法财产、企业法人财产和个人财产,对确实与案件无关的财物,应当及时解除查封、扣押、冻结措施。

三、助力缓解中小微企业融资难融资贵问题

9. 依法妥善审理金融借款纠纷案件。对金融机构违反普惠小微贷款支持工具政策提出的借款提前到期、单方解除合同等诉讼主张,不予支持;对金融机构收取的利息以及以咨询费、担保费等其他费用为名收取的变相利息,严格依照支农支小再贷款信贷优惠利率政策的规定,对超出部分不予支持。

10. 助力拓宽中小微企业融资渠道。严格依照民法典及有关司法解释的规定,依法认定生产设备等动产担保,以及所有权保留、融资租赁、保理等非典型担保债权优先受偿效力,支持中小微企业根据自身实际情况拓宽融资渠道。对符合法律规定的仓单、提单、汇票、应收账款、知识产权等权利质押以及保兑仓交易,依法认定其有效,支持金融机构创新服务中小微企业信贷产品。依法推动供应链金融更好服务实体经济发展,针对供应链金融交易中产生的费用,根据费用类型探索形成必要性和适当性原则,合理限制交易费用,切实降低中小微企业融资成本。积极与全国中小企业融资综合信用服务平台共享企业涉诉信息,推动实现对中小微企业信用评价的精准"画像",提高企业贷款可得性。

11. 依法规制民间借贷市场秩序。对"高利转贷""职业放贷"等违法借贷行为,依法认定其无效。推动各地人民法院根据本地区实际情况建立"职业放贷人"名录制度。依法否定规避利率司法保护上限合同条款,对变相高息等超出法律、司法解释规定的利息部分不予支持。在审判执行过程中发现有非法集资、"套路贷"、催收非法债务等犯罪嫌疑的,应当及时将有关材料移送相关部门。

四、依法高效办理拖欠中小微企业账款案件

12. 建立健全办理拖欠中小微企业账款案件长效机制。将拖欠中小微企业账款案件纳入办理拖欠农民工工资案件的快立快审快执"绿色通道",确保农民工就业比较集中的中小微企业及时回笼账款,及时发放农民工工资。与拖欠中小微企业账款监管部门密切协作,推进协同治理。加大平安建设考评(执行难综合治理及源头治理部分)在机关、事业单位拖欠中小微企业账款案件中的适用力度。推动将清理拖欠中小微企业账款工作情况纳入营商环境指标体系。开展拖欠中小微企业账款案件专项执行行动,依法加大失信惩戒、限制消费等措施的适用力度,及时兑现中小微企业胜诉权益。

13. 切实防止有关市场主体损害中小微企业合法权益。机关、事业单位和大型企业以法定代表人或者主要负责人变更、履行内部付款流程,或者在合同未作约定的情况下以等待竣工验收批复、决算审计等明显不合理的理由拒绝或者延迟向中小微企业支付账款,中小微企业提起诉讼要求支付的,人民法院应予支持。机关、事业单位和大型企业就拖欠账款问题迫使中小微企业接受不平等条件,达成与市场价格明显背离的以物抵债协议或者约定明显不合理的支付期限、条件,中小微企业以显失公平为由请求撤销该协议或者约定的,人民法院应予支持。

14. 依法保障建设工程领域中小微企业和农民工合法权益。对商品房预售资金监管账户、农民工工资专用账户和工资保证金账户内资金依法审慎采取保全、执行措施,支持保障相关部门防范应对房地产项目逾期交付风险,维护购房者合法权益,确保农民工工资支付到位。冻结商品房预售资金监管账户的,应当及时通知当地住房和城乡建设主管部门;除当事人申请执行因建设该商品房项目而产生的工程建设进度款、材料款、设备款等债权案件外,在商品房项目完成房屋所有权首次登记前,对于监管账户中监管额度内的款项,不得采取扣划措施,不得影响账户内资金依法依规使用。除法律另有专门规定外,不得以支付为本项目提供劳动的农民工工资之外的原因冻结或者划拨农民工工资专用账户和工资保证金账户资金;为办理案件需要,人民法院可以对前述两类账户采取预冻结措施。

五、有效发挥司法对中小微企业的挽救功能

15. 积极促成当事人达成执行和解。在执行过程中,中小微企业因资金流动性困难不能清偿执行债务的,积极引导当事人达成减免债务、延期支付的执行和解协议;多个案件由不同人民法院管辖的,可以通过提级执行、指定执行等方式集中办理,积极促成当事人达成履行债务的"一揽子"协议,依法为企业缓解债务压力、恢复生产经营创造条件。

16. 科学甄别、依法保护有挽救价值的中小微企业。对受疫情等因素影响无法清偿所有债务但具有挽救价值的中小微企业,债权人提出破产申请的,积极引导当事人通过债务重组、资产重构等方式进行庭外和解,帮助企业渡过难关。对于已经进入破产程序但具有挽救价值的中小微企业,积极引导企业通过破产重整、和解等程序,全面解决企业债务危机,公平有序清偿相应债权,使企业获得再生。

六、最大限度降低保全、执行措施对中小微企业等市场主体的不利影响

17. 全面清查超标的查封、乱查封问题。开展专项清查行动,依法及时纠正超标的查封、乱查封问题。各级人民法院应当依托12368司法服务热线、执行信访等问题反映渠道,建立解决超标的查封、乱查封问题快速反应机制,对当事人反映的问题及时受理,快速处理;执行人员对超标的查封、乱查封问题存在过错的,依法严肃追责。

18. 依法审慎采取财产保全措施。对中小微企业等市场主体采取保全措施时,人民法院应当依照法律规定的标准和程序严格审查。经初步审查认为当事人的诉讼请求明显不能成立的,对其提出的保全申请,依法予以驳回。当事人明显超出诉讼请求范围申请保全的,对其超出部分的申请,不予支持。在金钱债权案件中,被采取保全措施的中小微企业等市场主体提供担保请求解除保全措施,经审查认为担保充分有效的,应当裁定准许,不得以申请保全人同意为必要条件。加大对错误保全损害赔偿案件的审查力度,严厉惩处恶意申请保全妨碍中小微企业等市场主体正常经营发展的违法行为。

19. 依法灵活采取查封、变价措施。查封中小微企业等市场主体的厂房、机器设备等生产性资料的,优先采取"活封"措施,在能够保障债权人利益的情况下,应当允许其继续使用或者利用该财产进行融资。需要查封的不动产整体价值明显超出债权额的,应当对该不动产相应价值部分采取查封措施;因不动产未办理分割登记而对其进行整体查封后,应当及时协调相关部门办理分割登记并解除对超标的部分的查封。积极引导当事人通过议价、询价等方式确定财产处置参考价,切实为被执行中小微企业等市场主体节省评估费用。发挥网络司法拍卖溢价率高、成本低的优势,优先适用网络司法拍卖方式处置财产。对不动产等标的额较大或者情况复杂的财产,被执行中小微企业等市场主体认为委托评估确定的参考价过低,申请在一定期限内自行处置的,在能够保障债权人利益的情况下,人民法院可以准许。

20. 依法精准适用失信惩戒和限制消费措施。严格区分失信惩戒与限制消费措施的适用条件,被执行中小微企业等市场主体仅符合限制消费情形但不符合失信情形的,不得将其纳入失信名单。严格区分失信与丧失履行能力,中小微企业等市场主体因经营失利丧失履行能力且不具有法律、司法解释规定的规避、抗拒执行等违法情形的,不得以有履行能力拒不履行义务为由将其纳入失信名单。健全信用修复机制,中小微企业等市场主体的失信信息符合法定屏蔽条件的,应当及时采取屏蔽措施;失信信息被屏蔽后,其因融资、招投标等需要请求提供信用修复证明的,人民法院可以出具相关证明材料。

最高人民检察院关于依法惩治和预防民营企业内部人员侵害民营企业合法权益犯罪为民营经济发展营造良好法治环境的意见

(2023 年 7 月 26 日　高检发办字〔2023〕100 号)

为深入贯彻党的二十大精神,全面贯彻习近平经济思想、习近平法治思想,认真落实《中共中央　国务院关于促进民营经济发展壮大的意见》,积极回应企业家关切,以高质效检察履职助力优化民营经济发展环境,依法保护民营企业产权和企业家权益,促进民营经济发展壮大,现就检察机关依法保护民营企业合法权益,惩治和预防侵害民营企业利益的民营企业内部人员犯罪,营造良好法治环境,提出如下意见。

一、基本要求

1. 深入贯彻党中央决策部署,把依法惩治和预防民营企业内部人员犯罪作为依法保护民营企业合法权益的重要内容。党的十八大以来,以习近平同志为核心的党中央高度重视民营经济健康发展、高质量发展,习近平总书记作出一系列重要指示批示,突出强调"两个毫不动摇""三个没有变""两个健康"。党的二十大报告明确要求:"优化民营企业发展环境,依法保护民营企业产权和企业家权益,促进民营经济发展壮大。"民营企业内部人员,特别是民营企业高管、财务、采购、销售、技术等关键岗位人员犯罪,不仅严重损害民营企业合法权益,影响民营企业核心竞争力和创新发展,而且扰乱公平竞争市场秩序,破坏民营企业发展环境。各级检察机关要深入贯彻党中央决策部署,把平等对待、平等保护的要求落实到履职办案中,助力营造市场化、法治化、国际化营商环境。坚持标本兼治,既要依法惩治民营企业内部人员犯罪,又要在办案中依法保障企业正常生产经营活动,帮助民营企业去疴除弊、完善内部治理。

2. 依法惩治影响民营企业健康发展的民营企业内部人员犯罪。依法加大对民营企业内部人员实施的职务侵占、挪用资金、受贿等腐败行为的惩处力度。推动健全涉案财物追缴处置机制,为涉案民营企业挽回损失。结合办案,推动民营企业腐败源头治理。对民营企业内部人员利用职务便利,非法经营同类营业、为亲友非法牟利和徇私舞弊低价折股、出售企业资产等行为,要依法处理。严厉打击影响企业创新发展的民营企业关键技术岗位、管理岗位人员侵犯商业秘密、商标权、著作权等犯罪。办理上述案件过程中,发现行贿、对非国家工作人员行贿等犯罪线索的,要依法及时移送监察机关、公安机关。办理案件时,要防止以刑事手段插手经济纠纷,对因股权纠纷、债务纠纷等经济纠纷引发的案件,要准确把握罪与非罪的界限。

3. 坚持公正司法,全面准确贯彻宽严相济刑事政策。坚持严格依法办案、公正司法,综合考虑主观恶性、犯罪性质情节、认罪认罚情况、退赃退赔情况、与被害企业和解等因素,全面准确贯彻落实宽严相济刑事政策,做到依法该严则严、当宽则宽。对于主观恶性大、情节恶劣的犯罪嫌疑人、被告人,应当依法从严处理;对于认罪认罚、主观恶性不大、情节较轻的人员,依法从宽处理。

二、高质效履行检察职责,确保政治效果、法律效果、社会效果有机统一

4. 加强立案监督。结合民营企业内部人员犯罪案件特点,会同公安机关进一步明确职务侵占、挪用资金、侵犯商业秘密等常见犯罪立案标准,健全涉民营企业案件立案审查机制,防止应当立案而不立案。充分发挥侦查监督与协作配合机制作用,加强侵害民营企业利益的民营企业内部人员犯罪案件信息共享,对公安机关应当立案而不立案问题依法进行监督。检察机关接到报案、控告、举报或者在工作中发现监督线索,要依法及时开展调查核实工作;需要监督纠正的,依法向公安机关提出监督意见。对监督立案案件,注重跟踪问效,防止立而不查。探索利用大数据法律监督模型,破解"立案难"问题。

5. 准确把握审查逮捕标准。准确把握逮捕的证据条件、刑罚条件和社会危险性条件,对符合逮捕条件的依法批准逮捕,防止以起诉条件替代逮捕条件;对没有逮捕必要的,依法作出不批准逮捕决定。对关键技术岗位人员,要根据案情、结合企业生产经营需求依法判断是否有逮捕必要性。用好引导取证、退回补充侦查、自行侦查等措施,加强对民营企业内部人员犯罪案件证据收集的引导工作。对不符合逮捕条件但有补充侦查必要的,应当列明补充侦查提纲。对于犯罪嫌疑人在取保候审期间有实施毁灭、伪造证据,串供或者干扰证人作证,足以影响侦查、审查起诉工作正常进行的行为的,依法予以逮捕。

6. 准确把握起诉标准。坚持罪刑法定、罪责刑相适应和法律面前人人平等等原则,依照法律规定和法定程序准确适用起诉和不起诉。犯罪行为本身性质、社会危害与犯罪嫌疑人的主观恶性是决定诉与不诉的基本依据;认罪认罚、赔偿谅解、被害企业态度等是在确定行为性质与主观恶性后,案件处于可诉可不诉情形时,需要予以充分考量的因素。在查明案件事实、情节的基础上,结合案件具体情况和公共利益考量等因素,对起诉必要性进行审查。对于符合法定条件、没有起诉必要的,依法作出不起诉决定。

7. 加强追赃挽损工作。充分运用认罪认罚从宽制度,督促引导犯罪嫌疑人、被告人退赃退赔,积极帮助被害企业挽回损失。注重依法提出财产刑方面的量刑建议，加大对刑事裁判涉财产部分执行监督，不让犯罪嫌疑人、被告人从侵害民营企业利益案件中得到任何好处。

8.加强行政执法与刑事司法的有效衔接。加强与市场监管部门、知识产权主管部门等行政执法机关的工作衔接，依法监督有关行政执法机关及时向公安机关移送在执法过程中发现的涉嫌非国家工作人员受贿、对非国家工作人员行贿、侵犯知识产权等犯罪线索。对于行政机关移送立案侦查的案件，加强立案监督。检察机关作出不起诉的案件，需要给予行政处罚的，依法向有关行政机关提出检察意见。

三、推动完善立法及司法解释，为民营经济健康发展提供更加有力的法治保障

9.推动完善相关立法。结合案件办理，深入调研刑事立法、司法等方面存在的民营企业平等保护落实不到位的突出问题，积极提出立法建议，推动就依法惩治民营企业内部人员犯罪问题修改法律，在法律上体现平等保护的要求。

10.及时出台相关司法解释。会同最高人民法院研究制定办理非国家工作人员受贿、职务侵占等刑事案件适用法律的司法解释，对司法实践中办理民营企业内部人员相关犯罪案件的法律适用、定罪量刑标准、法定从宽从严情形的认定、此罪与彼罪的界限以及宽严相济刑事政策的把握等问题予以明确，统一司法标准。

四、加强法治宣传，促进企业加强自身合规建设

11.引导促进民营企业自主加强合规建设。针对民营企业内部人员犯罪案件中反映出的内部管理问题，通过制发检察建议等方式促进源头治理，帮助企业查缺补漏、建章立制、加强管理，推动建立现代企业制度。会同工商联等鼓励、引导民营企业自主加强合规建设，把廉洁经营作为合规建设重要内容，出台企业廉洁合规指引与建设标准，落实内部监督检查制度，对人财物和基建、采购、销售等重点部门、重点环节、重点人员实施财务审核、检查、审计，及时发现和预防违法犯罪问题，推动建设法治民营企业、清廉民营企业。

12.创新开展犯罪预防工作。加强与各级工商联以及行业协会、商会等单位合作，根据不同类型民营企业内部人员犯罪的发案特点，有针对性加强犯罪预防工作。通过发布典型案例，举办"检察开放日"、常态化开展检察官巡讲、巡展等法治宣传教育,加大以案释法力度。通过公开送达法律文书、邀请参加典型案件庭审观摩等方式,引导民营企业内部人员增强法治意识、廉洁意识、底线意识。充分利用检察机关新媒体平台,持续宣传依法平等保护民营经济的理念、做法、成效,促进凝聚社会共识。

市场监督管理投诉举报处理暂行办法

(2019年11月30日国家市场监督管理总局令第20号公布 根据2022年3月24日国家市场监督管理总局令第55号第一次修正 根据2022年9月29日国家市场监督管理总局令第61号第二次修正)

第一条 为规范市场监督管理投诉举报处理工作,保护自然人、法人或者其他组织合法权益,根据《中华人民共和国消费者权益保护法》等法律、行政法规,制定本办法。

第二条 市场监督管理部门处理投诉举报,适用本办法。

第三条 本办法所称的投诉,是指消费者为生活消费需要购买、使用商品或者接受服务,与经营者发生消费者权益争议,请求市场监督管理部门解决该争议的行为。

本办法所称的举报,是指自然人、法人或者其他组织向市场监督管理部门反映经营者涉嫌违反市场监督管理法律、法规、规章线索的行为。

第四条 国家市场监督管理总局主管全国投诉举报处理工作,指导地方市场监督管理部门投诉举报处理工作。

县级以上地方市场监督管理部门负责本行政区域内的投诉举报处理工作。

第五条 市场监督管理部门处理投诉举报,应当遵循公正、高效的原则,做到适用依据正确、程序合法。

第六条 鼓励社会公众和新闻媒体对涉嫌违反市场监督管理法律、法规、规章的行为依法进行社会监督和舆论监督。

鼓励消费者通过在线消费纠纷解决机制、消费维权服务站、消费维权绿色通道、第三方争议解决机制等方式与经营者协商解决消费者权益争议。

第七条 向市场监督管理部门同时提出投诉和举报,或者提供的材料同时包含投诉和举报内容的,市场监督管理部门应当按照本办法规定的程序对投诉和举报予以分别处理。

第八条 向市场监督管理部门提出投诉举报的,应当通过市场监督管理部门公布的接收投诉举报的互联网、电话、传真、邮寄地址、窗口等渠道进行。

第九条 投诉应当提供下列材料:

(一)投诉人的姓名、电话号码、通讯地址;

(二)被投诉人的名称(姓名)、地址;

(三)具体的投诉请求以及消费者权益争议事实。

投诉人采取非书面方式进行投诉的,市场监督管理部门工作人员应当记录前款规定信息。

第十条 委托他人代为投诉的,除提供本办法第九条第一款规定的材料外,还应当提供授权委托书原件以及受托人身份证明。

授权委托书应当载明委托事项、权限和期限,由委托人签名。

第十一条 投诉人为两人以上,基于同一消费者权益争议投诉同一经营者的,经投诉人同意,市场监督管理部门可以按共同投诉处理。

共同投诉可以由投诉人书面推选两名代表人进行投诉。代表人的投诉行为对其代表的投诉人发生效力,但代表人变更、放弃投诉请求或者达成调解协议的,应当经被代表的投诉人同意。

第十二条 投诉由被投诉人实际经营地或者住所地县级市场监督管理部门处理。

对电子商务平台经营者以及通过自建网站、其他网络服务销售商品或者提供服务的电子商务经营者的投诉,由其住所地县级市场监督管理部门处理。对平台内经营者的投诉,由其实际经营地或者平台经营者住所地县级市场监督管理部门处理。

上级市场监督管理部门认为有必要的,可以处理下级市场监督管理部门收到的投诉。下级市场监督管理部门认为需要由上级市场监督管理部门处理本行政机关收到的投诉的,可以报请上级市场监督管理部门决定。

第十三条 对同一消费者权益争议的投诉,两个以上市场监督管理部门均有处理权限的,由先收到投诉的市场监督管理部门处理。

第十四条 具有本办法规定的处理权限的市场监督管理部门,应当自收到投诉之日起七个工作日内作出受理或者不予受理的决定,并告知投诉人。

第十五条 投诉有下列情形之一的,市场监督管理部门不予受理:

(一)投诉事项不属于市场监督管理部门职责,或者本行政机关不具有处理权限的;

(二)法院、仲裁机构、市场监督管理部门或者其他行政机关、消费者协会或者依法成立的其他调解组织已经受理或者处理过同一消费者权益争议的;

(三)不是为生活消费需要购买、使用商品或者接受服务,或者不能证明与被投诉人之间存在消费者权益争议的;

(四)除法律另有规定外,投诉人知道或者应当知道自己的权益受到被投诉人侵害之日起超过三年的;

(五)未提供本办法第九条第一款和第十条规定的材料的;

(六)法律、法规、规章规定不予受理的其他情形。

第十六条 市场监督管理部门经投诉人和被投诉人同意,采用调解的方式处理投诉,但法律、法规另有规定的,依照其规定。

鼓励投诉人和被投诉人平等协商,自行和解。

第十七条 市场监督管理部门可以委托消费者协会或者依法成立的其他调解组织等单位代为调解。

受委托单位在委托范围内以委托的市场监督管理部门名义进行调解,不得再委托其他组织或者个人。

第十八条 调解可以采取现场调解方式,也可以采取互联网、电话、音频、视频等非现场调解方式。

采取现场调解方式的,市场监督管理部门或者其委托单位应当提前告知投诉人和被投诉人调解的时间、地点、调解人员等。

第十九条 调解由市场监督管理部门或者其委托单位工作人员主持,并可以根据需要邀请有关人员协助。

调解人员是投诉人或者被投诉人的近亲属或者有其他利害关系,可能影响公正处理投诉的,应当回避。投诉人或者被投诉人对调解人员提出回避申请的,市场监督管理部门应当中止调解,并作出是否回避的决定。

第二十条 需要进行检定、检验、检测、鉴定的,由投诉人和被投诉人协商一致,共同委托具备相应条件的技术机构承担。

除法律、法规另有规定的外,检定、检验、检测、鉴定所需费用由投诉人和被投诉人协商一致承担。

检定、检验、检测、鉴定所需时间不计算在调解期限内。

第二十一条 有下列情形之一的,终止调解:

(一)投诉人撤回投诉或者双方自行和解的;

(二)投诉人与被投诉人对委托承担检定、检验、检测、鉴定工作的技术机构或者费用承担无法协商一致的;

(三)投诉人或者被投诉人无正当理由不参加调解,或者被投诉人明确拒绝调解的;

(四)经组织调解,投诉人或者被投诉人明确表示无法达成调解协议的;

(五)自投诉受理之日起四十五个工作日内投诉人和被投诉人未能达成调解协议的;

(六)市场监督管理部门受理投诉后,发现存在本办法第十五条规定情形的;

(七)法律、法规、规章规定的应当终止调解的其他情形。

终止调解的,市场监督管理部门应当自作出终止调解决定之日起七个工作日内告知投诉人和被投诉人。

第二十二条 经现场调解达成调解协议的,市场监督管理部门应当制作调解书,但调解协议已经即时履行或者双方同意不制作调解书的除外。调解书由投诉人和被投诉人双方签字或者盖章,并加盖市场监督管理部门印章,交投诉人和被投诉人各执一份,市场监督管理部门留存一份归档。

未制作调解书的,市场监督管理部门应当做好调解记录备查。

第二十三条 市场监督管理部门在调解中发现涉嫌违反市场监督管理法律、法规、规章线索的,应当自发现之日起十五个工作日内予以核查,并按照市场监督管理行政处罚有关规定予以处理。特殊情况下,核查时限可以延长十五个工作日。法律、法规、规章另有规定的,依照其规定。

对消费者权益争议的调解不免除经营者依法应当承担的其他法律责任。

第二十四条 举报人应当提供涉嫌违反市场监督管理法律、法规、规章的具体线索,对举报内容的真实性负责。举报人采取非书面方式进行举报的,市场监督管理部门工作人员应当记录。

鼓励经营者内部人员依法举报经营者涉嫌违反市场监督管理法律、法规、规章的行为。

第二十五条 举报由被举报行为发生地的县级以上市场监督管理部门处理。法律、行政法规、部门规章另有规定的,从其规定。

第二十六条 县级市场监督管理部门派出机构在县级市场监督管理部门确定的权限范围内以县级市场监督管理部门的名义处理举报,法律、法规、规章授权以派出机构名义处理举报的除外。

第二十七条 对电子商务平台经营者和通过自建网站、其他网络服务销售商品或者提供服务的电子商务经营者的举报,由其住所地县级以上市场监督管理部门处理。

对平台内经营者的举报,由其实际经营地县级以上市场监督管理部门处理。电子商务平台经营者住所地县级以上市场监督管理部门先行收到举报的,也可以予以处理。

第二十八条 对利用广播、电影、电视、报纸、期刊、互联网等大众传播媒介发布违法广告的举报,由广告发布者所在地市场监督管理部门处理。广告发布者所在地市场监督管理部门处理对异地广告主、广告经营者的举报有困难的,可以将对广告主、广告经营者的举报移送广告主、广告经营者所在地市场监督管理部门处理。

对互联网广告的举报,广告主所在地、广告经营者所在地市场监督管理部门先行收到举报的,也可以予以处理。

对广告主自行发布违法互联网广告的举报,由广告主所在地市场监督管理部门处理。

第二十九条 收到举报的市场监督管理部门不具备处理权限的,应当告知举报人直接向有处理权限的市场监督管理部门提出。

第三十条 两个以上市场监督管理部门因处理权限发生争议的,应当自发生争议之日起七个工作日内协商解决,协商不成的,报请共同的上一级市场监督管理部门指定处理机关;也可以直接由共同的上一级市场监督管理部门指定处理机关。

第三十一条 市场监督管理部门应当按照市场监督管理行政处罚等有关规定处理举报。

举报人实名举报的,有处理权限的市场监督管理部门还应当自作出是否立案决定之日起五个工作日内告知举报人。

第三十二条 法律、法规、规章规定市场监督管理部门应当将举报处理结果告知举报人或者对举报人实行奖励的,市场监督管理部门应当予以告知或者奖励。

第三十三条 市场监督管理部门应当对举报人的信息予以保密,不得将举报人个人信息、举报办理情况等泄露给被举报人或者与办理举报工作无关的人员,但提供的材料同时包含投诉和举报内容,并且需要向被举报人提供组织调解所必需信息的除外。

第三十四条 市场监督管理部门应当加强对本行政区域投诉举报信息的统计、分析、应用,定期公布投诉举报统计分析报告,依法公示消费投诉信息。

第三十五条 对投诉举报处理工作中获悉的国家秘密以及公开后可能危及国家安全、公共安全、经济安全、社会稳定的信息,市场监督管理部门应当严格保密。

涉及商业秘密、个人隐私等信息,确需公开的,依照《中华人民共和国政府信息公开条例》等有关规定执行。

第三十六条 市场监督管理部门应当畅通全国12315平台、12315专用电话等投诉举报接收渠道,实行统一的投诉举报数据标准和用户规则,实现全国投诉举报信息一体化。

第三十七条 县级以上地方市场监督管理部门统一接收投诉举报的工作机构,应当及时将投诉举报分送有处理权限的下级市场监督管理部门或者同级市场监督管理部门相关机构处理。

同级市场监督管理部门相关机构收到分送的投诉举报的,应当按照本办法有关规定及时处理。不具备处理权限的,应当及时反馈统一接收投诉举报的工作机构,不得自行移送。

第三十八条 市场监督管理部门处理依法提起的除本办法第三条规定以外的其他投诉的,可以参照本办法执行。

举报涉嫌违反《中华人民共和国反垄断法》的行为的,按照国家市场监督管理总局专项规定执行。专项规定未作规定的,可以参照本办法执行。

药品监督管理部门、知识产权行政部门处理投诉举报,适用本办法,但法律、法规另有规定的,依照其规定。

第三十九条 自然人、法人或者其他组织反映国家机关、事业单位、代行政府职能的社会团体及其他组织的行政事业性收费问题的,按照《信访工作条例》有关规定处理。

以投诉举报形式进行咨询、政府信息公开申请、行政复议申请、信访、纪检监察检举控告等活动的,不适用本办法,市场监督管理部门可以告知通过相应途径提出。

第四十条 本办法自2020年1月1日起施行。1998年3月12日原国家质量技术监督局令第51号公布的《产品质量申诉处理办法》、2014年2月14日原国家工商行政管理总局令第62号公布的《工商行政管理部门处理消费者投诉办法》、2016年1月12日原国家食品药品监督管理总局令第21号公布的《食品药品投诉举报管理办法》同时废止。

六、典型案例

1. 公平竞争

(1) 江苏省昆山宏某混凝土有限公司诉昆山市住房和城乡建设局限制开展生产经营活动及规范性文件审查案

关键词：市场准入

来源：最高人民法院发布首批涉市场准入行政诉讼十大典型案例之六(2025年3月3日)

1. 基本案情

2018年12月,江苏金某公司与昆山宏某混凝土有限公司(以下简称宏某公司)签订混凝土购销合同,约定由宏某公司提供预拌混凝土建设某住宅项目。后出现工程质量问题,经专业机构检测和专业论证,明确混凝土强度不足系主要原因。昆山市住房和城乡建设局(以下简称住建局)对宏某公司销售未达标水泥行为予以罚款,并责令建设方对已浇筑项目限期整改(后经拆除重铸、实体加固后验收合格)。2020年11月24日,住建局作出(2020)352号《关于对周市镇339省道南侧、青阳北路东侧住宅项目混凝土强度质量问题处理决定的通报》(以下简称352号通报),决定根据《昆山市房屋建筑和市政基础设施工程材料登记管理暂行办法》(以下简称《暂行办法》)的规定,对宏某公司已登记的预拌混凝土取消材料登记,且半年内不得再次申报登记,并将该公司列入暂停在该市承接业务施工企业名单。宏某公司不服诉至法院,请求判决撤销352号通报,采取补救措施,并对《暂行办法》一并进行规范性文件审查。

2. 法院裁判

常熟市人民法院一审认为,《暂行办法》第 15 条第 6 项有关取消材料登记的规定,明显超越《江苏省房屋建筑和市政基础设施工程质量监督管理办法》(以下简称《省工程质监办法》)第 22 条第 2 项规定的幅度和范围,鉴于该取消登记期限届满已无可撤销内容,故判决确认 352 号通报违法,驳回其他诉讼请求。宏某公司上诉后,苏州市中级人民法院二审认为,《暂行办法》第 4 条有关"实行登记的材料应在完成登记公布后方可使用"和第 15 条有关"取消登记""半年内不得再次申报登记"等规定,实质性设立限制开展生产经营活动的行政处罚,明显超出《省工程质监办法》规定的登记内容和范围,增加了企业义务,且该《暂行办法》未履行相关制定、备案手续,遂判决驳回上诉、维持原判。其后,住建局接受司法建议,自行撤销了《暂行办法》。

3. 典型意义

本案系行政管理部门限制经营主体开展生产经营活动引发的行政争议。国务院《优化营商环境条例》第 64 条第 1 款规定,没有法律、法规或者国务院决定和命令依据的,行政规范性文件不得减损经营主体合法权益或者增加其义务,不得设置市场准入和退出条件,不得干预经营主体正常生产经营活动。实践中,经营主体无法自主有序开展活动的痛点、堵点,很多源于地方政府及其部门的"红头文件"。本案中,人民法院明确指出,预拌混凝土质量问题涉及建筑安全,严厉查处违法企业的同时,采取的具体措施应有合法依据;《暂行办法》设定诸多法外限制条件,不得作为涉案通报的合法性依据。人民法院在一并审查规范性文件时,有必要从制定机关是否越权或违反法定程序,是否存在与上位规定抵触,是否违法增加公民、法人和其他组织义务或减损其合法权益等方面强化审查,监督和支持行政机关依法履职,营造市场化、法治化的营商环境。

(2) 甲物业管理公司诉某县财政局投诉处理决定案

关键词: 政府采购、招标投标

来源: 最高人民法院发布八起人民法院服务保障全国统一大市

建设行政诉讼典型案例之八(2023年12月)

1. 基本案情

2020年7月,某县人民医院作为采购人,某县交易中心作为采购代理机构发布物业管理服务公开招标公告。2020年8月,甲物业管理公司中标。因其他供应商质疑投诉,2020年9月,某县财政局经调查认为,涉案项目招标文件关于供应商须在某县所属市的政府采购网和公共资源交易网上进行注册登记的规定,违反了《中华人民共和国政府采购法实施条例》第二十条第八项及《国务院办公厅转发国家发展改革委关于深化公共资源交易平台整合共享指导意见的通知》第二条第六项的规定,向某县交易中心发出整改通知书,要求其废标,重新组织招标。2020年10月,某县交易中心发布废标结果公告,重新组织招标。甲物业管理公司向某县财政局投诉。2020年11月,某县财政局作出投诉处理决定,认定该公司的投诉事项不成立,决定驳回。甲物业管理公司提起诉讼,请求撤销某县财政局作出的投诉处理决定,判令该局重新作出投诉处理决定。

2. 法院裁判

人民法院生效判决认为,《中华人民共和国政府采购法》《中华人民共和国政府采购法实施条例》及《某市政府采购供应商准入管理暂行办法》均未规定供应商须在政府采购网或公共资源交易网上注册登记。《中华人民共和国政府采购法实施条例》第二十条第八项规定:"采购人或者采购代理机构有下列情形之一的,属于以不合理的条件对供应商实行差别待遇或者歧视待遇:……(八)以其他不合理条件限制或者排斥潜在供应商。"《财政部关于促进政府采购公平竞争优化营商环境的通知》第一条第一款第三项规定:"全面清理政府采购领域妨碍公平竞争的规定和做法,重点纠正以下问题:……(三)要求供应商在政府采购活动前进行不必要的登记、注册,或者要求设立分支机构,设置或者变相设置进入政府采购市场的障碍"。涉案项目招标文件违反《中华人民共和国政府采购法》第二十二条第二款"采购人可以根据采购项目的特殊要求,规定供应商的特定条件,但不得以不合理的条件对供应商实行差别待遇或者歧视待遇"的规定。依照该法第三十六条第一款第二项"在招标采购中,出现下列情形之一的,应予废标:……

(二)出现影响采购公正的违法、违规行为的"之规定,应予废标,某县财政局向某县交易中心下达的整改通知符合法律规定,故判决驳回甲物业管理公司的诉讼请求。

3. 典型意义

政府采购市场是统一大市场的重要组成部分。维护政府采购市场的公平竞争,对构建全国统一大市场具有重要引领作用。政府采购应当遵循公平竞争原则,不得违法限定投标人所在地、所有制形式、组织形式或设定其他不合理的条件,不得排斥、限制经营者参与政府采购活动。本案中,采购招标文件要求供应商在参与采购活动前须在指定网站注册登记,限制、排斥了潜在的供应商,妨碍了公平竞争。人民法院依法支持政府采购监管部门依法行使职权,破除地方保护和市场分割,依法保护各类市场主体平等参与政府采购的权利,有力地维护了统一开放、竞争有序的政府采购市场秩序。

(3)企业征信数据平台不正当竞争纠纷案——数据使用者不正当竞争行为的认定

关键词: 不正当竞争

来源: 最高人民法院发布反垄断和反不正当竞争典型案例之八(2024年9月11日)

1. 基本案情

深圳市长某顺企业管理咨询有限公司(以下简称长某顺公司)指控北京金某科技有限公司(以下简称金某公司)、北京天某查科技有限公司(以下简称天某查公司)以下行为构成不正当竞争:(1)在"天某查"网站发布的数据中未包含其在深圳联合产权交易所登记的股权信息;(2)在"天某查"网站发布的长某顺公司与深圳奥某德集团股份有限公司(以下简称奥某德公司)之间的持股关系与实际情况不符;(3)在收到长某顺公司的律师函及附件后,未对"天某查"网站中的数据进行修正。长某顺公司据此请求判决二被告将其列入奥某德公司股东列表、消除影响并赔偿其维权开支。

2. 法院裁判

深圳市中级人民法院经审理认为,本案所涉原始数据为长某顺公司的对外持股信息,企业对外投资、历史变更情况等直接关系其市场竞争地位。长某顺公司作为金某公司、天某查公司运营的征信数据系统中的数据原始主体,对于该征信数据系统公布的长某顺公司的对外持股信息,具有竞争法意义上的竞争权益。金某公司、天某查公司作为数据使用主体,对于数据原始主体负有数据质量保证义务。如果金某公司、天某查公司在发布企业数据时出现质量问题,会造成数据原始主体竞争权益的增加或减损,同时也会损害数据消费者基于其合理信赖所产生的利益。本案中,"天某查"网站的经营者在收到长某顺公司关于数据准确性问题的投诉及相关证明材料后,有义务对相关数据进行核查并更新,但其既未审查投诉证明材料的真实性,也未采取合理措施纠正征信数据系统中的数据偏差,导致长某顺公司对外持股信息长期未能在"天某查"网站得以显示。错误的持股信息必然带来数据消费主体对长某顺公司经营状况的错误判断,进而对长某顺公司的市场竞争权益产生损害,并损害数据消费者的知情权与互联网征信行业正常的市场竞争秩序。综上,金某公司、天某查公司的行为构成不正当竞争,应当承担停止侵害、消除影响等民事责任,遂判令金某公司、天某查公司在其经营的"天某查"网站将长某顺公司的持股信息列入奥某德公司的股东信息页面,刊登声明消除影响,并赔偿长某顺公司合理维权开支 30,880 元。

3. 典型意义

本案为数据使用者不正当竞争行为认定的典型案例。人民法院充分考虑大数据业态发展阶段、商业模式、技术现状,以及数字经济发展现状与规律,积极探索适用反不正当竞争法的原则性条款,合理确定原始数据主体竞争权益的范围以及数据使用者应当承担的数据质量保证义务等,对于促进数据产业健康发展,助力营造开放、健康、安全的数字生态具有积极意义。

2. 投资融资促进

(1) 某市国有资产经营公司与某建设集团公司、某银行分行等借款合同纠纷案——发挥司法审判职能,降低民企融资成本

关键词: 降低民企融资成本

来源: 最高人民法院发布12起人民法院助力中小微企业发展典型案例之八(2022年4月19日)

1. 基本案情

某建设集团公司因其在某银行分行的贷款即将到期,于2016年12月15日向某市国有资产经营公司申请等额的应急循环资金用于偿还贷款,期限为10天。同年12月22日,某银行分行向某市国有资产经营公司出具《续贷承诺书》,承诺在该行的贷款于2016年12月22日到期后为某建设集团公司续贷2330万元,保证在2016年12月31日前发放并全额划转至某建设集团公司专项资金账户,若在上述规定期限内未能全额归还某市国有资产经营公司向某建设集团公司发放的应急循环资金借款或因该行违约导致某市国有资产经营公司应急资金损失的,该行同意承担上述资金归还、补足的清偿责任。当日,某市国有资产经营公司与某建设集团公司签订《借款合同》,同时与某建设集团公司的法定代表人吴某某及其近亲属吴某、江某签订《最高额保证合同》。该两份合同约定:某建设集团公司借款1700万元作为应急循环资金,借款期限为2016年12月22日至2016年12月31日,日利率为万分之五;吴某某、吴某、江某分别为某建设集团公司的前述借款提供最高额为2000万元和1700万元的连带责任保证。合同签订后,某市国有资产经营公司按约向某建设集团公司发放1700万元应急循环资金。后某银行分行未如约续贷,某建设集团公司仅向某市国有资产经营公司偿还了部分借款。某市国有资产经营公司提起诉讼。

2. 法院裁判

湖北省黄石市西塞山区人民法院考虑到某建设集团公司受疫情及房价下行等因素影响偿债能力不足，积极组织各方协商，努力寻找最佳纠纷解决方案。经多轮谈判磋商，某市国有资产经营公司与某银行分行达成《融资合作协议》，某银行分行为某市国有资产经营公司提供优惠资金支持，并协助某建设集团公司在2021年11月30日前将六套房屋抵押登记在某市国有资产经营公司名下，某市国有资产经营公司保证不再向某银行分行主张任何权利。此后，某市国有资产经营公司申请撤回了对某银行分行的起诉。

法院在确认《融资合作协议》履行完毕且房屋抵押登记手续完成的情形下作出民事裁定书，依法准许撤诉。针对某市国有资产经营公司向某建设集团公司等主张的诉讼请求，依法判决某建设集团公司偿还借款并支付违约金，吴某某等承担连带清偿责任。

3. 典型意义

人民法院助力地方政府为中小微企业纾困政策落地见效，积极整合地方政府中小微企业融资平台和商业银行融资渠道，为中小微企业获得信贷提供司法保障。本案系借用应急循环资金"过桥"而引发的借款合同纠纷案件，涉及地方政府融资平台公司、民营中小微企业和金融机构三方主体，法院在厘清各方权利义务的基础上，保障应急循环资金池的正常运作，引导银行持续为应急循环资金池提供资金支持，确保"池里有水"，使政府融资平台公司有能力持续为本市中小微企业纾困解难；释明法定利率保护上限及民营企业面临的生存困境，引导国资公司主动大幅度降息，减轻了企业的资金压力；引导银行协助将债务人的房屋进行抵押，给政府融资平台公司吃"定心丸"，保障了国有资金的安全。通过调判结合方式巧妙平衡各方利益，达到了依法妥善审理金融借款纠纷案件、切实降低中小微企业融资成本、发挥司法助力中小微企业发展的效果。

(2) 华融国际信托有限责任公司与山西梅园华盛能源开发有限公司等金融借款合同纠纷案

关键词: 降低民企融资成本

来源: 最高人民法院发布十起人民法院助推民营经济高质量发展典型民商事案例之四(2021年9月3日)

1. 基本案情

2013年5月30日,华融国际信托有限责任公司(简称华融信托)与山西梅园华盛能源开发有限公司(简称梅园华盛)(借款人)签订《信托贷款合同》,约定分期发放贷款4.1亿元,贷款期限30个月,并就利息、罚息、违约金等进行了约定。2014年6月20日,梅园华盛与华融信托签订《财务顾问协议》,约定梅园华盛根据贷款发放进度分期支付财务顾问费用3405万元。后因梅园华盛未能如期还款,华融信托诉至法院。

2. 法院裁判

一审判令梅园华盛向华融信托支付借款本金3.893亿元及利息,以及按日0.05%标准计算的违约金,按借款总额支付20%的违约金等。最高人民法院二审认为,因华融信托不能举证证明其为梅园华盛提供了何种具体的财务顾问服务,应当认定其未提供。结合贷款实际发放和梅园华盛支付财务顾问费的时间,财务顾问费用分期支付之时,华融信托的贷款尚未发放完成,应当认定案涉3405万元财务顾问费为预先收取的利息,并在计算欠款本金时予以扣除。另外,《信托贷款合同》约定了贷款期限的前24个月按12%计息,后6个月按14%计息,逾期贷款本金按贷款日利率的150%按日计收罚息,并对应付未付利息按贷款日利率的150%按日计收复利;不按约定归集资金的,按贷款本金余额的0.05%按日计收违约金(年化利率为18%),未及时偿还全部借款的,还应另行支付已发放贷款本金20%的违约金。加上作为"砍头息"收取的财务顾问费用3405万元约为贷款总额的8.3%,贷款人华融信托同时主张的利息、复利、罚息、违约金和其他费用过高,显著背离实际损失,应当依法予以调减。

3. 典型意义

坚持以人民为中心的发展思想,就是要在高质量发展中促进共同富裕,正确处理效率和公平的关系,取缔非法收入,切实降低实体企业的实际融资成本,促进社会公平正义。该案贷款人共计借出款项4.098亿元,同时以财务顾问费的形式,在每次放款前均要求借款人提前支付"砍头息",共计3405万元,约为贷款总额的8.3%。二审法院因贷款人不能举证证明其为借款人具体提供了何种财务顾问服务,故认定其实际未提供财务顾问服务,将收取的高额财务顾问费用认定为以顾问费名义预先收取利息,在计算欠款本金时予以扣除。同时,原借款合同约定了非常复杂的利息、复利、罚息、违约金以及其他费用的计算方式,给实体企业增加了沉重的违约负担。二审依法予以调整,体现了人民法院秉持以人民为中心促进共同富裕的理念,依法保护合法收入,坚决取缔非法收入。

3. 科技创新

(1)"新能源汽车底盘"技术秘密侵权案——技术秘密侵权判断及停止侵害的具体措施

关键词: 保护科技创新

来源: 最高人民法院发布反垄断和反不正当竞争典型案例之五(2024年9月11日)

1. 基本案情

浙江吉某控股集团有限公司的下属公司近40名高级管理人员及技术人员先后离职赴威某汽车科技集团有限公司及其关联公司(威某四公司统称威某方)工作,其中30人于2016年离职后即入职。2018年,浙江吉某控股集团有限公司、浙江吉某汽车研究院有限公司(吉某两公司统称吉某方)发现威某方两公司以上述部分离职人员作为发明人或共同发明人,利用在原单位接触、掌握的新能源汽车底盘应用技术以及其中的12套底盘零部件图纸及数模承载的技术信息(以下称涉案技术秘密)申请了12件专利,且威某方推出的威某EX系列型号电动汽车,涉嫌侵害涉案技术秘密。吉某方向一审法院提起诉讼,请求判令威某方停止侵害并赔偿经济损失及合理开支共21亿元。

2. 法院裁判

一审法院经审理认为,威某汽车制造温州有限公司(以下简称威某温州公司)侵害了吉某方涉案5套底盘零部件图纸技术秘密,酌定其赔偿吉某方经济损失及维权合理开支共700万元。吉某方、威某温州公司均不服,提起上诉。

最高人民法院二审认为,本案是一起有组织、有计划地以不正当手段大规模挖取新能源汽车技术人才及技术资源引发的侵害技术秘密案件。通过整体分析和综合判断,威某方实施了以不正当手段获取全部涉案技术秘密、以申请专利的方式非法披露部分涉案技术秘密、使用全部涉案技术秘密的行为。二审判决在总体判令威某方应立即停止披露、使用、允许他人使用涉案技术秘密的基础上,进一步细化和明确其停止侵害的具体方式、内容、范围,包括但不限于:除非获得吉某方的同意,威某方停止以任何方式披露、使用、允许他人使用涉案技术秘密,不得自己实施、许可他人实施、转让、质押或者以其他方式处分涉案12件专利;将所有载有涉案技术秘密的图纸、数模及其他技术资料予以销毁或者移交吉某方;以发布公告、公司内部通知等方式,将判决及其中有关停止侵害的要求,通知威某方及其所有员工以及关联公司、相关部件供应商,并要求有关人员和单位签署保守商业秘密及不侵权承诺书等。考虑威某方具有明显侵权故意、侵权情节恶劣、侵害后果严重等因素,对威某方2019年5月至2022年第一季度的侵权获利适用2倍惩罚性赔偿,威某方应赔偿吉某方经济损失及合理开支约6.4亿元。为保障非金钱给付义务的履行,二审判决进一步明确如威某方违反判决确定的停止侵害等非金钱给付义务,应以每日100万元计付迟延履行金;如威某方擅自处分12件专利,应针对其中每件专利一次性支付100万元等。

3. 典型意义

本案是有力打击有组织、有计划、大规模侵害技术秘密行为的典型案例。人民法院在整体判断侵害技术秘密行为的基础上,不仅适用惩罚性赔偿法律规定确定赔偿数额,还对停止侵害民事责任的具体承担及非金钱给付义务迟延履行金的计付标准等进行积极有益的探索。充分彰显了严格保护知识产权的鲜明态度和打击不正当竞争的坚定决心,有利于营造尊重原创、公平竞争、保护科技创新的法治环境。

(2) 广州天某高新材料股份有限公司、九江天某高新材料有限公司诉安徽纽某精细化工有限公司等侵害技术秘密纠纷案

关键词: 惩罚性赔偿

来源: 最高人民法院发布第39批指导性案例之三【指导性案例219号】(2023年12月15日)

1. 基本案情

2000年6月6日,广州天某高新材料股份有限公司(以下简称广州天某公司)登记成立。2007年10月30日,九江天某高新材料有限公司(以下简称九江天某公司)登记成立,独资股东是广州天某公司。两天某公司为证明两者之间存在卡波技术的许可使用关系,提交了两份授权书。第一份授权书于2008年9月30日出具,记载:现将广州天某公司自主研发的卡波姆产品生产技术及知识产权授予九江天某公司无偿使用,授权期限为十年,从2008年10月1日至2018年9月30日止。在授权期间内,九江天某公司拥有该项技术的使用权,其权利包括但不限于:利用该技术生产、制造、销售产品,利用该技术改善其目前的产业流程,对该技术成果进行后续改进形成新的技术成果等。未经双方书面同意与确认,广州天某公司和九江天某公司不得将该项技术授予其他任何单位或个人使用。授权期满后,授予的使用权将归还广州天某公司所有。第二份授权书于2018年9月15日出具,授权期限自2018年10月1日至2028年9月30日,授权内容同第一份授权书。本案案涉产品即为卡波,也称卡波姆(Carbomer),中文别名聚

丙烯酸、羧基乙烯共聚物,中和后的卡波是优秀的凝胶基质,广泛应用于乳液、膏霜、凝胶中。

2011年8月29日,安徽纽某精细化工有限公司(以下简称安徽纽某公司)登记成立,成立时法定代表人是刘某,刘某出资比例为70%,后法定代表人变更为吴某成。

华某于2004年3月30日入职广州天某公司,2013年11月8日离职。2007年12月30日至离职,华某先后与广州天某公司签订《劳动合同》及《商业保密、竞业限制协议》《员工手册》《专项培训协议》等文件,就商业秘密的保密义务、竞业限制等方面进行了约定。朱某良、胡某春曾就职于广州天某公司,在职期间均与广州天某公司签订了《劳动合同》《商业保密、竞业限制协议》《商业技术保密协议》等。2012年至2013年期间,华某利用其卡波产品研发负责人的身份,以撰写论文为由向九江天某公司的生产车间主任李某某索取了卡波生产工艺技术的反应釜和干燥机设备图纸,还违反广州天某公司管理制度,多次从其在广州天某公司的办公电脑里将卡波生产项目工艺设备的资料拷贝到外部存储介质中。华某非法获取两天某公司卡波生产技术中的生产工艺资料后,先后通过U盘拷贝或电子邮件发送的方式将两天某公司的卡波生产工艺原版图纸、文件发送给刘某、朱某良、胡某春等人,并且华某、刘某、朱某良、胡某春对两天某公司卡波生产工艺技术的原版图纸进行了使用探讨。在此过程中,胡某春与朱某良均提出是否会侵犯九江天某公司的相关权利,华某则要求胡某春根据两天某公司卡波生产工艺技术的原版图设计安徽纽某公司的生产工艺,并交代胡某春设计时不要与两天某公司做得一模一样等。于是胡某春按照华某的要求对广州天某公司卡波工艺设计图进行修改,最后将修改后的图纸委托山东某工程设计有限公司合肥分院作出设计,委托江苏某机械有限公司制造反应釜,并向与两天某公司有合作关系的上海某粉体机械制造公司订购与两天某公司一样的粉碎机械设备,再委托江苏无锡某搅拌设备有限公司根据江苏某机械有限公司的技术方案设计总装图,进而按照总装图生产搅拌器。

至迟自2014年起,安徽纽某公司利用华某从两天某公司非法获取的卡波生产工艺、设备技术生产卡波产品,并向国内外公司销售,销售范围多达二十余个国家和地区。生产卡波产品为安徽纽某公司的主要经营业务,无证据证明其还生产其他产品。2018年1月,安徽纽某公司原法定代表人刘某等因侵犯商业秘密罪被追究刑事责任,在相关刑事判决已经认定华某、刘某等实施了侵犯权利人技术秘密行为的情况下,安徽纽某公司仍未停止侵权。依据相关证据,安徽纽某公司自2014年起,直至2019年8月,始终持续销售卡波产品。

广州天某公司、九江天某公司于2017年以安徽纽某公司、华某、刘某、胡某春、朱某良等侵害其卡波技术秘密为由诉至法院,请求判令各被告停止侵权、赔偿损失、赔礼道歉。

2. 裁判结果

广州知识产权法院于2019年7月19日作出(2017)粤73民初2163号民事判决:一、华某、刘某、胡某春、朱某良、安徽纽某公司于本判决生效之日起立即停止侵害广州天某公司、九江天某公司涉案技术秘密,并销毁记载涉案技术秘密的工艺资料。二、安徽纽某公司于本判决生效之日起十日内赔偿广州天某公司、九江天某公司经济损失3000万元及合理开支40万元,华某、刘某、胡某春、朱某良对前述赔偿数额分别在500万元、500万元、100万元、100万元范围内承担连带责任。三、驳回广州天某公司、九江天某公司其他诉讼请求。一审宣判后,广州天某公司、九江天某公司、安徽纽某公司、华某、刘某向最高人民法院提起上诉。

最高人民法院于2020年11月24日作出(2019)最高法知民终562号民事判决:一、维持广州知识产权法院(2017)粤73民初2163号民事判决第一项、第三项。二、变更广州知识产权法院(2017)粤73民初2163号民事判决第二项为:安徽纽某公司于本判决生效之日起十日内赔偿广州天某公司、九江天某公司经济损失3000万元及合理开支40万元,华某、刘某、胡某春、朱某良对前述赔偿数额分别在500万元、3000万元、100万元、100万元范围内承担连带责任。三、驳回广州天某公司、九江天某公司的其他上诉请求。四、驳回华某、刘某、安徽纽某公司的上诉请求。二审宣判后,安徽纽某公司、华某、刘某向最高人民法院提起再审申请。

最高人民法院于2021年10月12日作出(2021)最高法民申4025

号民事裁定:驳回华某、刘某、安徽纽某公司的再审申请。

3. 裁判理由

最高人民法院认为:《中华人民共和国反不正当竞争法》(以下简称反不正当竞争法)第十七条第三款规定,因不正当竞争行为受到损害的经营者的赔偿数额,按照其因被侵权所受到的实际损失确定;实际损失难以计算的,按照侵权人因侵权所获得的利益确定。经营者恶意实施侵犯商业秘密行为,情节严重的,可以在按照上述方法确定数额的一倍以上五倍以下确定赔偿数额。赔偿数额还应当包括经营者为制止侵权行为所支付的合理开支。

本案中,两天某公司的实际损失无法查清,故根据已查明的安徽纽某公司的部分销售情况进行计算得出其侵权获利。安徽纽某公司生产的卡波产品,其工艺、流程和部分设备侵害了两天某公司的涉案技术秘密,但其卡波配方并未被认定侵害两天某公司的技术秘密。原审法院在确定侵权获利时未考虑涉案技术秘密在卡波生产中的作用,同时也未充分考虑除涉案技术秘密信息之外的其他生产要素在卡波产品生产过程中的作用,以安徽纽某公司自认的3700余万元销售额乘以精细化工行业毛利率32.26%,得到安徽纽某公司可以查实的部分侵权获利近1200万元。现综合考虑涉案被侵害技术秘密在卡波产品生产过程中所起的作用,酌情确定涉案技术秘密的贡献程度为50%,因此对于安徽纽某公司的侵权获利相应酌减取整数确定为600万元。关于利润率的选择,由于安徽纽某公司未根据法院要求提供原始会计凭证、账册、利润表,也未举证证明其卡波产品的利润率,应承担举证不利的法律后果,故按照广州天某公司年报公布的精细化工行业毛利率确定其产品利润率。

安徽纽某公司虽在二审阶段向法院提交营业执照等证据佐证其经营范围不止卡波产品的生产。但营业执照记载的经营范围系安徽纽某公司申请注册成立时的选择,其实际经营范围既可能大于也可能小于营业执照记载的经营范围。且根据已查明的事实,安徽纽某公司除卡波产品外,并没有生产其他产品,安徽纽某公司也未进一步举证证明其除卡波产品以外生产其他产品的事实。本案中,华某被诉披露技术秘密的侵权行为发生于2012年至2013年期间,安徽纽某公司利用华某从两天某公司非法获取的卡波生产工艺、设备技术生产卡波产品，并向国内外销售。此外，安徽纽某公司明确陈述其所生产的卡波产品均为相同设备所产。界定行为人是否以侵权为业，可从主客观两方面进行判断。就客观方面而言，行为人已实际实施侵害行为，并且系其公司的主营业务、构成主要利润来源；从主观方面看，行为人包括公司实际控制人及管理层等，明知其行为构成侵权而仍予以实施。本案中安徽纽某公司以及刘某等人的行为，即属此类情形。

反不正当竞争法第十七条第三款规定了判处惩罚性赔偿的条件以及惩罚性赔偿的倍数范围。可见，若经营者存在恶意侵害他人商业秘密的行为且情节严重的，权利人可请求侵权人承担赔偿金额相应倍数的惩罚性赔偿。因此，本案应在判断安徽纽某公司是否存在恶意侵权、情节是否严重的基础上确定是否适用惩罚性赔偿。根据本案业已查明的事实，安徽纽某公司自成立以来，便以生产卡波产品为经营业务，其虽辩称也生产其他产品，但并未提交证据加以佐证，且其所生产的卡波产品名称虽有差别，但均由同一套设备加工完成。此外，当其前法定代表人刘某因侵犯商业秘密罪被追究刑事责任，被认定实施了侵犯权利人技术秘密行为后，安徽纽某公司仍未停止生产，销售范围多至二十余个国家和地区，同时在本案原审阶段无正当理由拒不提供相关会计账册和原始凭证，构成举证妨碍，足见其侵权主观故意之深重、侵权情节之严重。鉴于本案被诉侵权行为跨越反不正当竞争法修改施行的 2019 年 4 月 23 日前后，安徽纽某公司拒绝提供财务账册等资料构成举证妨碍，所认定的侵权获利系基于安徽纽某公司自认的销售额确定，仅系其部分侵权获利；侵权人在本案中并未提交证据证明其法律修改前后的具体获利情况，导致无法以 2019 年 4 月 23 日为界进行分段计算；现有证据显示安徽纽某公司在一审判决之后并未停止侵权行为，其行为具有连续性，其侵权规模巨大、持续时间长。鉴于此，导致依据在案证据客观上难以分段计算赔偿数额。反不正当竞争法设立惩罚性赔偿制度的初衷在于强化法律威慑力，打击恶意严重侵权行为，威慑、阻吓未来或潜在侵权人，有效保护创新活动，对长期恶意从事侵权活动应从重处理，故本案可以依据所认定的安徽纽某公司侵权获利从高确定本案损害赔偿数额。

4. 裁判要点

（1）判断侵害知识产权行为是否构成情节严重并适用惩罚性赔偿时，可以综合考量被诉侵权人是否以侵害知识产权为业、是否受到刑事或者行政处罚、是否构成重复侵权、诉讼中是否存在举证妨碍行为，以及侵权行为造成的损失或者侵权获利数额、侵权规模、侵权持续时间等因素。

（2）行为人明知其行为构成侵权，已实际实施侵权行为且构成其主营业务的，可以认定为以侵害知识产权为业。对于以侵害知识产权为业，长期、大规模实施侵权行为的，可以依法从高乃至顶格适用惩罚性赔偿倍数确定损害赔偿数额。

(3) 专业调解组织成功化解涉企知识产权纠纷

关键词： 专业调解组织

来源： 司法部发布5件依法保护民营企业产权和企业家权益典型案例之一（2023年7月31日）

1. 基本案情

2022年，南昌市知识产权纠纷人民调解委员会受理南昌某法院委托调解的一起涉民营企业知识产权纠纷。该纠纷中，广东某通信有限公司因南昌六家手机销售维修商户销售假冒其注册商标的手机充电器、数据线而提起诉讼，要求六家商户赔偿经济损失。六家商户认为自身获利较少，索赔数额又过高，均不同意该项诉求。调解过程中，人民调解员通过耐心解说、细致沟通、辩理析法，合理确定了赔偿标准，促使双方就赔偿方式、数额达成一致并签订了调解协议，避免了案件进入诉讼程序带来高昂的人力物力和时间成本。

2. 典型意义

近年来，司法部会同相关部门积极推进专业性人民调解组织建设，拓宽人民调解领域，强化调解作用发挥。本案中，知识产权专业调解组织充分发挥自身优势，在诉前通过调解方式快速解决涉及多个主体的纠纷，有效减轻了当事人的维权成本和法院的审判压力，同时起到了普法宣传作用，有利于增强经营者知识产权保护意识。

4. 规范经营

(1) 郎溪某服务外包有限公司诉徐某申确认劳动关系纠纷案

关键词： 劳动关系

来源： 最高人民法院关于发布第 42 批指导性案例的通知之一【指导性案例 237 号】（2024 年 12 月 20 日）

1. 基本案情

郎溪某服务外包有限公司（以下简称郎溪某服务公司）与某咚买菜平台的运营者上海某网络科技有限公司（以下简称上海某网络公司）于 2019 年 4 月 1 日订立《服务承揽合同》。该合同约定：郎溪某服务公司为上海某网络公司完成商品分拣、配送等工作；双方每月定期对郎溪某服务公司前一个月的承揽费用进行核对后由上海某网络公司支付；郎溪某服务公司自行管理所涉提供服务的人员，并独立承担相应薪酬、商业保险费、福利待遇，以及法律法规规定的雇主责任或者其他责任。

2019 年 7 月，郎溪某服务公司安排徐某申到某咚买菜平台九亭站从事配送工作。郎溪某服务公司与徐某申订立《自由职业者合作协议》《新业态自由职业者任务承揽协议》。两份协议均约定：徐某申与郎溪某服务公司建立合作关系，二者的合作关系不适用劳动合同法。其中，《新业态自由职业者任务承揽协议》约定：郎溪某服务公司根据合作公司确认的项目服务人员服务标准及费用标准向徐某申支付服务费用；无底薪、无保底服务费，实行多劳多得、不劳不得制。但郎溪某服务公司并未按照以上协议约定的服务费计算方式支付费用，实际向徐某申支付的报酬包含基本报酬、按单计酬、奖励等项目。2019 年 8 月 12 日，郎溪某服务公司向徐某申转账人民币 9042.74 元（币种下同）。2019 年 8 月 13 日，徐某申在站点听从指示做木架，因切割木板意外导致右脚受伤，住院接受治疗，自此未继续在该站点工作。2019

年9月3日,郎溪某服务公司以"服务费"名义向徐某申支付15,000元。徐某申在站点工作期间,出勤时间相对固定,接受站点管理,按照排班表打卡上班,根据系统派单完成配送任务,没有配送任务时便在站内做杂活。

徐某申因就工伤认定问题与郎溪某服务公司发生争议,申请劳动仲裁。上海市松江区劳动人事争议仲裁委员会裁决:徐某申与郎溪某服务公司在2019年7月5日至2019年8月13日期间存在劳动关系。郎溪某服务公司不服,向上海市松江区人民法院提起诉讼。

2. 裁判结果

上海市松江区人民法院于2021年7月5日作出(2021)沪0117民初600号民事判决:确认徐某申与郎溪某服务外包有限公司在2019年7月5日至2019年8月13日期间存在劳动关系。宣判后,郎溪某服务外包有限公司不服,提起上诉。上海市第一中级人民法院于2022年3月7日作出(2021)沪01民终11591号民事判决:驳回上诉,维持原判。

3. 裁判理由

本案的争议焦点为:在郎溪某服务公司与徐某申订立承揽、合作协议的情况下,能否以及如何认定双方之间存在劳动关系。

是否存在劳动关系,对劳动者的权益有重大影响。存在劳动关系的,劳动者依法享有取得劳动报酬、享受社会保险和福利、获得经济补偿和赔偿金等一系列权利,同时也承担接受用人单位管理等义务。根据《中华人民共和国劳动法》《中华人民共和国劳动合同法》的规定:"用人单位自用工之日起即与劳动者建立劳动关系","建立劳动关系应当订立劳动合同"。但实践中存在企业与劳动者签订承揽、合作等合同,以规避与劳动者建立劳动关系的情况。对此,人民法院应当根据用工事实,综合考虑人格从属性、经济从属性、组织从属性等因素,准确认定企业与劳动者是否存在劳动关系,依法处理劳动权益保障案件。《劳动和社会保障部关于确立劳动关系有关事项的通知》(劳社部发〔2005〕12号)第一条规定:"用人单位招用劳动者未订立书面劳动合同,但同时具备下列情形的,劳动关系成立。(一)用人单位和劳动者符合法律、法规规定的主体资格;(二)用人单位依法制定的各项劳动规章制度适用于劳动者,劳动者受用人单位的劳动管理,从事用人单位安排的有报酬的劳动;(三)劳动者提供的劳动是用人单位业务的组成部分。"可见,劳动关系的本质特征是支配性劳动管理。在新就业形态下,平台企业生产经营方式发生较大变化,劳动管理的具体形式也随之具有许多新的特点,但对劳动关系的认定仍应综合考量人格从属性、经济从属性、组织从属性的有无及强弱。具体而言,应当综合考虑劳动者对工作时间及工作量的自主决定程度、劳动过程受管理控制程度、劳动者是否需要遵守有关工作规则、算法规则、劳动纪律和奖惩办法、劳动者工作的持续性、劳动者能否决定或者改变交易价格等因素,依法作出相应认定。

本案中,虽然郎溪某服务公司与徐某申订立的是承揽、合作协议,但根据相关法律规定,结合法庭查明的事实,应当认定徐某申与郎溪某服务公司之间存在劳动关系。具体而言:其一,徐某申在站点从事配送工作,接受站点管理,按照站点排班表打卡上班,并根据派单按时完成配送任务,在配送时间、配送任务等方面不能自主选择,即使没有配送任务时也要留在站内做杂活。其二,徐某申的报酬组成包含基本报酬、按单计酬及奖励等项目,表明郎溪某服务公司对徐某申的工作情况存在相应的考核与管理,并据此支付报酬。其三,郎溪某服务公司从上海某网络公司承揽商品分拣、配送等业务,徐某申所从事的配送工作属于郎溪某服务公司承揽业务的重要组成部分。综上,徐某申与郎溪某服务公司之间存在用工事实,构成支配性劳动管理,符合劳动关系的本质特征,应当认定存在劳动关系。

4. 裁判要点

平台企业或者平台用工合作企业与劳动者订立承揽、合作协议,劳动者主张与该企业存在劳动关系的,人民法院应当根据用工事实,综合考虑劳动者对工作时间及工作量的自主决定程度、劳动过程受管理控制程度、劳动者是否需要遵守有关工作规则、算法规则、劳动纪律和奖惩办法、劳动者工作的持续性、劳动者能否决定或者改变交易价格等因素,依法作出相应认定。对于存在用工事实,构成支配性劳动管理的,应当依法认定存在劳动关系。

（2）陆某诉某轧钢作业服务有限公司劳动合同纠纷案——职业病患者在申请职业病认定期间的权利应予保障

关键词：职业卫生

来源：人民法院案例库入库案例（入库编号：2023-07-2-186-007）

1. 基本案情

陆某诉称：其于2009年1月1日起与某轧钢作业服务有限公司建立劳动关系，工作岗位属接触职业病危害作业岗位。某轧钢作业服务有限公司对员工没有采取必要的健康防护措施。因工作中长时间接触苯，陆某患上白血病，自2011年1月1日起住院治疗。2013年12月30日，某轧钢作业服务有限公司在未为陆某进行职业病检查的情况下，与陆某终止了劳动关系。2015年，经职业病鉴定委员会鉴定，陆某所患之病确认为苯中毒所致职业病，2016年经工伤鉴定为伤残六级。陆某曾提起仲裁要求恢复同某轧钢作业服务有限公司之间的劳动关系，但未获支持，其不服仲裁裁决起诉至法院，要求判决：（1）自2014年1月1日起恢复同某轧钢作业服务有限公司之间的劳动关系，并要求某轧钢作业服务有限公司按3902.4元/月的标准向陆某支付自2014年1月1日起至实际恢复之日止的工资；（2）某轧钢作业服务有限公司支付陆某2011年1月1日至2013年12月30日期间因病假扣除的应付工资44,000元；（3）某轧钢作业服务有限公司支付陆某2011年1月1日至2015年12月30日期间护理费339,000元（护工护理费216,000元、家属护理费123,000元）、交通费7800元；（4）某轧钢作业服务有限公司支付陆某因职业病造成的营养费（含精神损失费）200,000元，其余同意仲裁裁决。

某轧钢作业服务有限公司辩称：当时公司因劳动合同期满与陆某协商终止了劳动关系，陆某亦签收了到期终止的通知，该行为合法，故不同意与陆某恢复劳动关系。双方劳动关系终止后，不存在劳动关系，故不同意支付陆某2014年1月1日之后的工资。陆某要求某轧钢作业服务有限公司支付2011年1月1日至2013年12月30日期间的工资差额,但当时未作出职业病认定,某轧钢作业服务有限公司按病假工资的标准向陆某发放工资符合规定,且陆某的诉讼请求已超过仲裁申请时效。陆某要求某轧钢作业服务有限公司支付护理费、交通费、营养费均不合理。综上,要求驳回陆某全部诉讼请求,维持仲裁裁决。

法院经审理查明,陆某曾系某轧钢作业服务有限公司员工,工作岗位为涂漆岗位。2011年1月1日起陆某因病休假。陆某、某轧钢作业服务有限公司签有两份劳动合同,最后一份劳动合同期限自2011年1月1日至2013年12月31日,劳动合同到期后双方未续签,双方劳动关系于劳动合同到期当日终止。2015年5月8日,上海市肺科医院为陆某出具职业病诊断证明书,诊断结论为苯所致白血病。陆某自该日起向某轧钢作业服务有限公司要求恢复劳动关系。2015年10月21日,上海市宝山区人力资源和社会保障局出具认定工伤决定书,认定陆某所患职业病为工伤。2016年1月4日,上海市劳动能力鉴定中心出具鉴定结论,结论为陆某完全丧失劳动能力。2016年4月19日,上海市劳动能力鉴定委员会出具鉴定结论,结论为陆某因职业病致残程度六级。陆某2010年度正常出勤的工资为29,591.78元。自2011年1月1日起,某轧钢作业服务有限公司每月按病假工资标准向陆某支付工资。2011年1月至12月,陆某所得工资共计22,411.98元,2012年1月至12月,陆某所得工资共计19,784.1元。2017年8月9日,陆某提起仲裁,要求裁决某轧钢作业服务有限公司自2014年1月1日起恢复同陆某之间的劳动关系,并向陆某支付自2014年1月1日起至实际恢复之日止的工资;要求某轧钢作业服务有限公司支付陆某2011年1月1日至2013年12月30日期间因病假扣除的应付工资44,000元、医疗费107,774.58元、住院伙食补助费9600元;要求某轧钢作业服务有限公司支付陆某2011年1月1日至2015年12月30日期间护理费339,000元(护工护理费216,000元、家属护理费123,000元)、家属往返医院交通费3000元、就医交通费4800元和营养费100,000元,劳动能力鉴定费700元、一次性伤残补助金48,000元、辅助器具费5386元、律师费30,000元和后续治疗费200,000元。2017年9月19日,劳动仲裁委员会作出裁决,裁决某轧钢作业服务有限公司支付陆某 2011 年 1 月 1 日至 2013 年 12 月 31 日期间医疗费 107,774.58 元、住院伙食补助费 4720 元、劳动能力鉴定费 700 元,对陆某其余申诉请求不予支持。陆某不服,提起诉讼。庭审中,陆某称其于 2015 年 10 月至 2016 年 4 月期间,在某汽车服务有限公司工作;2016 年 10 月至 2017 年 4 月期间,在上海某投资管理有限公司工作。

2. 法院裁判

上海市宝山区人民法院于 2018 年 1 月 3 日作出(2017)沪 0113 民初 19141 号民事判决:一、某轧钢作业服务有限公司于本判决生效之日起十日内支付陆某 2011 年 1 月 1 日至 2012 年 12 月 31 日期间工资差额 16,983.48 元;二、某轧钢作业服务有限公司于本判决生效之日起十日内支付陆某就医交通费 2000 元;三、某轧钢作业服务有限公司于本判决生效之日起十日内支付陆某 2011 年 1 月 1 日至 2013 年 12 月 31 日期间医疗费 107,774.58 元;四、某轧钢作业服务有限公司于本判决生效之日起十日内支付陆某 2011 年 1 月 1 日至 2013 年 12 月 31 日期间住院期间伙食费 4720 元;五、某轧钢作业服务有限公司于本判决生效之日起十日内支付陆某劳动能力鉴定费 700 元;六、驳回陆某其余诉讼请求。陆某不服,以某轧钢作业服务有限公司未对其进行职业病健康检查就以劳动合同到期为由终止与其之间的劳动合同,在得知职业病认定及伤残等级鉴定结论后仍拒绝恢复劳动关系,违反《中华人民共和国劳动合同法》《中华人民共和国职业病防治法》强制性规定为由,提起上诉。上海市第二中级人民法院于 2018 年 5 月 18 日作出(2018)沪 02 民终 2013 号民事判决:一、维持上海市宝山区人民法院(2017)沪 0113 民初 19141 号民事判决书判决主文第一项、第二项、第三项、第四项、第五项;二、撤销上海市宝山区人民法院(2017)沪 0113 民初 19141 号民事判决书判决主文第六项;三、某轧钢作业服务有限公司应于 2014 年 1 月 1 日起与陆某恢复劳动关系;四、某轧钢作业服务有限公司应于本判决生效之日起十日内支付陆某 2014 年 1 月 1 日至本判决之日的工资人民币 79,047.7 元;五、陆某的其他诉讼请求不予支持。

3. 裁判理由

法院生效裁判认为,为预防、控制和消除职业病危害,保障劳动者的身体健康,国家专门制定了《中华人民共和国职业病防治法》,明确用人单位应当采取措施保障劳动者获得职业卫生保护,并对本单位产生的职业病危害承担责任。职业病是指劳动者在职业活动中因接触粉尘、放射性物质和其他有毒、有害因素而引起的疾病。对于预防职业病,用人单位除积极采取防护措施外,平时还应当为劳动者建立职业健康监护档案;对从事接触职业病危害作业的劳动者,应当按规定组织上岗前、在岗期间和离岗时的职业健康检查,并将检查结果书面告知劳动者。用人单位不得安排未经上岗前职业健康检查的劳动者从事接触职业病危害的作业;不得安排有职业禁忌的劳动者从事其所禁忌的作业;对在职业健康检查中发现有与所从事的职业相关的健康损害的劳动者,应当调离原工作岗位,并妥善安置;对未进行离岗前职业健康检查的劳动者不得解除或者终止与其订立的劳动合同。

陆某在某轧钢作业服务有限公司从事涂漆工作,工作中与挥发性有毒有害气体接触,其属于接触职业病危害作业的劳动者。某轧钢作业服务有限公司应当按照职业病防治法的相关规定给予陆某相应的保护、上岗前健康检查以及离岗时健康检查,对其要求进行职业病检查亦应当积极配合。根据查明的事实,首先,某轧钢作业服务有限公司没有证据证明陆某在进入某轧钢作业服务有限公司前即已患有该职业病,其将陆某患职业病的责任推给他人,缺乏依据。其次,某轧钢作业服务有限公司未对陆某进行定期检查、未配合陆某进行职业病检查亦存在过错。用人单位对本单位有毒有害岗位可能产生的职业危害应当有一定的认识并应积极采取防范和救治的措施。某轧钢作业服务有限公司在法院审理期间并未提供证据证实陆某在职期间公司曾对其进行定期健康检查,其在陆某患病并提出职业病检查时又予以拒绝,显然未尽法定义务。最后,某轧钢作业服务有限公司未安排陆某做离岗前检查即终止劳动合同亦属违法。某轧钢作业服务有限公司主张合同到期终止是一种事实状况,无需协商。对此,法院认为,合同期限届满是劳动合同终止的法定事由之一,但《中华人民共和国劳动合同法》亦同时明确,劳动合同期满,在本单位患职业病或者因工负伤并被确认丧失或者部分丧失劳动能力的;其劳动合同的终止,按照国家有关工伤保险的规定执行。而《工伤保险条例》明确规定,职工因工致残被鉴定为五级、六级伤残的,应当保留与用人单位的劳动关系,由用人单位安排适当工作。对于该类人员的合同关系,《工伤保险条例》同时亦明确,只有经工伤职工本人提出,可以与用人单位解除或者终止劳动关系。显然,对于被鉴定为五级、六级伤残的工伤职工,其劳动合同的终止应当以劳动者的意愿为准。因此,某轧钢作业服务有限公司主张其与陆某的合同可以到期终止缺乏依据。至于某轧钢作业服务有限公司提出的陆某签收了合同到期终止通知书以及收取了经济补偿金,法院认为,根据陆某提供的证据,陆某在劳动合同到期前已经向相关医院提出了职业病检查的要求,显然其并不认可某轧钢作业服务有限公司终止合同的行为。用人单位违法终止劳动合同时,劳动者签收退工单的行为并不能改变该终止劳动合同行为的违法性质。从查明的事实看,陆某系六级伤残的职工,其劳动合同虽然到期,但该劳动合同的终止并非陆某提出。某轧钢作业服务有限公司终止双方劳动合同属于违法,陆某要求恢复劳动合同理由正当。陆某在被某轧钢作业服务有限公司终止劳动合同后一直在申请职业病认定、工伤认定,在相关结论出来后其请求某轧钢作业服务有限公司恢复劳动关系又遭拒绝。陆某在此情况下虽曾去他处工作,但确为生计所迫,且时间短暂,不能将此认定为阻断双方劳动关系恢复的合法理由。故法院对陆某要求某轧钢作业服务有限公司与其恢复劳动关系的请求予以支持。

根据《工伤保险条例》规定,对于伤残五级、六级的工伤职工,难以安排工作的,由用人单位按月发给伤残津贴,六级伤残的发放标准为本人工资的60%,并由用人单位按照规定为其缴纳应缴纳的各项社会保险费。伤残津贴实际金额低于当地最低工资标准的,由用人单位补足差额。其中本人工资,是指工伤职工因工作遭受事故伤害或者患职业病前12个月平均月缴费工资。本人工资低于统筹地区职工平均工资60%的,按照统筹地区职工平均工资的60%计算。陆某经鉴定为6级伤残,在2014年1月1日至双方恢复劳动关系期间,某轧钢作业服务有限公司应按上述规定支付陆某伤残津贴。根据查明事实,陆某患职业病前正常出勤期间其月平均收入为2465.98元,经计算后陆某应得的伤残津贴均低于同期最低工资,故某轧钢作业服务有限公司应按同期最低工资标准支付陆某2014年1月1日至本判决之日的工资。此后，某轧钢作业服务有限公司应安排陆某适当工作，不能安排陆某工作的，仍应按工伤保险条例的规定继续支付陆某伤残津贴。在法院审理期间，陆某表示不再向某轧钢作业服务有限公司主张其在外短暂工作期间的工资，于法无悖，予以准许。陆某另同意在本判决履行过程中在某轧钢作业服务有限公司给付的款项中抵扣已拿到的经济补偿金，亦无不可。

4. 裁判要旨

《中华人民共和国职业病防治法》明确，用人单位应当采取措施保障劳动者获得职业卫生保护，并对本单位产生的职业病危害承担责任。用人单位的保障义务包括对从事接触职业病危害作业的劳动者进行上岗前、在岗期间和离岗时的职业健康检查。对未进行离岗前职业健康检查的劳动者不得解除或者终止与其订立的劳动合同。对用人单位在劳动者离职前拖延履行相应的义务，在劳动者离职后被认定职业病时，又以双方劳动合同已经终止或者劳动者在外有过就业行为为由逃避履行《中华人民共和国职业病防治法》上相关义务的，应结合过错程度，分析职业病认定结论的时间先后、劳动合同终止的原因以及劳动者在外就业等因素进行综合判断。处理结果应既能保障职业病患者的生存和康复，又能起到惩戒用人单位违法行为、引导规范用工的作用。

(3) 昆明闽某纸业有限责任公司等污染环境刑事附带民事公益诉讼案

关键词：生态环境、人格混同

来源：最高人民法院发布第38批指导性案例之四【指导性案例215号】(2023年10月20日)

1. 基本案情

被告单位昆明闽某纸业有限公司(以下简称闽某公司)于2005年11月16日成立，公司注册资本100万元。黄某海持股80%，黄某芬持股10%,黄某龙持股10%。李某城系闽某公司后勤厂长。闽某公司自成立起即在长江流域金沙江支流螳螂川河道一侧埋设暗管,接至公司生产车间的排污管道,用于排放生产废水。经鉴定,闽某公司偷排废水期间,螳螂川河道内水质指标超基线水平13.0倍－239.1倍,上述行为对螳螂川地表水环境造成污染,共计减少废水污染治理设施运行支出3,009,662元,以虚拟治理成本法计算,造成环境污染损害数额为10,815,021元,并对螳螂川河道下游金沙江生态流域功能造成一定影响。

闽某公司生产经营活动造成生态环境损害的同时,其股东黄某海、黄某芬、黄某龙还存在如下行为:(1)股东个人银行卡收公司应收资金共计124,642,613.1元,不作财务记载。(2)将属于公司财产的9套房产(市值8,920,611元)记载于股东及股东配偶名下,由股东无偿占有。(3)公司账簿与股东账簿不分,公司财产与股东财产、股东自身收益与公司盈利难以区分。闽某公司自案发后已全面停产,对公账户可用余额仅为18,261.05元。

云南省昆明市西山区人民检察院于2021年4月12日公告了本案相关情况,公告期内未有法律规定的机关和有关组织提起民事公益诉讼。昆明市西山区人民检察院遂就上述行为对闽某公司、黄某海、李某城等提起公诉,并对该公司及其股东黄某海、黄某芬、黄某龙等人提起刑事附带民事公益诉讼,请求否认闽某公司独立地位,由股东黄某海、黄某芬、黄某龙对闽某公司生态环境损害赔偿承担连带责任。

2. 裁判结果

云南省昆明市西山区人民法院于2022年6月30日以(2021)云0112刑初752号刑事附带民事公益诉讼判决,认定被告单位昆明闽某纸业有限公司犯污染环境罪,判处罚金人民币2,000,000元;被告人黄某海犯污染环境罪,判处有期徒刑三年六个月,并处罚金人民币500,000元;被告人李某城犯污染环境罪,判处有期徒刑三年六个月,并处罚金人民币500,000元;被告单位昆明闽某纸业有限公司在判决生效后十日内承担生态环境损害赔偿人民币10,815,021元,以上费用付至昆明市环境公益诉讼救济专项资金账户用于生态环境修复;附带民事公益诉讼被告昆明闽某纸业有限公司在判决生效后十日内支付昆明市西山区人民检察院鉴定检测费用合计人民币129,500元。附带民事公益诉讼被告人黄某海、黄某芬、黄某龙对被告昆明闽某纸业有限公司负担的生态环境损害赔偿和鉴定检测费用承担连带责任。

宣判后,没有上诉、抗诉,一审判决已发生法律效力。案件进入执行程序,目前可供执行财产价值已覆盖执行标的。

3. 裁判理由

法院生效裁判认为,企业在生产经营过程中,应当承担合理利用资源、采取措施防治污染、履行保护环境的社会责任。被告单位闽某公司无视企业环境保护社会责任,违反国家法律规定,在无排污许可的前提下,未对生产废水进行有效处理并通过暗管直接排放,严重污染环境,符合《中华人民共和国刑法》第三百三十八条之规定,构成污染环境罪。被告人黄某海、李某城作为被告单位闽某公司直接负责的主管人员和直接责任人员,在单位犯罪中作用相当,亦应以污染环境罪追究其刑事责任。闽某公司擅自通过暗管将生产废水直接排入河道,造成高达10,815,021元的生态环境损害,并对下游金沙江生态流域功能也造成一定影响,其行为构成对环境公共利益的严重损害,不仅需要依法承担刑事责任,还应承担生态环境损害赔偿民事责任。

附带民事公益诉讼被告闽某公司在追求经济效益的同时,漠视对环境保护的义务,致使公司生产经营活动对环境公共利益造成严重损害后果,闽某公司承担的赔偿损失和鉴定检测费用属于公司环境侵权债务。

由于闽某公司自成立伊始即与股东黄某海、黄某芬、黄某龙之间存在大量、频繁的资金往来,且三人均有对公司财产的无偿占有,与闽某公司已构成人格高度混同,可以认定属《中华人民共和国公司法》第二十条第三款规定的股东滥用公司法人独立地位和股东有限责任的行为。现闽某公司所应负担的环境侵权债务合计10,944,521元,远高于闽某公司注册资本1,000,000元,且闽某公司自案发后已全面停产,对公账户可用余额仅为18,261.05元。上述事实表明黄某海、黄某芬、黄某龙与闽某公司的高度人格混同已使闽某公司失去清偿其环境侵权债务的能力,闽某公司难以履行其应当承担的生态环境损害赔偿义务,符合《中华人民共和国公司法》第二十条第三款规定的股东承担连带责任之要件,黄某海、黄某芬、黄某龙应对闽某公司的环境侵权债务承担连带责任。

4. 裁判要点

公司股东滥用公司法人独立地位、股东有限责任,导致公司不能履行其应当承担的生态环境损害修复、赔偿义务,国家规定的机关或者法律规定的组织请求股东对此依照《中华人民共和国公司法》第二十条的规定承担连带责任的,人民法院依法应当予以支持。

5. 服务保障

(1)安徽省春某汽车销售公司诉蒙城县市场监督管理局行政许可案

关键词: 公司设立、行政许可、增设许可条件

来源: 最高人民法院发布首批涉市场准入行政诉讼十大典型案例之七(2025年3月3日)

1. 基本案情

2021年4月1日,安徽省春某汽车销售公司(以下简称销售公司)向蒙城县市场监督管理局(以下简称市监局)申请设立机动车检测公司,该局受理后进行调查核实,认为申请材料中拟设立公司住所使用的土地不符合土地管理法的规定,故通知销售公司补充提交相关用地和规划证明材料;后市监局以销售公司未提供适格材料,违反了《公司登记管理条例》第10条的规定为由,依据上述条例第53条第2款作出《登记驳回通知书》,对该公司的申请不予登记。销售公司不服诉至法院,请求判决撤销上述通知书。

2. 法院裁判

蒙城县人民法院审理认为,销售公司向市监局提交的申请设立机动车检测公司的相关材料符合《公司登记管理条例》第 20 条第 2 款的规定,其申请符合设立有限责任公司登记的条件。市监局以该公司未提交拟设立公司住所符合从事机动车检测的土地和规划证明材料为由,决定不予登记,缺乏事实和法律依据。据此,判决撤销市监局作出的《登记驳回通知书》,并责令该局限期对销售公司的申请重新作出决定。双方当事人判后均未上诉。

3. 典型意义

本案系市监局对设立机动车检测公司的申请不予登记引发的行政争议。行政机关设定和实施行政许可,应当依照法定的权限、范围、条件和程序,不得随意增设条件。结合 2021 年《国务院关于深化"证照分离"改革进一步激发市场主体发展活力的通知》精神和《公司登记管理条例》第 20 条、第 21 条、第 24 条之规定,申请设立公司应当提交公司住所证明,该证明是指能够证明公司对其住所享有使用权的文件。至于该住所是否符合从事特定经营活动的要求,一般并非公司登记机关在设立登记阶段应当审查的法定事项。本案中,人民法院明确指出市监局以申请人未能提交住所符合从事特定经营活动要求的材料为由不予登记,属于增设许可条件,涉案《登记驳回通知书》依法应予撤销。该判决结果对于监督行政机关依法履行职责,维护公平的市场经营环境,保障市场准入过程规范有序具有指导意义。

(2)甲信用评价公司诉某市市场监督管理局行政处罚案

关键词: 信用评价体系

来源: 最高人民法院发布人民法院服务保障全国统一大市场建设行政诉讼典型案例之三(2023 年 12 月 28 日)

1. 基本案情

一家在香港特别行政区注册的社团制定了两个企业信用评价标准。该社团将这两个标准授权给在北京注册的一家案外公司。甲信用评价公司又从该案外公司获得分授权。在甲信用评价公司网站关于企业信用信息管理平台的网页上,几乎每一个页面(包括首页)的底部,均有"依据中华人民共和国信用行业标准……评分评级……"等内容。甲信用评价公司简介的页面内有"经国家工商行政管理部门核准注册成立的全国性、国际化、社会化、标准化、专业化的信用评价机构……是中华人民共和国信用行业标准评价机构,执行标准依法在中国国家标准化管理委员会备案……"等内容。2019年3月,某市市场监督管理局在对甲信用评价公司检查时发现,该公司使用的这两个标准没有在相关主管部门备案或审批。自2018年12月至2019年4月,甲信用评价公司按照这两个标准对多家单位开展信用评级活动,收费若干元。某市市场监督管理局认为,根据《中华人民共和国标准化法》第十二条第二款的规定,甲信用评价公司使用的不是行业标准,构成虚假宣传,违反《中华人民共和国反不正当竞争法》第八条第一款的规定,决定依照该法第二十条第一款的规定,责令该公司停止违法行为,罚款若干元。甲信用评价公司提起诉讼,请求撤销该行政处罚决定。

2. 裁判结果

人民法院生效判决认为,依照《中华人民共和国标准化法》第十二条第二款"行业标准由国务院有关行政主管部门制定,报国务院标准化行政主管部门备案"的规定,冠以"行业标准"的标准均由国务院有关行政主管部门制定。甲信用评价公司使用的两个标准明显不属于该法规定的"行业标准"。甲信用评价公司以"中华人民共和国信用行业标准"对外宣传,引人误解,构成不正当竞争,应予处罚。但该公司使用的这两个标准客观存在,社会危害程度相对较低,考虑到对新兴标准、引入标准监督的精神是以规范发展为主、惩戒为辅,故判决变更为较低的罚款数额。

3. 典型意义

完善社会信用制度和信用体系、建立健全社会信用评价体系是构建全国统一大市场的重要保障。建立企业信用状况综合评价体系是加快建设全国统一大市场的应有之义。国家鼓励企业、社会团体和教育、科研机构等开展或参与标准化工作、国际标准化活动,鼓励社会团体制定高于推荐性标准相关技术要求的团体标准,鼓励制定具有国际领先水平的团体标准。在行政执法过程中,涉及不同地区标准转化和使用的,应当以规范发展为主,维护市场公平竞争环境与完善市场运行制度并重。本案中,人民法院结合我国企业信用评价标准的发展状况,认为应当遏制信用评价体系中违反法律规定、扰乱市场秩序的行为,对企业给予行政处罚,同时应当综合考虑企业行为的社会危害性等因素,鼓励市场主体探索开展高质量国际标准化活动。本案判决兼顾监管规范和促进发展,审慎调低罚款数额,降低对中小微企业的影响,促进了行业标准领域行政执法的公平公正。

(3) 北京、江苏、浙江、广东等地法院与工商联建立民营企业产权保护社会化服务体系

关键词: 矛盾纠纷化解

来源: 最高人民法院发布助推民营经济高质量发展典型民商事案例之十(2021年9月3日)

1. 具体举措

江苏省高级人民法院2020年与江苏省工商联签订服务保障民营经济健康发展协作机制的框架协议,持续加大商会商事调解工作推进力度,吸纳更多的商事领域有经验、有威望的商会领导、民营企业家参与商事调解,鼓励各地积极争取党委政府经费支持,拓宽商会组织调解经费来源,切实提高经费保障水平。

广州互联网法院推广"枫桥E站"解纷站点,创新发展新时代在线诉源治理、多元解纷模式。推动企业建立结合企业自身特点的智能合约自动履行解决方案,探索建立将当事人的履约行为与本企业所设信用评价体系挂钩的机制,完善互联网诉源治理体系。

北京市石景山区人民法院充分发挥区工商联桥梁纽带作用,共同开展产权司法保护调研及法治宣传,建立定期信息共享、案例通报及会商长效机制,畅通与民营企业家联系渠道,推动民营企业产权保护形成整体合力。

浙江省嘉兴市南湖区人民法院与区工商联调委会组建优秀企业

家在内的调解队伍,入驻县级社会矛盾调解中心,法院加强业务指导,通过平台对接直接指导调解员开展线下调解,构建"线下调解+线上确认"工作新模式,提供"一站式"服务。

2. 典型意义

工商联所属商会是以非公有制企业和非公有制经济人士为主体,由工商联作为业务主管单位的社会组织。按照中共中央《关于促进工商联所属商会改革和发展的实施意见》,商会要继续完善职能作用、创新经济服务工作、强化守法诚信和社会责任,加大商会商事调解工作力度,是深化商会改革和发展的一项重要举措。典型案例选取了江苏高院、广州互联网法院、北京市石景山区法院、浙江嘉兴南湖区法院四个典型。

江苏全省现已设立商会调解组织332个,聘用调解人员1528名,调解力量不断壮大。全省各类商会调解组织共有效化解商事纠纷3757件,化解标的金额10.27亿元。

广州互联网法院2021年在阿里巴巴、百度、腾讯等互联网平台之外,另在网易、字节跳动、唯品会、蚂蚁金服等平台增设"枫桥E站"4个,调解互联网民营经济领域纠纷9236件。

2020年6月到2021年6月,北京市石景山区法院民营企业产权保护调解室已成功调解涉区工商联所属商会会员企业产权矛盾165件,平均调解时长28天。

自2020年6月嘉兴市南湖区工商联调委会成立以来,共调处案件904件,调解成功574件,调解成功率63.4%,涉案标的近1.6亿元,调解成功标的近1.5亿元,为企业节约诉讼成本超过100万元。

从高院、中院到基层法院,人民法院与工商联建立民营企业产权保护社会化服务体系,均收到了良好的效果,对促进矛盾纠纷化解、民营经济保护起到了非常积极的作用。

6. 权益保护

(1) 网络自媒体蹭热点，编造虚假信息，侵害民营企业声誉，依法应承担侵权责任——某科技公司诉某文化公司、某传媒公司名誉权纠纷案

关键词： 民营企业名誉权

来源： 最高人民法院发布涉民营企业、民营企业家人格权保护典型案例之一（2023年10月16日）

1. 基本案情

"某某森林"项目系原告某科技公司发起、推动的绿色、低碳公益项目。2021年5月6日，被告某文化公司在其运营的微信公众号发布文章，称原告利用全国用户积攒碳排放指标，再将排放指标卖给重污染企业，帮助重污染企业污染环境等。该文章发布后，阅读量超7万余次，不少读者留言质疑、否定"某某森林"项目。此后，某文化公司又将案涉文章转发于其在今日头条号等运营的多个自媒体平台账号中。2021年5月8日，网络自媒体某传媒公司也在其微信公众号等多个自媒体账号中转发了案涉文章。

某科技公司曾就案涉事件发布澄清说明，并向某文化公司、某传媒公司发送律师函，但收效不佳，遂以两公司侵犯名誉权，损害"某某森林"绿色公益项目声誉为由提起本案诉讼。

2. 裁判结果

审理法院认为，某文化公司发布案涉文章的前述内容与客观事实不符，社会公众在"某某森林"小程序中种下的虚拟树，原告将通过捐赠款项方式交由合作方中国绿化基金会等公益组织进行实际种植，原告对"某某森林"项目种下的绿植不享有财产性权利，更不因此获得碳排放指标，且从未以此进行过碳汇交易。某文化公司发布不实信息的

行为,已导致原告及"某某森林"绿色公益项目社会评价显著降低,对原告名誉权构成了侵害。两被告公司的网络自媒体账号存在长期固定的转载、引流关系,有共同开展广告推广等商业行为,且自媒体账号经营者存在相互出资及人员任职交叉等情形,可以认定两被告在主观上对于侵权文章的撰写、转载和扩散具有共同的意思联络,客观上实施了具有协同性的侵权行为,结果上共同导致了虚假信息在网络空间的广泛传播,造成原告社会评价降低,符合共同侵权的构成要件,应当承担连带责任。遂判决两被告停止侵权、删除案涉文章、公开赔礼道歉、消除影响并赔偿经济损失。

3. 典型意义

数字时代人们习惯浅阅读、快阅读,自媒体数量剧增,舆论影响力大。部分网络自媒体为博取眼球,对热点事件进行恶意消费,有些甚至形成"蹭热度—引流量—涨粉丝—变现"的灰色流量营销产业链,并通过搭建自媒体矩阵在不同自媒体平台同时发布虚假、不实信息,对企业和企业家的声誉造成严重冲击,极大损害了企业通过大量投入和长期经营打造的良好形象。本案对网络自媒体恶意侵害知名企业名誉权的认定标准以及网络自媒体账号之间相互引流的共同侵权行为认定进行了有益探索,有利于依法惩治对民营企业的诽谤、污蔑等侵权行为,有利于鼓励和支持民营企业履行社会责任、积极投身社会绿色公益事业、为经济社会发展作出贡献。

(2) 赵寿喜诈骗再审改判无罪案

关键词: 区分经济纠纷与经济犯罪

来源: 最高人民法院发布涉民营企业产权和企业家合法权益保护再审典型案例之四(2023年10月10日)

1. 基本案情

被告人赵寿喜系鑫旺矿业公司法定代表人。2006年,鑫旺矿业公司将其投资建成的洗选厂租给鑫国公司使用,约定年租金90万元。一年后,鑫国公司继续使用洗选厂,但拒付租金,双方因此发生纠纷。赵寿喜不甘心洗选厂被强占,于2009年与润鑫公司签订协议,约定:

润鑫公司代鑫旺矿业公司诉鑫国公司,诉讼成功后鑫旺矿业公司只收回48万元,其余利益归润鑫公司所有,鑫旺矿业公司不得撤诉或与鑫国公司私了,否则润鑫公司有权追讨损失;如润鑫公司代理诉讼并确认有较大的胜诉率,可协商提前支付48万元,并签订将洗选厂过户给润鑫公司的转让合同。鑫旺矿业公司将证照交给润鑫公司使用、保管。后润鑫公司又与阿木拉莫(个人)达成协议,共同代办鑫旺矿业公司诉讼活动。诉讼期间,润鑫公司和阿木拉莫陆续付给鑫旺矿业公司38.9万元。2011年11月,一审民事判决鑫旺矿业公司胜诉。鑫国公司上诉后,与赵寿喜达成调解协议,以54万元将洗选厂转让给鑫国公司。

2. 裁判结果

一审法院认为,被告人赵寿喜隐瞒润鑫公司和阿木拉莫控股鑫旺矿业公司洗选厂的真相,将洗选厂以54万元卖给鑫国公司,其行为构成诈骗罪,判处其有期徒刑十年,并处罚金。赵寿喜上诉后,二审法院裁定驳回上诉,维持原判。根据当事人申诉,四川省高级人民法院决定再审并提审。

四川省高级人民法院再审认为,委托诉讼协议系附条件合同,条件未成就时该协议不生效。本案中,润鑫公司尚未足额支付48万元,没有达到双方约定的签订转让合同的条件,洗选厂并未实际转让给润鑫公司或阿木拉莫。赵寿喜对鑫国公司没有实施刑法规定的虚构事实、隐瞒真相行为,不构成诈骗罪。四川省高级人民法院于2023年1月16日作出再审判决,宣告赵寿喜无罪。

3. 典型意义

稳定预期,弘扬企业家精神,安全是基本保障。本案因多个利益主体之间的经济纠纷引发,根据有关法律规定,当事人完全可以通过调解、和解或者民事诉讼的途径解决,不应追究相关人员的刑事责任。本案的原审法院未能准确把握处理涉产权经济纠纷的司法政策,错误地把一起经济纠纷当作犯罪处理,给企业家的人身和财产安全带来严重损害。本案再审改判赵寿喜无罪,充分体现了人民法院贯彻"坚决防止将经济纠纷当作犯罪处理、坚决防止将民事责任变为刑事责任"的责任担当,对于切实增强企业家人身及财产安全感,营造良好稳定的预期,促进民营经济发展壮大具有积极作用。

(3) 某勇、黔东南州乙建设投资公司与独山县丙小额贷款有限责任公司、原审第三人郑某华民间借贷纠纷抗诉案

关键词： 检察机关民事监督职能

来源： 最高人民检察院关于印发《民事检察促进民营经济发展壮大典型案例》之八（2024年3月8日）

1. 基本案情

案外人贵州甲新型环保建材有限公司（以下简称甲环材公司）成立于2013年，系贵州省某市招商引资企业，注册资金2000万元，主要经营范围为生产销售混凝土、沥青混凝土、水泥制品、模塑板等。

甲环材公司与黔东南州乙建设投资公司（以下简称乙建设投资公司）于2013年6月25日签订协议，约定：乙建设投资公司以1077余万元价格，将名下共计3万余平方米国有土地使用权转让给甲环材公司。协议签订后，乙建设投资公司将案涉土地交付给甲环材公司，甲环材公司在案涉土地上投资近亿元建设厂房、安装设备并开展生产。甲环材公司先后向乙建设投资公司支付了近800万元对价，但未办理国有土地使用权过户手续。

2013年9月26日，乙建设投资公司召开股东会，形成股东决议，同意为股东韦某勇向独山县丙小额贷款有限责任公司（以下简称丙小贷公司）借款400万元提供抵押担保，并用已转让给甲环材公司的国有土地使用权办理抵押登记进行担保。韦某勇向丙小贷公司提供乙建设投资公司加盖印章的《授权委托书》《抵押担保承诺书》后，丙小贷公司与韦某勇、乙建设投资公司同日签订《抵押担保借款合同》，合同约定丙小贷公司向韦某勇发放400万元，借款期限自2013年9月26日至2014年9月25日止，借款利息为月利率1%，乙建设投资公司用其名下国有土地使用权为韦某勇提供抵押担保。

2013年9月27日，案涉抵押土地办理了抵押登记手续。之后，丙小贷公司董事长巫某签字"同意放款"，并通过股东郑某华向韦某勇转账380万元。韦某勇在借款凭证中签字确认收到400万元。

2013年9月28日，郑某华与韦某勇又自行签订了《借款协议》，约

定由韦某勇向郑某华借款400万元,并明确用相关股权转让作保证。郑某华于2013年9月29日向韦某勇转账380万元,转账、收款账户与前述银行账户一致。后韦某勇向郑某华多次转账,2013年10月26日转账20万元,2013年10月29日转账20万元,2013年11月27日转账20万元,2013年12月2日转账20万元,2014年1月2日转账20万元,2014年1月2日转账20万元,2014年1月3日转账20万元,共计140万元。

因韦某勇到期未归还借款,丙小贷公司于2014年12月25日起诉至贵州省独山县人民法院(以下简称独山县法院),请求法院判令韦某勇向其偿还400万元借款并支付利息,乙建设投资公司在抵押合同约定的担保范围内承担抵押担保责任,确认丙小贷公司对乙建设投资公司名下案涉土地享有抵押权。独山县法院于2015年3月20日作出判决,判令支持丙小贷公司的全部诉讼请求。因各方当事人均未提出上诉,该判决生效。丙小贷公司向独山县法院申请强制执行。

甲环材公司对乙建设投资公司以案涉国有土地使用权为韦某勇提供抵押一事不知情,多次催促乙建设投资公司办理国有土地使用权过户手续,乙建设投资公司以各种理由拖延。

在法院强制执行期间,甲环材公司得知其受让土地被乙建设投资公司抵押,遂向独山县法院提起执行异议,被裁定驳回。甲环材公司遂又提起案外人执行异议之诉,诉讼请求为排除对案涉土地执行,再次被法院判决驳回。

独山县法院于2016年12月12日执行完毕,执行方式为:因韦某勇无财产可供执行,对乙建设投资公司提供的抵押土地使用权在流拍后,按照拍卖底价531.2万元以物抵债,作抵借款本金400万元、利息77.2万元,以及迟延履行期间债务利息等,丙小贷公司补差价2.09万元,并承担执行费。但因案涉土地上有甲环材公司建成并正在生产的近亿元的厂房、设备,丙小贷公司无力对地上建筑物作出补偿,本案执行标的进入了难以交付的僵局。同时导致甲环材公司无法以其受让的国有土地使用权进行融资,亦不能扩大投资生产。

后韦某勇和乙建设投资公司不服前述独山县法院作出的民间借贷纠纷案件民事判决,向贵州省黔南州中级人民法院(以下简称黔南州中院)申请再审。黔南州中院于 2020 年 9 月 8 日作出再审裁定：撤销原判，发回独山县法院重新审理。

独山县法院于 2021 年 1 月 18 日作出再审后的一审判决，认定该 400 万元借款预先扣除了 20 万元"砍头息"，实际借款为 380 万元；判令韦某勇向丙小贷公司偿还借款本金 380 万元及利息(利息以 380 万元为基数，按月利率 1%，从 2013 年 9 月 17 日计算至实际付清之日止)，乙建设投资公司就其享有的国有土地使用权承担担保责任，即丙小贷公司对抵押国有土地使用权享有优先受偿权，驳回丙小贷公司的其他诉讼请求。

韦某勇和乙建设投资公司不服，向黔南州中院提起上诉。黔南州中院作出二审判决，驳回上诉，维持原判。

韦某勇不服二审判决，向贵州省高级人民法院(以下简称贵州省高院)申请再审，被裁定驳回。

2. 检察机关履职过程

受理情况。韦某勇因不服生效裁判向贵州省黔南州人民检察院(以下简称黔南州检察院)申请监督。同时甲环材公司向检察机关控告本案为虚假诉讼。

调查核实。检察机关认为本案涉及民营企业合法权益保护，依法受理并开展调查核实工作，查明：一是韦某勇与丙小贷公司之间签订的《抵押担保借款协议》中约定"借款人应按月结清利息和费用，到期还本"，韦某勇与郑某华之间的签订的《借款协议》中没有明确约定利息，仅约定"借款人应于合同解除之日归还所有借款本息"；二是韦某勇借到款项后，通过原收到借款的银行账户向郑某华银行账户先后还款 140 万元，虽该 140 万元未直接还到丙小贷公司账户，韦某勇亦与郑某华另有个人借贷往来，但郑某华对该款项用途并未说明，且该款项支付情况与韦某勇主张的其按借款本金 400 万元、月利率 5‰向郑某华支付两笔借款利息情况相符。

监督意见。检察机关认为，韦某勇通过收到借款的银行账户归还丙小贷公司和郑某华借款，符合交易习惯，根据查明事实，对于韦某勇向郑某华转账的 140 万元款项，至少应有 70 万元系偿还案涉韦某勇向丙小贷公司借款的利息。生效判决认定该 140 万元款项均非偿还案涉韦某勇向丙小贷公司380万元借款利息，缺乏证据证明，侵害了债务人以及担保人乙建设投资公司的合法权益。且各方当事人因抵押物难以执行，陷入各方利益难以实现的执行僵局，本案应依法提出监督意见，在再审中努力促成僵局化解。经黔南州检察院提请抗诉，贵州省人民检察院于2022年8月4日向贵州省高院提出抗诉。

监督结果。2022年9月30日，贵州省高院指令黔南州中院再审本案。再审过程中，检察机关协同法院居中斡旋协调，向当事人释法说理，指出丙小贷公司存在违规发放贷款谋取高利息的行为，做好各方当事人的沟通协调工作，最终韦某勇与丙小贷公司达成和解。2023年4月，黔南州中院依据当事人之间的和解协议作出民事调解书：丙小贷公司与韦某勇共同确认韦某勇欠丙小贷公司借款本息400万元，韦某勇承诺分期偿还案涉借款，并由案外人以自有房产为韦某勇提供抵押担保，丙小贷公司在韦某勇向其支付第一笔款项100万元后，放弃对乙建设投资公司提供担保的案涉土地抵押权。经检察机关案件回访了解到，丙小贷公司已经收到韦某勇支付的分期还款100万元，案涉土地查封措施已被解除，案涉国有土地使用权已经变更登记至甲环材公司名下，甲环材公司已恢复正常生产经营。

3. 典型意义

检察机关以履行民事监督职能为切入口，着力营造公正、稳定、可预期的营商环境，为民营企业纾困解难，让民营企业稳预期"留得住"，有信心"经营好"。本案中甲环材公司作为当地招商引资的重点企业，受让案涉国有土地使用权，并在土地上建设近亿元的厂房、设备，但未办理过户手续。乙建设投资公司在甲环材公司不知情的情况下，为其股东韦某勇提供抵押担保，导致案涉土地被执行，甲环材公司生产经营受到重大影响。检察机关在收到甲环材公司有关虚假诉讼的控告及韦某勇的监督申请后，开展调查核实，认为本案不属于虚假诉讼，但生效判决确有错误，遂依法履行监督职能。同时，检察机关从当事人之间矛盾纠纷实质性化解、案外人民营企业权益保护角度出发，主动与当地党委政法委、经济开发区管委会等联系，居中斡旋协调，与法院共同促成和解，在保障各方当事人权益的前提下，使甲环材公司从执行中解脱出来，恢复正常生产经营。

七、附　录

为新时代新征程民营经济持续、健康、高质量发展提供坚实法治保障

——全国人大常委会法工委负责人
就民营经济促进法答记者问

新华社北京4月30日电　2025年4月30日,十四届全国人大常委会第十五次会议表决通过了《中华人民共和国民营经济促进法》,自2025年5月20日起施行。全国人大常委会法工委负责人就民营经济促进法有关问题回答了记者提问。

问: 改革开放以来,我国民营经济发展取得了历史性成就,在经济社会发展中发挥着重要作用。当前,制定出台民营经济促进法有何重大意义?

答: 改革开放以来,在党的理论和路线方针政策指引下,我国民营经济从小到大、从弱到强,不断发展壮大,成为国民经济的重要组成部分,在推动发展、促进创新、增加就业、改善民生等方面发挥着重要作用。党的十八大以来,党中央出台一系列重大举措,促进民营经济持续、健康、高质量发展。在新时代新征程上,民营经济必将肩负更大使命、承担更重责任、发挥更大作用,制定出台民营经济促进法,加强民营经济发展的法治保障,正当其时、十分必要。

第一,制定出台民营经济促进法,是贯彻落实习近平总书记重要指示精神和党中央决策部署的重要举措。

2018年11月、2025年2月,习近平总书记两次出席民营企业座谈会并发表重要讲话,鲜明指出新时代新征程民营经济发展前景广阔、

大有可为，对促进民营经济健康发展、高质量发展作出全面部署，为制定民营经济促进法提供了根本遵循。党的十八大以来，党中央就"保证各种所有制经济依法平等使用生产要素、公平参与市场竞争、同等受到法律保护""支持民营企业发展，激发各类市场主体活力""优化民营企业发展环境，依法保护民营企业产权和企业家权益，促进民营经济发展壮大"等作出一系列决策部署，并将"两个毫不动摇"写入新时代坚持和发展中国特色社会主义的基本方略。2023年7月，中共中央、国务院印发关于促进民营经济发展壮大的意见，从总体要求、持续优化民营经济发展环境、加大对民营经济政策支持力度、强化民营经济发展法治保障、着力推动民营经济实现高质量发展、促进民营经济人士健康成长、持续营造关心促进民营经济发展壮大社会氛围、加强组织实施等各方面作出全面部署。党的二十届三中全会将"制定民营经济促进法"列为重要改革举措。2024年中央经济工作会议对出台民营经济促进法提出明确要求。贯彻落实党中央决策部署，制定民营经济促进法，将党中央关于促进民营经济发展的重大方针政策和重要举措上升为法律规范，巩固改革开放四十多年来民营经济发展成果，充分体现了我们党对民营经济发展理论和实践的一脉相承、与时俱进。

第二，制定出台民营经济促进法，是落实宪法规定，坚持和完善社会主义基本经济制度的内在要求。

我国宪法规定："坚持公有制为主体、多种所有制经济共同发展的基本经济制度"。同时，明确国家发展非公有制经济的方针，即："国家保护个体经济、私营经济等非公有制经济的合法的权利和利益。国家鼓励、支持和引导非公有制经济的发展，并对非公有制经济依法实行监督和管理。"制定民营经济促进法，第一次将"毫不动摇巩固和发展公有制经济，毫不动摇鼓励、支持、引导非公有制经济发展""促进民营经济健康发展和民营经济人士健康成长"写入法律，第一次明确民营经济的法律地位，第一次明确规定促进民营经济持续、健康、高质量发展，是国家长期坚持的重大方针政策。民营经济促进法与宪法关于社会主义基本经济制度的规定贯通起来，将支持和保障民营经济发展的法律制度融入中国特色社会主义法律体系，具有重大的法治意义。

第三，制定出台民营经济促进法，是构建高水平社会主义市场经济体制、促进民营经济高质量发展的客观需要。

当前,我国发展不平衡、不充分的问题仍然突出,世界百年变局加速演进,民营经济发展在面临新的机遇的同时,也遇到许多困难与挑战。民营经济在市场准入、要素获取、服务供给等方面还存在不少阻碍,民营企业自身创新发展能力也还存在一些薄弱环节。制定民营经济促进法,聚焦民营经济健康发展面临的突出问题,进一步完善相关制度措施,有利于营造稳定、公平、透明、可预期的民营经济发展环境。同时,通过立法有针对性地完善促进民营经济发展的制度措施,有利于进一步激发民营经济组织发展内生动力,鼓励、引导广大民营经济组织经营者坚定做中国特色社会主义的建设者、中国式现代化的促进者,发挥民营经济在强国建设、民族复兴伟业中的重要作用。

问:制定出台民营经济促进法既是党中央决策部署,也是社会期待,民营经济促进法的制定过程是怎样的?立法工作遵循哪些原则?

答:贯彻落实党中央部署要求,制定民营经济促进法分别列入全国人大常委会和国务院年度立法工作计划。司法部、国家发展改革委共同牵头组建了由17家中央有关单位组成的立法起草工作专班,在扎实开展调研论证、广泛听取各方面意见的基础上,研究形成了民营经济促进法草案。2024年10月10日至11月8日,司法部、国家发展改革委全文公布草案向社会公开征求意见。2024年12月8日,国务院将民营经济促进法草案提请全国人大常委会审议。

全国人大常委会按照工作安排,加快民营经济促进法草案审议进程。2024年12月、2025年2月十四届全国人大常委会第十三次会议、第十四次会议对草案进行了两次审议。2025年4月,十四届全国人大常委会第十五次会议对草案进行了三次审议并通过了这部法律。其间,全国人大常委会法制工作机构将草案印发各省(区、市)人大常委会、中央有关部门、基层立法联系点和部分研究机构等征求意见,通过代表工作信息化平台征求全国人大代表意见。2024年12月25日至2025年1月23日,在中国人大网全文公布民营经济促进法草案,向社会公开征求意见。召开多场座谈会,听取中央国家机关、省级人大常委会、基层立法联系点、全国工商联和行业商协会、全国人大代表、民营企业代表和专家学者的意见;到地方调研,深入听取地方有关部门、企业等各方面意见。

民营经济促进法制定工作,坚持科学立法、民主立法、依法立法,两次公布草案公开征求意见,通过54个立法联系点广泛听取各方面意见建议,特别注重听取各行业、各领域民营企业的意见建议,是坚持和践行全过程人民民主的一次生动实践。

民营经济促进法立法工作注重坚持以下原则:

一是突出思想引领。坚持以习近平新时代中国特色社会主义思想为指导,深入贯彻习近平经济思想、习近平法治思想,旗帜鲜明规定促进民营经济发展工作坚持中国共产党的领导,坚持以人民为中心,坚持中国特色社会主义制度,坚持社会主义基本经济制度,确保民营经济发展的正确政治方向。

二是坚持平等对待。把党和国家对民营经济平等对待、平等保护的要求用法律制度落实下来,保障各类经济组织享有平等的法律地位、市场机会和发展权利。在鼓励支持民营经济发展的同时,注重规范和引导民营企业依法诚信经营、主动融入国家战略、弘扬企业家精神、积极履行社会责任,促进民营经济健康发展和民营经济人士健康成长。

三是强化法治保障。推进严格规范公正文明执法,加强民营经济组织及其经营者合法权益保护,依法鼓励、支持、引导民营经济发展,发挥法治固根本、稳预期、利长远的保障作用。

四是注重问题导向。针对民营经济发展中面临的公平竞争、投资融资、科技创新、服务保障、权益保护以及民营经济自身发展存在的问题和薄弱环节,充分吸收改革成果和实践经验,有针对性地细化、完善相关制度措施,并与有关法律规定作好衔接。

问: 促进民营经济发展涉及方方面面,民营经济促进法规定了哪些制度举措?

答: 民营经济促进法共9章78条,主要规定了以下内容:

一是促进民营经济发展的指导原则和总体要求。在总则中明确促进民营经济发展工作坚持党的领导,坚持以人民为中心,坚持中国特色社会主义制度;坚持和完善社会主义基本经济制度,坚持"两个毫不动摇";充分发挥市场在资源配置中的决定性作用,更好发挥政府作用。明确规定民营经济是社会主义市场经济的重要组成部分,是推进中国式现代化的生力军,是高质量发展的重要基础,是推动我国全面建成社会主义现代化强国、实现中华民族伟大复兴的重要力量。明确促进民营经济持续、健康、高质量发展,是国家长期坚持的重大方针政策;更好发挥法治固根本、稳预期、利长远的保障作用,坚持平等对待、公平竞争、同等保护、共同发展的原则,促进民营经济发展壮大。

二是保障公平竞争。着力健全、完善民营经济组织公平参与市场竞争的制度机制,把实践中行之有效的政策和做法确定为法律制度。规定市场准入负面清单以外的领域,包括民营经济组织在内的各类经济组织可以依法平等进入;对落实公平竞争审查制度、定期清理市场准入壁垒、禁止在公共资源交易活动中限制或者排斥民营经济组织等作出规定。

三是优化投融资环境。完善制度措施,降低制度性交易成本,优化民营经济投资融资环境。明确支持民营经济组织参与国家重大战略和重大工程,对引导民营经济投资重点领域、完善融资风险市场化分担机制、提供更高水平投资服务、提升金融服务可获得性和便利度、健全多层次资本市场体系等作出规定。

四是支持科技创新。鼓励、支持民营经济组织在推动科技创新、培育新质生产力、建设现代化产业体系中积极发挥作用。明确支持有能力的民营经济组织牵头承担国家重大技术攻关任务,向民营经济组织开放国家重大科研基础设施,对提供技术创新服务、发挥数据赋能作用、加强技术应用与合作、鼓励人才培养使用、强化知识产权保护等作出规定。

五是注重规范引导。完整、准确、全面贯彻落实党中央关于发展民营经济的方针政策。积极引导广大民营企业家拥护党的领导,坚持中国特色社会主义制度,践行社会主义核心价值观。强调发挥民营经济组织中党组织政治引领作用和党员先锋模范作用;推动民营经济组织实现规范治理,完善治理结构和管理制度、规范经营者行为、强化内部监督。同时,对依法规范和引导民营资本健康发展,构建民营经济组织源头防范和治理腐败体制机制,加强廉洁风险防控,规范会计核算、防止财务造假等作出规定。

六是强化服务保障。明确建立畅通有效的政企沟通机制,制定与经营主体生产经营活动密切相关的规范性文件等应当注重听取意见;与有关法律相衔接,明确规定法不溯及既往原则。强化行政执法监督,坚决遏制"乱收费、乱罚款、乱检查、乱查封"等行为。对高效便利办理涉企事项、完善人才激励政策、健全信用修复制度、健全纠纷多元化解机制、发挥行业协会商会作用、加强海外综合服务和权益保护等作出规定。

七是加强权益保护。强调民营经济组织及其经营者的人身权利、财产权利以及经营自主权等合法权益受法律保护。对规范强制措施,禁止违法实施收费、罚款或摊派财物,规范异地执法行为,规范政府履约践诺,加强账款支付保障等作出规定。

问:如何做好民营经济促进法的贯彻落实工作?

答:制定出台民营经济促进法,是党中央部署的重大立法任务。民营经济促进法既是促进民营经济发展的一部基础性法律,也是构建高水平社会主义市场经济体制的一部重要法律,做好本法的宣传、贯彻、实施工作,意义重大。

要大力宣传阐释制定出台民营经济促进法的重要意义。阐释民营经济的重要地位,宣传改革开放以来民营经济发展取得的重大成就,阐释民营经济促进法的法治保障作用,充分凝聚社会共识,将思想和行动统一到党中央决策部署上来,保证法律出台实施的政治效果、法律效果、社会效果。

要不断健全促进民营经济发展的制度体系。要以民营经济促进法出台实施为契机,统筹推进配套法规制度制定,协调推动各项支持保障举措落实落细,增强法律规范的系统性、整体性、协调性、时效性,确保法律正确有效实施。

国新办举行新闻发布会介绍《中华人民共和国民营经济促进法》有关情况（节录）

国务院新闻办新闻局副局长、新闻发言人邢慧娜：

女士们、先生们，大家上午好。欢迎出席国务院新闻办新闻发布会。十四届全国人大常委会第十五次会议4月30日表决通过了《中华人民共和国民营经济促进法》，自2025年5月20日施行。为了帮助大家更好地了解相关情况，今天我们邀请到全国人大常委会法工委副主任王瑞贺先生，国家发展改革委副主任郑备女士，司法部副部长王振江先生，金融监督管理总局副局长丛林女士，全国工商联副主席方光华先生，请他们向大家介绍民营经济促进法的有关情况，并回答大家关心的问题。

现在，先请王振江先生作情况介绍。

司法部副部长王振江：

各位媒体朋友，大家上午好！非常高兴与全国人大常委会法工委、国家发展改革委、金融监管总局、全国工商联有关负责同志一起出席今天上午的新闻发布会。感谢大家一直以来对民营经济促进法立法工作的关心和支持，下面我就这部法律的研究起草制定情况给大家作一个总体介绍。

党中央、国务院高度重视发展民营经济。改革开放以来，在党的路线方针政策指引下，我国民营经济快速发展。尤其是党的十八大以来，以习近平同志为核心的党中央采取了一系列促进民营经济发展的重大举措，民营经济在我国国民经济和社会发展中的地位、作用持续提升。同时，受外部环境、政策落实不到位等内外多重因素交织影响，民营经济在公平参与市场竞争、平等使用生产要素、获取投融资支持和服务保障以及合法权益保护等方面，也面临一些困难和挑战，亟须将党中央、国务院关于民营经济的方针政策和实践中行之有效的经验做法确定为法律制度，巩固改革成果；亟须针对实践中遇到的突出问题，尽快完善相应的制度措施，回应各方关切，提振发展信心，激发民营经济组织内生动力，营造有利于包括民营经济在内的各种所有制经济共同发展的法治环境和社会氛围，坚定不移办好自己的事，不断巩固中国经济企稳回升、长期向好态势，以高质量发展的确定性应对外部环境急剧变化的不确定性。制定民营经济促进法是以习近平同志为核心的党中央作出的一项重大决策部署，党的二十届三中全会明确提出要制定这部法律。2024年中央经济工作会议明确要求出台这部法律。

按照工作部署，司法部、国家发展改革委商请全国人大常委会法工委牵头组建了由17家中央和国家机关有关单位组成的起草工作专班，工作专班深刻学习领悟习近平总书记关于民营经济发展的重要指示批示精神和今年2月17日在民营企业座谈会上发表的重要讲话精神，贯彻落实党中央、国务院有关方针政策，广泛听取意见建议，深入研究论证，研究起草形成民营经济促进法草案。党的二十届三中全会后，工作专班又对标全会精神对草案作了修改，并向社会公开征求意见，根据公开征求意见情况，对草案又作了完善。国务院常务会议讨论通过草案后，于2024年12月将草案提请全国人大常委会审议。全国人大常委会于2024年12月、2025年2月和4月先后三次审议草案，其间再次将草案公布征求社会公众意见。2025年4月30日，十四届全国人大常委会第十五次会议表决通过了《中华人民共和国民营经济促进法》，于5月20日起正式施行。

这部法律共9章78条，围绕公平竞争、投资融资促进、科技创新、规范经营、服务保障、权益保护等方面建立完善相关制度机制，将党中央对民营经济平等对待、平等保护的要求落下来，持续优化稳定、公平、透明、可预期的民营经济发展环境。民营经济促进法作为第一部专门关于民营经济发展的基础性法律，其制定出台是贯彻落实党的二十届三中全会决定和习近平总书记在民营企业座谈会上重要讲话精神的重大举措，是贯彻习近平法治思想、习近平经济思想的生动实践，是社会主义市场经济建设的标志性事件，在我国民营经济发展历程中具有里程碑意义。民营经济促进法创下了很多个"第一次",如第一次将坚持"两个毫不动摇"写入法律,第一次明确民营经济的法律地位,第一次在法律中规定"促进民营经济持续、健康、高质量发展,是国家长期坚持的重大方针政策",这充分彰显了党中央促进民营经济发展壮大的坚定决心,进一步向社会表明了发展民营经济是党和国家一以贯之并将长期坚持的方针政策。这必将进一步激发民营经济的内生动力和创造活力,提振广大民营经济组织经营者的发展信心,激发其创业热情和拼搏精神,厚植家国情怀,坚定做中国特色社会主义事业的建设者、中国式现代化的促进者。

徒法不足以自行。希望各地区、各部门以民营经济促进法出台为契机,扎实做好贯彻实施工作,完整、准确、全面做好这部法律的宣传解读工作,落实好法律相关要求,推动各项配套规定尽早出台实施,协调各种支持保障措施落实落细,不断完善促进民营经济发展的制度体系,进一步优化法治化营商环境,切实依法保护好民营经济组织及其经营者的合法权益,积极营造支持民营经济发展的良好社会氛围,促进民营经济持续、健康、高质量发展。

我先介绍这些。下面,我愿意和有关单位负责同志一起回答大家关心的问题。

海报新闻记者:

作为我国第一部专门关于民营经济发展的基础性法律,请问制定出台民营经济促进法有什么重要的法治意义?

全国人大常委会法工委副主任王瑞贺:

大家都知道,改革开放40多年来,我国民营经济从小到大、从弱到强,取得了长足的发展。同时,关于民营经济的理论和政策也是一脉相承、与时俱进、不断完善的。习近平总书记说,党和国家对民营经济发展的基本方针政策,已经纳入中国特色社会主义制度体系,将一以贯之坚持和落实,不能变,也不会变。这次制定民营经济促进法,把党和国家关于民营经济发展的基本方针政策和实践中的一些有效做法用法律形式确立下来,将支持和保障民营经济发展的法律纳入中国特色社会主义法律体系。从法治意义上讲,这是有创新意义的。同时,与宪法的很多规定也是贯通的、是衔接的,也是宪法有效落实的一个法治保障。

具体而言,现行宪法确立了以公有制为主体、多种所有制经济共同发展的基本经济制度,同时规定:国家保护个体经济、私营经济等非公有制经济的合法的权利和利益。国家鼓励、支持和引导非公有制经济的发展,并对非公有制经济依法实行监督和管理。民营经济促进法在第一条中明确"根据宪法,制定本法",规定:国家坚持和完善公有制为主体、多种所有制经济共同发展,按劳分配为主体、多种分配方式并存,社会主义市场经济体制等社会主义基本经济制度。把"两个毫不动摇",就是毫不动摇巩固和发展公有制经济,毫不动摇鼓励、支持、引导非公有制经济发展,写入民营经济促进法。同时,明确了民营经济的定位,民营经济是社会主义市场经济的重要组成部分,是推进中国式现代化的生力军,是高质量发展的重要基础,是推动我国全面建成社会主义现代化强国、实现中华民族伟大复兴的重要力量,在法律中明确这个定位,是党中央的科学判断,是社会的共识。促进民营经济持续、健康、高质量发展,是国家长期坚持的重大方针政策。制定这部法律充分表明,我们党和国家对民营经济发展的基本方针政策不会变,也不能变,必将推动支持民营经济高质量发展的法律制度更加健全完备、保障体系更加有力有效。

中央广播电视总台央视记者:

民营经济促进法涉及的内容广泛,备受各方关注,面对这样一部比较复杂的立法,请问起草部门在起草过程中充分体现中央方针政策,积极回应社会关切,准确落实基本法定位方面是怎样做的?

司法部副部长王振江:

你提的这个问题十分重要,也是工作专班一开始就深入思考的一个重要问题。民营经济促进法作为我国第一部专门关于民营经济发展的基础性法律,其政治性、政策性和专业性都很强。在研究起草这部法律过程中,工作专班着重把握了以下几点:

一是完整、准确、全面贯彻落实党中央、国务院关于民营经济的方针政策。改革开放以来特别是党的十八大以来,党中央、国务院对发展民营经济提出了一系列方针政策,实践证明,这些方针政策是促进我国民营经济持续、健康、高质量发展的重要保障和根本遵循,有必要及时转化为法律制度,更好发挥法治固根本、稳预期、利长远的保障作用。因此,在立法过程中将坚持"两个毫不动摇"、民营经济的地位和作用等中央关于民营经济的大政方针和重大论断必须写入这部法律,明确为法律要求,这事关民营经济发展的根本方向和政治方向。在制定过程中,党的二十届三中全会召开,全会对发挥民营企业科技创新作用作出新的部署,我们又对标全会精神,在这部法律中对支持民营经济组织参与国家科技攻关项目、支持有能力的民营经济组织牵头承担国家重大技术攻关任务、向民营经济组织开放国家重大科研基础设施等作出了规定,目的就是要使民营经济在中国特色社会主义事业建设中发挥更好的作用。

二是坚持开门立法、集思广益、凝聚共识。促进民营经济发展涉及面广,究竟哪些问题需要在当下的立法中解决、哪些措施需要写入法律、哪些需要在下步配套规定中明确,需要广泛听取各方面意见,汇聚各方智慧。因此,在起草制定过程中,始终坚持开门立法、集思广益。由17家中央和国家机关有关单位组成工作专班,共同研究起草这部法律,其中一个非常重要的考虑就是为了能够广泛收集意见,使各方面好的建议能够在起草过程中得到及时、充分的反映和体现。工作专班一成立,就召开了座谈会专门听取民营企业代表的意见建议。此后,又先后委托中国法学会、中国社科院法学所等权威法学研究机构多次组织专家论证会,就立法涉及有关问题进行深入论证。同时,工作专班有关部门的负责同志又带队开展实地调研,上门听取人大代表、政协委员以及民营企业代表的意见,在国务院起草审查和全国人大常委会审议两个阶段,两次向社会公开草案,征求意见,对各方提出的意见建议,逐条认真分析吸纳。经过反复研究讨论,最终聚焦到公平竞争、投资融资促进、科技创新、规范经营、服务保障、权益保护等内容上。这也是各方面普遍认为当前民营经济发展面临的突出问题,现在法律的框架和主要内容也是以此为基础展开的。可以说,制定民营经济促进法的过程本身就是一次汇集众智、凝聚共识的过程,是科学立法、民主立法、依法立法和全过程人民民主的一次生动实践。

三是立足基础性法律的定位,统筹兼顾,既明确基本制度框架,又为将来实践发展适当留有空间。民营经济促进法中的许多条文都是具有很强的针对性,如治理"背靠背"条款、规范行政执法等方面的规定,看着笔墨不是特别多,但是含金量很大,真正落到实处,意义将是非凡的。当然,作为基础性法律并非规定得越细越好,客观实践发展变化很快,过细的规定有时也会束缚实践的发展。因此,在立法过程中,始终坚持统筹兼顾当下和长远,对需要在当下通过立法解决的重大问题,重点放在明确主要制度措施、基本制度框架和法律主要要求,同时,为未来实践发展留有空间。如法律中规定的国务院有关部门统筹研究制定促进民营经济投资政策措施、各级人民政府及其有关部门建立政企沟通机制等,既明确了建立制度,又为下步结合实际出台配套措施、细化落实举措预留了空间。还有一类重大的问题,就是各方面反映一致,都认为实践中较为突出,需要下大力气解决的,如违规异地执法、利用行政或者刑事手段违法干预经济纠纷等。对这一类的问题,法律则明确作出禁止性规定,申明法律的原则和底线,增强刚性约束。这些规定的实施,将在定分止争、依法保护民营经济合法权益等方面发挥重要作用。

凤凰卫视记者:

民营经济促进法 20 号将会正式实施,想问一下预期法律的实施将会对民营经济的发展产生怎样的作用?对民营企业或者是民营经济组织会产生哪些实质性的影响?

国家发展改革委副主任郑备:

习近平总书记在今年 2 月 17 日民营企业座谈会上的重要讲话,为新时代新征程民营经济发展指明了前进方向,极大地鼓舞了干劲、提振了信心。出台民营经济促进法,是贯彻落实习近平总书记重要讲话精神的重大举措。我体会,这部法律对促进民营经济高质量发展,意义重大、影响深远。

一是进一步稳定预期。民营经济促进法旗帜鲜明地强调,坚持"两个毫不动摇";旗帜鲜明地强调,促进民营经济持续、健康、高质量发展,是国家长期坚持的重大方针政策;旗帜鲜明地强调平等对待、公平竞争、同等保护、共同发展的基本原则,充分彰显了党和国家促进民营经济发展的鲜明立场和坚定决心,以法治的稳定性增强发展的确定性,是民营企业安心谋发展的"定心丸"。

二是进一步坚定信心。民营经济促进法积极回应民营企业关切,作出针对性制度安排。比如,公平参与市场竞争方面,法律规定,国家实行全国统一的市场准入负面清单制度,落实公平竞争审查制度,保障"非禁即入"。比如,平等使用生产要素方面,法律规定,国家保障民营经济组织依法平等使用资金、技术、人力资源、数据、土地等要素和公共服务资源,做到"一视同仁"。比如,同等受到法律保护方面,法律规定,民营经济组织及其经营者的人身权利、财产权利,以及经营自主权等合法权益受法律保护,强调"不得侵犯"。

三是进一步促进高质量发展。改革开放特别是党的十八大以来,民营经济已发展到相当的规模,整体实力、创新能力、市场竞争力都大大提升,是强国建设、民族复兴的重要力量。民营经济促进法立足当前、着眼长远,为民营经济高质量发展提供坚强法治保障。一方面,注重鼓励支持。比如,设置"投资融资促进"、"科技创新"等专章,支持民营企业参与国家重大战略和重大工程,在战略性新兴产业、未来产业等领域投资、创业,鼓励在推动科技创新、培育新质生产力、建设现代化产业体系中积极发挥作用。另一方面,注重引导规范。引导民营企业完善治理结构和管理制度,守法善经营,加强风险防范,履行社会责任,促进民营经济健康发展和民营经济人士健康成长。

我们相信,法律的出台必将激励广大民营企业和企业家敢于闯、大胆干,为推进中国式现代化作出新的更大贡献。

北京青年报记者:

我们注意到这次出台的民营经济促进法明确规定,司法行政部门要建立涉企行政执法诉求沟通机制,组织开展行政执法检查,加强对行政执法活动的监督,及时纠正不当行政执法行为,想问一下司法行政部门在强化执法监督,切实依法保护民营企业家合法权益方面还有什么样的举措?

司法部副部长王振江:

我想这个问题也是许多企业关心的一个问题。党的十八大以来,党中央、国务院对加强和改进行政执法工作作出了一系列决策部署,要求全面推进严格规范公正文明执法。在制定民营经济促进法的过程中,我们坚决贯彻落实上述决策部署,针对反映强烈的一些地方和部门乱收费、乱罚款、乱检查、乱查封以及违规异地执法、趋利性执法等种种执法乱象,民营经济促进法作了明确规定:建立健全行政执法违法行为投诉举报处理机制、涉企行政执法诉求沟通机制,加强对行政执法活动的监督。下一步,司法部将按照党中央、国务院决策部署,落实民营经济促进法有关要求,持续规范行政执法行为,着重抓好以下几方面工作:

一是落实法律要求,加快法律配套制度机制建设。推动建立健全行政执法违法行为投诉举报处理机制,及时受理并依法处理涉企行政执法投诉举报。司法行政机关建立行政执法监督企业联系点,及时听取各类经营主体对涉企行政执法的意见建议。推行行政执法监督员制度,邀请人大代表、政协委员、人民监督员、专家学者、律师、新闻工作者等参与监督。坚决遏制趋利性执法,切实依法保护民营经济组织及其经营者合法权益。

二是牵头扎实开展规范涉企行政执法专项行动。去年中央经济工作会议提出,开展规范涉企执法专项行动。今年4月25日,中央政治局会议再次强调,要扎实开展规范涉企执法专项行动。司法部作为国务院行政执法监督机构,负责统筹组织全国规范涉企行政执法专项行动,地方各级司法行政机关作为本级政府的行政执法监督机构,负责本地区专项行动的组织实施。司法部将坚决贯彻落实党中央、国务院决策部署,以民营经济促进法出台实施为契机,督促各地区各部门加大对行政执法违法行为查处力度,加强问题查纠整改,坚决纠治到位。同时,选择重点地区、重点领域、重点问题进行抽查,对整治效果进行阶段性评估和分析研判,对企业、群众反映强烈的问题,必要时提级办理,对整改不力的进行督办;对工作中形成的好的经验做法,及时推广交流;对纠治工作不力的,视情况进行约谈、通报、曝光。

三是加快研究制定行政执法监督条例,建立完善涉企行政执法监督长效机制。司法部将以贯彻落实民营经济促进法的要求为切入点,着力建立完善涉企行政执法监督长效机制。抓紧研究起草行政执法监督条例。针对行政执法中的共性问题,进一步健全行政执法监督体制机制、监督程序和责任体系,为加强行政执法监督、规范行政执法行为、依法保护包括民营经济组织在内的各类经营主体合法权益,提供坚实法治保障和制度支撑。

浙江日报潮新闻记者：

据我们了解，民营企业非常关心市场准入问题，请问民营经济促进法是否回应了民营企业的关切？国家发展改革委将采取哪些具体措施？

国家发展改革委副主任郑备：

我们在调研和与民营企业沟通过程中也了解到，民营企业对此非常关心。民营经济促进法全文贯穿了平等对待、公平竞争、同等保护、共同发展的原则，不仅在总则，而且在公平竞争、投资融资促进、科技创新、法律责任等章节中，都予以了充分体现。落实法律要求，国家发展改革委将会同有关部门重点从破壁垒、拓空间、优服务三个方面强化举措：

破除准入壁垒方面。近期，我们联合有关部门发布了新版市场准入负面清单，清单进一步缩短；开展市场准入壁垒清理整治行动，集中整治半年后转为常态化推进；积极推动民营企业公平参与招标投标，今年1-4月，民营企业中标率同比提高5个百分点，一亿元以下的项目，民营企业中标项目数量占比超过80%。下一步，民营企业如果遇到准入壁垒问题，可以登录我委门户网站全国统一大市场建设有关专栏反映，我们将会同有关方面认真及时核实处理。

拓展发展空间方面。我们支持民营企业积极参与"两重"建设和"两新"工作，正在加快完善民营企业参与国家重大项目建设长效机制，已经在核电、铁路等领域推出一批重大项目，目前有的核电项目民间资本参股比例已经达到20%，工业设备更新、回收循环利用领域支持民营企业的资金占比超过80%，今年我们还将在交通运输、能源、水利、新型基础设施、城市基础设施等重点领域，推出总投资规模约3万亿元的优质项目。同时，我们将大力支持民营企业在新兴产业、未来产业投资布局，牵头承担国家重大技术攻关任务，平等使用国家重大科研基础设施和产业共性技术平台，积极参与新技术新产品应用场景的创新与建设。希望广大民营企业和企业家抓住机遇、敢作善成。

优化服务保障方面。我们将持续加强项目服务，发布鼓励民营经济投资的重大项目信息，在项目推介对接、前期工作和报建审批等方面提供规范、高效、便利的服务,帮助民营企业更好了解"往哪投、怎么投"。我们将持续加强要素保障,完善促进民间投资用地、环评等要素和资金保障机制,优化民营企业引进培养高层次人才的激励和服务措施,支持民营企业参与数据要素市场建设,参与标准制定,强化知识产权保护,健全社会信用体系、完善信用修复制度,助力民营企业迸发更多创新活力。

中国新闻社记者:

民营经济促进法共有 9 章 78 条,内容丰富,从国家立法机关的角度看,这部法律有哪些突出的特点?

全国人大常委会法工委副主任王瑞贺:

民营经济促进法是一部关于民营经济发展的专门的单行法律,从积极构建中国特色社会主义市场经济法律体系的角度来讲,是一项重要的立法成果。正如记者提到的,内容很丰富,这部法律出台前后相关部门也作了宣传。民营经济促进法第一次对坚持"两个毫不动摇"、促进"两个健康",即"促进民营经济健康发展和民营经济人士健康成长"作出规定,第一次对民营经济的地位作出规定,同时也第一次规定"促进民营经济持续、健康、高质量发展,是国家长期坚持的重大方针政策"。

作为一部促进法、保障法,民营经济促进法的政策性、原则性很强。从内容上来理解,可以概括为四个特点:

一是坚持思想引领。民营经济促进法坚持以习近平新时代中国特色社会主义思想为指导,深入贯彻习近平经济思想、习近平法治思想,规定促进民营经济发展工作坚持中国共产党的领导,坚持以人民为中心,坚持中国特色社会主义制度,确保民营经济发展的正确政治方向。

二是坚持平等对待。民营经济促进法强调坚持平等对待、公平竞争、同等保护、共同发展,促进民营经济发展壮大,依法保障民营经济组织与其他各类经济组织、各类市场主体享有平等的法律地位。我们大致统计了一下,在整个法律条文中,关于"平等""公平""同等"的表述总共有 26 处,将平等原则贯穿于促进民营经济发展工作的全过程各方面。

三是强化法治保障。民营经济促进法坚持严格规范公正文明执法,加强民营经济组织及其经营者合法权益保护,依法鼓励、支持、引导民营经济发展,发挥法治固根本、稳预期、利长远的保障作用。

四是注重问题导向。民营经济促进法针对民营经济发展存在的突出问题和薄弱环节,充分吸收改革成果和实践经验,有针对性地细化、完善相关制度措施,充分发挥市场在资源配置中的决定性作用,更好发挥政府作用。

新华社记者:

民营经济促进法第四条规定,国务院发展改革部门负责统筹协调促进民营经济发展工作。我想请问国家发展改革委,在推动民营经济促进法的落地实施方面,下一步将采取哪些举措?

国家发展改革委副主任郑备:

法律的生命力在于实施,广大民营企业对实施好这部法律充满期待。国家发展改革委将积极履行统筹协调职能,会同各部门、各地方扎实推动法律实施,重点抓好三个方面的工作。

第一,是抓配套建设。在立法过程中,按照党中央、国务院部署,我们会同有关部门提前谋划、同步开展相关制度的"立改废释"。一批配套制度机制已经出台,如新版市场准入负面清单、保障中小企业账款支付条例、公平竞争审查条例及其实施办法、健全社会信用体系的意见、涉企收费长效监管机制等。还有一批正在加快推进,涉及投资融资促进、科技创新、服务保障、权益保护等方面。同时,不少地方结合本地实际,也在积极完善相关配套。

第二,是抓落地见效。我们将会同有关部门全力推动法律实施,强化刚性约束,重点在五个方面下更大功夫,具体来说就是:下功夫破除障碍,解决市场准入、要素获取等方面存在的问题;下功夫治理拖欠,解决民营企业账款支付问题;下功夫依法保护合法权益,解决企业发展的后顾之忧;下功夫落实纾困政策,解决企业获得感不强的问题;下功夫加强政企沟通,解决企业合理诉求。同时,在法律实施过程中,我们将注重听取各方面意见建议,不断完善制度机制,努力营造促进民营经济健康发展的良好法治环境。

第三,是抓学习宣传。我们将会同各部门、各地方全面学习法律内容，深入领会法律精神，更加自觉地运用法治思维和法治方式做好民营经济工作。加强法律宣传，帮助民营企业学好用好这部法律，维护合法权益，更好拓展发展空间，专心致志提高企业核心竞争力，在中国式现代化进程中大显身手；推动社会各界了解法律、遵守法律，凝聚共识、汇聚合力，共同促进民营经济高质量发展。

　　推动法律转化为促进民营经济发展的澎湃动力，需要我们齐心协力、久久为功。希望社会各界更加关心支持民营经济发展，有关法律实施的意见建议，欢迎大家及时向我们反映。